OEUVRES POSTHUMES

DE

GIRODET - TRIOSON.

I.

IMPRIMÉ CHEZ PAUL RENOUARD,
RUE GARENCIÈRE, N. 5. F. S.-G.

GIRODET.

Sudré d'après Girodet · Lith. de Langlumé

OEUVRES POSTHUMES

DE

GIRODET-TRIOSON,

PEINTRE D'HISTOIRE;

SUIVIES DE SA CORRESPONDANCE;

PRÉCÉDÉES D'UNE NOTICE HISTORIQUE, ET MISES EN ORDRE

PAR P. A. COUPIN.

TOME PREMIER.

PARIS.

JULES RENOUARD, LIBRAIRE,

RUE DE TOURNON, N° 6.

———

M DCCC XXIX.

AVERTISSEMENT.

Puisque j'ai été chargé de la tâche honorable de publier les manuscrits de Girodet, je dois rendre compte de la manière dont je l'ai remplie : je vais le faire en peu de mots.

Les manuscrits de Girodet ressemblaient véritablement à des feuilles sibyllines ; j'ai dû commencer par les mettre en ordre. J'ai reconnu, alors, que les *Veillées* n'étaient que la première pensée du *poème du Peintre*, partie la plus importante de ses œuvres ; que, pour ce poème même, il existait trois versions : l'une manuscrite, la seconde imprimée en épreuves seulement avec des corrections*, la

---

* Une lettre adressée à M. Firmin Didot (tome II, page 317) fait connaître que Girodet s'était proposé de publier le poème du *Peintre*, de son vivant ; mais, ainsi qu'on le verra par la note mise à la suite de cette lettre, ce projet fut abandonné.

troisième, plus avancée que les deux autres, et qui était évidemment la mise au net de l'exemplaire imprimé et corrigé. C'est ce dernier manuscrit que j'ai publié. Cependant il était facile de reconnaître que les trois premiers chants étaient plus terminés que les autres, et que, pour ceux-ci, ce n'était pas le dernier mot de l'auteur : dans ces derniers chants, il y avait quelques endroits faibles et des longueurs. Quel parti prendre? J'ai longtemps hésité ; enfin je me suis décidé, à mes risques et périls, à retrancher ce que Girodet aurait lui-même fait disparaître, si la mort lui avait permis de mettre la dernière main à son poème. J'ai donc fait des suppressions; mais, pour ne pas rompre la liaison des idées, j'ai dû y regarder plus d'une fois; cependant, j'ose espérer que le lecteur ne s'apercevra pas des coupures que j'ai faites. Au reste, s'il trouve quelque discordance, si quelque transition lui paraît trop brusque, c'est moi qu'il doit en accuser : je ne m'en défends pas. Tout le bien appartient à Girodet; et, puisque j'ai porté dans ses vers la serpe,

« Instrument de dommage, »

AVERTISSEMENT.

ainsi que l'a fort bien dit notre fabuliste, je dois être responsable du mal que je puis avoir fait.

Si j'en crois mes pressentimens, le public accueillera avec bienveillance les poésies d'un grand peintre. On lit avec un double intérêt les sonnets et les madrigaux que nous a laissés Michel-Ange; les vers de Girodet ne sont certainement pas au-dessous de ceux de l'aigle de Florence, et, en cultivant la poésie, ce sera un rapport de plus qu'il aura eu avec lui.

Quant à moi, après avoir consacré mes veilles à publier la plupart des œuvres d'un artiste célèbre qui fera éternellement la gloire de notre école, je me dédommage des peines que j'ai prises, par le juste sentiment d'orgueil que j'éprouve à mettre mon nom au-dessous du sien.

P. A. COUPIN.

NOTICE HISTORIQUE

SUR

LA VIE ET LES OUVRAGES

DE GIRODET.

L'INTÉRÊT qu'inspire un homme de génie le suit même au-delà du tombeau. Pour rapprocher l'homme moral de ses ouvrages, on scrute avec curiosité jusqu'aux moindres détails de sa vie privée; on essaie de pénétrer dans son for intérieur; on cherche enfin à découvrir de quelle réunion de qualités et de défauts se composait son individualité.

Girodet mérite bien que l'on s'attache à le connaître sous toutes les faces; et, dans l'examen que je vais faire de ses ouvrages et de sa personne, je m'efforcerai de ne point rester au-dessous du sujet que j'ai entrepris.

Anne-Louis Girodet de Roussy naquit à Montargis le 5 janvier 1767; son père était directeur des domaines du duc d'Orléans. Dès son jeune âge, il montra d'heureuses dispositions pour toutes ses études, et un goût très vif pour le dessin.

Ce fut à Paris qu'il fit ses humanités; lorsqu'elles furent terminées, il retourna à Montargis: ses parens, qui avaient eu d'abord l'intention d'en faire un architecte, abandonnant ce projet, se proposaient de lui faire suivre la carrière militaire; mais, sa mère ayant montré quelques-uns de ses dessins à David, ce grand peintre, frappé des dispositions qu'ils annonçaient, lui dit : « Vous aurez beau faire, madame, votre fils sera peintre ». Certes, il ne prévoyait guère que le jeune homme, dont il tirait ainsi l'horoscope, viendrait un jour se placer à côté de lui, et que, même, il obtiendrait la palme dans un concours où *les Sabines* devaient entrer en lice.

L'opinion de David était bien de nature à ébranler la résolution des parens de Girodet, et ils se déterminèrent à le placer dans son école.

Si Girodet dut beaucoup aux leçons de son maître, il ne dut pas moins à son heureuse organisation; ses progrès furent rapides et brillans; c'est ce que prouve une lettre que son maître lui écrivit (t. ii, p. 314) à une époque où tous deux avaient, pour ainsi dire, fourni leur carrière.

« Autrefois, dit David à Girodet en lui parlant de « son attachement, c'était en raison de vos immenses « dispositions pour un art que vous deviniez sous mes « yeux; aujourd'hui, mon cher élève, à cette tendre af-« fection qui paraissait dormir dans mon sein, se joint « mon admiration pour votre grand savoir. »

A l'âge de vingt ans, Girodet fut admis à concourir pour le grand prix. On sait que, lorsqu'ils sont en loge*,

---

* C'est le nom que l'on donne à l'atelier dans lequel sont renfermés, pendant un temps fixé, les jeunes peintres, sculpteurs, architectes, etc., admis à concourir pour le grand prix. Les élèves y sont soumis à une surveillance fixée par les réglemens.

les élèves ne peuvent rien apporter du dehors, et qu'ils n'ont d'autre ressource que celle d'y faire venir des modèles d'hommes. Soit qu'il voulût travailler, non-seulement le jour, mais encore une partie des nuits, comme il a fait depuis; soit qu'il eût l'espérance que son maître lui donnerait des conseils, il n'en est pas moins vrai que Girodet employa une partie du temps du concours à faire chez lui les études de ses figures; lorsqu'il les eut terminées et qu'il ne lui resta plus qu'à peindre son tableau, il mit ses dessins sous son habit pour les introduire dans sa loge; mais, son absence avait éveillé les soupçons; on prétend même qu'il avait été dénoncé par un de ses camarades : quoi qu'il en soit, la fraude fut découverte et il fut, selon le réglement, mis hors de concours.

L'année suivante, il obtint le second prix; enfin, au troisième concours, il fut couronné: c'était en 1789. Le sujet indiqué était *Joseph reconnu par ses frères*. Cette fois il usa encore de supercherie, ainsi que le font, au reste, presque tous les élèves, mais il s'y prit plus adroitement. Depuis le concours d'où il avait été exclu, il affectait de porter une grosse canne; cette canne était creuse, et ce fut par ce moyen qu'il parvint à introduire ses études dans sa loge. Après le jugement, l'un de ses concurrens, M. Gérard, son camarade et son ami, prenant cette canne des mains de Girodet, lui dit, en riant : « C'est le cheval de Troie ? — Oui! répondit celui-ci; mais il fallait s'en emparer pendant que les Grecs y étaient encore. »

A cette époque, Girodet était tellement rempli de

a.

respect pour son maître, que, chaque jour, avant d'entrer en loge, il allait préparer sa palette devant *les Horaces :* il est donc facile de reconnaître que le tableau qu'il exécuta, pour ce concours, a été fait par un élève de David; cependant, le sentiment propre à notre peintre s'y manifeste déjà, et l'on peut, à quelques égards, le considérer comme le point de départ de son talent. Il y a de la variété dans les expressions comme dans les poses; la figure du jeune Benjamin, qui se précipite dans les bras de son frère, a de la grâce quoique le mouvement soit peut-être un peu tourmenté; celle de Joseph a de la noblesse, et la tête est d'un beau caractère.

Girodet, après avoir été couronné, partit pour Rome plein d'enthousiasme; cependant, sa correspondance avec M. Trioson, son tuteur et depuis son père adoptif, prouve que, s'il ressentit une vive impression à la vue des Alpes et de l'Italie, les productions des arts ne firent pas sur lui le même effet: « J'ai vu, écrit-il de Florence, plu-
« sieurs tableaux sublimes et vraiment dignes d'admira-
« tion ; mais, j'ai acheté ce plaisir par la nécessité d'en
« voir une foule de médiocres ou de bien mauvais, quoi-
« que très vantés. »

Maintenant il serait curieux de connaître la nature des idées qui fermentaient dans la tête de notre jeune lauréat, et la direction qu'il crut devoir donner à ses études : c'est lui-même qui va nous l'apprendre.

« Jusqu'à présent (tome II, page 366) ma petite bi-
« bliothèque m'a occupé; j'ai beaucoup lu et je com-
« mence quelques essais de composition, partie que
« j'ai peut-être trop négligée à Paris, quoique la plus

« essentielle, et celle, lorsqu'on y réussit, qui peut
« seule constituer l'homme d'un mérite supérieur, parce
« qu'elle demande essentiellement les qualités morales
« de la peinture, tandis que les autres parties, et le
« talent de l'exécution considéré à part, peuvent être
« le résultat, pour ainsi dire, de la patience et de l'habi-
« tude. »

C'est un jeune homme de vingt-trois ans qui parle ainsi : sa pensée a été exprimée rapidement ; peut-être manque-t-elle de précision et même de justesse ; mais, écoutons-le lorsque, parvenu à la maturité de l'âge, et dans la plénitude de son talent, il parle sur le même sujet à l'une de ses élèves (tome II, page 355).

« Il faut prendre l'habitude de composer comme l'ha-
« bitude de peindre ; plus vous tarderez, plus vous aurez
« de peine, et plus vous vous préparerez de regrets. Ce
« n'est pas tout que la main soit habile, il faut que la
« tête la dirige......... S'il était décent de se citer pour
« exemple, je vous dirais que, dans ma jeunesse, j'ai
« éprouvé beaucoup de peine à composer ; rien, dans mes
« premiers essais, ne rendait ma pensée à ma satisfac-
« tion. Je ne me suis point découragé : j'ai surmonté le
« dégoût que m'inspiraient ces premiers essais malheu-
« reux ; peu-à-peu je me suis aperçu que les difficultés
« s'aplanissaient en raison de mes efforts ; et si, depuis,
« j'ai pu produire quelques compositions qui ont eu le
« bonheur de ne pas déplaire, je le dois à la contrainte
« que je me suis imposée pour y parvenir. J'ai fait beau-
« coup de croquis, soit d'après nature, soit d'après les
« maîtres, soit d'après les figures et les bas-reliefs an-

« tiques; j'essayais de faire des compositions sur tous
« les sujets qui souriaient à mon imagination, sans que
« personne en fît le choix que moi-même. Suivez donc la
« même route, etc. »

Si l'on rapproche ce membre de phrase : « Sans que
« personne en fît le choix que moi-même », d'une lettre
adressée à son tuteur (tome II, page 399), on verra
que les règles suivies à l'académie de France n'allaient
pas à sa taille, si je puis m'exprimer ainsi, et qu'il sentait très bien qu'il n'avait effectivement besoin d'autre
guide que lui-même.

« Je m'ennuie à l'excès de notre régime académique,
« et je vous avoue qu'il me déplaît fort. Ce n'est pas
« que monsieur notre directeur nous chagrine, car nous
« ne le voyons ou, du moins, je ne le vois guère que dans
« la rue ou dans l'escalier. Il voulut cependant me con-
« traindre, dans les premiers temps de mon arrivée, à
« aller dessiner à l'Académie; je le priai de m'en dispen-
« ser, et, comme il insista, j'insistai aussi, et lui répon-
« dis que cette occupation n'était pas du tout de mon
« goût, et que je le priais très instamment de me laisser
« le soin de me diriger moi-même dans mes études, ce
« qu'il fit. »

Ce fut en se dirigeant lui-même dans ses études que
Girodet exécuta, pendant son séjour à Rome, d'abord
le Sommeil d'Endymion, et ensuite *Hippocrate refusant
les présens d'Artaxercès*.

Le premier de ces tableaux, qui se fait distinguer,
par le charme de la pensée, l'élévation du style,
l'élégance et la pureté du dessin, eut à Rome un succès

prodigieux, confirmé, plusieurs années après, par les suffrages de tout ce que Paris renfermait d'artistes et d'hommes distingués.

« Ce qui m'a surtout fait plaisir, écrivait-il à son tuteur
« (tome II, page 396) pendant que son tableau était
« exposé à Rome, c'est qu'il n'y a eu qu'une voix pour
« dire que je ne ressemblais en rien à M. David. »

Cette phrase est remarquable ; elle prouve que Girodet avait senti promptement le besoin d'être lui-même, et de quitter les traces de son maître; c'était, au reste, ce qu'il avait cherché, car, dans une lettre antérieure, il disait à M. Trioson (tome II, page 392) : « Je tâche de
« m'éloigner du genre de M. David le plus qu'il m'est
« possible, et je n'épargne, ni peines, ni études, ni mo-
« dèles, ni plâtres. »

On trouve la même pensée exprimée d'une autre manière dans une lettre également adressée à M. Trioson (tome II, page 387) pendant qu'il exécutait ce tableau.

« Je fais *un Endymion dormant*......; je ne crois pas la
« pensée mauvaise; quant à l'effet, il est purement idéal,
« et par conséquent très difficile à rendre. Le desir de
« faire quelque chose de neuf et qui ne sentît pas sim-
« plement l'ouvrier, m'a peut-être fait entreprendre au-
« delà de mes forces, mais, je veux éviter les plagiats. »

Ce sont ces idées qui, en se développant, ont imprimé à toutes les productions de Girodet un caractère d'individualité très marqué.

Hippocrate refusant les présens d'Artaxercès, qu'il destinait à son tuteur, alors médecin de Mesdames, tantes du roi, et que M. Trioson a légué à l'École de médecine, offre, peut-être, un peu de sècheresse dans l'exécution; mais, la composition est l'ouvrage d'un maître consommé. Quelle noblesse dans cette figure du médecin grec! quelle variété dans l'expression des personnages qui composent cette admirable scène! qu'elle est touchante et vraie la douleur de ce jeune homme qui verse des larmes en perdant l'espoir d'amener près de son père celui qui, seul, pouvait le guérir!

Ce tableau fut également exposé à Rome, et fit naître le même enthousiasme pour le talent de Girodet; il était à peine terminé, qu'une commotion sanglante vint forcer l'auteur à quitter cette ville.

Depuis long-temps les Français étaient mal vus dans la capitale du monde chrétien; les excès, qui avaient souillé les principes généreux de notre révolution, étaient une cause d'effroi pour toutes les puissances européennes; Louis XVI, après avoir été assiégé dans son propre palais, était renfermé dans le Temple, et l'on pouvait prévoir l'issue du procès qui s'instruisait: il était évident que la catastrophe de Charles Ier allait se renouveler. Ce fut dans ce moment même que le consul de France, Basseville, reçut l'ordre de remplacer l'écusson aux fleurs de lis par les armes de la république, tant au consulat qu'à l'Académie de France. Aussitôt que cette nouvelle fut connue, Rome fut dans une extrême agitation. Au lieu de partir immédiatement pour Naples avec les autres élèves, Girodet resta, lui quatrième, pour peindre les armes destinées à l'Académie; *en un jour et une nuit* elles furent prêtes; Péquignot, qu'il avait trouvé à Rome, et avec lequel il avait formé une liaison très étroite, l'aidait dans ce travail. Ils avaient encore le pinceau à la main lorsque le peuple se porta en foule à l'Académie et réduisit tout en poudre. Chacun s'enfuit de son côté. Poursuivi à coups de couteau, Girodet courut se réfugier chez Basseville dans le moment où on l'assassinait; ne sachant plus où porter ses pas, il entre dans une maison et s'y cache jusqu'à la nuit; alors il a l'audace de venir se mêler dans la foule qui assiégeait l'Académie, et il y est reconnu par un modèle qui faillit le perdre par la joie qu'il manifesta de le voir sauvé; ce brave homme s'empressa de lui donner l'hospitalité, ainsi qu'à Péquignot, que Girodet avait retrouvé, et les aida ensuite à sortir de Rome, prenant la route de Naples. Dans les marais Pontins, forcés, par un temps horrible, de s'arrêter dans une écurie où ils prirent quelque repos, ils faillirent être assassinés.

J'ai déjà dit que la vue des Alpes et des sites enchanteurs de l'Italie avait produit sur lui une vive impression; poëte, il aurait chanté les tableaux ravissans que présente la nature riche, grande, enchanteresse de l'Ausonie; peintre, il en reproduisit les aspects sur sa toile; sa liaison avec Péquignot,* paysagiste fort habile, ne fit qu'augmenter son goût pour ce genre, et il s'y adonna tout entier pendant son séjour à Naples. Il écrivait de cette ville à madame Trioson (t. II, p. 431): « C'était « aux environs de Rome que je devais, cette année, me « livrer à l'étude du paysage, *genre de peinture univer-*

---

* Voir la Notice que j'ai consacrée à ce peintre (note 14 du chant troisième.)

« *sel, et auquel tous les autres sont subordonnés, parce
« qu'ils y sont renfermés.* »

On voit, par les souvenirs qu'il en a consignés dans son poème, combien son imagination avait été frappée de la beauté du climat de Naples : devenu poète, il en parle en peintre et en poète. Il dit dans le troisième chant :

> Beaux vallons, frais coteaux, grottes inspiratrices,
> Antres voluptueux, attrayans précipices,
> Désolés par Vulcain, par Bacchus consolés,
> Champs du Vésuve, ô vous que mes pas ont foulés,
> Avant qu'à mes yeux luise une dernière aurore,
> Puissé-je, en mes vieux ans, vous contempler encore !

Plus loin, il rappelle la douceur qu'il trouvait dans la société de Péquignot, qu'une heureuse conformité de goûts, de talens, d'amour de l'indépendance, lui faisait aimer tendrement. A cet âge, où le passé n'est encore rien, où l'avenir n'apparaît que comme un point à l'horizon, où le présent s'écoule tout entier dans les impressions vives qui n'appartiennent qu'à la jeunesse, on le voit, peu attentif aux évènemens qui le pressaient de toutes parts, ne s'occuper que de son art et de son ami.

> Que de fois, sur le port, promeneurs solitaires,
> Diane nous a vus passer des nuits entières,
> Soit, lorsque ses rayons, des objets vacillans
> Nous répétaient l'image au sein des flots tremblans,
> Et versaient dans nos cœurs la douce rêverie ;
> Soit lorsque, du Vésuve éclairant la furie,
> Ses doux feux reflétaient de leur lustre argenté
> Les flancs noirs et fumans du volcan irrité.

Les soins de l'avenir n'osaient troubler nos songes.
Abusés, cependant, par les plus doux mensonges,
Nos vœux se partageaient l'avenir par moitié :
L'une pour les beaux-arts, l'autre pour l'amitié.

Girodet connut à Naples le célèbre médecin Cirillo*, dont il reçut des soins éclairés et affectueux qu'il reconnut en exécutant pour lui un tableau dont le sujet était *Stratonice et Antiochus*.

Je ne puis rien dire de ce tableau, dont on ignore le sort, si ce n'est que, comme l'Hippocrate, il fut inspiré par la reconnaissance.

Bientôt les évènemens politiques forcèrent Girodet à quitter Naples ; il nourrissait l'espoir d'y retourner et d'y retrouver son ami qui avait voulu y rester ; les destins en ordonnèrent autrement : Girodet n'a pas revu l'Italie, et Péquignot est mort à Naples.

Je ne sais pas, d'une manière positive, la route qu'il suivit en sortant de cette ville, mais, sa correspondance avec son tuteur fait connaître qu'il vint à Venise. Les monts Euganéens appelaient ses crayons ; il y fut, et passa quelque temps à Abano où il fit plusieurs études.

Il était occupé à dessiner un site, lorsque des sbires vinrent l'arrêter. « Après l'avoir dépouillé, garrotté, ac-

---

* Cirillo, après avoir été président de la commission législative de la république Parthénopéenne, mourut sur l'échafaud plutôt que de témoigner du repentir d'avoir accepté, de la confiance de ses concitoyens, une place qu'il avait remplie avec le plus grand désintéressement, et dans laquelle il s'était constamment occupé à faire du bien et à empêcher le mal.

« cablé d'indignes traitemens, un de ces misérables lui
« demande si l'on célèbre encore des fêtes en France.
« — *Plus que jamais*, répondit Girodet: *la fête de la*
« *victoire revient tous les mois.* » *

A cette époque (1794), la marche des évènemens, en France, causait à tous les gouvernemens une sorte d'épouvante à laquelle celui de Venise n'était pas étranger. Les Français étaient surveillés et molestés par toutes les polices; cependant, Venise, qui semblait vouloir conserver une sorte de neutralité, ne put se refuser à punir cet outrage. Sur la demande de M. Noël, alors ministre de France près la sérénissime république, Girodet fut élargi, et l'inquisition d'état, après avoir puni les sbires, condamna celui qui avait ordonné cette arrestation à une prison perpétuelle.**

Ce fut à cette occasion, et quoique M. Noël, poursuivi par la haine de Lacoste, de Saint-Just et de Robespierre, eût tout à craindre de ces hommes qui ensanglantaient la France, que se formèrent entre lui et Girodet ces relations d'estime et d'amitié qui n'ont fini qu'avec la vie de notre grand peintre.

Après avoir fait quelques courses dans les montagnes qui séparent les états de Venise de la Carinthie (les Alpes rhétiennes), Girodet revint en France en passant par Florence et par Gênes, où il tomba malade. M. Gros, son ancien camarade, que la réquisition avait arraché

---

* Daru: *Histoire de Venise*, tome v, page 410. — Dépêche de la légation française du 11 fructidor an II.

** Daru, *loco citato*.

à ses pinceaux, et qui était alors également à Gênes, lui prodigua les soins les plus empressés.

De retour enfin à Paris, après plus de cinq ans d'absence, Girodet fut s'installer dans un logement au Louvre, que M. Noël avait sollicité et obtenu pour lui. Ce fut là qu'il fit sa première *Danaé*.

Jupiter se transformant en pluie d'or pour entrer dans la tour où est renfermée la fille d'Acrisius, est un sens allégorique qui n'est pas difficile à pénétrer; cependant Titien, Annibal Carrache et tant d'autres après eux, ont suivi le sens matériel; Girodet a voulu écarter ce qu'il offre de dégradant pour Danaé, et, tout en se renfermant dans les principales circonstances du récit d'Ovide, il a su donner à cette fable un caractère tout particulier.

Pour jouir, tout à-la-fois, de la fraîcheur de la nuit et de la beauté du ciel, Danaé a fait placer son lit sur le sommet de la tour où elle est enfermée; cette tour est gardée, car on voit l'extrémité des lances, et, pour indiquer que les gardiens se sont abandonnés au sommeil, le peintre a entouré de pavots les fers de ces lances. Tout-à-coup des fleurs se répandent sur le lit de Danaé: surprise, elle se lève; au même moment l'Amour lui présente un miroir dans lequel elle se considère avec une satisfaction toute naïve, et où elle voit des bijoux s'attacher d'eux-mêmes à son col et à ses bras. Pendant qu'elle s'enivre du parfum des fleurs, et du sentiment de sa propre beauté, l'Amour dirige vers son cœur son flambeau tout-puissant : le dieu peut paraître; dans l'agitation qu'éprouve Danaé, il ne lui sera pas difficile de la subjuguer.

Ce tableau était destiné à décorer le salon d'un petit hôtel, rue du Mont-Blanc, construit par M. Percier pour M. Gaudin, alors ou depuis ministre des finances. Le prix promis était de six cents francs. Girodet, incapable de mesurer son talent sur une récompense de cette nature, fit un chef-d'œuvre dont le possesseur actuel demande 25,000 fr.

Après cette Danaé, Girodet exécuta, pour le roi d'Espagne, quatre tableaux représentant *les Saisons*, dans lesquels la poésie le dispute à la beauté de l'exécution; puis, il fit paraître *une nouvelle Danaé*, où, sous le voile d'une allégorie trop transparente, il se vengeait d'une insulte faite à son talent.

Une femme que je ne nommerai pas, et dont il avait exposé le portrait en 1799, écoutant des conseils peu éclairés, se plaignit du défaut de ressemblance, et le fit en termes peu mesurés; cependant, elle écrivit à Girodet, pour lui demander ce portrait et le prix qu'il croyait devoir mettre à cet ouvrage; mais, un homme qui se disait l'ami de notre peintre, s'était empressé de venir lui répéter les choses piquantes et désagréables qui avaient été dites dans le salon de cette dame, notamment par Robert, paysagiste bien connu. Girodet fut d'autant plus sensible à ces critiques, qu'il avait exécuté cet ouvrage *con amore*, ainsi que disent les Italiens; il avait même poussé la galanterie jusqu'à orner le cadre de camées dont les sujets étaient inspirés par le talent et la beauté du modèle. Le peintre, justement irrité, roula dans sa tête des projets de vengeance, et voici ce qu'il fit. Il coupa le portrait en morceaux, et le fit remettre en cet état chez le modèle. Puisant, ensuite, dans les diverses circonstances de la vie de cette dame et de celui qui était alors l'objet de son affection, des traits qui ne prêtaient que trop à des rapprochemens piquans, il la représenta sous la forme d'une Danaé. Le cadre contenait aussi des médaillons emblématiques ; mais, cette fois, ils étaient entourés de vers satiriques empruntés à Juvénal, Martial et autres; c'était le Génie armé du fouet de la Satire. A peine ce tableau fut-il exposé, qu'il excita au plus haut point la curiosité et la malignité publiques, car, la ressemblance ne laissait rien à desirer.

Tout cela n'était digne, ni du caractère, ni du talent de Girodet, aussi regretta-t-il, depuis, jusqu'au succès qu'il avait obtenu; et il a toujours refusé de montrer ce tableau même à ses amis les plus intimes.

Vers cette époque, M. Fontaine, architecte du premier consul, avait été chargé de restaurer et d'orner la Malmaison. Deux élèves de David, deux rivaux de gloire et de talent, MM. Gérard et Girodet, furent chargés d'exécuter chacun un tableau pour ce château. C'était l'époque où les poésies du barde écossais excitaient l'attention générale ; Bonaparte en était épris. Girodet, étant venu voir M. Gérard, lui demanda ce qu'il comptait faire; celui-ci répondit qu'il avait pris son sujet dans Ossian. Girodet avait-il eu la même intention? Cette réponse aurait-elle fixé ses idées? ou bien, et cette supposition me paraît la plus fondée, aurait-il senti naître le desir de lutter corps à corps avec un rival qui, comme lui, occupait l'attention publique? Quoi qu'il en puisse être, il fit cette composition étincelante de verve et de beautés de toute nature, où *Fingal et ses descendans reçoivent, dans leur palais aérien, les mânes des héros français**. C'était une manière heureuse de célébrer la gloire de nos guerriers ; ce qu'il y avait d'ingénieux, on pourrait dire même d'inattendu dans ce rapprochement, fut vivement senti, et ce tableau suffirait, seul, pour attester la richesse et la grâce d'imagination de notre peintre, comme il atteste la puissance et la délicatesse de son talent d'exécution.

Après avoir terminé cet ouvrage, Girodet s'enferma pendant quatre ans dans son atelier; au bout de ce temps, il exposa *une scène de Déluge,* l'une des plus belles productions, non-seulement de l'école moderne, mais encore de l'école française, et dont il avait conçu le sujet pendant son séjour à Gênes. En voyant cet ouvrage, David dit hautement à plusieurs personnes ** : « C'est la fierté de Michel-Ange unie à la grâce de Ra-« phaël. Que l'on dise maintenant que les peintres ne « sont pas poètes! »

Nous voici arrivés au moment où Girodet se livra à l'exercice de son art avec le plus de suite et d'énergie; *l'Ossian* avait été terminé en 1802, *une Scène de Déluge* en 1806 : en 1808 il exposa *les funérailles d'Atala,* tableau qui imposa silence à la critique, et *Napoléon recevant*

---

* Girodet a fait lui-même la description de ce tableau (tome II, page 289), ainsi que l'examen raisonné du même ouvrage, dans sa lettre adressée à M. Bernardin de Saint-Pierre (tome II, page 272).

** A M. Firmin Didot, entre autres, de qui je tiens cette anecdote.

les clefs de Vienne : deux ans après parut *la Révolte du Caire.*

Le génie libre et indépendant de Girodet souffrait difficilement la contrainte; il ne brillait de tout son éclat que lorsqu'il suivait ses propres inspirations : dans ces deux derniers tableaux, dont les sujets lui avaient été désignés, on ne devait pas s'attendre à retrouver entièrement le peintre d'Endymion, d'Hippocrate, d'Ossian; cependant, il était impossible, dans la reddition de Vienne, de ne pas reconnaître un maître; quant à la Révolte du Caire, des circonstances particulières en firent pour lui un sujet d'adoption. Il témoignait une vive admiration pour les tableaux dont M. Gros avait emprunté les sujets à la campagne d'Égypte; il disait souvent qu'il voulait aussi faire des Arabes; la révolte du Caire lui offrit les moyens de réaliser ce projet; il en mit effectivement plusieurs dans cet ouvrage, et il prouva qu'il n'avait pas trop présumé de ses forces. Quelle belle figure, par exemple, que celle de ce fils du désert qui soutient et défend, tout à-la-fois, un jeune pacha que le sort a trahi! Quelle fierté, quel dévoûment, quel mépris de la mort, respirent dans toute son attitude! Comme l'âme s'émeut à la vue de ce jeune infortuné dont la vie s'est écoulée comme celle d'une fleur! C'est un episode digne d'Homère ou de Michel-Ange. Quelques têtes de dragons sont d'une expression et d'une couleur au-dessus de tout éloge. En considérant cette masse de fuyards qui se précipitent dans la mosquée, ou qui s'échappent dans toutes les directions pour se dérober au fer de nos guerriers, on croit lire une description du chantre d'Achille.

Ce tableau, où l'on trouve tant de beautés de premier ordre, et de celles qu'il n'est donné qu'à un homme ardent, passionné, de produire, offre aussi une faute grave qui le dépare : c'est ce grand hussard qui s'élance, le sabre à la main, et qui occupe trop l'attention, parce qu'il tient trop de place dans la toile; les yeux peu exercés n'ont vu que la faute; les gens habiles ont été transportés d'admiration pour les beautés. Je crois que la Révolte du Caire est l'une des productions de Girodet qui doivent le mieux assurer sa réputation. Si l'on examine ce tableau avec soin, il est facile d'y reconnaître une extrême liberté d'exécution; effectivement, Girodet n'a fait aucune autre peinture avec autant de verve, de promptitude et de sûreté; son humeur était enjouée; il était entouré de Mameloucks qui étaient, pour ainsi dire, à demeure chez lui, et dont la beauté l'électrisait; il semblait qu'il avait encore l'imagination frappée des souvenirs de la scène qu'il voulait représenter, et chaque jour il en retraçait quelques parties, comme il aurait continué un récit. Il est certain, au reste, qu'il ne fit même pas d'esquisse.

C'était l'année même que parut la Révolte du Caire (en 1810) que devaient être décernés les grands prix décennaux, annoncés par les décrets des 24 fructidor an XII et 28 novembre 1809; les jugemens eurent lieu, en effet, et *une Scène de Déluge* obtint le grand prix d'histoire. Voici comment le jury s'exprima sur cette production :

« L'énergie et la sensibilité que M. Girodet a déployées
« dans sa composition méritent les plus grands éloges.

« Cette *scène* si touchante et si terrible, en offrant à
« nos regards ce que la crainte et le danger ont de plus
« effrayant, ne présente que des mouvemens nobles, et
« ce que la belle nature offre de plus pur. La réunion
« des différens âges, des sexes différens, ajoute encore
« à la beauté du tableau, par d'heureuses oppositions
« rendues avec autant de grâce que de force, et qui dé-
« cèlent dans l'artiste une connaissance approfondie de
« la nature et de ce qui constitue le beau. Le pinceau
« de M. Girodet, toujours précieux, est dans ce tableau
« aussi vigoureux que brillant : la couleur et l'effet y
« sont également portés à un très haut degré. Enfin, on
« peut regarder cet ouvrage comme un des plus beaux
« de notre école, sous les rapports de l'expression, de la
« science du dessin, et de l'exécution. »

Il était d'autant plus glorieux pour Girodet d'avoir remporté la victoire, qu'il avait eu pour concurrent le chef de l'école, son maître, David, qui était entré en lice avec *les Sabines*, l'une des plus importantes productions de ce grand peintre.

On sait, au reste, que ce concours ne fut qu'une déception, et que les récompenses promises ne furent point distribuées.

L'ardeur avec laquelle Girodet avait exécuté la Révolte du Caire, l'avait soutenu jusqu'au bout; mais ensuite, il était long-temps resté malade; il avait éprouvé le même inconvénient après une Scène de déluge; il sentait qu'il consumait sa vie en faisant des tableaux; aussi, dans le cours des dix années qui suivirent le salon de 1810, on ne vit plus aucun ouvrage capital de lui; seulement, en 1812, il exposa, avec quelques portraits, une tête de vierge d'un caractère vraiment sublime, tel qu'il était donné à Girodet de sentir et d'exprimer la sublimité. Ce fut pendant cette longue période que, remontant le cours des siècles, il alla s'asseoir près d'Anacréon, de Virgile et de tant d'autres poètes célèbres dont il reproduisit les ouvrages dans une suite immense de dessins dont je parlerai plus tard. Enfin, dans les derniers jours de l'exposition de 1819, parut le tableau de *Pygmalion et Galatée*, dans lequel il semblait avoir voulu surmonter des difficultés qui paraissaient insurmontables, et reculer les bornes de son art.

En effet, le peintre devait réunir, dans le même cadre, ce qui, dans Ovide, fait une suite de tableaux ; montrer, d'une manière instantanée, la succession des circonstances qui composent le récit du poète : l'amour de Pygmalion pour son propre ouvrage ; Vénus exauçant les vœux du statuaire ; l'Amour donnant la vie à l'albâtre. Ici, ce n'était plus une fiction, c'était la réalité même qu'il fallait représenter. L'opinion n'a pas été unanime, quant à la manière dont le peintre a exprimé l'émotion que Pygmalion dut éprouver à la vue de ce prodige ; on a blâmé le geste qu'il fait pour s'assurer que ses yeux ne l'abusent pas ; on a trouvé, aussi, qu'il y avait un peu d'afféterie dans le mouvement de la figure symbolique de l'Amour, placé entre les deux personnages ; mais, ce que l'on a admiré sans restriction, c'est la beauté de contours de la Galatée, l'expression si juste, si vraie, si bien sentie que le peintre lui a donnée, et dans laquelle il semble supérieur à Ovide même.

Il s'était écoulé quatre ans depuis l'apparition de cet ouvrage, lorsque Girodet envoya, à l'exposition de 1824, les portraits en pied de deux chefs vendéens, *Catheli-neau et le général Bonchamp*, et deux bustes, *M. Merlin et madame de Reizet*.

C'était le dernier éclair d'un grand talent qui allait s'éteindre : avant que l'exposition fût terminée, Girodet n'existait déjà plus. Lorsque l'on sut qu'il était gravement malade, sa chambre, sa maison, sa cour furent continuellement remplies de ses amis, de ses élèves, et de tous les admirateurs de son beau génie.

En sentant sa fin approcher, à un âge qui semblait lui permettre de compter encore sur l'avenir, de réaliser des projets, d'exécuter des travaux médités depuis long-temps, qui peut dire tout ce qu'il y eut de douleur et de regrets dans cette âme si vive et si passionnée? Surmontant le mal qui l'accablait, il sort de son lit, soutenu par sa seule domestique, et monte défaillant à son atelier. Là, il promène ses regards mourans sur des travaux entrepris qu'il laissait inachevés, sur tout ce qu'il s'était plu à y rassembler; il considère dans un morne silence et pour la dernière fois les lieux témoins de tant de veilles, de tant d'études, de tant de méditations qui embellissaient sa vie; ne pouvant soutenir plus long-temps une situation si violente, il se retire lentement, et se retournant sur le seuil de la porte : « Adieu, dit-il d'une voix éteinte, adieu! je ne vous reverrai plus! »

Pendant tout le cours de sa maladie, il reçut de M. Larrey son ami, des soins, tels que la mère la plus tendre pourrait en donner à un fils chéri.

Les élèves de toutes les écoles rivalisèrent avec les siens pour lui rendre les derniers hommages; le convoi qui suivait sa dépouille mortelle était nombreux et composé de tout ce que Paris renferme de plus distingué; un prélat aussi recommandable par ses vertus que par ses lumières et l'élévation de son esprit, M. l'abbé Feutrier, aujourd'hui évêque de Beauvais, après l'avoir assisté dans ses derniers mómens, voulut accompagner ses restes mortels jusqu'au lieu où ils devaient être déposés * : c'était un hommage rendu au génie par la charité unie au talent.

Les travaux que Girodet avait exposés, pendant sa vie, aux regards du public, suffiraient seuls à assurer sa renommée; sa mort prouva non-seulement que l'on ne connaissait qu'une bien faible partie de ce qu'il avait produit, mais encore que le rôle de peintre ne suffisant pas à son activité brûlante, il avait voulu prendre rang parmi les écrivains.

Les richesses que contenaient ses portefeuilles furent mises successivement sous les yeux du public. Ainsi l'on a publié, d'abord, cinquante-quatre compositions puisées dans *Anacréon;* ensuite, seize compositions représentant *les amours des Dieux*; enfin seize autres compositions sur *Sapho*. Il reste encore à paraître vingt-six su-

---

* Le monument qui lui a été élevé, au cimetière de l'Est, a été exécuté sur les dessins de M. Perçier, son ami; le buste qui orne ce monument est de M. Desprez : la ressemblance en est parfaite, et l'exécution fait honneur à ce jeune artiste qui, depuis, a remporté le grand prix de sculpture.

jets empruntés à *Moscus* et à *Bion*. Il avait également fait seize dessins dont les sujets lui avaient été fournis par *le poème de Musée* qu'il a traduit, ainsi que seize nouvelles compositions d'après *Ossian;* mais, ces deux suites ont été vendues.

Dans cette énumération, je ne parle pas d'une grande quantité d'autres dessins qui ne formaient pas un corps d'ouvrage, et qui se trouvent maintenant disséminés; mais, ce qui surtout mérite une attention particulière, ce sont les cent soixante compositions, environ, sur *Virgile*, que M. Pannetier, élève et ami de notre grand peintre, a acquises, et parmi lesquelles il a choisi les plus terminées, au nombre de quatre-vingt-quatre, que les élèves de Girodet ont reproduites par la lithographie, avec un soin et une fidélité dignes de l'affection qu'ils portaient à leur maître.

Si les richesses enfouies dans ses portefeuilles ont causé, tout à-la-fois, de la surprise et de l'admiration, on ne sera peut-être pas moins étonné en lisant les deux volumes qui renferment ses œuvres littéraires et didactiques.

Quelques personnes savaient qu'il écrivait sur son art, qu'il faisait même des vers. De son vivant on avait inséré, dans *le Mercure du 29 août* 1807, un fragment d'un *Essai poétique sur l'École française*. Ce fragment, très faible de versification, faisait partie de ses *Veillées* qu'il abandonna pour faire *le poème du Peintre;* mais, il avait retouché ces *Veillées*, et l'on verra par les morceaux que j'en ai mis à la fin de ce volume, et dans lesquels on retrouvera beaucoup de vers imprimés dans le

Mercure, que, déjà, la versification en est, tout à-la-fois, plus serrée et plus facile, quoiqu'elle soit loin encore du degré qu'il a atteint dans plusieurs parties de son poème.

Vers cette même époque, il publia un petit écrit en réponse aux attaques dont *une Scène de Déluge*, exposée en 1806, avait été l'objet. Il était blessé de l'injustice des unes, révolté de l'ignorance des autres: il y répondit, mais dans une langue qu'il ne savait pas encore assez bien; et, si les idées étaient justes, les vers étaient généralement médiocres; c'est même à cause de cette médiocrité que je ne les ai pas réimprimés; cependant, l'indignation lui inspire quelquefois des vers heureux tels que celui-ci :

« Pour former un public, combien faut-il de sots? » *

M. Noël avait inséré, aussi, dans son *Dictionnaire de la Fable*, une description iconologique des Saisons, faite par Girodet, et le peintre n'avait eu besoin, pour ainsi dire, que de traduire ce qu'il avait écrit sur la toile

---

* « On peut avancer que jamais le public en masse ne juge réellement un homme extraordinaire, parce que le public en masse se compose d'hommes bornés, tellement absorbés dans un cercle étroit de petits intérêts, qu'ils sont totalement étrangers à la sphère des hautes conceptions de l'intelligence humaine. Ils savent bien qu'il y a de grandes pensées, des connaissances sublimes, mais seulement par ouï dire ; leur estime pour les hommes de génie consiste uniquement dans un sentiment très vague, très confus de leur supériorité, nullement dans une vue nette et distincte de ce qui la constitue. Cet examen, cette analyse passent la portée du public en général. » (Goëthe : *des Hommes célèbres de la France au dix-huitième siècle, et de l'état de la littérature et des arts à la même époque.*)

dans ces charmantes compositions exécutées, d'abord, pour le roi d'Espagne, et dont il a fait des répétitions avec des changemens notables pour le château de Compiègne; mais, ces écrits et quelques dissertations lues à l'Institut n'avaient pu faire supposer que Girodet se fût livré sérieusement à la poésie. Le public n'apprendra donc pas sans une sorte d'étonnement qu'un artiste qui, comme peintre, occupe certainement le premier rang de notre école, ait consumé une partie de sa vie, soit à composer un poème sur la peinture, soit à traduire ou imiter Anacréon, Musée, Sapho et plusieurs autres poètes grecs et latins.

Toutes ces traductions ou imitations m'ont paru dignes d'être mises sous les yeux du public. On remarquera, sans doute, que la traduction de Musée est, en général, assez fidèle; cependant Girodet savait peu le grec. Je soupçonne qu'il s'est servi pour ce poème, comme pour Anacréon et les autres poètes grecs, des traductions latines faites à cette époque où brillaient les Etienne et les Casaubon.

De tout ce que contiennent les deux volumes des œuvres didactiques de Girodet, la chose la plus importante, sans doute, est son *poème du Peintre*. Il a voulu se disculper d'avoir tenté cette entreprise, en citant tous les hommes qui, comme lui, ont écrit sur leur art. Cet exemple ne serait pas une excuse : pour toutes les productions de l'esprit, c'est le succès qui justifie, ou, au moins, le suffrage de la postérité, car les jugemens des contemporains sont souvent empreints de prévention et de jalousie.

Au reste, c'est la postérité qui est appelée à juger le poème de Girodet; elle a déjà commencé pour lui, et, quoique son ombre semble encore inquiète de la destinée de son livre, je me persuade que ses contemporains, qui forment, depuis si peu de temps, cette postérité à laquelle il semblait confier le soin de sa gloire, lui rendront la justice qu'il me semble mériter.

Girodet avait bien senti que les poèmes sur la peinture qu'il cite sont extrêmement froids parce qu'ils sont purement didactiques; il a cherché à éviter cet inconvénient et il y est parvenu en substituant des descriptions à des préceptes. Dans ces descriptions, variées par la nature même des choses et des lieux qu'il met sous les yeux de son disciple, c'est un peintre qui rend compte en peintre de toutes ses impressions. Ces impressions décèlent une âme vive, ardente, une imagination riche, féconde. Cette chaleur qui l'anime, il sait la faire partager à son lecteur; ses expressions sont non-seulement pittoresques, mais encore passionnées; sous sa plume on rencontre des tournures hardies, souvent heureuses, et une foule de beaux vers qui peignent bien ce qu'il veut dire: mais, s'il cesse de peindre en écrivant, s'il veut disserter, sa muse l'abandonne : son talent ne prend sa source que dans ses émotions.

Il est digne de remarque que, après avoir parlé avec tant de chaleur de ce qu'il avait vu, de ce qu'il avait senti, il ne reste pas au-dessous de lui-même lorsqu'il emprunte ses récits à quelque grand écrivain.

M. de Châteaubriand, en traversant la Grèce, était allé fouler les ruines de Sparte. « Un mélange d'admira-

« tion et de douleur arrêtait mes pas et ma pensée; le
« silence était profond autour de moi; je voulus du
« moins faire parler l'écho dans des lieux où la voix hu-
« maine ne se faisait pas entendre, et je criai de toute
« ma force: Léonidas! Aucune ruine ne répéta ce grand
« nom, et Sparte même sembla l'avoir oublié. »

Cette dernière image frappe Girodet : il veut la reproduire, il veut même que l'on reconnaisse la source où
il l'a puisée. Voici comment il s'exprime :

O mère de héros, maintenant asservie!
Sur la terre d'Agis, *l'étude et le génie*
Vinrent ensemble un jour crier : Léonidas!
La voix des vieux tombeaux ne leur répondit pas.

C'est avec le même éclat qu'il traduit cette description tout à-la-fois éloquente et mélancolique que l'é-
crivain, que je viens de nommer, a faite des principaux
lieux de la Judée, et qu'il transporte dans ses vers quelques-uns de ces tableaux si neufs et si grands qui abon-
dent dans l'épisode d'Atala; puis il ajoute :

Mais, laissons-les tracer au chantre de Chactas :
Qui peindrait mieux que lui ses amours, ses combats;
La vierge du désert et, des fils des cabanes,
Les berceaux suspendus aux festons des lianes?

Quelquefois il lutte avec les écrivains qui ont traité
avant lui les sujets qui entraient dans son cadre. Ainsi,
tout le monde connaît la description poétique que Winckelmann et Delille ont faite de l'Apollon du Belvédère.
Girodet, ardent admirateur des productions de l'antiquité, a fait, à son tour, la description, en vers et en

prose, des statues les plus remarquables; on la trouvera dans son poème et dans sa dissertation sur la grâce. Ici, il rivalise de goût, de chaleur, de sentiment avec Winckelmann; là, il parle la même langue que Delille. Celui-ci n'a fait que traduire en vers la belle prose de l'écrivain allemand; Girodet leur fait des emprunts à tous deux, mais il sait s'approprier ce qu'il emprunte.

Delille avait dit :

« Un vil bloc enferma le dieu de la lumière. »

Girodet, en conservant cette idée, lui donne plus de mouvement et de chaleur vraiment poétique :

« Un vil bloc enfanta le père de l'Aurore. »

Winckelmann décrivant la chevelure d'Apollon avait dit :

« Semblable aux tendres sarmens de la vigne, sa belle
« chevelure flotte autour de sa tête, comme si elle
« était légèrement agitée par l'haleine du Zéphyr. »

Voici les vers de Girodet :

Tel qu'un cep vierge encor prodigue ses rameaux,
Telle sa chevelure, en mobiles anneaux,
Dans son luxe élégant mollement se déploie.

Sans doute Winckelmann a dû perdre à être traduit en français et je ne doute pas que dans l'original il n'y ait encore plus d'harmonie et de pompe; mais, en ne considérant que la pensée, on reconnaîtra, je le crois, au moins, que Girodet a su la revêtir des formes les plus heureuses.

S'il n'est que le rival, ou même que l'imitateur de

Winckelmann et de Delille dans sa description de l'Apollon, il laisse bien loin de lui le premier de ces écrivains lorsqu'il parle de Bacchus, de Laocoon, de Diane, de Vénus, de Jupiter et de Mercure. Quelle chaleur, quel profond sentiment, par exemple, dans ces deux vers par lesquels il termine ce qu'il dit du Laocoon!

> O puissance de l'art! mes yeux versent des pleurs
> Sur ce marbre expirant dont je plains les douleurs!

Est-il possible d'exprimer d'une manière plus juste, plus poétique, plus vive, tout-à-la-fois, et la perfection de l'ouvrage et l'émotion profonde qu'elle produit?

Veut-il peindre Bacchus? on retrouvera dans ses vers la mollesse des contours du fils de Sémélé.

> Est-ce une illusion? Des bruyantes crotales
> Le cliquetis se mêle au bruit sourd des cymbales;
> Bacchus paraît, Bacchus, frère du dieu du Jour.
> Ses yeux demi voilés par l'ivresse et l'amour,
> Sa bouche parfumée où la grâce respire,
> Ses cheveux ondoyans, bouclés par le Zéphyre,
> Et les souples rondeurs d'un corps harmonieux,
> Tout nous révèle en lui le plus charmant des dieux.
> Fuyez, Nymphes, fuyez! redoutez sa présence.....

Je ne sais si je me trompe, mais il me semble que c'est là sentir en peintre et écrire en poète.

Si le cadre que Girodet s'était tracé ne lui a pas permis de donner à son poème la forme d'une épopée, cependant, ce n'est pas non plus un poème purement didactique ou descriptif; sans doute, par ses conseils comme par ses descriptions, il apprend à son élève à juger ce qui est digne de ses pinceaux, mais, ce qui vaut mieux encore, il lui apprend à sentir. En retraçant ses émotions d'une manière si vive, si animée, il les fait passer dans l'âme de celui qui l'écoute. On a dit, avec raison, que les grandes pensées partent du cœur; mais, cette observation ne doit pas se restreindre aux seules idées, aux seules conceptions généreuses; c'est aussi le cœur qui a inspiré les plus belles productions, de quelque nature qu'elles puissent être. L'esprit est une faculté brillante qui sait trouver de nouveaux aperçus, ou revêtir la pensée du vernis le plus séduisant; mais, l'esprit plaît et ne touche pas. Ce n'est pas avec de l'esprit qu'Homère aurait tracé ce bel épisode de Priam venant embrasser les genoux d'Achille pour obtenir le corps de son fils; ce n'est pas l'esprit qui a inspiré Virgile quand il raconte la fin touchante de Nysus et d'Euryale. Est-ce l'esprit qui a enfanté l'épisode des amours funestes de Françoise de Rimini? qui a dicté les soupirs d'Andromaque et les plaintes de Phèdre? ou qui a créé le Laocoon? non, sans doute: l'esprit seul n'aurait rien produit de semblable, et il fallait plus que de l'esprit pour composer cette belle scène d'Hippocrate refusant les présens d'Artaxercès, ou les funérailles d'Atala.

Lorsqu'une faculté est portée à un degré supérieur, on lui donne le nom de génie; David avait certainement le génie de son art; Girodet le possédait également; mais, chez lui, il était uni à cette chaleur de l'âme qui anime tout, qui nous rappelle que nous sommes hommes en élevant notre pensée et nos sentimens. Sous ce rapport il me paraît supérieur à son maître.

Mais, tous ses ouvrages sont-ils donc parfaits? Je suis loin de le prétendre; et en essayant de caractériser son talent, ce que je dirai s'appliquera à ses tableaux comme à ses écrits, car, la plume, comme le pinceau, n'est qu'un moyen d'exprimer la pensée; seulement il ne faut pas oublier que, dans sa main, le pinceau était plus docile que la plume. Il est poète, sans doute, mais il n'est pas toujours bon versificateur, et, ainsi que je l'ai déjà fait remarquer, c'est lorsqu'il cesse d'être ému qu'il cesse aussi d'être poète : il ne possède pas l'art de cacher le vide des idées sous la pompe des mots.

Girodet avait une grande fécondité d'imagination : ses ouvrages l'attestent; cependant, bien loin de s'abandonner à une malheureuse facilité, il était extrêmement difficile pour lui-même; ainsi, après avoir adopté un sujet, il le retournait de mille manières pour chercher la meilleure. Par exemple, il a laissé peut-être dix compositions différentes sur *la Naissance de Vénus*. Il a dit dans son poème :

Vénus naquit des flots, grâce à l'amour d'Apelles.

La pensée de ce vers est puisée dans le récit de Pline qui prétend que le peintre de Cos peignit sa Vénus anadyomène d'après Campaspe. Cette image de Vénus sortant du sein des ondes, dégagée des accessoires emblématiques, mais fort peu poétiques, rapportés par Hésiode, est certainement une des plus heureuses dont la peinture puisse s'emparer. Girodet disposa ce sujet de plusieurs façons. Tantôt il représente Vénus, seule, s'élevant du sein des flots qui semblent s'en détacher à regret; elle ne fait que de naître et, déjà, elle réunit *la grâce à la beauté*; déjà, elle éprouve le secret sentiment de la puissance de ses charmes. Pendant que d'une main elle exprime l'eau qui baignait ses cheveux, de l'autre elle se dispose à les arranger sur sa tête. Tantôt, l'Amour est près d'elle : le dieu qui tyrannise tous les cœurs tient dans sa main la flèche dont il les blesse; il ne fait que de naître, aussi, et ses regards, son attitude décèlent que tout ce qui respire doit être soumis à ses lois. Tantôt, enfin, placés sur un plan plus éloigné, Neptune et Amphitrite considèrent avec étonnement la déesse qui vient de voir le jour. Amphitrite, jalouse d'une beauté qui surpasse la sienne, se cache éperdue dans le sein de son époux.

On concevra facilement que notre grand peintre ait senti naître en lui le desir de rivaliser avec Apelle; la mort a mis fin à ce projet comme à tant d'autres qu'il avait conçus, et il ne nous reste de cette pensée que des dessins plus ou moins achevés, et quelques esquisses peintes, dont une est assez terminée dans plusieurs parties. Tout cela devient précieux, et pour le talent qu'il y a déployé, et pour le caractère du sujet qui rappelle un des chefs-d'œuvre de l'antiquité.

C'est par suite de ce besoin d'envisager un sujet sous toutes ses faces et de chercher le mieux, que ses élèves lui ont vu faire et refaire plusieurs fois, sur la même toile, sa *Galatée*. Il est impossible de se figurer le nombre de belles choses qu'il a successivement recouvertes en faisant ce tableau.

Avec cette disposition d'esprit, Girodet devait quelquefois tomber dans la recherche et l'afféterie : c'est ce que l'on peut remarquer dans plusieurs de ses ouvrages; quelques-unes de ses compositions sur Anacréon, entre autres, offrent ce défaut. J'ai dit que, dans cette suite, on pouvait le comparer à un musicien qui, après s'être emparé d'un chant heureux, le module en s'abandonnant aux inspirations de son propre génie*. Je crois cette réflexion juste; mais il est juste aussi d'ajouter que toutes ces modulations ne sont pas également heureuses : si l'on trouve partout de l'élégance, du style, et le véritable sentiment de la beauté, on trouve aussi quelquefois une sorte de gentillesse recherchée, qui est à la grâce réelle, ce qu'un maintien étudié est à la noblesse qui résulte de l'heureuse disposition du corps.

Ses écrits, principalement ses *Considérations sur le génie*, et sa *Dissertation sur la grâce*, offrent cette même recherche, cette même afféterie que je viens de lui reprocher. Il oublie que le plus grand mérite du style est d'être simple, ce qui n'exclut, ni la force, ni la chaleur des mouvemens, ni même la finesse des aperçus; il tourmente souvent ses phrases pour leur donner de l'effet; dans d'autres occasions, il craint de ne pas rendre sa pensée d'une manière assez complète, de ne pas en dire assez, et il accumule les phrases incidentes et les épithètes : au reste, ces défauts sont rachetés par l'abondance et la grâce des idées, comme par la solidité des jugemens.

Si l'on voulait résumer en quelques mots l'opinion

---

* Discours préliminaire en tête de *l'Anacréon*.

que je viens d'exprimer, on pourrait dire que, dans les sujets qui en étaient susceptibles, Girodet est trop occupé de montrer de l'esprit; mais, lorsque la situation l'entraîne, son génie n'emploie point les faux ornemens: c'est ce qu'il a prouvé dans *l'Hippocrate*, comme dans *l'Atala*.

De toutes les suites de dessins qu'il a laissées, celle qui me paraît la plus parfaite, c'est *l'Enéide*. Pur, élégant, sensible, Virgile ne laisse jamais son lecteur sans émotion; dans son poème immortel, le charme de l'expression est toujours d'accord avec la grâce et la délicatesse de la pensée. Girodet n'est point resté au-dessous de son modèle : il est simple, il est antique, il est sublime comme lui. Soit qu'il nous montre Vénus implorant Jupiter pour les Troyens, Énée voyant l'histoire d'Ilion sculptée sur les portes d'un temple de Carthage, l'ombre d'Hector apparaissant à Énée pendant son sommeil et lui ordonnant de fuir, Didon confiant à sa sœur son amour pour le héros troyen; soit qu'il représente la Renommée racontant à Jarbe les amours de Didon et d'Énée, la Sibylle écartant les ombres qui s'opposent à l'entrée d'Énée aux enfers, Caron recevant le héros troyen dans sa barque, les supplices du Tartare, etc., partout, s'identifiant avec son sujet, il imprime à chacune de ses compositions, selon le caractère qui lui est propre, la vérité d'expression, la science du nu, l'élévation du style, une énergie profonde.

Qu'il me soit permis de m'arrêter un instant sur quelques-unes de ces belles pages où Girodet a traduit Virgile dans une langue qu'il savait si bien parler.

La poésie décrit ou raconte : elle embrasse toutes les circonstances principales d'un évènement ou d'une situation ; elle les fait passer successivement sous les yeux du lecteur, dont l'imagination se lie à celle du poète. La peinture expose aux regards du spectateur les personnages mêmes qui ont pris part à cet évènement, ou qui se trouvent dans la situation indiquée par le poète ; elle ne peut les représenter que dans un instant donné : tout ce qui précède, tout ce qui suit ne saurait être exposé complètement, et ne peut être qu'indiqué. Que fera donc le peintre habile pour établir la relation de l'instant qu'il a choisi avec ce qui l'a précédé ou ce qui doit le suivre ? Girodet va nous l'apprendre.

Tout le monde a présent à la pensée ces beaux vers où Vénus vient implorer le maître des dieux en faveur de son fils, dont les vaisseaux viennent d'être dispersés par une tempête horrible ; et ceux dans lesquels Jupiter la rassure et lui fait connaître les destinées de Rome.

Dans la composition de Girodet, Vénus, penchée mollement sur le sein de son père, dans l'attitude d'une suppliante, montre d'une main les vaisseaux d'Énée, tandis que de l'autre elle caresse le menton de Jupiter. Le maître des dieux se montre sensible aux prières de Vénus : sa main laisse échapper son sceptre, dont l'Amour s'empare ; il étend l'autre avec un geste protecteur vers les vaisseaux troyens. L'aigle lui-même éprouve l'influence de la déesse de la beauté : il incline sa tête altière, en même temps qu'il étend son aile sous les pieds de cette déesse.

Le bras suppliant de Vénus indique bien l'objet de

sa prière; le bras étendu et protecteur de Jupiter fait connaître que les vœux de la déesse sont exaucés; ainsi le peintre a su exprimer, d'une manière précise et instantanée, ce qui fait l'objet du récit du poète.

Énée et Didon, surpris par l'orage, se réfugient dans une grotte; le héros troyen entraîne la reine qui ne résiste plus qu'à demi. Près d'elle le peintre a placé un personnage symbolique, pour faire connaître la nature du sentiment qui l'anime: c'est l'Amour. Le fils de Vénus tient un flambeau allumé, et, par son geste, révèle l'influence morale qu'il exerce: il pousse Didon vers les lieux qui doivent être bientôt témoins de sa défaite; la déesse qui préside à l'hymen apparaît dans les nuages. Dans le lointain on voit la suite de la reine et d'Énée fuir en toute hâte pour échapper à l'orage qui éclate sur sa tête. Bientôt la Renommée,

. . . . . *Malum quo non aliud velocius ullum*,

dit Virgile, répand partout la nouvelle de l'hyménée d'Énée et de Didon; elle vient en instruire Jarbe; mais, comment le peintre pourra-t-il faire connaître au spectateur ce qu'elle raconte au fils de Jupiter?

Sous son aile on voit un groupe fantastique représentant les deux amans dans la même attitude où ils étaient lorsqu'ils entrèrent dans la grotte. Certes, il était impossible de mieux caractériser le sujet du récit de la Renommée.

Je ne poursuivrai pas davantage l'examen de cette belle suite, où l'on voit le génie de l'un des plus grands poètes de l'antiquité reproduit, dans une autre langue, par l'un des plus grands peintres modernes. Je suis bien loin de contester le mérite de Flaxmann; mais, dans ses compositions sur Anacréon, Sapho, Bion, Moschus, etc., et principalement sur Virgile, Girodet me paraît l'emporter beaucoup, tant sous le rapport de la science du dessin, que pour la grâce de la pensée et l'habileté des dispositions.

Combien l'on doit regretter que la mort soit venue interrompre cette belle entreprise, et qu'il n'ait pu, ni faire toutes les compositions qu'il se proposait de puiser dans Virgile, ni même terminer toutes celles qu'il avait déjà commencées!

J'ai parlé jusqu'actuellement de Girodet, peintre ou poète, tel qu'il se montre dans ses ouvrages; pour compléter le tableau que je me suis proposé de tracer, il me reste une tâche plus difficile à remplir : celle d'étudier les ressorts de son âme ardente, de faire connaître les qualités comme les défauts qui composaient son être moral, et les sentimens qui le dirigeaient dans son travail.

Je vais d'abord conduire le lecteur dans l'atelier du peintre; j'essaierai de le lui montrer occupé de ses ouvrages, discourant avec ses élèves, exprimant ses opinions : ce spectacle mérite bien qu'on s'y arrête.

A son retour d'Italie, Girodet, précédé par la renommée que lui avaient acquise les ouvrages exécutés pendant son séjour à Rome, fut accueilli et recherché par tout ce que Paris renfermait de plus distingué; cédant aux desirs de quelques amateurs connus dans le monde par leur nom et leur fortune, il ouvrit un atelier où ils vinrent étudier. Cette origine fit soupçonner, à tort, que l'instruction que l'on y recevait n'avait ni la rigueur ni l'étendue nécessaires aux jeunes gens qui se livrent exclusivement à l'étude de la peinture : cependant, plusieurs de ces derniers, admirateurs passionnés du talent du maître, vinrent se ranger sous sa direction. Le nombre des élèves resta toujours dans de moyennes limites, et, de toutes façons, cela tourna à leur avantage. Girodet, sans égard pour la fortune ni pour le rang distribuait ses conseils avec une parfaite égalité. Quoique remarquablement impressionnable, aucun de ses élèves n'eut jamais à se plaindre d'un seul mot qui pût le blesser; ses leçons, brèves et substantielles, étaient données avec une originalité d'expression qui les rendaient pénétrantes.

Dans le cœur confiant et ouvert de la jeunesse, de celle surtout qui aime les arts avec entraînement, un dévoûment tendre et respectueux s'allie bientôt à l'admiration. Girodet s'aperçut facilement que tel était l'état de l'âme de plusieurs de ses élèves, et il les admit peu-à-peu dans l'intérieur de son propre atelier. Ils savaient que personne n'y pénétrait, et que leur maître y passait souvent une partie des nuits; dès-lors il est facile de comprendre quel prix les initiés durent mettre aux secrets de ce sanctuaire, et combien leur affection dut s'en accroître.

Souvent, après les travaux de la journée, Girodet tirait de son immense collection de gravures un assez bon nombre de compositions de Michel-Ange, Raphaël, Jules Romain et Poussin (ces quatre maîtres formaient,

pour ainsi dire, le noyau de ses affections); il commentait
et faisait l'analyse de leurs ouvrages avec une rare saga-
cité, et surtout avec un enthousiasme plein de verve et
de naturel : il admirait aussi le talent du Poussin, comme
paysagiste ; cependant, il lui reprochait de manquer de
fécondité et d'élégance. L'école moderne du paysage lui
paraissait être dans une mauvaise route ; selon lui, la ma-
jeure partie des productions de nos jours n'étaient que
des études, maladroitement cousues, auxquelles il manquait une idée première et génératrice. De tous les ouvrages de son maître, pour lequel, au reste, il manifestait
une haute estime, *le Serment des Horaces* était celui qu'il
préférait, non-seulement sous le rapport de la composition et de l'exécution, mais encore parce que c'était le
tableau dans lequel il trouvait le plus de verve.

Dans le commencement de sa carrière, Girodet éprouvait pour le beau antique une admiration portée jusqu'à
l'idolâtrie : persuadé que l'excellence de l'art consistait
principalement dans la précision, la finesse et la beauté
des contours, il porta cette précision jusqu'à la sécheresse, ainsi qu'on peut le remarquer dans l'Hippocrate,
dans les dessins pour le Virgile publié par M. Didot l'aîné,
et dans ceux qu'il fit pour la tragédie d'Andromaque ;
mais, il ne tarda pas à s'apercevoir que cette précision ne
suffisait pas pour rendre la souplesse et la grâce de la nature, et les compositions de la tragédie de Phèdre sont, déjà, un témoignage de la modification de ses idées : aussi disait-il à ses élèves qu'il fallait tout sacrifier à la correction
du dessin, mais que cette correction devait être puisée
dans l'étude de la nature : il ajoutait, au reste, que, dans

toute espèce d'imitation, il y avait un choix à faire, et, à cette occasion, il disait plaisamment que Raphaël n'aurait pas peint un soulier comme un homme vulgaire. Il joignait donc à une recherche constante du beau et du mieux, le desir non moins impérieux d'être vrai : c'est ce qui lui faisait éprouver le besoin d'être toujours en présence de la nature pour commencer et pour terminer ses ouvrages.

Que l'on me permette, à cette occasion, d'entrer dans quelques détails ; s'ils ne sont pas de nature à intéresser également tous les lecteurs, ils me paraissent, au moins, devoir fixer l'attention des artistes, qui sauront bien reconnaître ce qu'il y avait de particulier à Girodet dans ce que je vais rapporter. Les jeunes gens, qui pensent que l'on peut improviser un tableau, seront peut-être étonnés des précautions que prenait un grand artiste qui ne manquait certainement ni de science ni de feu ; peut-être aussi, dans quelques siècles, ces détails auront-ils un intérêt historique.

Girodet n'a jamais commencé l'exécution d'aucun de ses tableaux sans avoir préalablement étudié son sujet, arrêté ses idées, par une grande quantité d'esquisses, soit peintes, soit dessinées. Lorsqu'il était satisfait de l'arrangement de ses figures et de la distribution de la lumière, il prenait le modèle vivant et dessinait, avec un soin extrême, chacune de ses figures, nues ou vêtues, dans le mouvement qu'elles devaient avoir : il lui arrivait souvent, et cela a eu lieu, sans exception, pour tous les personnages qui composent *une Scène de Déluge*, de faire des études sur le squelette pour chacune des articulations, et même des dessins de myologie, pour se rendre compte, avec exactitude, du mouvement des couches profondes et cachées des muscles, qui jouent, à notre insu, un si grand rôle dans l'apparence de la forme. Il joignait à ces études, celles de toutes les draperies de ses figures, et il en faisait des dessins très arrêtés. Ses recherches étaient si minutieuses que, pour peindre une pierre, de la mousse, un brin d'herbe, la nature était toujours présente, consultée, choisie; aussi, pendant l'exécution de ses tableaux, son atelier offrait un immense assemblage d'objets de toute nature et de toutes dimensions, au milieu desquels il lui était vraiment difficile de se frayer un passage. Pour justifier ce que je viens de dire, il suffirait de rappeler la grande quantité d'études de figures, de draperies, d'armures, etc. que contenaient ses portefeuilles, et qui sont maintenant disséminées dans les mains des amateurs.

Ses travaux préparatoires terminés, il faisait venir de nouveau le modèle vivant et il ébauchait; son exécution était d'une rapidité et d'une sûreté incroyables : il ne revenait jamais sur ce qu'il avait fait. Je puis assurer que dans son tableau d'*une Scène de Déluge*, par exemple, il n'a fait d'autre changement que celui de la draperie du jeune homme, qui était verte, et à laquelle il a donné la teinte laqueuse qu'elle a encore.

Il est digne de remarque que des soins si multipliés ne le refroidissaient pas : un enthousiasme entraînant, une volonté indomptable le soutenaient sans cesse. Le tableau que je viens de citer fut exécuté dans un atelier, aux Capucines, placé immédiatement sous le toit : c'était l'époque des plus grandes chaleurs de l'été; ses élèves l'ont vu, tout ruisselant de sueur, non-seulement poursuivre le travail commencé, mais encore le prolonger très avant dans la nuit, et cela, plus ou moins, mais tous les jours, et sans interruption.

Me voici conduit, tout naturellement, à parler de son habitude de peindre la nuit, et des circonstances qui la firent naître.

Il était difficile à un homme comme Girodet, de n'être pas continuellement harcelé par des amateurs et des curieux attirés chez lui par sa célébrité, et par ces désœuvrés de bon ton auxquels il semble impossible qu'un grand artiste puisse se soustraire. En général le retentissement de la sonnette de la porte d'entrée le faisait tressaillir, et lui occasionait des accès d'humeur qui le troublaient. Son domestique avait constamment l'ordre de dire qu'il était absent, de demander toutefois le nom des personnes qui se présentaient, et d'accourir le dire à son maître qui se trouvait alors dans la nécessité d'admettre les visiteurs, ou de persister à se céler. Si l'on veut faire attention à la singulière irascibilité de son caractère, on comprendra facilement que ces obsessions continuelles dussent le rendre vraiment malheureux. Sa matinée se trouvait ainsi dépensée, soit à recevoir les visites indispensables, soit à écrire des lettres ou à expédier quelques affaires, et ce n'était que vers midi qu'il pouvait commencer à peindre. Il arrivait donc, chaque jour, que la portion de peinture qu'il s'était proposé d'exécuter n'était pas terminée à sa satisfaction, lorsque le soleil lui retirait sa lumière; alors les angoisses commençaient : il était désolé par la nécessité de détruire, pour le recommencer le lendemain, ce qu'il n'avait pu achever. Ce fut, surtout, pendant le cours de l'exécution d'*une Scène de Déluge*, que ce besoin de prolonger la journée fut le plus impérieux et le plus indispensable. En effet, il arrivait souvent que, par un entraînement facile à comprendre, il avait massé et empâté des surfaces immenses. Pour revoir et terminer ce travail, pour le pousser enfin au degré de précision et de perfection qu'il desirait atteindre, il lui manquait quelques heures. C'était à ce moment même de la journée que quelques-uns de ses élèves venaient le visiter ; ils partageaient bien sincèrement le regret qu'il éprouvait d'être obligé d'employer le couteau à palette pour détruire des portions de peinture d'une étendue considérable, et que le travail du lendemain ne reproduirait peut-être pas avec la même perfection. Dans une de ces circonstances il pria ses élèves de lui apporter *des chandelles* pour examiner l'étendue de ce qui lui restait à terminer; à l'aide de cet étrange secours il essaya de faire le plus indispensable ; il éprouva une joie indicible lorsqu'il s'aperçut qu'il pouvait continuer; alors, il fit augmenter le nombre des lumières, et, pour cette fois, le malheur fut réparé. Le lendemain, même embarras, même expédient; enfin il fit usage de cette incroyable ressource jusqu'à ce que son tableau fût terminé.

Il arriva plusieurs fois que ce travail incommode fut prolongé jusqu'à deux heures du matin. Si, d'après le témoignage de ceux de ses élèves qui, pour ainsi dire, suivaient son pinceau un flambeau à la main, leur fatigue était intolérable, on peut juger de l'épuisement du maître; cependant, à cette heure avancée de la nuit, il retournait coucher au Louvre où il avait encore un logement, et j'ai su, à n'en pouvoir douter, que le reste de quelques-unes de ces nuits avait été employé à composer le poème du *Peintre*.

Cette manière de consacrer au travail le temps communément destiné au sommeil lui plaisait singulièrement; c'était, selon lui, un bénéfice immense de pouvoir ajouter les nuits aux jours, et de se sentir en possession d'une durée dont il usait le plus souvent au-delà des limites de ses forces. M. Pannetier employa tout son ascendant pour le détourner d'une habitude qui devait lui devenir funeste: s'apercevant qu'il ne pourrait y réussir, et voulant au moins lui fournir les moyens de peindre la nuit avec plus de facilité, il essaya et parvint à lui composer un appareil d'éclairage mobile, dont la lumière pouvait véritablement remplacer celle du soleil. Girodet s'en est servi jusqu'à son dernier jour, et l'on peut assurer qu'un grand tiers de ses tableaux a été peint de cette façon, sans qu'il soit possible de distinguer le résultat du travail du jour, de celui de la nuit.

Le talent de Girodet, comme celui de son maître, comme celui de tous les hommes qui se livrent à la méditation et à l'observation, a eu plusieurs phases.

Si l'étendue d'une notice le comportait, il serait sans doute très intéressant de le suivre pas à pas, dans l'exécution de ses ouvrages les plus importans; d'observer les modifications de ses idées; d'examiner les circonstances qui purent les faire naître et l'influence qu'elles eurent sur le caractère de son talent. J'ai déjà rappelé qu'il avait senti que l'étude des statues antiques ne suffisait pas, qu'il fallait continuellement consulter la nature ; je puis ajouter que, peu de jours avant d'être attaqué de la maladie à laquelle il succomba, il disait, en parlant d'un tableau qu'il voulait commencer immédiatement : *Saint Louis, prisonnier en Égypte, refusant de prêter le serment que les émirs exigeaient de lui, avant de lui rendre la liberté*, que l'exécution de la Galatée lui avait révélé un mode nouveau, supérieur à celui qu'il avait jusqu'alors employé ; que c'était de ce moment seul qu'il avait eu la conviction intime qu'il savait peindre, et qu'il voulait le prouver. Qui peut dire ce qui serait sorti de l'imagination et du pinceau de ce grand peintre ! Il est certain, au reste, ainsi que je l'ai déjà fait remarquer à l'occasion de *la révolte du Caire*, que les sujets orientaux lui plaisaient beaucoup ; ils lui offraient l'avantage d'avoir été rarement traités ; d'ailleurs ils n'exigeaient pas, au moins au même degré, l'étude du nu et la sévérité propre aux sujets de la haute mythologie ; puis, les costumes de l'orient, si larges, si éminemment pittoresques, lui présentaient des ressources immenses : enfin le sujet qu'il avait choisi lui paraissait le plus élevé de tous ceux que peut fournir l'histoire moderne.

De toutes les qualités qui constituent le génie, l'originalité était celle pour laquelle il avait le plus de prédilection ; de là, son enthousiasme pour Michel-Ange et pour Jules Romain ; de là, encore, cette opinion qui est la conséquence nécessaire de son amour pour l'originalité : « Dans le choix de deux défauts, disait-il souvent à ses élèves, je préfère le bizarre au plat. »

Il ne me reste plus qu'à rapprocher l'être moral de l'être intellectuel; qu'à faire connaître les qualités et les défauts qui donnaient à Girodet une physionomie toute particulière. Dans cette dernière partie de ma tâche je conserverai la même fidélité; car, ce n'est pas un portrait de fantaisie, mais un portrait d'après nature que je me suis proposé de tracer, et si je me trompe dans le jugement que je porte de ce grand artiste, au moins c'est de bonne foi.

Girodet était d'une taille au-dessus de la moyenne; ses yeux, très enfoncés, étincelaient de vivacité et d'esprit; il avait la bouche grande, les lèvres épaisses, le front très développé, les os des joues saillans. Dans sa jeunesse, de beaux cheveux blonds pendaient sur ses épaules : il les perdit de bonne heure. Sa constitution était éminemment bilieuse et irritable; tous ses mouvemens étaient prompts.

Un caractère noble, passionné, indépendant, vif jusqu'à la violence; un esprit rapide, abondant en idées; un cœur élevé, une sensibilité entraînante, tout, en Girodet, portait l'empreinte de la supériorité. Ambitieux de gloire, avide de triomphes, il eût voulu les obtenir tous, mais, jamais la basse jalousie n'est venu flatter son amour-propre aux dépens de ses concurrens; il se plaisait, au contraire, à leur rendre une justice éclatante, à faire valoir leur mérite. Je n'en veux pour preuve que la lettre que j'ai mise à la fin du second volume, où il juge *la Phèdre* de M. Guérin, et la note relative *au Combat d'Aboukir*, qui suit cette lettre.

Cette note était jointe à l'écrit que Girodet publia en réponse aux critiques dirigées contre *une Scène de Déluge*, exposée en 1806. M. Gros avait envoyé à cette même exposition un tableau très remarquable à tous égards, *le Combat d'Aboukir*, qui fut également l'objet de critiques passionnées ou ignorantes. Girodet aurait pu se borner à se défendre; il fit plus : il prouva par un examen étudié et rempli de feu, de la production de M. Gros, combien il était sensible aux beautés de cet ouvrage.

Je pourrais citer encore une lettre adressée à M. Trioson (tome II, page 391), dans laquelle il dit, en parlant de M. Gérard, son condisciple et son concurrent : « Sans l'injustice de l'Académie, nous serions partis en- « semble, et lui le premier ». L'opinion qu'il avait alors de M. Gérard, il la manifesta plus tard de la même manière et plus vivement encore, lorsque M. Gérard eut développé son grand et beau talent: tous les élèves de Girodet peuvent l'attester.

Tous les sentimens qui prouvent un cœur aimant et sensible, Girodet les a connus; il portait à la mémoire de sa mère une sorte de culte; il gardait soigneusement plusieurs de ses vêtemens. Dans son poème sur la peinture, il témoigne un vif regret de n'avoir pu conserver l'image de sa mère. C'est aux auteurs de ses jours, c'est à son père adoptif qu'il dédie ce poème, et il le fait en termes qui décèlent son âme tout entière. On voit, par une lettre qu'il écrivit à son ami Pannetier (tome II, page 329), tout ce qu'il ressentit de chagrin à la mort de M. Trioson; enfin son amitié pour Péquignot, qui ne se démentit pas un seul instant, prouve qu'il était digne d'inspirer comme d'éprouver ce sentiment dans toute sa force.

Il est un autre sentiment qui domine et entraîne souvent les êtres doués d'une sensibilité ardente et d'une grande vivacité d'imagination, et auquel, dès-lors, Girodet ne dut pas être étranger. Il ressentit, en effet, plusieurs affections passionnées, et il les entretint avec une extrême discrétion. La grande quantité de lettres qui furent religieusement détruites le jour même de sa mort, selon la prière qu'il en avait faite à ses amis, prouve la place que ces affections occupaient dans son existence intérieure. Malgré toute sa circonspection, ceux de ses amis intimes et de ses élèves, qui le quittaient peu, purent s'apercevoir des visites fréquentes qu'il recevait après les longues journées de travail de l'atelier.

Je respecterai sa réserve, et je n'essaierai pas de soulever un voile que lui-même a posé avec respect sur ces jouissances dont le mystère est un des premiers charmes; cependant, je dirai qu'il s'aperçut, mais trop tard, peut-être, que ces liaisons l'entraînaient trop loin, et que sa vie, comme peintre, s'en trouvait singulièrement abrégée; je suis même fondé à croire que son imagination lui donna souvent le change; et que ses forces physiques souffrirent du rôle que *la folle* lui imposait: ceux qui pensent que les passions sont un des élémens, une des conditions du génie, excuseront cette faiblesse.

L'indépendance était le premier besoin de Girodet ; toute gêne lui était insupportable ; cependant, lorsqu'il avait à remplir des devoirs d'affection, il s'y livrait avec une complaisance, une résignation presque inconcevables dans un homme d'une aussi grande irritabilité. Ses soins, son assiduité, sa soumission auprès du docteur Trioson, qui lui avait servi de père, et dont le caractère violent, aigri par les infirmités et par l'âge, ne se contenait pas, sont les preuves de la force de sa volonté, et de l'empire qu'il était capable d'avoir sur lui-même. Il ne s'est jamais départi de cette conduite jusqu'au dernier moment ; mais cet état de contrainte devait nécessairement avoir quelque relâche, et, lorsqu'il était livré à lui-même, dans son intérieur, il s'abandonnait quelquefois avec ses domestiques à une violence qu'il ne pouvait pas dompter, et qui avait presque toujours un côté comique ; puis, comme après un orage passager, le calme se rétablissait promptement et ne laissait, ni dans ses paroles ni dans ses manières, aucune trace d'une mauvaise humeur durable. Je citerai à cette occasion une anecdote qui me paraît propre à justifier ce que je viens de dire.

Pendant qu'il faisait la *Galatée*, le domestique qui le servait alors, et qui était véritablement le type de la bêtise, lui approcha un soir, après l'avoir allumée, la lampe dont il se servait pour peindre. En poussant cette lampe, le domestique la jette à terre avec un grand fracas ; elle pouvait tomber sur la toile et la mettre en pièces ; heureusement elle tomba à côté. Girodet, qui n'avait pas vu la direction qu'elle avait prise dans sa chute, pousse un cri et s'enfuit. La femme qui lui servait de modèle, et qui déjà était posée, voit le désastre, se rhabille à la hâte, et s'empresse d'aider le domestique à le réparer autant que cela était possible; puis, quand il est bien constant que la lampe seule est brisée, elle appelle Girodet qui ne répond pas; elle va dans sa chambre, partout où elle croit qu'il peut s'être retiré, et ne le trouve nulle part. Elle commence à concevoir de l'inquiétude : elle ne sait ce qu'il peut être devenu; enfin, elle entre dans un cabinet où il était assis à terre, tenant sa tête entre ses mains. « Monsieur, dit-elle, votre tableau n'a rien ». Persuadé qu'elle le trompe, il ne répond pas et reste dans la même position; elle répète ce qu'elle venait de dire : Girodet la regarde alors, et lui demande, d'un ton lamentable, si cela est bien vrai; sur la nouvelle assurance qu'elle lui donne, il se lève et entre dans son atelier avec un maintien qui annonçait le doute : il examine son tableau, et reconnaît enfin qu'il est parfaitement intact; il se ranime alors : puis, se tournant du côté de son domestique : « Ah! misérable! » et en même temps il prend son appuie-main; le domestique qui voit le geste s'échappe au plus vite, et pendant trois jours il n'osa se présenter devant son maître. Au bout de ces trois jours, il reprit son service comme à l'ordinaire, sans que Girodet lui fît aucun reproche de ce qui était arrivé.

C'était surtout dans le commerce familier que l'originalité piquante de l'esprit de Girodet était remarquable; sa manière d'envisager les choses et quelquefois les personnes était toujours neuve et à lui; aussi sa conversation avait un attrait irrésistible. Il portait ce même esprit dans le monde, mais avec quelque recherche qui nuisait au naturel, et qui l'entachait d'un peu d'affectation; défaut que l'on retrouve également, ainsi que je l'ai déjà fait remarquer, dans quelques-unes des productions de son esprit et de son pinceau.

Parvenu à l'apogée de son talent, Girodet avait trouvé dans plusieurs de ses camarades d'étude, non plus seulement des émules, mais des rivaux de gloire. Heureux si cette rivalité n'avait fait qu'enflammer en eux le desir bien naturel de se surpasser! Il est trop vrai que cette rivalité éloigna, les uns des autres, des hommes qui, avec des talens d'un caractère différent, pouvaient tous arriver au terme de la carrière des palmes à la main. Dans le discours qu'il prononça sur la tombe de Girodet, M. Gros dit, avec l'accent de la plus profonde émotion, que souvent on avait voulu élever des nuages entre lui et Girodet, mais que, toutes les fois qu'il s'était rapproché de son ancien ami, il avait retrouvé son cœur tout entier : je puis ajouter que j'ai entendu M. Gérard parler du talent de Girodet d'une manière digne de tous deux.

Il est certain que des hommes, véritables artisans du mal, qui semblaient acquérir de l'importance à leurs propres yeux en répétant avec plaisir, et surtout en les envenimant, des choses qui avaient été dites dans l'intimité, n'aient fini par éloigner des artistes qui, je le répète, avaient assez de talent et d'élévation dans le caractère pour se contenter de leur part de gloire, sans envier celle de leurs rivaux.

Au reste, il n'est peut-être pas donné aux hommes

de génie d'être heureux; leurs chefs-d'œuvre font les délices de ceux qui savent les apprécier, mais ces chefs-d'œuvre ont souvent été payés du repos et du bonheur de ceux qui les ont enfantés.

Il est à remarquer que M. Denon, qui pendant long-temps fut placé à la tête des arts, ne sut pas apprécier à sa juste valeur le talent de Girodet, et c'est ce qui explique comment *l'Endymion*, une répétition qu'il avait faite des *Funérailles d'Atala*, et *une Scène de Déluge*, restèrent dans l'atelier du peintre jusqu'à la restauration; où ils furent achetés par le roi, moyennant 60,000 francs.

Girodet eut la décoration de Saint-Michel, mais ce fut sur sa tombe que le chantre d'*Atala* posa la croix d'officier de la Légion-d'Honneur, et il paraît constant qu'il fut obligé de solliciter la simple croix de chevalier: heureusement le génie a le secret de son avenir, et c'est ce qui lui donne le courage de confier à la postérité le soin de le dédommager de l'injustice, ou de l'oubli de ses contemporains.

Girodet avait fui le joug du mariage; il espérait trouver des frères, des fils dans les enfans de son tuteur: la mort lui a ravi cette douceur. Il a vécu cinquante-sept ans, laissant pour unique héritière une nièce, madame Becquerel-Despréaux, qui a recueilli, outre le patrimoine de son oncle, le prix de ses ouvrages et de ses collections, c'est-à-dire plus de 800,000 francs de fortune: cependant Girodet n'a jamais eu qu'une aisance médiocre; d'abord, il faisait peu de travaux lucratifs; ensuite, il n'aurait jamais consenti à vendre ce que contenaient ses portefeuilles, qui ont produit une somme considérable ; enfin il dépensait beaucoup d'argent à acheter tout ce qui pouvait lui être utile pour ses travaux, en armures, meubles, étoffes, livres, etc.

On sent bien qu'avec la disposition d'esprit de Girodet, il devait y avoir, non-seulement dans ses idées, mais encore dans ses habitudes et dans sa conduite, une sorte de physionomie particulière; c'est ainsi qu'après avoir fait bâtir une maison fort belle, dans la rue Neuve-Saint-Augustin, il n'en termina jamais l'intérieur; il n'y eut jamais aucune espèce de tenture dans sa chambre à coucher; son lit était plus que modeste; mais, cette chambre était ornée de beaux dessins; sur ce lit si modeste dormait un beau génie. Sa vie, tout intérieure, ne lui faisait pas sentir le besoin de ces recherches de commodité, de cette élégance que l'on a autant et peut-être plus pour les autres que pour soi-même.

Si j'ai réussi à donner une idée juste de Girodet, on doit reconnaître en lui un homme doué d'une organisation remarquable à tous égards, et qui se serait fait distinguer dans quelque direction qu'il eût suivie. Comme peintre, il a joui, dès son vivant, d'une juste célébrité; comme homme, il a su mériter l'affection et l'estime de ceux qui l'ont connu: c'est au public maintenant à décider le rang qu'il doit occuper comme écrivain.

P. A. COUPIN.

LISTE

DES

PRINCIPAUX OUVRAGES DE GIRODET.*

TABLEAUX.

1785. Horace tuant sa sœur.

>Sujet de concours sur lequel Girodet voulut s'essayer. — Appartient à madame Becquerel-Despréaux, nièce et héritière de Girodet.

1787. Nabuchodonosor fait tuer les enfans de Sedécias.

>Premier concours; Girodet en ayant été exclu acheva ce tableau chez lui. — On ignore ce qu'est devenu cet ouvrage.

1788. Le Christ, mort, soutenu par la Vierge.

>Ce tableau, exécuté pour un couvent de capucins, a été détruit pendant la révolution.

---

* Je n'ai pas essayé de donner la liste complète de ce qu'ont produit le pinceau et le crayon de Girodet: elle eût été immense; je me suis borné à désigner ses principaux ouvrages. Ainsi, je n'ai point indiqué les ébauches ni les croquis qu'il a laissés, non plus que les études partielles qu'il a faites pour ses tableaux; je me suis attaché principalement à faire connaître tout ce qui est création. Au reste, les dessins et croquis vendus après sa mort ayant tous été signés par les deux commissaires chargés de cette vente, on pourra toujours s'assurer, par l'apposition de ces signatures, si les croquis et études qui ne sont pas portés sur cette liste sont de Girodet; et le catalogue de la vente, rédigé par M. Pérignon, pourra fournir le même moyen de vérification pour les ébauches et les études. P. A. C.

1788. La mort de Tatius.

> Deuxième concours, où Girodet obtint le second prix.

1789. Joseph se faisant reconnaître de ses frères.

> Troisième concours, dans lequel Girodet remporta le grand prix. — A l'école des Beaux-Arts.

1791. Le Sommeil d'Endymion.

> Au Musée. — Gravé, du vivant de Girodet, par M. Chatillon.

1792. Hippocrate refusant les présens d'Artaxercès.

> A l'École de Médecine. — Gravé, du vivant de Girodet, par M. Massard fils.

1790 à 1792. Deux vues de Rome (Études).

> Dans la première, le Colysée occupe le fond du tableau; la seconde représente une autre partie de Rome. — Appartiennent à M. A. Firmin Didot fils.

1793. Antiochus et Stratonice.

> On ignore ce qu'est devenu ce tableau, donné par Girodet au docteur Cirillo de Naples.

Id. Deux vues du Vésuve, effets de jour et de nuit (Etudes).

> Appartiennent à M. A. Firmin Didot fils.

1794. Deux vues des Alpes Rhétiennes (Études).

> Dans l'une et dans l'autre on voit un lac resserré par des rochers et des montagnes qui se perdent dans les nues. — Appartiennent à M. A. Firmin Didot fils.

1798. Une Danaé.

> Lithographiée par M. Aubry-le-Comte, sous la direction de Girodet. La lithographie offre plusieurs différences : le champ est plus large, et la draperie, qui tombe le long du corps, a plus d'ampleur. — Reproduit sur porcelaine, depuis la mort de Girodet, par madame Jaquotot. — Appartient à M. Rilliet.

Paysages représentant les quatre heures du jour, d'un fini précieux jusque dans les moindres détails.

Appartiennent à M. Dubois.

1799. Les Saisons.

Ces quatre tableaux ont été exécutés pour le roi d'Espagne; Girodet en a fait, en 1817, des répétitions pour le château de Compiègne. Ces répétitions, sur des toiles plus grandes, sont plus riches d'accessoires; les figures sont sur un fond de ciel, tandis que celles du roi d'Espagne sont sur un fond bleu uni.

Id. Tableau allégorique, dont le principal personnage représente une Danaé.

Appartient à l'un des élèves de Girodet.

1802. Ossian et ses guerriers reçoivent, dans leur séjour aérien, les ombres des héros français.

Fait partie de la galerie du prince Eugène, à Munich. — Les principales têtes ont été lithographiées par M. Aubry-le-Comte, sous la direction de Girodet.

1806. Une Scène de Déluge.

Au Musée. — Lithographiée, depuis la mort de Girodet, par M. Aubry-le-Comte, dans une très grande dimension.

1808. Les funérailles d'Atala.

Aux Tuileries. — Girodet en a fait une répétition qui est au Musée. Cette répétition, commencée par Pagnest, a été entièrement recouverte par le maître; pour que l'on pût la distinguer du premier tableau, il a mis un peu de barbe sur la lèvre et près de l'oreille de Chactas. Il existe, en outre, une réduction faite par M. Lancrenon et terminée par Girodet. Cette réduction appartient à M. Dupin l'aîné. — Gravé par M. Roger et par M. Massard fils, avant la mort de Girodet, et reproduit, depuis, sur porcelaine, par madame Jaquotot.

LISTE

1808. Napoléon recevant les clefs de Vienne.

 Dans les magasins du Musée.

1810. La Révolte du Caire.

 Au Musée. — Gravé à l'aquatinta par M. Jazet, depuis la mort de Girodet.

1817. L'Hymen et la Fécondité.

 Au château de Compiègne.—Lithographiés depuis la mort de Girodet : *l'Hymen*, par M. Châtillon, et *la Fécondité*, par MM. Lambert et André.

1818. Six tableaux représentant Minerve, Apollon, Mercure, des Nymphes et Bacchus.

 Au château de Compiègne.

Id. Titon et l'Aurore.

 Au château de Compiègne.

Id. La danse des Grâces et la danse des Nymphes.

 Deux tableaux, forme cintrée.— Au château de Compiègne.

1819. Pygmalion et Galatée.

 Appartient à M. de Sommariva. — Gravé par M. Laugier, du vivant de Girodet.

VERS
1822. La Force, l'Éloquence, la Justice et la Valeur.

 Tableaux allégoriques exécutés pour le château de Compiègne.
 —Lithographiés d'après les dessins et depuis la mort de Girodet, par M. Lambert.

Id. Le départ, le combat, la victoire et le retour du guerrier.

 Au château de Compiègne.—Lithographiés par M. Aubry-le-Comte, sous la direction de Girodet.

DES OUVRAGES DE GIRODET. lix

PORTRAITS PEINTS.

1781. Son père, au pastel.

> Girodet n'avait que quatorze ans et il était encore au collège lorsqu'il fit ce portrait, qui est probablement son premier ouvrage.

1786. M. Cornier père, oncle maternel de Girodet.
Id. Mademoiselle Cornier, fille du précédent.

> Ces deux portraits, plus petits que nature, sont de forme ovale.

1789. M. Cornier fils, en chasseur, vu jusqu'aux genoux.

> Ces trois portraits appartiennent à madame Becquerel mère.

Id. Le frère de Girodet, en gendarme de Thionville.
Id. M. Trioson père.

> Forme ovale. — Ces deux portraits appartiennent à madame Becquerel-Despréaux.

1795. Girodet peint par lui-même, à Gênes, pour M. Gros.

1798. Un député nègre de Saint-Domingue, en pieds.
Id. M. Bourgeon.
Id. Madame Desmarteaux.
Id. Le jeune Trioson vu jusqu'aux genoux.

> Il est environné de joujoux et appuyé sur une table; un jeu de cartes sort du tiroir, qui est à demi ouvert.

1799. Autre portrait du même : il est appuyé sur une chaise.

> Ces deux portraits appartiennent à madame Becquerel-Despréaux.

1799. M. Petrucci; buste.

> Appartient à madame Becquerel-Despréaux.

1800. Madame de Bonneval.

> Vue jusqu'aux genoux.

Madame de Briant.
Madame Cabanis.
M. le docteur Larrey; buste.

1802. Le père de Napoléon, en pieds.

> A Rome, chez madame Bonaparte, mère.

Id. Louis Bonaparte; buste.

> Le masque seul est terminé.

M. Trioson donnant une leçon de géographie à son fils.

> Appartient à madame veuve Frédéric Bourguignon, née Liger.

M. Bonhommé, doyen des notaires de Paris, vu jusqu'aux genoux.

1803. M. Trioson, en redingote blanche; buste.

> Appartient à madame Becquerel-Despréaux.

1804. Madame Trioson; buste.

> Appartient à madame veuve Frédéric Bourguignon, née Liger.

1808. M. de Châteaubriand (jusqu'aux genoux); dans le fond on voit le Colysée. Il existe une répétition commencée par M. Dejuinne et terminée par Girodet.

> Gravé, dans deux dimensions différentes, par M. Laugier, et lithographié par M. Aubry-le-Comte, sous la direction de Girodet.

1808. M. de Sèze, vu jusqu'aux genoux.

> Lithographié par M. Aubry-le-Comte, sous la direction de Girodet. M. Dejuinne vient d'en faire une copie pour la famille.

Id. M. Becquerel, en officier du génie.
Madame de Misery, vue jusqu'aux genoux.
Madame Louis Bonaparte.

> Gravé par M. Laugier, du vivant de Girodet.

Mademoiselle Larrey; buste.

1812. La fille de la comtesse de Montehermoso.
Napoléon, en pieds et en grand costume impérial.

> Original du portrait destiné aux cours de justice.

Madame de Prony; buste.

> Lithographié par M. Aubry-le-Comte, sous la direction de Girodet.

Madame la comtesse de Lagrange, en pieds.
Une dame de la même famille.
Madame Merlin; deux portraits différens.
M. de Saint-Victor, homme de lettres; buste avec les mains.
M. de Rumford.
La fille du duc d'Abrantès.

1820. M. Becquerel père; buste.
1822. M. Alexandre Boucher, célèbre violon; buste.
Id. Madamoiselle Clairet, artiste du théâtre de l'Odéon.
1824. Le marquis de Bonchamp, général vendéen, en pieds.

> Portrait historique et en action.

1824. Cathelineau, autre général vendéen.
Idem.

> Ces deux portraits sont au château de Saint-Cloud. Lithographiés, depuis la mort de Girodet, par MM. Belliard et Vidal.

Id. Madame de Reizet.
Id. M. Merlin.
Id. Madame la comtesse de Lagrange, la jeune.

> Ce portrait, auquel Girodet travaillait au moment de sa mort, est resté inachevé.

PORTRAITS AU CRAYON.

Mesdames Batonneau, tantes de Girodet.
David.
M. Gérard.
Madame Trioson.
Bernardin de Saint-Pierre.

> Gravé par M. Lignon, et mis en tête de l'édition in-8° des œuvres de Bernardin de Saint-Pierre.

La princesse de Salm.

> Gravé par M. Roger.

M. Firmin Didot père.
Madame de Misery.
Mademoiselle Larrey.
Madame Merlin, malade, couchée sur une chaise longue.
Madame Simon-Candeille.

Portraits de Girodet, dessinés par lui-même, l'un de face (1824), l'autre de profil (1822).

> Le premier, lithographié par M. Lambert, depuis la mort de Girodet, a été mis en tête de l'Énéide, publiée par M. Pannetier; le second, qui avait servi au tableau dans lequel M. Dejuinne a représenté son maître travaillant à la Galatée, a été lithographié par M. Sudre, pour être joint à ses œuvres posthumes. — Appartiennent : l'un à madame de Misery, l'autre à M. Dejuinne.

Canova, au crayon noir et à l'estompe.

> Appartient à M. Pannetier.

Napoléon, en uniforme militaire et assis.
Le même, debout et jusqu'aux genoux, se détachant sur un fond de paysage.

> Appartient à M. le comte Brégi de Girardin.

Trois portraits du même, sur une feuille; deux dans différentes expressions, le troisième pendant son sommeil.
Le même, en buste.
Le même occupé à lire; la tête, seule, est finie.
Deux portraits du même, sur une feuille, vus de face et de profil.

> Appartiennent à M. Coutan. — Ces deux portraits ont été gravés, ensemble, depuis la mort de Girodet, par M. Mailhe, graveur anglais.
>
> Tous ces portraits, faits d'après nature, sont aux crayons noir et blanc, à l'estompe, et sur papier de couleur.

La reine Marie-Antoinette, en deuil, à la Conciergerie.

> Appartient à M. Pannetier.

Plusieurs portraits de la famille Bertin-Devaux.
Plusieurs portraits de la famille de Fougeray.
Brucelle, régisseur de Girodet au Verger, en chasseur.

<small>C'est lui dont il est question dans une lettre à M. Trioson (tome II, page 366).</small>

La nièce de Brucelle.
La fille de celle-ci.
M. Fabre.
M. Coupin de Lacouprie, portrait lithographié.

<small>C'est une des premières productions, en France, de cet art nouveau.</small>

ÉTUDES PEINTES (têtes, bustes, etc.).

Figure dans la demi-teinte, avec un fond éclairé par les rayons d'un soleil couchant; elle représente un homme, assis, tenant ses tablettes et prêt à écrire.

<small>Étude avec laquelle Girodet remporta le prix du torse. — Appartient à M. Guitton, régent de la Banque de France.</small>

Vieillard dont la tête est en partie couverte d'une draperie. Il est vu en buste et tient un bâton.

<small>Peint avant le voyage d'Italie. — Appartient à M. A. Firmin Didot fils.</small>

Un jeune pêcheur romain, grandeur de nature. Il est vu jusqu'à mi-corps; ses bras sont appuyés sur une pierre; le torse est couvert en partie d'une draperie blanche.

<small>Peint en Italie. — Appartient à M. A. Firmin Didot fils.</small>

Un jeune homme, vu jusqu'aux genoux, la tête appuyée sur sa main. Il est ajusté avec une draperie rouge et près d'une table couverte d'une étoffe verte.

<small>Peint également en Italie.</small>

Étude d'homme à barbe, vu de profil; la poitrine est couverte d'une robe jaune et d'un manteau blanc.

Autre tête d'homme à barbe, coiffée d'un turban: il est vu de trois quarts.

<small>Ces deux études appartiennent à M. A. Firmin Didot fils.</small>

Étude d'après un vieillard endormi.

<small>Très terminée jusque dans les moindres détails. Ainsi que les deux précédentes, elle servait de modèle aux élèves de Girodet.</small>

Tête d'étude terminée, d'après un vieillard sans barbe et à cheveux gris.

1802. Une baigneuse, buste; d'une main elle tient une draperie.

<small>Lithographiée par M. Aubry-le-Comte, depuis la mort de Girodet. — Appartient à mademoiselle Robert.</small>

Tête colossale d'après un prêtre grec. Il est vu de trois quarts; sa barbe, presque grise, retombe sur un vêtement d'un ton brun foncé.

<small>Appartient à M. A. Firmin Didot fils.</small>

1807. Étude de femme, en buste, connue, dans l'atelier de Girodet, sous la désignation de *la belle Élisabeth*, nom du modèle dont le peintre s'était servi. D'une main elle retient ses cheveux; sa gorge et ses bras sont nus.

<blockquote>Dans cette étude où la beauté de la forme, la finesse et la puissance du modelé, sont unies à une grâce inimitable de pinceau, Girodet semble avoir voulu lutter avec Léonard de Vinci. — Appartient à M. Pannetier.</blockquote>

Id. Un Indien, debout, vu jusqu'aux genoux; la tête, de trois quarts, est coiffée d'un turban; sa main est posée sur la poignée de son sabre.

<blockquote>Appartient à M. Becquerel-Despréaux.</blockquote>

1808. Un officier de mamelucks, assis, vu de face et jusqu'aux genoux.

<blockquote>Appartient à S. A. R. Monseigneur le duc d'Orléans.</blockquote>

1812. Tête de Vierge avec les mains.

<blockquote>Peinte, sur porcelaine, par madame Jaquotot, du vivant de Girodet.—Appartient à M. le comte Perregaux.</blockquote>

Une amazone, en buste, à demi-couverte d'une peau de tigre; de longs cheveux noirs flottent sur sa poitrine; elle a un carquois sur l'épaule; ses yeux sont levés vers le ciel.

<blockquote>Lithographiée, depuis la mort de Girodet, par M. Aubry-le-Comte, pour la collection publiée par M. Bonnemaison.— Appartient à S. A. R. Madame la duchesse de Berry.</blockquote>

Trois études de têtes d'hommes pour la composition du *Serment des sept chefs devant Thèbes*;

l'une est vue de trois quarts, les deux autres de profil.

> Celle qui est connue sous le nom du *Blasphémateur*, appartient à M. Pannetier.

Étude de jeune femme vue de profil; d'une main elle soutient une draperie; la tête seule est finie.

Tête d'odalisque, vue de face, et coiffée d'un turban rouge.

> Appartient à M. Ferrière. Lithographiée par M. Aubry-le-Comte, sous la direction de Girodet.

Étude d'une jeune fille, vue de trois quarts, une épaule nue et l'autre recouverte d'une draperie jaune.

> Appartient à M. Pannetier.

Tête colossale, coiffée d'un turban bleu et d'un barnouffe brun.

> Elle est vue presque de profil; les yeux, pleins d'expression, sont levés vers le ciel.

Tête de jeune fille brune, vue presque de profil perdu.

> C'est la nature elle-même, rendue par un pinceau tout à-la-fois ferme et délicat. — Appartient à M. Valedau.

Etude d'après un jeune Turc, vu de profil, la tête tournée vers l'épaule gauche.

> Plus grand que nature; le masque seul et le col sont terminés. C'est une des plus belles productions de Girodet. — Appartient à M. A. Firmin Didot fils.

Une jeune fille, vue presque de face, et coiffée d'une espèce de turban rouge.

Etude plus grande que nature, d'après un jeune Turc ayant des moustaches, vu de face, et les yeux levés.

<small>L'ajustement n'est qu'ébauché. Le masque est dans l'ombre; une partie du front et du nez sont seuls frappés de la lumière.</small>

Etude en buste pour le Pygmalion, grandeur de nature : terminée.

<small>Appartient à M. Jacob.</small>

Tête de jeune fille blonde, très brillante de couleurs, ayant les yeux baissés.

<small>Ébauche très avancée. Plusieurs traits au crayon indiquent que Girodet voulait reprendre les contours dans quelques parties, et qu'il se proposait de mettre un voile sur la tête. Cette étude est d'une finesse de modelé extraordinaire et d'un caractère charmant. — Appartient à M. Coutan.</small>

Tête d'une jeune femme brune, les yeux baissés.

<small>Étude pour la Galatée. — Appartient à M. Pannetier.</small>

Une tête de Turc, plus grande que nature, dans l'expression de la frayeur. L'ajustement n'est pas terminé.

<small>Appartient à M. Fontalard.</small>

1820. Tête d'étude d'une jeune femme coiffée d'un voile blanc.

<small>Appartient à M. le marquis de Valory.</small>

Id. Tête d'étude, très terminée, d'une jeune fille coiffée d'un turban bleu, les yeux levés vers le ciel.

Id. Autre, d'une jeune femme brune, les yeux également levés vers le ciel; le cou nu et la bouche entr'ouverte : expression d'extase.

1820. Tête de bacchante, remarquable par l'éclat de la couleur.

<small>Ces trois têtes appartiennent à M. Becquerel.</small>

Id. Tête d'une jeune femme blonde, vue de face, les yeux levés vers le ciel. D'une main elle retient ses longs cheveux; cette main n'est qu'ébauchée.

<small>Appartient à M. Pannetier.</small>

ESQUISSES.

Les vendeurs chassés du temple, composition riche et pleine de mouvement.

<small>Esquisse de concours.</small>

Alexandre à Babylone, près de mourir, au moment où ses troupes défilent devant lui.

<small>Esquisse du même temps que la précédente.</small>

La délivrance de saint Pierre.

<small>Autre esquisse de concours.</small>

1787. Le Christ, mort, soutenu par la Vierge; esquisse du tableau qui a péri pendant la révolution.

Id. Autre esquisse du même sujet, plus légèrement peinte, et plus petite de dimension.

Intérieur de la maison de Joachim, esquisse d'un effet très piquant. Le groupe principal, éclairé par la lumière, et reflété par la lune, est celui de sainte Anne apprenant à lire à la Vierge.

<small>Cette esquisse a été peinte avant le voyage d'Italie.— Appartient à M. A. Firmin Didot fils.</small>

Ajax Oiléc sur le mont Capharéen, pendant la tempête excitée par Neptune.

<small>Esquisse très terminée, peinte en Italie. — Appartient à M. L'huillier.</small>

1792. Hippocrate refusant les présens d'Artaxercès.

<small>Appartient à M. Gros.</small>

1793. Quatre études de l'éruption du Vésuve : deux pendant la nuit; la troisième également pendant la nuit, mais avec un effet de lune; la dernière pendant le jour.

Id. Antiochus et Stratonice, composition de trois figures.

<small>Esquisse, légèrement touchée, du tableau donné par Girodet au docteur Cirillo.</small>

1798. Phèdre, après avoir découvert à OEnone son amour pour Hippolyte.

<small>C'est un des sujets gravés, d'après les dessins de Girodet, pour l'édition de Racine, *in-folio*, publiée par M. Didot l'aîné.</small>

1801. Sujet allégorique, puisé dans l'évènement du 3 nivose.

<small>Le premier consul est représenté sous les traits d'un Hercule, terrassant un monstre qui vomit des feux. Composition très énergique, que Girodet se proposait d'exécuter pour la Malmaison : il en fut détourné par M. Percier, et il fit l'Ossian. — Appartient à M. Bertin-Devaux.</small>

1802. Esquisse du tableau d'Ossian, assez étudiée dans les détails et dans l'ensemble pour donner une idée de l'effet du tableau.

<small>Cette esquisse offre plusieurs différences notables avec le ta-</small>

bleau. La Victoire n'y est pas ; Ossian a un corcelet ; l'aigle tient un lapin qu'il laisse échapper à la vue du coq. Dans la partie supérieure de la scène, des figures, non conservées, présentent des couronnes aux guerriers français. — Appartient à M. Coutan.

Énée, pendant son sommeil, est averti par l'ombre d'Hector de se soustraire à la mort par la fuite.

Hector apparait à Énée, auquel il remet les dieux de sa patrie, tel qu'il était lorsque Achille le traînait à son char. Dans le fond on aperçoit la ville de Troie en feu. Esquisse très terminée. — Appartient à M. Pannetier. — Il existe aussi un dessin du même sujet, qui fait partie de l'Énéide.

L'enlèvement d'Europe : des dieux marins entourent le groupe principal.

Appartient à M. Letellier.

Jupiter, assis sur son trône, vient de remettre à Pandore la boîte qui renferme les biens et les maux.

Mercure, près du maître des dieux, observe Pandore qui, avec une curiosité naïve, essaie déjà d'ouvrir la boîte qu'elle doit remettre à Prométhée. Le caractère de la tête de Jupiter exprime qu'il sait tout ce que doit produire son fatal présent. — Appartient à M. L'huillier.

Autre composition du même sujet : au lieu de Mercure c'est Minerve qui est près de Jupiter.

Appartient à M. Coutan.

Naissance de Vénus aphrodite.

Les Amours voltigent autour d'elle ; un d'eux lui présente un miroir ; les autres s'élancent dans les airs, en décochant leurs flèches, et semblent prendre possession de l'univers ; plus loin, on aperçoit Amphitrite, et, en avant d'elle, un Triton dont la tête, seule, s'élève au-dessus des eaux, et qui paraît étonné du spectacle qui s'offre à ses regards. — Appartient à M. Pourtalès.

Même sujet.

Vénus n'est accompagnée que d'un seul Amour, qui se tient près de ses genoux, et qui est sorti des ondes en même temps qu'elle; sur un plan plus éloigné, on voit Amphitrite se cacher dans les bras de Neptune. — Appartient à M. Becquerel.

Esquisse très arrêtée pour une Scène de Déluge.

Elle diffère du tableau dans la composition du groupe inférieur et dans les tons des draperies. — Appartient à M. Hyacinthe Didot.

Deux autres esquisses du même tableau.

Données par Girodet à MM. Coupin de la Couprie et Chatillon.

La Révolte du Caire, esquisse très terminée.

Elle offre quelques différences avec le tableau, pendant l'exécution duquel elle a été faite.

Les funérailles d'Atala, esquisse terminée.

Elle diffère du tableau dans quelques parties, surtout dans la figure de Chactas. — Appartient à M. Pannetier.

Jupiter endormi par Junon sur le mont Gargarus (Iliade, liv. XIV) : dans l'éloignement on aperçoit Mercure qui va prévenir Neptune qu'il peut assister les Grecs.

Esquisse très terminée. — Appartient à M. Odiot. — Il existe un dessin sur le même sujet, qui fait partie des amours des dieux. Dans le dessin, Morphée verse ses pavots sur la tête de Jupiter; Mercure ne fait pas partie de cette dernière composition.

Vénus implorant Jupiter en faveur des Troyens.

> Appartient à M. Pannetier. — Il existe un dessin du même sujet : il fait partie de l'Énéide.

Orphée et Eurydice.

> Deux choses sont remarquables dans cette esquisse très terminée : la vérité du mouvement d'Orphée, et la manière dont le peintre a exprimé que le corps d'Eurydice s'évanouit et se disperse en fumée. Il était impossible, aussi, de mieux rendre la douleur des deux époux. — Appartient à M. Letellier.

Autre composition sur le même sujet.

> Appartient à M. Coutan.

Anacréon, voluptueusement assis, considère une jeune fille qui danse ; près de lui sont deux jeunes gens qui font résonner, l'un une lyre, l'autre une flûte.

> Esquisse terminée avec soin. — Appartient à M. Coutan. — Il existe un dessin de cette même composition, qui a été gravé, et qui fait partie de l'Anacréon.

Une autre esquisse représentant Anacréon et une jeune fille dans une grotte; l'Amour est près d'eux.

> Il existe également un dessin du même sujet, qui a été gravé pour l'Anacréon.

Clytie, jalouse de la préférence d'Apollon pour Leucothoé, meurt en tournant ses derniers regards vers le soleil couchant.

> Esquisse peu terminée, mais d'un sentiment charmant. — Appartient à M. de Misery. — Il existe un dessin du même sujet, qui fait partie des amours des dieux.

Hector faisant des reproches à Pâris en présence d'Hélène: dans le fond on voit la ville de Troie.

Le Dante, soutenu par Virgile, au moment où il s'évanouit.

<small>Appartient à M. Valedau.</small>

Le Christ descendu de la croix : Madeleine est auprès de la Vierge et du Christ.

<small>Appartient à M. Becquerel.</small>

Hippocrate conduit par les Abdéritains près de Démocrite qu'ils croient en démence.

<small>Esquisse légèrement peinte.</small>

Le même sujet, plus terminé et plus riche de composition, peint sur ardoise.

<small>Ces deux esquisses appartiennent à M. Coutan.</small>

Étude légèrement peinte d'après nature et très piquante d'effet.

<small>Elle représente, dans un paysage éclairé par le soleil couchant, Bacchus endormi. On voit, près de lui, un jeune faune et plusieurs vases renversés, et, dans l'éloignement, quelques autres figures légèrement indiquées. — Appartient à M. Pérignon.</small>

Adonis près de quitter Vénus.

<small>Esquisse terminée seulement dans quelques parties.</small>

Pyrrhus se défendant contre des soldats argiens.

<small>Esquisse peu avancée.</small>

Les funérailles d'Atala.

<small>Esquisse faite après le tableau, dont elle diffère par les tons et l'effet.</small>

Le départ de Régulus.

Un enlèvement : groupe de deux figures, éclairées par la lune.

<small>Appartient à M. Pérignon.</small>

Héro et Léandre, au moment où celui-ci dénoue la ceinture de sa maîtresse.

<small>Esquisse très terminée. — Lithographiée, depuis la mort de Girodet, par M. Dassy. — Appartient à M. Becquerel.</small>

Une femme cherchant à préserver ses deux filles, qui sortent du bain, de la vue de plusieurs faunes.

<small>Esquisse terminée, d'une couleur brillante. — Appartient à M. Becquerel.</small>

Rodogune, après avoir vidé la coupe empoisonnée.

<small>Appartient à M. Coutan.</small>

Un Narcisse.

Mercure et Aglaure.

Les esquisses des quatre figures allégoriques, peintes pour Compiègne : la Force, l'Éloquence, la Justice et la Valeur.

<small>Appartiennent à M. Raoul Rochette.</small>

Esquisses très terminées pour les portraits en pied du marquis de Bonchamp et de Cathelineau.

<small>Appartiennent à S. A. R. Madame la duchesse de Berry.</small>

DESSINS.

1789. Bayard refusant les présens de son hôtesse, à Brescia.

Appartient à M. Becquerel.

1793. Antiochus et Stratonice.

Dessin fait d'après le tableau dont Girodet fit présent au docteur Cirillo de Naples.

Un petit paysage, au bistre, d'une exécution soignée, représentant une éruption du Vésuve.

Les devans ne sont pas terminés; on y voit quelques indications de figures.

Paysage très étudié dans tous ses détails.

Sur le premier plan, une jeune fille, qui était occupée à cueillir des fleurs, saisie d'effroi à la vue d'un serpent, recule et tombe dans un précipice. — Lithographié depuis la mort de Girodet, par M. Th. Gudin. — Appartient à M. Becquerel.

Paysage historique; le trait, à la plume; terminé au bistre et à l'encre de la Chine.

Le fond offre un riche assemblage de fabriques, en amphithéâtre, dont quelques-unes ne sont qu'indiquées; un arbre très touffu occupe le premier plan; plus loin, on voit une figure près d'un tombeau. — Appartient à M. P. A. Coupin.

Autre paysage, riche composition dans le style historique, à la plume et lavé à l'encre de la Chine.

Les devans non terminés; deux figures y sont indiquées au crayon.

Autre paysage du même style; le trait à la plume;
non terminé.

> Parmi les figures distribuées sur différens plans, on remarque un chasseur suivi de ses chiens.

Paysage où l'on voit des chaînes de hautes montagnes et quelques fabriques.

> Lavé à l'encre de la Chine; les fonds ne sont pas terminés.

Paysage historique; le trait à la plume; lavé à l'encre de la Chine et au bistre.

> Ce paysage offre une ville bâtie en amphithéâtre au milieu de bouquets d'arbres; sur le devant, on voit des plantes vigoureuses.

Paysage à la plume et lavé à l'encre de la Chine.

> Les devans sont ornés de débris d'architecture et de plantes; dans le fond, on aperçoit le Colisée. Ce dessin est presque entièrement terminé.

Paysage à l'estompe et au crayon, très fin d'exécution et riche de détails.

> Les devans, non terminés, offrent de hautes montagnes dominant quelques fabriques.

Autre, très précieusement exécuté à l'estompe et au crayon sur papier blanc.

> On y remarque une figure dans une grotte; les premiers plans ne sont pas terminés.

Deux paysages, souvenirs des Alpes. Dans l'un, des nymphes jettent des pommes à un satyre endormi.

> Lithographiés, depuis la mort de Girodet, par M. Chatillon. — Appartiennent à M. Becquerel-Despréaux.

Paysage au bistre ; sur le devant, Sapho est occupée à écrire sur des tablettes.

Appartient à M. Becquerel.

Paysage historique du style le plus noble.

Sur le devant, un voyageur, couvert d'un manteau antique, est assis sur des débris de rochers. A travers des masses de pins et de cyprès, on voit, dans le lointain, les murs d'une forteresse et une ville placée sur une éminence. — Appartient à M. Pannetier.

Autre, effet de lune.

Des satyres sont assis sur les branches d'un grand arbre ; l'un d'eux joue du chalumeau, les autres l'écoutent ; sur les derniers plans, on voit une naïade couchée sur le gazon ; l'eau qui s'écoule de son urne, tombe en cascade. — Appartient à M. Chatillon.

Autre paysage du même style.

Sur les bords d'une eau vive et limpide, alimentée par de gracieuses cascades ; à l'ombre d'arbres touffus et d'acanthes vigoureuses, Orphée fait entendre des chants qu'Eurydice semble écouter avec avidité. — Appartient à M. Coupin de la Couprie.

Dix dessins pour le Racine, *in-folio*, publié par M. Didot l'aîné (*Phèdre et Andromaque*).

Dessins pour le Virgile, *in-folio*, publié par *le même*.

Ossian : seize compositions, dessins terminés.

Appartiennent à M. Chatillon.

Un guerrier calédonien près d'une jeune fille qui le charme par les accords de sa lyre.

Les deux figures, placées sur des nuages, sont éclairées par la lune.

Ossian.

Dessin d'une grande dimension, fait, d'après le tableau, par M. Chatillon, et retouché dans toutes ses parties par Girodet, qui a fait quelques additions à sa première composition. — Appartient à M. Pannetier.

Le passage du torrent.

Dessin terminé, gravé par M. Roger, pour l'édition in-4° de Paul et Virginie, publiée par M. Didot l'aîné. — Appartient à M. A. A. Renouard.

1808. ### L'empereur Alexandre mangeant à la gamelle dans le camp français de Friedland.

Ce dessin a été donné à l'empereur Alexandre par Napoléon.

1810. ### Château de Montargis.

Seize dessins offrant des vues générales et particulières, ainsi que des détails d'architecture et autres, contenus dans un calepin. — Appartiennent à M. Jules Renouard.

Anacréon.

Cinquante-quatre compositions au trait, légèrement ombrées, gravées par M. Chatillon, presque en totalité avant la mort de Girodet; publiées avec une traduction des odes de ce poète, commencée par Girodet et complétée par M. P. A. Coupin. — Appartiennent à M. le baron Roger.

Les amours des dieux.

Seize dessins terminés, lithographiés, depuis la mort de Girodet, par ses élèves, et publiés avec un texte descriptif de M. P. A. Coupin. — Appartiennent à M. Becquerel.

Virgile.

Environ cent soixante compositions, plus ou moins achevées, puisées dans l'Énéide, à l'exception de quatre prises dans les Géorgiques. M. Pannetier a publié, par la lithographie, quatre-vingts compositions de l'Énéide, ainsi que les quatre des Géorgiques. Ce sont également les élèves de Girodet qui ont exécuté les planches.

Sappho.

Seize compositions au trait, légèrement ombrées, gravées par M. Chatillon depuis la mort de son maître, et publiées avec une nouvelle notice de M. P. A. Coupin sur cette femme célèbre. — Appartiennent à M. Becquerel.

Moschus :

Douze compositions.

Bion :

Douze compositions.

Ces deux suites, dessinées comme l'Anacréon et la Sappho, ont été confiées au burin de M. Chatillon, et seront publiées prochainement. — Appartiennent à M. Becquerel.

Héro et Léandre.

Suite de vingt compositions, de petite dimension, les unes esquissées aux crayons noir et blanc sur papier bleu, les autres seulement au trait. Trois sont terminées à l'estompe et au crayon noir, sur papier blanc.

Héro versant des parfums sur la tête de Léandre, au moment où celui-ci vient d'entrer dans la tour.

Lithographié par M. Dassy, sous la direction de Girodet.

Ariane, Érigone.

Dessins terminés, lithographiés par M. Aubry-le-Comte, sous la direction de Girodet. — Appartiennent à madame Becquerel-Despréaux.

Le serment des sept chefs devant Thèbes.

Grand dessin sur papier de couleur, rehaussé de blanc. Lithographié par M. Aubry-le-Comte, dans la même dimension que l'original, depuis la mort de Girodet. — Appartient à M. Becquerel.

Léda.

Dessin très terminé, et l'un des plus précieux qui soient sortis de la main de Girodet; il offre peu de différence avec celui qui fait partie des amours des dieux. — Appartient à M. Becquerel.

La naissance de Vénus.

Au crayon noir et à l'estompe. — Appartient à M. Laugier.

Même composition.

Au crayon noir et à l'estompe.—Appartient à madame Jaquotot.

Neptune et Amphytrite.

Dessin très terminé du groupe que Girodet a mis dans l'une de ses compositions de la naissance de Vénus.

Jupiter remettant à Pandore la boîte qu'elle doit porter à Prométhée.

A l'estompe et au crayon noir sur papier blanc. — Ces deux dessins appartiennent à M. A. Firmin Didot fils.

Aspasie discourant avec Socrate, Alcibiade, et d'autres grands hommes de la Grèce.

Composition exécutée pour le *Poème de la conversation*, et gravée par M. Larcher.

Le poète, monté sur un navire entouré de dieux marins.

Composition exécutée pour *le Voyage du poète*, de M. de Saint-Victor, et gravée par M. Leroux.

La philosophie du polythéisme.

Scène allégorique, composée pour être mise en tête du Dictionnaire de la Fable de M. Noël, et gravée par M. Roger.

Le mariage de Napoléon ; allégorie.

Gravé par M. Laugier.

La naissance du roi de Rome ; allégorie.

Gravée par le même.

Une composition pour le poème du Moucheron, attribué à Virgile et traduit en vers français, par M. le comte de Valory.

Gravée par M. Hulk.

Composition pour Agnès de France, roman historique de madame Simon Candeille.

Gravée par M. Adam.

L'Amour victorieux.

D'une main il tient la foudre; il foule l'aigle sous ses pieds. Dans le fond, on voit Jupiter endormi par Junon sur le mont Gargarus. — Appartient à madame Jaquotot.

Jeune femme vue en buste, vêtue d'une robe noire avec une colerette blanche, se détachant sur un fond de paysage.

Dessin d'un effet très piquant, au crayon et à l'estompe, sur papier blanc. — Appartient à M. Pannetier.

Raphaël occupé à peindre, entouré de ses élèves.

Au crayon noir sur papier blanc.

Michel-Ange soignant son domestique malade.

A l'estompe et au crayon noir sur papier blanc. — Ces deux dessins appartiennent à M. Valedau.

Scène allégorique.

Des fantômes présentent à un septembriseur leurs têtes qu'il a fait couper; il est à cheval, et cherche à se dérober à ce spectacle par la fuite : l'un de ces fantômes lui lance sa tête. Dessin très arrêté et aux carreaux. Au crayon noir et un peu estompé. Sur papier blanc. — Appartient à M. Réville.

Télémaque et Calypso.

> Grand dessin terminé. — Appartient à M. Rossi, dentiste.

Créuse cherchant à retenir Enée, qui veut retourner au combat pendant le sac de la ville de Troie.

> A la plume et achevé. De forme ronde. — Appartient à M. Pérignon.

Jeune femme tenant son enfant endormi sur ses genoux.

> Au crayon, légèrement estompé : sur papier blanc. Dessin où la grâce de l'expression et le charme de l'exécution sont portés au plus haut point. — Appartient à M. Réville, qui l'a acheté 1,500 fr., à la vente qui a eu lieu après la mort de Girodet.

Marius dans les marais de Minturne.

> Grand croquis à la plume, fort remarquable par l'expression que le peintre a su donner à Marius. — Appartient à M. Coutan.

Combat des Grecs et des Troyens.

> Riche composition à la plume, sur papier blanc. — Au même.

Un père et ses enfans.

> Groupe dessiné à l'estompe et au crayon no 1, sur papier blanc. — Appartient à M. Pannetier.

Zeuxis, chez les Crotoniates, choisissant parmi les plus belles filles du pays celle qui devait lui servir de modèle pour son Hélène.

> Dessin légèrement indiqué à la mine de plomb. Composition remplie de grâce et de style. — Appartient à M. P. A. Coupin.

1814. **Bélisaire et son jeune conducteur.**

f.

1814. OEdipe et Antigone.

> Ces deux dessins appartiennent à M. Pannetier.

Les génies de Bacchus, de Bellone, de Pomone, de Flore, de la Paix, de la Guerre, de la Victoire et de la Renommée.

> M. Dubois a peint ces sujets à Compiègne, d'après les dessins de Girodet; M. Chatillon a lithographié quatre de ces génies du vivant de son maître.

La Poésie épique, l'Astronomie et la Navigation, les Beaux-Arts et l'Agriculture, la Comédie et la Tragédie, la Navigation et le Commerce.

> Ces compositions devaient être également peintes à Compiègne par M. Dubois, d'après les dessins de Girodet, mais cela n'a pas eu lieu.

Le départ, le combat, la victoire et le retour du guerrier.

> Ce sont les dessins des tableaux que Girodet a peints pour Compiègne. — Appartiennent à M. Pérignon.

La Force, l'Éloquence, la Valeur et la Justice.

> Dessins de figures allégoriques exécutées pour Compiègne. — Appartiennent à M. le comte Turpin de Crissé.

Mercure couché sur un tertre, couvert d'une draperie.

> Dessin de l'une des figures peintes pour Compiègne.

Naïade couchée sur une draperie, près d'un ruisseau où elle se regarde.

> Dessin de l'une des figures peintes pour Compiègne.

Projet de portrait de S. M. Louis XVIII, en pied et en manteau royal. On voit dans le fond les portraits de Henri IV et de Louis XIV.

<small>Dessin au crayon noir et à l'estompe. — Appartient à M. A. Firmin Didot fils.</small>

Le même portrait.

<small>Aux crayons noir et blanc, sur papier de couleur.</small>

1819. Étude au pastel, d'après Mustapha Sussen de Tunis.

Saint Louis recevant dans le ciel Louis XVI et sa famille.

<small>Belle composition que Girodet se proposait de peindre. Dessin très terminé. Lithographié, depuis la mort de Girodet, par M. Lancrenon. — Appartient à M. Becquerel.</small>

Pygmalion et Galatée.

<small>Dessin très terminé, qui offre, avec le tableau, plusieurs différences, notamment dans la pose du Pygmalion et le caractère de tête de la Galatée. — Appartient à M. P. A. Coupin.</small>

1820. L'Origine du dessin, le Génie de la Grèce, Appelle et Campaspe, Michel-Ange, Raphaël, Poussin.

<small>Dessins très terminés. Ces six compositions ont été faites pour le poëme du *Peintre*, auquel elles sont jointes; trois ont été gravées du vivant de Girodet: la première par M. Henriquel Dupont; la seconde par M. H. C. Müller; la troisième par M. Bein. Les trois dernières ont été lithographiées, depuis sa mort, par M. Sudre. — Appartiennent à M. Jules Renouard.</small>

Origine du dessin.

<blockquote>Composition de trois figures, effet de lumière, à l'estompe sur papier blanc. Même sujet que l'un de ceux ci-dessus indiqués. — Appartient à M. Ferrière.</blockquote>

1820. Naissance du duc de Bordeaux.

<blockquote>Composition allégorique, lithographiée par M. Gosse, sous la direction de Girodet.</blockquote>

ERRATA.

Tome 1ᵉʳ, page 60, ligne 15 : S'est plu à réunir, *lisez :* Se plût à réunir.

Tome 1ᵉʳ, page 301, c'est *Anacharsis*, et non *l'abbé Barthélemy* qui tient le discours que j'ai attribué par erreur à ce dernier.   P. A. C.

LE PEINTRE,

POÈME

EN SIX CHANTS.

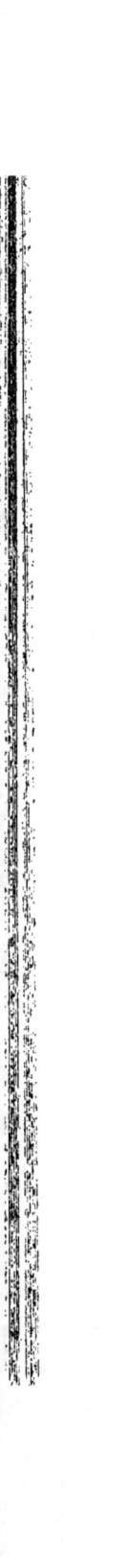

DÉDICACE

A ANTOINE-FLORENT GIRODET,

MON PÈRE ;

A ANNE-ANGÉLIQUE CORNIER DU COLOMBIER,

MA MÈRE ;

A BENOIT-FRANÇOIS TRIOSON,

MON PÈRE ADOPTIF.

Ce n'est point au pouvoir, ce n'est point à la faveur, ce n'est point à l'opulence ; c'est au meilleur des Pères, à la plus tendre des Mères, au plus parfait modèle des Amis, que je consacre ce premier fruit de mes veilles et de mes loisirs dans le sein des Muses. Ombres chères et vénérées, vous que je confonds aujourd'hui dans mes regrets et dans ma reconnaissance, comme je vous confondais, alors que vous viviez, dans mon respect et dans mon amour ; si jamais hommage ne fut offert avec un sentiment plus religieux à aucun mortel qui en fût plus digne, recevez cette pieuse offrande d'un cœur que vous remplissez encore tout entier, et dans lequel vivront, jusqu'à son dernier battement, le souvenir de vos bienfaits et l'exemple de vos vertus.

DISCOURS PRÉLIMINAIRE.

Que pensera le public à l'annonce d'un ouvrage en vers, écrit par un artiste? Avant même de le lire, ne condamnera-t-il pas et l'auteur et son livre; l'auteur, comme s'étant témérairement hasardé dans une carrière dont les études habituelles de son art semblaient devoir l'éloigner; le livre, comme une production en quelque sorte étrangère au sol cultivé par Minerve, et ne dira-t-il pas que, dès-lors, il ne peut satisfaire complètement ni les artistes ni les littérateurs?

Telles sont les principales questions que je me suis faites avant de mettre au jour le poème *des Plaisirs du Peintre* [*]; car il est une foule d'autres

---

[*] Tel est le titre sous lequel Girodet désigne son poème dans ce discours; mais ce n'est pas celui auquel, en dernier lieu, il s'était arrêté. Son manuscrit porte pour titre : Le Peintre ; ce qui semble plus juste, puisque c'est la carrière du peintre tout entière qu'il a voulu embrasser dans son poème.   P. A. C.

considérations qui auraient pu m'en détourner encore, si je ne m'étais enfin persuadé qu'un ouvrage nourri du souvenir des impressions reçues à la vue des merveilles des arts et de la nature; dont aucune ligne, aucun mot, ne peut être offensant pour personne; où je célèbre la gloire et la haute estime que la peinture, ainsi que les vertus et le génie des grands artistes, se sont acquises chez toutes les nations, depuis l'antiquité jusqu'à nos jours; si je ne m'étais persuadé, dis-je, qu'un tel ouvrage devait nécessairement offrir un caractère d'indépendance et de sincérité propre, sinon à se concilier les suffrages des gens habiles, du moins à s'assurer l'estime de tous les hommes honnêtes, quel que fût le degré de talent accordé ou refusé à son auteur.

S'il était cependant des personnes qui voulussent renfermer les artistes modernes dans le cercle des seules études relatives à l'exercice matériel de leur art, qu'elles considèrent que telle n'était point l'opinion de cette antiquité que l'on vante sans cesse, que l'on invoque tous les jours, et dont l'autorité nous dicte encore des lois. Les grands artistes de cette époque mémorable de la suprématie et de la plus haute gloire des arts, étaient tous, ou savans ou lettrés, et souvent l'un et l'autre à-la-fois. Pamphile, cet illustre maître d'Apelles, qui tenait le sceptre de la peinture avant de le céder à son inimitable élève, Pamphile était profond dans les sciences mathématiques; il avait composé un traité sur la géométrie, et il joignait à ces avantages, selon le témoignage de Pline, celui d'être versé dans tous les genres de littérature. « *Primus in pictura, omnibus litteris eruditus* ». Le même auteur fait mention des écrits qu'avaient composés quelques autres peintres célèbres, tels que Parrhasius, Apelles, Timagoras, Euphranor : celui-ci avait laissé plusieurs ouvrages sur les proportions et les couleurs. Timagoras, qui remporta le prix de peinture dans les jeux Pythiens, sur Panœnus, frère de l'illustre Phidias, composa lui-même un poème pour célébrer sa victoire. Paul Emile, après avoir vaincu Persée, roi de Macédoine, ayant demandé aux Grecs un précepteur pour son fils, et un peintre pour peindre son triomphe, les Athéniens lui envoyèrent Métrodore, également célèbre et comme peintre et comme philosophe. Il ne fut pas le seul qui réunit ce double genre de mérite : Antigonus Carystius, cité par Laërce, rapporte que le chef de l'école sceptique, le fameux Pyrrhon, avait d'abord, quoique pauvre alors et sans gloire, cultivé la peinture avec quelque succès, et que l'on conservait dans le gymnase, à Élis, un tableau où il avait représenté des lampadophores qui n'étaient point sans beauté: « *Ab eo non infeliciter elaboratos* ». Enfin, Socrate, le sage Socrate lui-même, s'était distingué dans la sculpture, avant de se livrer entièrement à l'étude des lettres et de la philosophie.

A Rome, Pacuvius, neveu maternel du poète Ennius, cultivait également la poésie et la peinture.

Si nous jetons maintenant un coup-d'œil sur l'Italie, depuis l'âge de la renaissance des arts jusqu'à nos temps modernes, n'y voyons-nous pas un grand nombre d'hommes supérieurs dans les arts du dessin, qui se sont rendus célèbres dans la littérature et dans la poésie? Sans parler de Léonard de Vinci et de Raphaël qui, par délassement, sacrifiaient quelquefois aux Muses, ignore-t-on que Michel-Ange, vieillissant, touchait le luth de Pétrarque avec l'applaudissement des lettrés de l'Italie, longtemps même avant que le ciseau échappé de ses mains plus qu'octogénaires, se reposât du redoutable travail de la sculpture? Il existe de Salvator Rosa des satires, trop cyniques sans doute, mais pleines de feu, et où l'on ne saurait méconnaître le cachet du poète. Lorenzo Lippi, son ami, peintre également célèbre, a laissé le poème burlesque du *Malmantile racquistato*, mis par les Italiens au rang des classiques; et nous savons qu'Augustin Carrache, qui possédait tous les talens, outre celui de la peinture, son occupation principale, composait des poésies qui ne le cédaient point aux productions les plus remarquables des poètes ses contemporains. Mais il serait trop long de citer tous les artistes italiens qui ont su tenir, à-la-fois, les pinceaux et la lyre.

Chez un peuple voisin dont l'histoire, sous le rapport des beaux-arts, m'est peu connue, je citerai cependant le fameux Hogarth, qui a montré tant d'esprit et, tout à-la-fois, un génie si original dans ses célèbres caricatures, et à qui nous devons l'ouvrage qui porte pour titre : *Analyse de la beauté*. Je crois qu'il a composé aussi quelques poésies satiriques*. Reynolds, qui fut président de l'Académie

---

* En réponse aux critiques que lui attira son *Analyse de la Beauté*. (Voyez

royale de peinture de Londres, et qui s'est illustré dans le genre du portrait historique, a composé une suite de discours qui sont entre les mains de tous les artistes, et dans lesquels il a déployé une théorie lumineuse.

L'Allemagne et la Flandre ont produit aussi des peintres dont la science et la littérature ont rehaussé la gloire. Le célèbre Albert-Durer est l'auteur de plusieurs traités sur la géométrie, la perspective, les fortifications, et sur les proportions du corps humain. Raphaël Mengs, ami de Winckelmann qu'il avait aidé dans la composition de son *Histoire de l'art*, a laissé un grand nombre d'écrits sur la peinture. Il avait été précédé par Gérard de Lairesse, à-la-fois peintre, musicien, poète et auteur du grand livre *du Peintre*. N'oublions pas Rubens qui, doué d'une vaste érudition qu'on n'accusera pas d'avoir étouffé son génie, et qui pouvait parler toutes les langues de l'Europe, composait avec facilité des poésies latines. Félibien dit que ce grand peintre a laissé un livre, de sa main, rempli d'observations et de dessins sur l'optique, l'anatomie et

la notice de M. Genee sur Hogarth, dans la Biographie universelle publiée par M. Michaud.)   P. A. C.

l'architecture, ainsi que sur les passions de l'homme et sur les mouvemens de son corps, dans toutes les actions et les conditions de la vie.

La France peut se vanter, à son tour, de compter parmi ses artistes des peintres savans et lettrés. Dufresnoy, cet ami inséparable de Pierre Mignard, est devenu célèbre par son poème latin : *De arte graphica*, écrit purement et dont les préceptes sont sages. Élisabeth Chéron, que C. Le Brun présenta lui-même à l'Académie de peinture, cultivait, avec un succès presque égal, la musique et la poésie. Autreau fut peintre et poète distingué. Antoine Coypel que le régent, à qui il donna des leçons de peinture, honorait de son amitié, avait composé sur son art un traité en forme de conférences, et, entre autres poésies, une épître en vers à son fils, pour le détourner de la carrière des arts ; épître que Boileau, ce juge si sévère, l'engagea à publier. Enfin, de nos jours, un académicien estimable, M. Taillasson, mort depuis peu d'années, nous a laissé un livre aussi bien pensé que bien écrit, sur le caractère distinctif du talent des plus grands maîtres ; et, parmi quelques pièces de vers, un petit poème *Sur le Danger des règles dans les arts*.

Voilà, je pense, plus d'exemples qu'il n'en faut pour prouver que l'exercice des arts du dessin et la culture des lettres, loin d'être incompatibles, tendent, au contraire, à se rapprocher sans cesse. Horace a dit : *Ut pictura poesis* ; il s'ensuit donc que : *Ut poeta pictor*. La poésie et la peinture ont en effet pour but unique l'imitation de la nature ; l'une en décrit les belles formes et les peint à l'esprit ; l'autre les fixe sous les yeux. L'une et l'autre ne vivent que des mêmes passions et des mêmes images. Comment donc le peintre et le poète ne seraient-ils pas naturellement disposés à des échanges mutuels d'inspirations, de sentimens, d'idées et de langage? Les dieux et les héros qu'Homère avait célébrés, ne revivaient-ils pas également dans les tableaux des Apelles, des Polignotes et des Parrhasius? La majesté terrible de la Bible étonne dans les peintures de Michel-Ange, comme on est touché de la sublime pureté et de la douceur de l'Évangile dans celles de Raphaël et de Le Sueur. L'Arioste et le Tasse, en se partageant le domaine de la féerie poétique, semblent les génies inspirateurs des Paul-Véronèse et des Rubens ; et la lecture des nobles et douces Géorgiques de Virgile affecte l'âme comme les majestueux paysages du Poussin. La peinture, comme la poésie, s'élève aux conceptions métaphysiques. Toutes deux habitent le palais diaphane de l'allégorie ; toutes deux aussi peuvent s'armer du fouet de la satire ou s'affubler du masque de Momus.

Si donc le peintre et le poète tendent au même but ; si leurs idées et leurs affections sont les mêmes, n'est-il pas permis de croire que l'un et l'autre sont entraînés dans leur carrière, moins par une impulsion primitive que par cet ensemble de circonstances qui, dans le choix d'une profession, dirige si souvent les hommes à leur insu*. Quelles que soient donc les causes déterminantes de la carrière du peintre et du poète, non-seulement il est rare qu'ils ne soient point portés à faire des incursions sur le domaine l'un de l'autre ; mais ils sentent continuellement le besoin de se faire des emprunts. Com-

---

* Je crois que cette pensée n'est pas juste. La peinture et la poésie tendent au même but, sans doute, mais par des moyens si différens, qu'ils exigent une aptitude particulière, et cette aptitude entraîne invinciblement celui qui en est doué. Au reste, il est digne de remarque que si l'on a vu des peintres et des sculpteurs quitter le pinceau ou le ciseau pour manier la lyre, on a vu peu de poètes quitter la lyre pour manier le pinceau ou le ciseau. Il est facile d'en pressentir les motifs qu'il serait trop long d'exposer ici.   P. A. C.

ment ne seraient-ils pas souvent tentés de s'exprimer dans le langage des pays limitrophes où ils vont échanger les inspirations de leur génie ? Ainsi le Dante, dont la poésie est si pittoresque, dessinait lui-même correctement ; et Michel-Ange, dont les pinceaux étaient si poétiques, savait aussi écrire en poète.

Quelle raison pourrait donc interdire, aux artistes de nos jours, d'essayer de marcher sur les traces de ceux que l'antiquité et le siècle de la renaissance des arts leur offrent pour modèle, ou du moins pour excuse. Si la supériorité de grands hommes, qui leur fut souvent disputée par l'envie contemporaine, fut cependant assurée par leur mort, et consacrée enfin par le temps*, pourquoi découragerait-on les modernes que leur impulsion entraîne à suivre leur exemple ? N'éprouvons-nous pas tous les jours de vifs regrets, non-seulement

* C'est ce qui a fait dire à M. de Fontanes, dans des stances adressées à M. de Châteaubriand :

« Long-temps la gloire fugitive
« Semble troubler leur noble orgueil;
« La gloire enfin pour eux arrive,
« Et toujours sa palme tardive
« Croît plus belle au pied d'un cercueil.

P. A. C.

de la perte des chefs-d'œuvre des peintres grecs, mais encore des écrits qu'ils avaient composés ; et ne savons-nous pas un gré infini à Pline de nous avoir conservé les traditions de quelques-uns de leurs précieux monumens dont il déplorait lui-même si vivement la destruction?

De quelque manière qu'un artiste parle de son art, il doit intéresser ceux qui le cultivent ou qui l'aiment. Le peintre, en écrivant de la peinture, est sur son terrein, et, si sa prose ou ses vers sont faibles, du moins le fond de ses idées sera vrai ; car il parle de ce qu'il a étudié toute sa vie. Il lui sera peut-être pardonné de dire quelquefois avec un grand maître :

« Et mon vers bien ou mal, dit toujours quelque chose. »

La nécessité de me défendre du reproche de témérité que l'on aurait pu être tenté de m'adresser m'a fait trop étendre, peut-être, ce préambule ; mais il faut bien, pour me conformer à une espèce d'obligation d'usage, que je dise maintenant les motifs qui m'ont séduit en composant les *Plaisirs du peintre*, et ceux qui m'enhardissent à les livrer à la sévérité du public dont le jugement est toujours, quel qu'il soit, dicté par la justice et sans appel; car, si les élémens hétérogènes qui le composent peuvent d'abord, à l'apparition d'un nouvel ouvrage, éprouver une fermentation qui retarde la manifestation de l'opinion vraie, lorsqu'enfin les passions et les intérêts opposés se taisent, cette opinion surnage et laisse précipiter dans l'oubli, comme au fond du vase du chimiste, les principes discordans dont la lutte a servi à l'épurer et à la fixer pour toujours. L'expérience a prouvé que les ouvrages, qui avaient été vivement attaqués et défendus, étaient ceux sur lesquels l'opinion publique se fixait le plus irrévocablement. Heureux, sans doute, les écrits jugés dignes d'une telle épreuve! Elle semble, du moins, les garantir de cette indifférence froide et dédaigneuse, mille fois plus offensante pour eux que le blâme; et, d'ailleurs, je ne crois pas que les chroniques des arts et de la littérature puissent offrir l'exemple du succès le plus légitime obtenu d'emblée et sans opposition. Le *Télémaque*, *Phèdre*, le *Tartuffe*, le fameux *Saint-Jérôme* du Dominiquin, et tant d'autres productions d'un ordre supérieur, en offrent de mémorables exemples. Je laisse de côté ces productions sans physionomie que leurs auteurs voudraient en vain élever à la hauteur de leurs prétentions, et qui, après avoir passé inaperçues sur la scène littéraire, s'enfoncent enfin dans cet oubli profond dont nulle puissance humaine ne peut plus les retirer. On aura raison de penser que, si j'avais craint que tel dût être positivement le sort de l'ouvrage que j'offre au public, je ne l'aurais pas laissé paraître; car je ne me parerai point de cette fausse modestie, l'une des innombrables variétés de l'orgueil, qui feint de ne se placer si fort au-dessous de ce qu'il s'estime, que dans l'espoir qu'on lui rendra bientôt, avec une forte usure, l'intérêt de ses véritables prétentions. Cependant, si je suis loin d'être assuré d'avoir fait un bon ouvrage, quels que soient les efforts qu'il m'ait coûtés, j'espère que, s'il n'est point jugé avec prévention, la critique impartiale, que j'invoque aussi sincèrement que tant d'autres la redoutent, m'éclairera sur les fautes qui me sont échappées; et que, si je n'en reçois pas ces éloges unanimes qu'elle finit enfin par accorder aux productions qui en sont véritablement dignes, elle ne me refusera pas, du moins, l'estime due au résultat de longues études toujours dirigées par de louables intentions.

C'est cette réflexion qui m'encourage à exposer, enfin, le plan de mon travail et les moyens que j'ai cru devoir employer pour en assurer l'exécution.

J'avais lu attentivement les poèmes latins, sur la peinture et la sculpture, de Dufresnoy, de l'abbé de Marsy et du père Doissin, et ceux de Watelet et de Lemierre en vers français. Il me parut que ces ouvrages, malgré leur mérite incontestable, se renfermaient tous à-peu-près dans le même plan, et que, quelles que fussent les beautés de détail dont ils étaient ornés, ils offraient cependant une sorte de sécheresse et d'uniformité dont il est peut-être difficile au genre purement didactique de se garantir; qu'enfin il leur manquait un je ne sais quoi, pour intéresser vivement, tout en instruisant avec méthode. Ce fut alors que, présumant trop sans doute de mes forces, je tentai quelques essais; mais je m'aperçus bientôt que je tombais moi-même dans les inconvéniens que je voulais éviter. Je ne pouvais, en méditant un poème de la peinture, m'écarter de cette division toute naturelle qui sépare les chants méthodiquement : c'étaient toujours le dessin, le coloris, l'ordonnance pittoresque et l'invention poétique qui, comme dans les poèmes que j'ai cités, auraient formé les quatre chants indispensables de mon ouvrage, et y auraient nécessairement été placés à-peu-près dans le même ordre. Il aurait donc fallu, dès le premier pas, m'engager dans une lutte dangereuse avec des écrivains dont la réputation, comme poètes, était solidement établie, et je me serais trouvé dans la position fâcheuse, ou de tomber dans la bizarrerie en voulant être neuf, ou de n'être plus qu'un froid imitateur, en suivant la route depuis long-temps battue. Dans l'un ou l'autre cas, je ne pouvais espérer aucune chance de succès. Cependant, je sentais que, à l'exception de Dufresnoy, ces auteurs et M. Watelet lui-même avaient parlé de la peinture, sans avoir le droit incontestable de faire autorité, et je ne pouvais, dans mon opinion, les élever au rang des classiques. Ils n'étaient pas peintres; conséquemment ils ne pouvaient connaître à fond la pratique de l'art; je trouvais donc leurs théories incomplètes et même assez souvent erronées, surtout celles de Lemierre qui avait emprunté son système aux principes alors accrédités dans la vieille école française, dont les exemples étaient encore plus dangereux que les préceptes. Il me vint en pensée que ce ne serait pas une chose tout-à-fait indifférente, de voir un peintre développer la théorie régénératrice qui a relevé la peinture en France. Sans avoir la certitude de m'exprimer assez bien pour y réussir, je trouvais cependant, dans l'habitude de mes réflexions sur mon art et dans le fruit que j'avais recueilli de mes études scolastiques, un prétexte au moins plausible de le tenter.

Séduit par cette idée qu'il ne me serait peut-être pas impossible de remplir cette lacune dans les écrits didactiques sur la peinture, mais abandonnant tout-à-fait le projet d'un poème régulier, pour les inconvéniens que j'ai signalés plus haut, je cherchai long-temps le cadre dans lequel je pourrais, sans sortir du caractère et des convenances du genre, développer la série des principes que je voulais établir d'après l'observation des grands modèles, et les opinions des artistes les plus éclairés. J'esquissai plusieurs essais sur l'école française, en particulier, et sur les arts du dessin réunis; mais je n'avais pas encore de plan fixe ni de forme déterminée, et je marchais dans le vague, lorsqu'enfin je crus pouvoir m'arrêter, pour réaliser mon projet, à l'idée qui me vint de composer une suite de discours, auxquels je donnais le titre de *Veillées* ou *Promenades du peintre d'histoire avec ses élèves*. Cette division formait naturellement six chants, dans lesquels, après avoir établi les principes généraux de l'art, je passais successivement aux règles et aux applications particulières à chacun des principaux genres de la peinture; mais je ne me bornais point à la sécheresse des préceptes, j'en prenais occasion de tracer le caractère distinctif du talent des plus grands maîtres, et j'appuyais mes assertions par les descriptions de plusieurs de leurs chefs-d'œuvre. Enfin, ne séparant point l'artiste de l'homme dans ces avis adressés aux élèves, je terminais le sixième chant par des réflexions morales sur la conduite qu'il doit suivre dans le cours de sa vie, afin que ses talens, rehaussés par ses vertus, soient également pour lui une source toujours féconde de gloire et de bonheur.

Cet ouvrage, qui n'est point celui dont il s'agit ici, n'a pas été achevé*, et je doute qu'il puisse

---

* Ce volume en contient plusieurs fragmens. P. A. C.

l'être jamais. Une circonstance particulière m'en détourna brusquement, au moment où j'y travaillais avec le plus d'ardeur. Le poème *des Plaisirs du poète*, de Millevoye, parut. Avide, comme je l'étais alors, de toutes les nouveautés littéraires, je le lus avec empressement, et cette lecture me fit sur-le-champ concevoir un nouveau projet d'ouvrage qui devait m'éloigner encore davantage des formes adoptées par les chantres jusqu'alors connus de la peinture. Si les plaisirs du poète m'avaient intéressé, je ne doutais point qu'un poème des *Plaisirs du peintre* ne pût aussi plaire aux poètes, si souvent affectés de la même manière et par les mêmes objets que les artistes. Ce dernier sujet me parut même beaucoup plus susceptible de développement, et je crus que le peintre pouvait être aussi heureusement célébré par l'artiste empruntant le secours de la poésie, que le poète obligé de parler de lui-même et de chanter son bonheur dans son propre langage.

Je m'arrêtai donc tout-à-fait à cette nouvelle idée. Les impressions profondes que j'avais ressenties en Italie vivaient encore dans ma mémoire, et s'y joignaient à la pensée affligeante que je ne reverrais plus les merveilles qui les avaient fait naître. Je trouvais, dans mon nouveau sujet, l'occasion de parler, avec l'enthousiasme de l'admiration et la chaleur de la reconnaissance, de ce beau pays, tour-à-tour l'objet de l'amour et des regrets du peintre, et dont le souvenir se rattachait, pour moi, à celui de mes plus belles années et à l'époque de mes premiers débuts dans la carrière des arts. Enfin, j'espérais que ce ne serait pas en vain que j'aurais été inspiré, et que je pourrais exprimer avec quelque intérêt ce que j'avais senti avec tant de bonheur.

Mais, si l'expression de ces souvenirs, destinée à réveiller dans la mémoire des artistes qui ont vu l'Italie, les impressions qu'ils peuvent avoir ressenties eux-mêmes, devait occuper dans mon ouvrage une place de prédilection, je ne pouvais omettre de parler de ces contrées célèbres qui furent le berceau des connaissances humaines, et qui, surtout depuis l'époque de l'immortelle expédition des Français en Égypte, ont offert à nos artistes de si abondantes moissons de science et de gloire. S'il n'est dans la destinée que d'un petit nombre de peintres de pouvoir visiter la Grèce et l'Orient, il n'est pas du moins un seul de ceux qui ont eu ce bonheur, qui n'en ait rapporté ces trésors du talent, dont ils sont plus jaloux et plus heureux que des dons de la fortune. Enfin, comme ces pays privilégiés ne sont pas les seuls qui puissent inspirer le génie, j'ai fait voyager le peintre dans le nord de l'Europe, rempli de beautés sauvages dont la rudesse contraste avec la grâce majestueuse de la Grèce et de l'Italie. Je le fais aborder dans ces déserts sublimes de l'Amérique indienne, dont l'auteur d'Atala nous a donné des descriptions ou plutôt des peintures si brillantes; mais il entrevoit à peine ces pays trop éloignés de sa terre natale; il fallait borner ses courses; je ne voulais pas faire un nouveau Cook de mon peintre déjà peut-être un peu trop voyageur, ni mettre en vers toute la mappemonde, en le suivant pas à pas autour du globe.

Les descriptions de l'Italie, consignées dans mon ouvrage, m'appartiennent en propre, à l'exception de celles de la Sicile que je n'ai pas vue. Je n'ai visité non plus ni la Grèce ni l'Orient. Je n'ai point gravi les montagnes d'Écosse ni foulé sous mes pieds les savanes de l'Amérique. J'ai dû recourir, pour cette partie de mon poème, à ce qu'ont publié, dans ces derniers temps, les littérateurs et les artistes qui ont fouillé dans ces mines fécondes, et je me suis presque persuadé, d'après l'authenticité de leurs récits et la fidélité de leurs tableaux, que j'avais moi-même voyagé avec eux.

Toutefois, ces descriptions, où j'ai toujours tâché de mettre le peintre en action, ne devaient être qu'une des parties de mon ouvrage, et ne pouvaient en former le plan même le plus incomplet; or, c'était un plan que je voulais d'abord arrêter, sauf à en étendre ou à en resserrer les limites, sans changer l'ordre de ses divisions une fois établies.

Le lecteur pourra se former une idée exacte de celui auquel je me suis fixé, par la réunion des argumens que j'ai placés à la tête de chaque chant*. Ici je n'ai besoin que de l'indiquer. Je suppose donc l'artiste que je mets en scène, peintre d'histoire, et Français. Je le prends à son enfance et je le suis depuis ses premiers essais et ses premières luttes dans la carrière qu'il doit parcourir, jusqu'au moment où il se rend en Italie.

* Ces argumens n'ont pu être retrouvés; il est même douteux que Girodet les ait composés. P. A. C.

De là je le conduis dans les autres pays célèbres dont je viens de parler, et qui deviennent tour-à-tour le théâtre de ses méditations studieuses. Il rentre enfin dans sa patrie, animé de la noble ambition d'y mériter la gloire par des chefs-d'œuvre. Je le représente, enfin, dans son honorable vieillesse, environné d'élèves, devenus ses enfans, auxquels il lègue en mourant l'exemple de ses travaux et de ses vertus.

Cette légère esquisse annonce, je crois, un plan assez simple dans son ensemble; mais il se complique beaucoup dans ses détails. C'est par eux que j'ai cherché, surtout, à m'éloigner de la nudité un peu sèche qui me semble former la physionomie des poèmes sur la peinture que j'ai cités, et avec lesquels celui des *Plaisirs du peintre* n'a, comme il est aisé de le voir, aucun rapport direct de ressemblance. Il me paraissait impossible d'encadrer les idées qui me venaient en foule en composant, si je ne me fusse donné une base facile à étendre, et libre dans ses formes. Lors même que je n'aurais pas été persuadé que les règles d'Aristote n'ont aucune juridiction sur le genre auquel on peut rapporter mon ouvrage, je n'en aurais pas moins été éloigné de me soumettre à des divisions exactement compassées et alignées au cordeau didactique. Si les jardins à grandes allées droites et à quinconces réguliers ont leurs beautés sévères, mais souvent tristes et toujours prévues, les parcs anglais, où la verdure se dessine en courbes faciles, où les groupes d'arbres s'enchaînent sans effort, ont aussi leur agrément inattendu : leur beauté et leur grâce même naissent alors d'un heureux hasard ou de la puissance qui l'imite. L'admirable poème de *l'Imagination*, taxé d'irrégularité, m'offrait, d'ailleurs, pour m'affranchir de la routine, un prétexte séduisant : je m'en suis emparé. Cependant je ne puis me dissimuler que ce ne saurait être pour moi une excuse complète ; pour la croire telle, il faudrait que je me reconnusse au moins la cent millième partie du talent de Delille, et c'est ce que ma témérité, quelque confiante qu'elle puisse paraître encore, ne pourrait jamais me persuader. Je sais, enfin, qu'il n'est permis qu'aux grands poètes, comme aux grands rois, de se croire d'assez hautes qualités pour n'être pas obligés de cacher leurs faiblesses ; et que, quant au peuple des versificateurs, on en exige davantage, parce qu'on en attend moins ; c'est toujours une espèce de compensation, et malgré moi il faut bien que je l'accepte.

Depuis les succès multipliés dont la muse tragique a couronné nos jeunes poètes, et depuis que Delille semble avoir renfermé avec lui, dans la tombe, le secret de ces vers brillans et faciles qui feraient pardonner au genre descriptif la froideur dont on l'accuse, peut-on se flatter encore, en suivant, de bien loin sans doute, les traces d'un si habile maître, d'intéresser un public qui semble ne plus rechercher d'autres émotions que celles que font naître les catastrophes théâtrales? Fera-t-on même la grâce à mon ouvrage de le classer dans ce genre proscrit? Ou dira-t-on qu'il appartient à un genre bâtard, inconnu sur le Parnasse? Je m'en consolerai, si ma mauvaise fortune ne va pas jusqu'à le voir relégué dans le genre ennuyeux.

Quelle que soit, au surplus, la dénomination du genre auquel la critique juge qu'il doive appartenir, il est certain que, s'il y a une action dans mon poème, cette action n'est point dramatique, puisqu'elle n'est qu'un voyage; que le peintre est seul, ou tout au plus avec l'auteur qui remplace ici le confident, et qu'il n'y a ni conflit d'intérêt, ni rivalité de passions, ni nœud, ni catastrophe. La partie descriptive y devait nécessairement occuper une place fort étendue; mais j'ai tâché, comme je l'ai déjà fait entendre, de mettre, le plus souvent possible, le peintre en rapport de position et en harmonie de sentimens, avec le caractère des pays que je lui fais parcourir. Ainsi, il éprouve un mélange de joie, d'admiration et d'horreur sur les ruines de l'amphithéâtre des Flavius; en visitant Athènes, le ravissement le saisit à la vue de la ville de Périclès; le regret, le plaisir et l'enthousiasme ralentissent ou précipitent ses pas, lorsqu'il foule, malgré lui, sous ses pieds les fragmens mutilés et la poussière éparse des chefs-d'œuvre de la Grèce; enfin, lorsqu'il s'élance au temple de Minerve, il l'embrasse et lui confie son nom en conjurant les destins de leur donner à tous deux un long avenir. C'est ainsi encore que, dans l'épisode du duc de Berry, qui termine le premier chant, j'ai peint cet auguste protecteur des arts, proscrit alors et dépouillé de l'héritage de saint Louis, méditant, le crayon à la main, sur les débris du palais des Césars,

« Et pesant leur grandeur au fond des catacombes. »

Quoique je ne sois pas entièrement de l'avis du bon Lafontaine, lorsqu'il dit que les arbres parlent peu, j'aime cependant à voir le lieu de la scène habité, et, si l'aspect d'un beau paysage me plaît,

« Je veux à mes côtés trouver à qui le dire. »

Ces magnifiques conceptions du Poussin, le Polyphême, le Phocion, l'Orphée, le Diogène, que l'on peut assimiler en peinture aux ouvrages du genre descriptif dans la poésie, seraient toujours admirables par la seule beauté de leurs sites majestueux; mais cette même beauté s'accroît encore de l'intérêt qu'y ajoutent la présence et le caractère des personnages que le peintre y met en action.

Un écueil difficile à éviter m'attendait dans les descriptions multipliées qui entraient naturellement dans le poème des *Plaisirs du peintre* : j'avais à craindre, autant que la répétition des mêmes images, l'expression des mêmes sentimens, en peignant une multitude d'objets, sinon identiques, du moins fort ressemblans entre eux par le caractère de leur aspect général. Malgré les particularités qui leur donnent une physionomie personnelle et distincte, les différences qui en résultent ne peuvent jamais être bien saisies que par une étude toujours attentive et souvent répétée. Si donc, au premier coup-d'œil et en masse, les montagnes ressemblent aux montagnes, les ruines ressemblent aux ruines, et chaque être vivant aux autres êtres de son espèce, le poète ainsi que le peintre doivent s'efforcer de saisir, dans ces généralités, le caractère précis des détails qui les composent, pour ne pas tomber dans cette manière vague, monotone et lâche, cause toujours renaissante des lieux communs et des ouvrages sans physionomie. Le poète, comme le peintre, doit donc creuser ses observations plus encore que les étendre ; tourner sans cesse autour des objets qu'il veut peindre ; en éclairer toutes les faces sous différens jours, non pour les représenter toutes, mais pour se ménager la faculté de choisir celles dont les effets peuvent, soit par leurs similitudes, soit par leurs oppositions, donner le plus d'unité, de mouvement et d'intérêt à son ouvrage. Le poète attache encore vivement, dans ses descriptions, par le prestige des illusions et le charme tout puissant des souvenirs. C'est ainsi que le génie repeuple la solitude, reconstruit les ruines, donne en quelque sorte une âme aux êtres inanimés, et vivifie tout ce qu'il touche.

En hasardant ces aperçus, je n'ai point essayé de tracer une poétique du genre descriptif: les idées qu'ils renferment me paraissent avoir un rapport direct à la théorie de l'art de peindre. Au surplus, c'est comme peintre seulement que je les ai exprimées, et je laisse aux poètes tout droit légitime d'en admettre ou d'en rejeter l'application à la poésie. J'use ici, d'ailleurs, du même droit que quelques poètes et même assez souvent quelques littérateurs, qui n'étaient ni peintres ni poètes, se sont attribué, en parlant de la peinture, sans que personne les en ait blâmés.

On se tromperait fort, au reste, si l'explication que je viens de faire des difficultés que j'avais à combattre dans les descriptions multipliées de mon poème, conduisait à penser que j'ai cru pouvoir les vaincre; mais, persuadé de la vérité des principes dont l'observation seule me paraît propre à les surmonter, je me suis efforcé de les suivre autant qu'il était en ma puissance. On sait que le poète dans ses descriptions, comme le peintre dans ses tableaux, tire un avantage inappréciable des souvenirs qui lui sont personnels. J'ai donc cru devoir, le plus souvent, prêter à mon peintre mes propres impressions et mes vrais sentimens. Il m'a semblé même qu'il exciterait plus vivement l'intérêt, si je me mettais quelquefois en scène à sa place. Dans la peinture des objets que je n'ai pu admirer que dans les livres et les tableaux qui m'ont paru les représenter avec fidélité, je me suis figuré que leurs auteurs m'avaient révélé le secret des impressions et des sentimens que j'aurais éprouvés à leur place, en présence des mêmes objets et dans une disposition semblable, et je me suis abandonné avec complaisance à cette illusion. En me représentant moi-même dans ce moment d'extase que j'éprouvai à la première vue du fameux *Passage des Echelles*, peut-être renouvellerai-je, dans l'âme des artistes qui en ont été frappés comme moi, des émotions semblables à celles dont je fus alors ébranlé. Ainsi, lorsque Volney se peint méditant sur les palais détruits de Palmyre, au moment où la nuit s'apprête à couvrir de son voile funèbre le désert et ses ruines, je crois m'être assis avec lui sur la ville des tombeaux, au milieu d'un peuple de fantômes.

Voilà ce que j'ai tâché de faire pour jeter de l'intérêt et de la variété dans mes descriptions; mais, dans les deux derniers chants, ce ne sont plus des descriptions de lieux, mais des narrations. C'était donc ici la place des réflexions morales et des épisodes, auxquels j'ai essayé de donner quelquefois une forme et une couleur dramatiques. Le peintre a terminé ses voyages, et son but est désormais de faire servir ses talens à sa gloire et à son bonheur. Si je le représente exposé aux traits de l'envie, j'en prends occasion de combattre cette passion odieuse, poison redoutable de la gloire, soit que le mérite, s'oubliant lui-même, s'abaisse à s'en faire une arme offensive; soit que, plus généreux, plus juste et plus heureux, sans doute, il s'élève au-dessus de ses atteintes par la conscience du génie et de la vertu. Par l'exemple du Poussin, il apprendra à connaître le bonheur attaché à la médiocrité dans les biens de la fortune, comme à la modération des desirs; il verra qu'une douce et fière indépendance peut encore habiter dans l'atelier du peintre, ainsi que dans son cœur, et s'y placer honorablement entre le talent et la gloire.

Michel-Ange, parvenu à la vieillesse et soignant lui-même son vieux domestique malade ; Grimaldi, dissimulant ses bienfaits avec plus de mystère que n'en mettent les âmes basses à voiler leurs perfidies, le feront souvenir qu'il faut faire estimer l'homme en lui, avant de faire admirer l'artiste; que l'éclat des talens ne dispense point de l'exercice des vertus, et que la charité chrétienne, la plus belle de toutes, ajoute encore au lustre des plus grandes renommées. Enfin, dans Raphaël, il verra combien le caractère d'une aimable indulgence et d'une politesse naturelle, obligeante et affectueuse, a de pouvoir pour désarmer les rivalités inquiètes et se faire pardonner le génie; et il se persuadera, sans peine, que la grâce des actions du peintre, ainsi que la noblesse de ses sentimens, sont intimement liées à celle de ses conceptions.

Après avoir ainsi rassemblé et disposé les matériaux destinés à former le corps de mon ouvrage, il me fallait en accorder les parties, en lier les membres entre eux par des transitions naturelles, en revêtir enfin les pensées d'un style propre à chacune d'elles en particulier, ainsi qu'à l'ensemble de tout le poème. Quelle que fût la variété de tons que celle des objets nécessitât d'admettre, j'ai tâché de ne point perdre de vue cette unité de physionomie, condition nécessaire de tout ouvrage avoué par le goût. Pour approcher de ce résultat, autant qu'il m'était possible, je n'ai épargné ni le travail ni les efforts d'une attention scrupuleuse. Il n'est pas un seul morceau de mon poème que je n'aie fréquemment retouché et souvent même refait tout entier, après l'avoir fait d'abord avec soin. Je me suis appliqué à la correction de la rime, et, loin de la croire l'ennemie de la raison, j'ai presque toujours eu l'occasion de remarquer que mes efforts pour la rendre de plus en plus exacte, me faisaient en même temps rencontrer des pensées plus justes, des expressions mieux choisies et des tours plus heureux. J'avais entendu professer cette maxime à M Delille : pouvais-je ne pas tâcher au moins de m'y conformer ? Mais, quel que fût l'avantage que la réunion de ces moyens me fît entrevoir pour espérer de ne m'être point mépris sur l'emploi d'un temps précieux dont je me crois comptable à moi-même, je sentais trop bien le besoin de conseils, pour ne pas solliciter ceux de l'amitié éclairée. Si Racine lui-même se croyait obligé de consulter Boileau, si Virgile récitait ses vers à Horace, qui donc aurait la témérité de prétendre se soustraire à l'autorité d'une critique fondée sur des motifs louables et aussi utiles que ceux qui dirigeaient ces génies supérieurs? L'amitié affectueuse dont m'honorait M. Delille m'avait encouragé à lui confier le desir que je nourrissais, de composer un ouvrage en vers relatif à la peinture. Un jour que je lui récitais un fragment sur l'ancienne Ecole française, tout-à-fait étranger au poème des *Plaisirs du peintre,* il daigna m'indiquer deux légères corrections, et voulut bien m'exhorter à poursuivre mes essais et à venir les lui réciter de temps en temps; mais je n'avais pas encore osé lui faire confidence du grand projet que j'avais formé. En appelant son attention sur des ébauches dont je sentais toute l'imperfection, j'aurais craint d'abuser de son indulgence et surtout de ses momens toujours si chers aux muses. Lorsque M. Delille mourut, l'ouvrage que je publie aujourd'hui, quoique commencé depuis assez long-temps, était alors très peu avancé. Conçu dans le seul motif d'un délassement analogue à mes goûts favoris, et comme dit un poète italien peintre lui-même,

« *Per fuggir l'ozio e non per cercar gloria ;* »

interrompu souvent et pendant un temps considérable par mes travaux d'atelier; repris ensuite à des intervalles éloignés les uns des autres, ce n'est que depuis très peu d'années, que je m'y suis remis avec une nouvelle ardeur, et qu'enfin je suis parvenu à me faire une occupation laborieuse de ce que je n'avais d'abord entrepris que pour charmer mes loisirs; mais c'est alors, aussi, que je ressentis plus vivement la perte irréparable des secours que j'aurais trouvés dans les lumières de M. Delille, dans son goût si délicat, dans son tact si sûr, et enfin dans cette franchise obligeante et expansive qui le rendait aussi heureux de communiquer l'instruction, que les autres l'étaient de la recevoir de sa bouche, sans cesse attirés, puis retenus près de lui par le charme irrésistible de son inépuisable bienveillance.

Privé des leçons, des encouragemens d'un tel maître, combien de fois n'ai-je pas cherché à me rappeler ces traits de lumière qui lui échappaient même dans les entretiens les plus familiers, et ces préceptes solides que l'aménité de ses discours dépouillait de leur austérité classique (car le poète de la *Conversation* en offrait, comme on sait, le plus parfait modèle); ces préceptes, dis-je, qu'il suivait lui-même avec autant de bonheur qu'il les énonçait avec grâce?

Après la perte de mon illustre ami, c'est à ses ouvrages immortels que j'ai demandé les conseils que je ne pouvais plus recevoir de lui-même; mais ce n'étaient plus que des avis indirects, lorsque j'avais le plus besoin de conseils positifs. Cependant, j'avançais assez mon ouvrage pour ne devoir plus rien y changer d'important. Je hasardai alors d'en faire une lecture rapide à deux ou trois personnes, dont l'amitié sûre autant que le goût éclairé m'étaient connus. Elles m'indiquèrent plusieurs corrections dont je sentis la justesse, et m'exhortèrent fortement à continuer. Je bornai là mes confidences; car j'ai toujours pensé que le trop grand nombre d'avis, presque toujours opposés entre eux, ne fait qu'embarrasser un auteur dans le choix de la route qu'il doit suivre. Semblable au pilote inquiet et irrésolu qui ne peut plus tenir le gouvernail lorsqu'il voit son vaisseau battu par les vents contraires, il risque trop souvent, comme lui, de faire naufrage avant d'arriver au port. J'en atteste l'exemple de ce fameux sculpteur, Polyclète, qui fit en même temps deux statues de Minerve ; l'une secrètement, et l'autre en se conformant, pendant tout le temps qu'il y travaillait, aux avis de la multitude. Ces deux morceaux enfin achevés, il les expose publiquement le même jour. Les Athéniens, ce peuple le plus éclairé de l'univers, se récrièrent alors d'admiration sur la première, et tous, d'une voix, condamnèrent la seconde. « Celle que vous louez, leur dit alors le statuaire, est mon ouvrage, et celle que vous blâmez est le vôtre. »

A plus forte raison me suis-je toujours obstinément défendu des lectures de salon pendant tout le temps de mon travail. Je ne me souciais nullement d'en faire l'objet d'une vaine ou maligne curiosité, convaincu, comme je le suis, parce que j'ai eu plus d'une fois l'occasion de le reconnaître, que ces lectures ont beaucoup plus d'inconvéniens pour les auteurs, qu'elles ne leur offrent d'avantages. Les réticences de l'amitié ou de la seule bienveillance qui n'ose s'exprimer librement devant un cercle nombreux ; l'indifférence ou l'ennui qui se retranche dans le maintien compassé de la réserve ; l'improbation tacite qui se contient d'autant plus qu'elle craint d'être aperçue, et à qui la politesse même peut surprendre des applaudissemens perfides, ou du moins de pure complaisance; enfin les louanges sincères et méritées, mais qu'une prévention trop favorable peut rendre suspectes ou dangereuses; et, pour ne rien oublier, l'attention trop distraite des auditeurs, parmi lesquels on en voit quelques-uns sentir insensiblement s'affaisser leur paupière, ou jeter obliquement un coup-d'œil inquiet sur l'épaisseur du cahier; voilà, ce me semble, ce qu'un auteur attentif à ce qui se passe autour de lui, peut le plus sûrement recueillir de ces lectures d'apparat, trop souvent provoquées par la soif prématurée des éloges, et que la mode a jusqu'à présent consacrées. S'il est vrai, d'ailleurs, que les demi-critiques, toujours superficielles, ainsi que la monnaie courante des louanges banales, ne peuvent, au fond, ni l'éclairer sur ses défauts ni satisfaire son amour-propre, il n'est pas moins certain que c'est seulement du zèle de l'amitié clairvoyante, sévère et même courageuse, et de l'impartialité d'un public désintéressé, qu'un auteur jaloux d'obtenir des succès durables peut attendre avec confiance, et des censures véritablement utiles, et des éloges complètement mérités.

Je dois parler à présent des notes que j'ai ajoutées à cet ouvrage. Plusieurs raisons m'ont persuadé de leur donner plus d'extension qu'on ne le fait ordinairement. J'ai voulu y consigner un assez grand nombre de réflexions et de considérations étendues qui ne pouvaient entrer dans mon poème, y développer avec quelque détail les circonstances qui ont fait naître les impressions dont j'ai été frappé dans les pays que j'ai parcourus, et qui ont été le théâtre de mes études. Les sensations que j'éprouvai à la vue de leurs monumens m'avaient fourni des observations, et avaient fait naître en moi des sentimens dont je ne voulais point laisser perdre le souvenir. J'ai donc parlé dans ces notes, des peintres, des statuaires, et même quelquefois des architectes dont les noms figurent dans mon ouvrage. J'ai essayé d'analyser quelques-unes de leurs productions les plus célèbres, de déterminer le caractère distinctif de leurs talens, et de discuter enfin des points de théorie, d'où ressortaient des doctrines que j'expose, d'ailleurs, seulement comme le résultat de mes opinions personnelles. La vie de plusieurs grands artistes, soit anciens, soit modernes, m'offrait encore des particularités curieuses sur leurs personnes et des rapprochemens peut-être nouveaux que je n'ai pas cru devoir être indifférens à ceux de mes lecteurs qui se livrent à la théorie et à l'exercice des beaux arts. Des recherches historiques, puisées autant qu'il m'a été possible aux bonnes sources, m'étaient nécessaires pour appuyer de leur autorité des faits qui, pour être quelquefois peu connus, n'en sont pas moins utiles ou agréables à connaître davantage. Les auteurs italiens qui ont écrit sur les arts, et qui presque tous étaient artistes eux-mêmes, sont une mine féconde où j'ai beaucoup recueilli, parce qu'ils sont entrés dans les détails les plus circonstanciés sur les hommes et sur les monumens dont ils parlent. J'ai consulté aussi les auteurs français et ceux des autres nations qui ont écrit les vies des peintres et qui ont parlé de la peinture, sans oublier surtout les écrivains grecs et latins auxquels nous sommes redevables de ce que nous savons touchant les artistes de l'antiquité. Quant aux choses qui me concernent personnellement et que j'ai rapportées à cause de leur rapport direct avec mon ouvrage, elles n'ont peut-être que l'intérêt passager de la nouveauté. Il n'appartient, en effet, qu'à des écrivains tels qu'un Montaigne ou un Jean-Jacques d'occuper le public de leurs personnes et de leurs aventures. En racontant quelques particularités de mon séjour en Italie, je n'ai voulu que faire revivre des souvenirs éloignés, dont l'impression m'est encore agréable, et qui me seront toujours chers. Ces notes, on s'en doute bien, m'ont coûté beaucoup de temps et de travail, et m'ont fait feuilleter bien des volumes. Toutefois, si elles peuvent intéresser mes lecteurs, je me croirai suffisamment dédommagé des fatigues, et peu s'en faut que je ne dise aussi, de l'ennui qu'elles m'ont assez souvent occasionés. *

Après avoir fait connaître le but dans lequel j'ai composé cet ouvrage, les soins qu'il m'a coûtés, mes efforts pour le perfectionner dans toutes ses parties, il ne me reste plus, en le produisant sur la scène littéraire, qu'à l'abandonner à sa destinée, sans autre protection que le degré quelconque d'estime qui doit résulter pour lui de ce qu'il peut va-

---

* Girodet n'a laissé que les notes du premier chant; j'ai fait celles des cinq autres; mais il est facile de comprendre que je n'aie pas osé suivre la même marche : *Non licet omnibus*.... P. A. C.

loir, et sans autre espérance que celle de recueillir peut-être un jour du jugement du public et du temps, juge du public lui-même, l'invariable opinion que j'en devrai concevoir. *I, liber.*

FIN DU DISCOURS PRÉLIMINAIRE.

LE PEINTRE.

CHANT PREMIER.

Un poète a chanté les plaisirs du poète ;
Des rivaux de Zeuxis, à mon tour interprète,
C'est du peintre lui-même, objet de chants nouveaux,
Que je veux célébrer les plaisirs, les travaux,
Travaux toujours chéris des filles de mémoire ;
Je dirai son amour, ses transports pour la gloire,
Sa noble indépendance au sein même des cours,
Et l'honorable emploi qu'il fait de ses vieux jours.

Sœur de la poésie, ô peinture éloquente,
Dont le charme puissant, sur la toile vivante,
A l'aide du mensonge et de la vérité,
Fixe le mouvement, la grâce et la beauté ;
Qui sais, en consacrant, dans le long cours des âges,
Des plus nobles objets les fidèles images,
Par l'heureuse union des traits et des couleurs,
Séduire tous les yeux, captiver tous les cœurs ;
De l'esprit et des sens aimable enchanteresse,
Toi que, dans son délire, idolâtrait la Grèce,

Quel dieu te donna l'être? Est-ce le blond Phébus?
Non : c'est un dieu plus grand, c'est le fils de Vénus ;
Ce dieu dont les dieux même adorent la puissance.
De son souffle éthéré tu reçus l'existence ;
Sans lui, dans le néant tu resterais encor;
Mais il parle, tu vis ; il veut, tu prends l'essor.
Oui! c'est lui qui, jadis, dans l'antique Argolide,
D'une jeune beauté guida la main timide,
Lorsque, d'un tendre amant, son doigt sûr et léger,
Arrêta sur le mur le profil passager
Qu'y dessinait sans art une ombre vacillante. (1)
Oh! douce et chaste erreur d'une pieuse amante!
Séparée à regret de l'objet de ses feux,
A cette esquisse encore elle portait ses vœux,
L'adorait en silence, et l'image fidèle
Recevait les sermens adressés au modèle!
O Dibutade! non, ce ne fut pas en vain
Que l'Amour t'embrasa de son transport divin :
Lui-même, il aiguisa cette flèche acérée
Qui servit de crayon à ta main rassurée;
Son flambeau fut ta lampe, et Minerve, en ce jour,
Applaudit d'un sourire aux leçons de l'Amour.

O triomphe d'un art rival de la nature!
Céleste illusion, ravissante imposture!
Des amans séparés par toi sont réunis ;
Tu rends le fils au père, et le père à son fils ;
D'une épouse un époux plaint le trépas funeste :

Il n'a pas tout perdu, son image lui reste;
Il croit la voir encore, encore lui parler;
De son œil qui se trouble il sent des pleurs couler;
Il bénit et l'artiste et l'heureuse magie
Qui rend à ce qu'il pleure une seconde vie.
Si l'erreur qui console est le plus vrai des biens,
O peintre! quels plaisirs sont plus purs que les tiens?
Si tes pieux pinceaux, d'une mère adorée,
Sur la toile ont fixé l'image vénérée;
Si, d'un père chéri, ton premier bienfaiteur,
Tu conservas les traits déjà peints dans ton cœur,
Combien tu fus heureux! Et, quand la mort barbare
De ces objets si chers à jamais te sépare,
Avec quels doux transports tu contemples toujours,
Même en les regrettant, les auteurs de tes jours!
Cette joie à mon cœur, hélas! est étrangère:
Je n'ai pu conserver l'image de ma mère.
Ah! fuyez loin de moi, trop cruels souvenirs.
Que dis-je? les regrets ont encor leurs plaisirs;
C'est un rayon de miel dans une coupe amère.
Du malheureux Icare ô déplorable père!
De tes regrets cruels si l'excès l'eût permis,
Oui! ton art tout-puissant t'aurait rendu ton fils.
Deux fois tu le voulus..... dans ta douleur mortelle,
Deux fois le burin fuit de ta main paternelle. (2)
Accablé comme toi d'un aussi grand revers,
Un successeur d'Apelle, en ses chagrins amers,
D'un fils, le seul appui qu'attendait sa vieillesse,

Avait vu sous le fer succomber la jeunesse :
Qu'on m'apporte, dit-il, son corps pâle et sanglant!
Sombre, silencieux, d'un œil étincelant,
Sans pousser un soupir, sans verser une larme,
Dévorant cet objet plein d'horreur et de charme,
Il saisit ses pinceaux, et son art créateur
De la mort indignée est demeuré vainqueur. (3)

 Mais c'est peu que le peintre, au sentiment fidèle,
De tout ce qu'il aima retrace le modèle ;
Il doit à son pays les fruits de son talent,
Son siècle le réclame, et la gloire l'attend ;
La gloire qui, du temps ignorant les injures,
Foule à ses pieds l'envie et brave ses murmures ;
Qui, des mortels fameux consacrant les travaux,
Sourit au dieu des arts comme au dieu des héros,
Proclame chez les Grecs, d'une voix solennelle,
Le grand nom d'Alexandre et le grand nom d'Apelle,
Et couronne à-la-fois de son noble laurier,
Et le front de l'artiste, et le front du guerrier.

 Mais, comment, à quel titre obtiendra-t-il la gloire ?
Que, lecteur assidu des fastes de l'histoire,
Il ose interroger les générations ;
Que ses nobles pinceaux, d'antiques nations
Retraçant les exploits, les héros et les sages,
Remontent hardiment le long torrent des âges,
Et, sauvé de l'oubli qui dut l'ensevelir,

Le passé renaîtra pour charmer l'avenir.

 Quel gage, toutefois, ces enfans du génie
Donnent-ils en naissant au dieu de l'harmonie?
D'où peut-on augurer leur destin glorieux?
Le talent, dans les fils, vient-il de leurs aïeux?
Je sais que l'on a vu plus d'un artiste illustre,
Dans sa postérité renouvelant son lustre,
Comme un noble héritage à ses fils assuré,
Leur léguer l'heureux don d'un talent admiré;
Mais si l'exemple est vrai, remarquons qu'il est rare.
De son feu le génie est toujours plus avare,
Il ne répand ses dons qu'avec sobriété.
L'esprit imitateur, dans sa témérité,
Au dédale des arts bien souvent se fourvoie,
Et, sans fil conducteur, par une fausse voie
S'égare au désert sombre où le pousse, glacé,
Son délire d'emprunt et son élan forcé.
Un spectre nébuleux qu'il prend pour une muse,
A travers son brouillard lui sourit et l'abuse,
Séduit ses yeux trompés par de fausses lueurs,
Et, l'égarant toujours, par des sentiers de fleurs,
Trompé, mais satisfait, tout doucement le mène
Jusqu'au fleuve d'oubli dont le courant l'entraîne.
Ainsi, d'un faux amour enflammé pour son art,
On voit plus d'un élève, inspiré du hasard
Qui lui met à la main, soit peintre ou statuaire,
Le ciseau paternel, la brosse héréditaire,

Aspirant par état aux honneurs du laurier,
Faire d'un art sublime un honnête métier ;
Tandis que, quelquefois, du fond de la boutique
Il s'élève un talent qu'Apollon revendique.
Dominiquin pour père avait un cordonnier,
Le Carrache un tailleur, et Rembrandt un meunier :
Et Canova, berger, modelait dans la plaine
Les moutons du prélat qui devint son Mécène :
La nature a parlé : le génie à sa voix
S'éveille, et sans effort obéit à ses loix.

Comme Pascal, enfant, et sans maître et sans guide,
Inventait le calcul et devinait Euclide ;
Et comme en son berceau balbutiait des vers
Ce Voltaire immortel par cent talens divers,
L'enfant que son génie appelle à la peinture,
A peine voit le jour ; déjà de la nature
Le spectacle imposant captive ses regards ;
Il semble avec le lait sucer l'amour des arts ; (4)
Même avant de parler, tout l'attire ou l'étonne ;
A défaut de la voix, son geste questionne ;
De chaque objet nouveau, son œil observateur
Déjà sait remarquer la forme et la couleur.
Il agite, inquiet, sa main impatiente,
Pour détacher des cieux l'étoile scintillante.....
Mais, dès qu'un trait échappe à ses doigts imprudens,
Hâtez-vous de serrer les cartons, les écrans,
La gravure de prix et le rare volume ;

Car l'encre, à flots pressés jaillissant de sa plume,
Va barbouiller, sans choix, l'estampe de Callot,
Ou le livre classique imprimé par Didot.

   Bientôt sa faible main, d'un vif instinct poussée,
Estropie en courant sa naïve pensée;
Tout lui sert de pinceaux, de couleurs, de crayons;
Ses toiles sont les murs; ses pinceaux, des charbons.
Un sens divinateur l'éclaire et le dirige;
Ce n'est point un talent, c'est plus, c'est un prodige.
Nulle règle, nul frein ne le saurait lier;
Il débute en grand maître avant d'être écolier.
Soudain, il improvise, en traits raides et brusques,
Des profils qu'on prendrait pour des profils étrusques.
Voyez-vous ces lanciers, en files étendus,
Naître et jaillir du sol comme ceux de Cadmus?
D'un château, d'un moulin, d'un clocher de village
Son rapide charbon meuble le paysage.....
Pour cacher les héros, conquis par leur amour,
La nièce d'Hidraot et la fille du jour,
Moins lestes, agitant leurs baguettes magiques,
Formaient en un clin-d'œil leurs palais fantastiques.

   Plus calme, cependant, observant chaque objet,
S'il ne peut l'imiter, il en fait le projet :
Le noir tableau d'autel, qu'en écoutant la messe,
Sans voir l'officiant, il contemple sans cesse;
La vieille estampe en bois de son vieux-testament,
Le plongent dans l'extase et le ravissement.

Par la comparaison ses pensers s'éclaircissent;
Par degrés et ses yeux et sa main s'affermissent,
Sa mémoire s'étend; toujours préoccupé,
Il peint, de ce qu'il voit, tout ce qui l'a frappé,
Tout ce que ses regards distinguent de la foule :
Le castel en ruine, ou le pont qui s'écroule,
Le visage grotesque, offert par le hasard,
Dont l'aspect eût charmé Callot ou Léonard;
C'est un barbon qui plaît à son crayon imberbe;
C'est un coursier fougueux, c'est un taureau superbe....
La lecture l'instruit : les Volsques, les Romains
Combattent sur les bords...... de ses thèmes latins;
Et sur sa leçon grecque, où coule le Scamandre,
Il renverse Ilion et met l'Asie en cendre.
Son maître entrave-t-il ce docte amusement?
Il s'en venge : soudain, son oisif rudiment
Plaisamment griffonné, présente la figure
De ce pédant fâcheux peint en caricature;
Il la fait circuler.... Le pédagogue en *us*
Pour la saisir s'épuise en efforts superflus :
De main en main, rapide, invisible, elle passe;
Le ris moqueur la suit, fait le tour de la classe.
Enfin le tyran las, sur son trône rassis,
Maudit en grommelant le bel art de Zeuxis.

A l'heure où dans leurs jeux ses bouillans camarades,
Sous un chef de leur choix défilent des parades,
Et simulent entre eux des sièges, des combats;

Où tel se fait Hector, César, Léonidas,
Et prélude en ces jeux aux jeux les plus terribles;
Où d'autres, plus charmés d'amusemens paisibles,
Députent vers les cieux, sur les ailes du vent,
L'Icare de papier, le léger cerf-volant;
Lorsque, frappant le mur, par le mur repoussée,
La balle en bondissant vole avec leur pensée;
Que ronfle la toupie et roulent les cerceaux;
L'enfant peintre s'isole, et, muni de pinceaux,
De craie et de charbon préparés en cachette,
Du dos de son pupitre il forme sa palette;
L'huile qu'il a ravie aux lampes du dortoir,
Il l'emploie à broyer et son blanc et son noir.
Déjà peintre, il prétend devenir statuaire :
La glaise se pétrit sous sa main téméraire.
Quelque bois, des couteaux ébréchés, mal coupans,
Voilà ses ébauchoirs, ses limes, ses trépans;
Et si l'hiver blanchit la cour de son collège,
Apprentif Michel-Ange, il modèle la neige..... (5)
Ses amis (l'écolier a des amis toujours,
Et tels qu'on n'en voit point aujourd'hui dans les cours)
Pour avoir leurs portraits lui servent de modèles.
Il les peint ressemblans dans des traits infidèles....
Ah! lorsque les travaux d'un heureux avenir
Au talent qu'il poursuit l'auront fait parvenir,
Si du temps destructeur ils ne sont pas la proie,
Avec quels doux transports de regrets et de joie
Un jour il reverra ces informes essais,

Langes de son talent, germes de ses succès,
Et garans oubliés de sa gloire assurée!
Mais de cet avenir il entrevoit l'entrée ;
Par des talens rivaux son talent excité,
Comme lui-même enfin touche à sa puberté.
Un tourment inquiet dans ses nuits le réveille;
Le lendemain accroît son ardeur de la veille;
Le rêve de la gloire, en un riant lointain,
Excite en lui l'espoir du plus brillant destin....
O douleur! des parens, aussi tendres que sages,
Veulent le détourner des périlleux rivages
Où tant d'écueils divers le peuvent entraver;
Son invincible instinct s'obstine à les braver. (6)
Le peintre adolescent, que sa fièvre tourmente,
Comme le flot qui rompt sa barrière impuissante,
Comme l'aimant fidèle à l'étoile du nord,
Dirige constamment et maîtrise son sort.

Ouvrons, il en est temps, la lice à son génie.
Dans l'Élide où la Grèce, en foule réunie,
Au signal de la gloire accourait à ses jeux,
Voyez-vous tressaillir ce coursier généreux?
Prêt à franchir d'un bond la poudreuse barrière,
Il hennit, mord son frein, du pied frappe la terre:
Indigné qu'on s'oppose à ses nobles élans,
Comme l'éclair il part, et précède les vents.
Tels sont du fils des arts la verve chaleureuse,
Les transports violens, la fougue impétueuse :

Dans ses jours, dans ses nuits, il n'a plus de repos,
S'il ne ravit enfin la palme à ses rivaux.
Plein d'un espoir altier, déjà futur grand homme,
A-t-il enfin conquis le voyage de Rome? (7)
Tel qu'au stade olympique un jeune et fort lutteur,
Vainqueur au pugilat, à la course vainqueur,
Triomphant, se croyait, dans sa brûlante ivresse,
L'émule des héros que révérait la Grèce;
Tel à ses propres yeux l'élève fortuné,
Dont le premier début vient d'être couronné,
Ivre de son talent, ivre de sa victoire,
Désormais prend sa place au temple de mémoire.
Qu'il se croit grand alors! Alors, qu'il est heureux!
Mais le plus doux bonheur objet de tous ses vœux,
C'est, lorsque du laurier dont sa tête s'ombrage,
Aux pieds de ses parens il dépose l'hommage.
O vous qui méditiez pour moi tant de bienfaits,
J'espérais, en goûtant ces plaisirs si parfaits,
Vous payer ce tribut de ma vive tendresse,
Et dans vos cœurs, du mien, répandre l'allégresse!
En vain je me berçai d'une si douce erreur,
Et je ne pus vous voir heureux de mon bonheur.
Ah! du moins, abaissant vos regards sur la terre,
Daignez, père adoré, daignez, ma tendre mère,
Sourire à ces lauriers que j'ai su conquérir:
Je ne les desirais que pour vous les offrir!

Trop plein de mes regrets, où m'égarai-je encore?

Jour et nuit, soit que brille ou Vesper ou l'Aurore,
Le peintre rêve Rome, et, pressant les momens,
Dévore la distance, anticipe le temps.
L'espoir qui lui sourit à son départ préside,
Et fait de son voyage une course rapide.
A peine il entrevoit ces pays fortunés
Où le Rhône répand ses flots désordonnés,
Et bientôt, du milieu des plaines opulentes,
Il contemple, étonné, les Alpes imposantes
Dont l'immense rideau se déploie à ses yeux :
Leur pied presse l'enfer, leur tête fend les cieux.
Là, d'énormes rochers, informe colonnade,
Dont la fable eût construit le palais d'Encelade,
L'un sur l'autre entassés, défendaient les chemins
Que Cybèle interdit à l'aigle des Romains.
Emmanuel voulut, et ces rocs indociles
Devinrent, en s'ouvrant, l'heureux lien des villes;
Leur masse, leur hauteur et leur dure âpreté,
Tout, par Emmanuel, fut à la fin dompté;
Et ces hardis travaux d'un bienfaisant génie
Unirent à jamais la France et l'Ausonie.
O Guaspre! ô Salvator! où sont-ils vos pinceaux?
Du peintre épouvanté de ces vastes tableaux,
Tout frappe, tout absorbe et grandit la pensée.
Immobile, sans voix, la poitrine oppressée,
Il sent fléchir sous lui ses genoux chancelans; (8)
Il voit d'un œil troublé les objets vacillans;
Accablé, mais ravi des beautés qu'il admire,

Le seul cri de l'extase échappe à son délire.
Altéré de la soif de sentir et de voir,
Moi-même, riche alors de jeunesse, d'espoir,
Et des illusions d'un avenir immense,
Quand je quittai le sol, le doux sol de la France,
A l'aspect imprévu de ces rocs menaçans,
Un désordre nouveau bouleversa mes sens;
Mes regards dévoraient les cieux et les abîmes,
Et mon âme nageait dans ces grandeurs sublimes.

Encor tout palpitant de ces émotions,
Le peintre, concentré dans ses réflexions,
S'arrache avec regret à ces rochers sauvages
Où la terre et les cieux, confondant leurs ravages,
Semblent du vieux chaos les élémens épars.
Il descend lentement ces éternels remparts
Qu'entre la France et Rome éleva la nature.
Son œil embrasse au loin ces plaines de verdure
Que, gonflé du tribut des fleuves, ses vassaux,
Le rapide Éridan, précipitant ses flots,
Change par ses bienfaits en des jardins fertiles.
Plus loin il voit Milan, la plus belle des villes,
Ainsi qu'un lis altier sur l'humble romarin,
Au milieu des cités lever son front serein.
Arrête, jeune artiste, et suspends ton voyage!
Du savant Léonard inimitable ouvrage,
La *Céne* t'offre ici de célestes beautés. (9)
De ces traits, par le temps, par la guerre insultés,

D'un œil respectueux viens admirer la trace.
Hommage au peintre heureux qui devina la grâce; (10)
Au peintre aimable et doux des amours et des jeux; (11)
Au peintre vrai, naïf, réfléchi, studieux,
Dont la gloire imprévue exaspéra l'envie,
Même après son trépas non encore assouvie. (12)
A ce triumvirat d'admirables talens,
Dont la ligue soutint les beaux-arts chancelans,
Dont l'école savante a peuplé l'Italie
De chefs-d'œuvre où la grâce à la vigueur s'allie, (13)
Porte encor ton hommage; alors l'antiquité
Te parlera du haut de sa sublimité.

Déjà sa voix t'appelle aux remparts de Florence,
Florence! noble asile où la magnificence
S'est plu à réunir tant de chefs-d'œuvre épars. (14)
Des Côme, des Laurent, Mécènes des beaux-arts,
Adore les bienfaits et les heureux prodiges.
L'architecture ici déployant ses prestiges,
Noble et grave, éleva ces palais somptueux, (15)
Dont la peinture orna les murs majestueux;
Et le ciseau, jaloux d'en accroître le lustre,
A l'égal du pinceau voulut s'y rendre illustre. (16)
Du divin Raphaël les savans précurseurs,
Ici, de l'art naissant préparaient les splendeurs; (17)
Ici, sombres, profonds, tous deux d'une âme ardente,
Michel-Ange sculptait comme chantait le Dante; (18)
Et l'élégant Vinci, favori de l'Amour,

Savant, peintre, poète et galant troubadour,
Dans les nobles beautés que son pinceau fit naître,
Rivalisait Pétrarque et surpassait son maître :
Fils aînés d'Apollon, invincibles géans,
Patriarches des arts, rois dans tous les talens,
Qui maniaient, au gré de leur docte délire,
Le ciseau, le compas, les pinceaux et la lyre !

Tel fut ce Ghiberti, génie universel,
Qui, moderne Vulcain, fit les portes du ciel,
Portes du ciel! ainsi les nommaient Michel-Ange: (19)
D'un chef-d'œuvre sublime admirable louange !
Quel miracle à son tour Michel-Ange a produit !
Le jour m'a révélé les charmes de la nuit;
Au bloc qui l'enfermait un ange l'a ravie;
Elle dort sous le marbre où repose sa vie;
Son doux sommeil lui plaît : ne la réveillez pas,
Et si vous lui parlez, ah! parlez-lui tout bas.
Elle dort pour ne pas sentir les durs outrages,
Ni voir le crime heureux environné d'hommages.
Dans mes songes, ô nuit! reviens charmer mes sens! *

---

* Michel-Ange a orné le mausolée des Médicis, à Florence, de quatre figures allégoriques. L'une de ces figures, celle de la Nuit, que Girodet rappelle dans ces vers, donna lieu, lorsqu'elle fut terminée, au quatrain suivant, qui fut attribué à Machiavel :

« La notte che tu vedi in si dolci atti
« Dormire, fù, da un angelo, scolpita

Mais vois de l'Apennin les aspects ravissans
Surabonder partout en sites pittoresques.
Ce ne sont plus ces rocs des Alpes gigantesques
Qui frappaient de terreur ton œil épouvanté;
Là, la grâce s'unit avec la majesté.
Des enfans de Benoît retraite douce, heureuse,
Que ta beauté m'enchante, aimable Vallombreuse!(20)
Là, l'humble piété, vouée à l'Éternel,
Des bienfaits de la terre et des faveurs du ciel,
Par la religion comblée avec usure,
Adore dans ses dons le roi de la nature.
Et quels dons! les trésors de Flore et de Palès;
Des arbres toujours verts, des gazons toujours frais
Où, du sein des rochers, les urnes des Naïades
S'épanchent mollement en paisibles cascades.

« In questo sasso; e perche dorme, ha vita :
« Destala, se nol credi, e parlerà ti. »

Michel-Ange répondit pour la Nuit :

Grato mi è il sonno, e più l'esser di sasso,
Mentre che il danno e la vergogna dura;
Non veder, non sentir, m'è gran ventura;
Però non mi destar : deh! parla basso!

On remarquera sans doute que Girodet a reproduit plusieurs idées de ces deux quatrains. Ce dernier vers :

« Dans mes songes, ô nuit! reviens charmer mes sens! »

indique, avec beaucoup de délicatesse, que cette figure est d'un caractère de beauté qui la fit trouver profane : on finit par la couvrir. P. A. C.

Dans ce nouvel Éden que Dieu forma pour vous,
Cénobites sacrés, que votre sort est doux!
Voyageurs pour les cieux, dans une paix profonde
Vous y buvez l'oubli des tumultes du monde :
Jamais ses vains plaisirs et ses folles erreurs,
Inconnus dans ces lieux, n'y troublèrent vos cœurs.

Quel murmure lointain me charme et m'épouvante?
Terni! j'entends gronder ta cascade écumante.
Du haut de l'Apennin, d'où ses flots échappés
Rongent en mugissant tes vieux rocs escarpés,
Prompt comme la lumière, en son volume immense,
Tel qu'un jeune Océan, le Velino s'élance;
Il baigne de vapeurs l'humide azur des cieux,
Et, voilant dans leur sein son front mystérieux,
En torrens divisé, dans ses chutes sublimes,
Précipite son cours d'abîmes en abîmes;
Trois fois tombe, trois fois fait rejaillir ses eaux
Jusqu'aux lieux où, paisible, il rassemble ses flots,
Et verse leurs trésors à ces plaines heureuses
Où le Ner roule en paix ses ondes sulfureuses.
O peintre! quel pouvoir t'arrête en ces beaux lieux?
Ah! fuis-les pour toujours : c'est l'antre insidieux
Où, sur un lit de fleurs, une amante ennemie
Enchaînait de Renaud la valeur endormie.
Fuis-les, fuis-les, te dis-je, et songe à tes destins :
La méditation t'appelle aux champs latins,
Et Minerve t'attend au pied du Capitole.

Quel est ce dôme altier, cette immense coupole
Que dessinent les cieux dans le lointain des airs?
Salut, fille de Mars, reine de l'univers!
Lève ton front paré de tes nobles ruines! (21)
Vous aussi, dieux d'Horace, amis des sept collines,
Dieux encore adorés par l'amant des beaux-arts;
Ombres des Publius, des Flaccus, des Césars,
Ombres chères toujours à la gloire, au génie,
Je vous salue! hélas! pour l'antique Ausonie
Ces dieux qu'elle adora furent des dieux trompeurs;
Ses destins ont rendu leurs oracles menteurs.
Rome, dis-moi, pourquoi si près de ton enceinte
La dévastation partout est-elle empreinte? (22)
Dans ces lugubres champs sans pasteurs, sans troupeaux,
Les moins tristes objets sont-ils donc les tombeaux!
Là, rampe obscurément une Flore indigente;
Pâle, décolorée, en ses germes souffrante,
L'herbe expire de soif sous des soleils brûlans;
Mais, seule encor fidèle aux Romains des vieux temps,
Elle semble mêler son deuil à leur poussière.
Les voilà donc ces champs dont Cérès était fière?
Où brillait l'or flottant de ses blondes moissons?
Ces champs que fécondaient les chefs des nations,
Quand des Cincinnatus les mains victorieuses
Daignaient en gourmander les glèbes paresseuses?
Ces champs de la vertu par la gloire illustrés?
Le voilà donc, enfin, ce fleuve aux flots dorés,
Le Tibre! réponds-moi, fleuve de la victoire,

De tes anciens héros gardes-tu la mémoire?
Où sont les descendans de ces célèbres morts
Qu'aux anciens jours de Rome ont vu fleurir tes bords?
Se sont-ils écoulés comme les pâles ondes
Qui se hâtent de fuir tes rives infécondes?

 Mais, ainsi que ses champs, tristes, inhabités,
Rome a-t-elle souffert de ces calamités?
La désolation qui règne si près d'elle,
Frappe-t-elle les murs de la ville éternelle?
Le trône auguste où siège un pontife sacré,
Des temples le plus saint et le plus révéré,
Et du dieu des chrétiens l'inébranlable empire,
Seraient-ils menacés? Avançons.... Je respire :
La verdure a repris ses brillantes couleurs;
Des palais élégans, des jardins enchanteurs,
Aux penchans des coteaux, dans le sein de la plaine,
Embellissent encor la ville souveraine
Qu'habitèrent jadis les héros et les dieux.
Oui! Rome, Rome enfin, Rome est là sous nos yeux;
Ce n'est plus cette Rome opulente et guerrière,
De l'univers dompté dominatrice altière,
Qui, de gloire enivrée et lasse enfin d'exploits,
Au rang de ses sujets daignait compter les rois;
Ou de qui la grandeur, tristement dépérie,
Subit le joug des Huns et de la barbarie;
Ce n'est plus la cité des Goths ni des Césars:
C'est la Rome du peintre, et que le dieu des arts

Adopta pour patrie et choisit pour asile; (23)
Où, sous un ciel riant, dans un loisir tranquille,
Ce dieu, la lyre en main, à ses adorateurs
Révèle ses secrets et ceux des doctes sœurs.
Là, parmi les palais, parmi les basiliques,
L'artiste voit épars ces décombres antiques
Peuplés d'illustres noms et de grands souvenirs.....
Viens donc leur consacrer tes studieux loisirs;
Pour toi l'illusion, déployant ses prestiges,
Évoque les héros, y montre leurs vestiges.
D'un pied respectueux, d'un œil contemplateur,
De ces murs qu'embellit leur mourante splendeur,
Ensemble, parcourons l'enceinte vénérable. (24)

 Aux peuples comme aux rois jadis si formidable,
Voici ce Capitole, arbitre des humains,
Dont Rome à sa fortune enchaînait les destins. (25)
Mais, où donc est ce temple élancé vers la nue,
Dont le fronton superbe échappait à la vue;
Où le grand Jupiter, du haut de son autel,
Avait promis à Rome un empire éternel?
Où sont-ils ces remparts et l'enceinte escarpée
Que de nos blonds aïeux avait forcés l'épée;
Où, du poids de son glaive, aggravant leurs affronts,
Brennus des fiers Romains humilia les fronts?
Loin d'ici, froid savant aux tranchantes doctrines!
Ici, le Doute ailé plane sur les ruines,
Et des temps et des lieux la double obscurité

Partout confond l'erreur avec la vérité.
Souvent, ici, le vrai combat la vraisemblance.
Vieux débris! c'est à vous de rompre le silence;
Révélez vos secrets à l'ami des beaux-arts.
Ces marbres sont-ils ceux que foulaient les Césars?
Où donc se suspendaient les dépouilles opimes?
Sous les couteaux sacrés, où tombaient les victimes,
Quand d'orgueilleux consuls, gonflés de leurs exploits,
Remerciaient les dieux de la honte des rois;
Quand leurs vœux exigeaient du maître du tonnerre
L'or, les pleurs et le sang du reste de la terre?
Sont-ce là les degrés qu'en son noble dédain
Monta ce Scipion, vainqueur de l'Africain, (26)
Alors qu'à l'injustice il opposait sa vie,
Sa grandeur à l'outrage et sa gloire à l'envie?
Ne crois-tu pas l'entendre, insensible aux clameurs
Qu'élevaient contre lui de vils accusateurs :
« Soldats, à pareil jour nous vainquîmes Carthage;
« Aux dieux de la patrie allons en rendre hommage!»

 D'Élise abandonnée, ô toi vengeur fatal,
Accomplis tes sermens, implacable Annibal; *

---

*. . . . Nullus amor populis nec fœdera sunto.
Exoriare aliquis nostris ex ossibus ultor,
Qui face Dardanios ferroque sequare colonos,
Nunc, olim, quocumque dabunt se tempore vires.
Littora littoribus contraria, fluctibus undas,
Imprecor, arma armis : pugnent ipsique nepotesque.
Hæc ait. . . . .   (*Æneidos*, lib. iv.) P. A. C.

Franchis ce Capitole où l'ombre de sa gloire
Ne t'empêchera plus d'user de la victoire.
Quel pouvoir a vaincu tes vainqueurs fastueux?
Leur Jupiter tonnant a disparu comme eux.
Viens, jouis du néant de ta rivale altière;
Viens d'un pied dédaigneux insulter sa poussière;
Mais, tout s'est éclipsé, les vainqueurs, les vaincus;
Annibal dort en paix ainsi que Marcellus;
Leur cendre indifférente à leurs longues querelles
N'a point éternisé leurs haines immortelles.
Nous ne les verrons plus ces fiers triomphateurs
Dont les lauriers sanglans coûtèrent tant de pleurs
Aux vierges des Germains, aux épouses du Dace:
Les siècles en passant ont effacé leur trace.
Mais, que dis-je? leur foule ici frappe mes yeux.
Les vois-tu ces héros, brigands issus des dieux:
Dieux eux-mêmes? César, succombant sous l'épée,
Ensanglanta ce marbre où respire Pompée.
Fantômes effrayans, Marius et Sylla!....
Romains, vous frémissez: ces monstres, les voilà!
Les voilà ces rivaux d'attentats et de gloire!
Qui t'a placé près d'eux, toi qu'a vengé l'histoire,
Généreux Scipion dont les nobles vertus
S'exilèrent de Rome et n'y rentrèrent plus?
Bourreaux, l'un de son fils, et l'autre de son père,
Voici les deux Brutus au front pâle et sévère,
A l'œil conspirateur; je lis dans leur regard
Et l'exil des Tarquins et la mort de César;

Même aux yeux des païens grands hommes misérables;
Mais, aux yeux des chrétiens grands hommes exécrables.
Qu'aperçois-je! est-ce toi, honteux ami d'Othon,
Assassin de Burrhus, parricide Néron?
Et toi dont le génie agrandit l'art du crime,
Tyran sombre, profond et scélérat sublime,
Tibère impénétrable!.... Artisans de terreur,
Le marbre sous vos traits nous glace encor d'horreur.
Mais toi, Titus, dont l'âme en vertus si féconde,
T'avait fait surnommer les délices du monde,
Qui régnais par l'amour bien plus que par les lois;
Vertueux Antonin (27), modèle des bons rois,
Toi que la Grèce eût mis au nombre de ses sages;
Qu'avec transport le peintre adore vos images!
Cependant vous étiez de la race de fer
Qu'à subjuguer le monde appela Jupiter.
Des immortels jumeaux éternelle nourrice,
O louve! qui du ciel portes la cicatrice,*
Tes mamelles d'airain, pendantes sous tes flancs,
Les abreuvent encor du lait des conquérans.
Les fils ont hérité de l'instinct de leur mère;
Rome, comme une proie, a dévoré la terre.
Quels sont ces arcs brisés où d'illustres vaincus,
Au généreux Trajan, au fier Septimius
Tendent, agenouillés, une main suppliante?

* Allusion aux traces que la foudre a laissées sur cette statue de bronze.

P. A. C.

Leur honte y vit encor sur la pierre insultante.
Sous ces portes passaient les aigles triomphans ;
Là , des princes captifs, des reines, leurs enfans,
Le front baissé, marchaient dans un morne silence,
Et, les bras enchaînés, méditaient la vengeance.
Précédant les coursiers qui traînaient les Césars,
L'or des vaincus brillait entassé sur les chars ;
Ce même or qui devait, dans leur avide joie,
Des vengeurs d'Annibal redevenir la proie!

Mais, ces grands monumens ne sont pas seuls détruits:
Où sont-ils ces chemins qui, de marbre construits,
Voyaient auprès du char des maîtres de la terre
Se promener l'orgueil du bouffon en litière?
Le bœuf du villageois marque ses pieds pesans
Sur la route sacrée où circulaient les grands,
Où les pensers légers dont s'égayait Horace
De ses pas indécis interrompaient la trace.
Quels contrastes frappans! C'est ici que la Peur (28)
Vit son temple érigé des mains de la Valeur.
Ce forum, où grondait la Discorde civile,
Offrit à la Concorde un temple pour asile; (29)
Non loin de la Pudeur on encensait Vénus,
Et la Fièvre et Pallas près d'Hygie et Bacchus.
Les Grâces et l'Amour, les dieux des bergeries,
Partageaient les honneurs décernés aux Furies ;
Et Rome, dont le fer ne reposait jamais,
Malgré Mars éleva des autels à la Paix! (30)

O prodige! la Paix dans Rome eut donc un temple!
Tu cherches ses débris, et ton œil les contemple.
Ce monument d'orgueil où brillaient à-la-fois
Les images des dieux, les dépouilles des rois,
Les chefs-d'œuvre d'Apelle et ceux de Protogènes,
Tributs de la victoire aux légions romaines,
Aujourd'hui vile étable, aux plus vils animaux
Prête l'informe abri de ses vastes arceaux.
De ces temples rivaux la ruine est commune.
Ces débris où la Gloire adora la Fortune, (31)
Un dieu leur rendra-t-il leur première splendeur?
Aucun des dieux: le Temps, qui d'un pied destructeur
Écrase les granits et brise les porphyres,
Ne recommence point la gloire des empires.
Eh, bien! cherchons-la donc dans le sein des tombeaux;
Ne sont-ils pas peuplés des mânes des héros?...
Vain espoir! des vainqueurs d'Annibal, de Persée
Les noms ont disparu, la cendre est dispersée,
Et la Mort même a fui de leurs tombeaux déserts.(32)
Quittons, quittons ces morts. Triomphant dans les airs,
Les monumens sacrés des Trajans, des Aurèles,
Où les cieux contemplaient leurs cendres immortelles,
Où l'histoire attendrie attache ses regards,
Consolent à-la-fois la sagesse et les arts ; (33)
Mais, celui dont l'orgueil outrage encor Solime,
Éternise à jamais une douleur sublime;
A sa vue Israël fuit en versant des pleurs ; (34)
Les longs ressentimens naissent des longs malheurs:

Respectons les regrets d'une race flétrie.

Est-ce une illusion ? ô céleste Égérie,
Tu m'apparais dormant sous ces rians berceaux
D'où ton urne sacrée épand ses claires eaux. (35)
Était-ce en ces beaux lieux, sous leur ombre discrète,
Que, cédant aux transports de ta flamme secrète,
Ton cœur, tout absorbé dans son ravissement,
Battait au son lointain des pas de ton amant?
Et qu'au sein de la nuit, propice au doux mystère,
Éclairant son esprit d'une vive lumière,
Ton amour lui dictait les plus saintes des lois
Que Rome ait pu devoir au plus sage des rois ?

Salut, des Flavius amphithéâtre immense!
Seul, tu pourrais de Rome attester la puissance.
Élevé par les mains des captifs d'Israël,
Dans tes débris, comme eux, es-tu donc éternel?
Mais quels bruits menaçans sous ces arcs retentissent?
Est-ce le ciel qui tonne, ou les flots qui mugissent,
Ou la terre ébranlée et grondant sous nos pas ?
Rebuts des nations, condamnés au trépas,
Quand votre sang payé pour lui doit se répandre,
L'ennui du peuple-roi se lasse de l'attendre;
D'une insolente voix cent mille spectateurs
Accusent, indignés, vos coupables lenteurs....
Mais, au signal des chefs, dans l'arène ils affluent :
« Ceux qui vont s'égorger, ô César, te saluent. »

L'airain a retenti : marchez, fiers Spartacus,
Les vainqueurs au carnage, à la mort les vaincus.
Les combattans tombaient, expiraient : des vestales
Abjurant la pudeur, les grâces virginales,
Contemplaient sans pitié, sans honte et sans terreur,
Le corps ensanglanté du vil gladiateur ;
Suivaient de l'œil l'éclair du poignard homicide
Qui, de meurtres fumant, de meurtres plus avide,
A coups réitérés volait se replonger
Dans les flancs du vaincu qu'il venait d'égorger ;
Et, par un geste affreux, de ces horreurs complice,
Du mourant, sans pâlir, achevaient le supplice ! (36)
Clio, que m'as-tu dit ? qu'en ces funestes jours
La débauche alliée aux perfides amours,
Par les leçons d'Ovide assurant ses conquêtes,
Se montrait assidue à ces barbares fêtes ;
Que d'indignes Romains, cruels, voluptueux,
Y venaient, parjurant leurs bouches et leurs yeux,
A de tendres beautés, amantes du carnage,
De leurs desirs lascifs offrir l'impur hommage ;
Mêler aux cris de mort leurs soupirs corrupteurs,
Et, cherchant les plaisirs jusque dans les fureurs,
D'un cynique regard qui s'enivrait du crime,
Voir sourire Chloé, voir tomber la victime.

Ne souillez plus mes vers, horribles souvenirs :
Les larmes des chrétiens, le sang de leur martyrs,
Et la croix arborée au front de ce portique,

Ont relevé ces lieux de leur souillure antique.
La parole du Christ parcourt leurs vieux échos ;
Le pâtre qui, le soir, ramène ses troupeaux,
Des femmes, des vieillards s'arrêtent pour entendre
Un enfant de François, à la voix pure et tendre ;
Et sa douce onction, dans le bercail sacré
Ramène repentant le pécheur égaré.

Débris majestueux, du temps illustre injure,
Qui, sans cesse envahis par l'inculte verdure,
A demi ruinés, à demi subsistans,
Attestez l'impuissance et le pouvoir des ans,
Et qui, soit que le jour cesse ou se renouvelle,
Enflammez d'un beau feu les successeurs d'Apelle ;
Lieux où j'ai vu l'oisive et triste pauvreté
Implorer chaque jour l'avare charité,
Et, tranquille, la nuit, goûter sur sa litière
Un paisible sommeil, seul bien de la misère ;
Si je ne puis un jour encor vous admirer,
Si je ne vous peins plus, je veux vous célébrer.
Le même astre régit le peintre et le poète :
Que la lyre aujourd'hui remplace ma palette.
Jeune luth d'Albion, dont les sombres accords
Consacrés aux forfaits, aux ruines, aux morts,
De l'Europe étonnée ont charmé les oreilles,
Ah ! s'il m'était permis d'imiter tes merveilles,
Je dirais de quel charme il est environné
Ce monument sublime, à l'herbe abandonné,

Lorsque le repeuplant de Romains fantastiques,
L'imagination, sous ces arceaux antiques,
S'égare à la lueur des rayons doux et purs
Dont Diane en silence argente leurs vieux murs;
Ou quand, versant à peine une avare lumière,
La nuit, en les couvrant d'un voile funéraire,
Semble encor agrandir ces débris imposans.
Mais lorsque, sous la voûte où s'engouffrent les vents,
On s'imagine entendre, en leur cruelle joie,
Les tigres rugissans, acharnés sur leur proie;
Lorsqu'aux mornes clartés des nocturnes flambeaux,
L'œil, dans les profondeurs de ces obscurs caveaux,
Croit voir confusément, parmi leurs noirs décombres,
Des vaincus dans l'arène errer les pâles ombres;
A l'affreux souvenir des monstres combattans
Qui s'arrachaient entre eux leurs lambeaux palpitans,
Et des monstres humains qui, froidement féroces,
Repaissaient leurs regards de ces combats atroces,
Le peintre épouvanté, frémissant de terreur,
S'enfuit loin de ces lieux, plein de trouble et d'horreur.

De méditations abîme inépuisable!
Sans doute ils avaient cru le cirque impérissable,
Ces rois de l'univers dont les puissantes mains
Pensaient l'avoir assis sur le roc des destins!
Gigantesque trophée et luxe de sa gloire,
Rome l'avait créé, pour plaire à la victoire;
Partout elle y grava l'empreinte des Césars.

Les pompes du pouvoir et les pompes des arts
Semblaient défendre au temps d'effleurer son enceinte ;
Rome en ce fol espoir se reposait sans crainte ;
Mais le nord préparait à ses gladiateurs,
Dans ses vastes forêts, d'innombrables vengeurs.
Des crimes de l'épée, en cette enceinte immense,
Les spectres des vaincus imploraient la vengeance,
Quand, l'orage crevant sur ses murs odieux,
Le terrible Aquilon s'est déchaîné contre eux,
A dispersé l'arène et brisé, dans sa rage,
Les noirs autels souillés d'encens et de carnage.
Dévoré par le feu, mutilé par le fer,
Le colosse ébranlé, qui chancelle dans l'air,
Et dont la pourpre et l'or enrichissaient les voiles,
Laisse à travers ses murs rayonner les étoiles ;
Mais le Temps qui s'endort sur ses débris altiers,
Permet que leur poussière enfante des lauriers.
Sur quels frêles appuis un vain orgueil se fonde !
Ombre de la cité qui maîtrisa le monde,
Lève-toi ! levez-vous, ombres des vieux Romains !
Revenez vous asseoir sur ces mêmes gradins ;
Accourez vous presser sous ces arcs solitaires
Que jadis balayaient vos toges consulaires ;
Où vos nombreux cliens, en flots tumultueux,
Et courbant sur vos pas leurs fronts respectueux,
Adoraient avec vous la pourpre impériale !

Quels monumens encor du Temps la main fatale

A-t-elle terrassés? Le puissant Jupiter
Dont l'augure, en lisant ses mensonges dans l'air,
Dictait au peuple-roi les volontés divines,
A laissé ses autels s'écrouler en ruines.
O Mars vengeur! ô toi dont le temple détruit,
Par la main des géans semblait jadis construit;
Où Rome suspendait, de ses mains triomphantes,
A tes lambris dorés ses enseignes sanglantes;
Prévoyais-tu qu'un jour, de ses murs renversés,
Les arts exhumeraient les débris dispersés?
L'aile noire du Temps les cachait dans ses ombres;
Rome antique n'est plus qu'un monceau de décombres,
Sépulcre de la gloire ainsi que des grandeurs;
Mais c'est là que l'artiste, à ces vives lueurs
Qui rayonnent encor sur leur néant sublime,
Vient rallumer en lui la flamme qui l'anime.
Sur ces fragmens brisés, sur ces marbres en deuil,
Dont un crêpe de lierre ensevelit l'orgueil,
Le peintre vient s'asseoir, et son pinceau fidèle
Retrace ce néant de la ville éternelle:
Ses thermes, ses tombeaux croulant de toutes parts;
Ses cirques effacés, sans bornes et sans chars,
Dont la ronce, en rampant, trace à peine l'enceinte;
Où de nuls pas humains l'œil n'aperçoit l'empreinte;
Ses aqueducs brisés, dans les airs suspendus,
Altérés des flots purs qu'ils ne verseront plus;
Ce palais, jadis d'or, où l'heureuse misère
Sur des arcs écroulés a bâti sa chaumière,

Et, reine sans soucis d'un modique jardin,
Tantôt s'armant du soc, tantôt la bêche en main,
Au milieu des débris, des sceptres, des couronnes,
Féconde avec le fer la poussière des trônes ;
Ce vaste palais d'or, le réceptacle obscur
De l'oiseau de la nuit et du reptile impur :
Vaste arène où le temps lutte avec le génie,
La nature avec l'art, la mort avec la vie ;
Où le muet oubli combat le souvenir ;
Où le triste présent menace l'avenir !

C'est donc ainsi que Rome a vu ternir son lustre !
En arrêtant ses yeux sur sa ruine illustre,
De moment en moment la méditation
Dans la main de l'artiste arrête le crayon.....
Rome! où sont tes splendeurs qui te rendaient si vaine?
Adorerai-je encor ta grandeur souveraine,
Lorsque de vils troupeaux ruminent, étendus,
Aux lieux même où soupaient Pompée et Lucullus?
La voûte, où résonnait la lyre harmonieuse
Et des Tigellius la voix mélodieuse,
Ne rend plus que les cris des habitans des airs,
Ou des pâtres grossiers les agrestes concerts,
Répétés par l'écho de sa ruine immense ;
L'écho se tait : la voûte a repris son silence.

Rome elle-même a vu s'éclipser ses grandeurs!
Veuve aujourd'hui des rois, veuve des empereurs,

Et pleurant ses consuls, la fille de Bellone
Est là pour consoler les rois tombés du trône.
Loin de son doux pays, mais plein de son amour,
Un Bourbon exilé sans espoir de retour,
Un descendant proscrit des bienfaiteurs de Rome,
Instruit par l'infortune aux devoirs de grand homme,
Confiant son malheur aux vertus, aux beaux-arts,
Vint imprimer ses pas sur les pas des Césars,
Rendre hommage à leur gloire au milieu de leurs tombes,
Et peser leurs grandeurs au fond des catacombes.
Il revit sa patrie et rendit grâce au ciel.....
Oh! si jamais il monte au trône paternel,
Oui! noble sang des rois, tu seras Henri quatre!
Mais l'enfer insurgé s'est armé pour l'abattre:
De l'empire des lis cher et brillant espoir,
Berry tombe..... L'enfer a rempli son devoir.
Beaux-arts, vous qu'il aimait d'un amour si sincère,
Et qui pouviez aussi l'appeler votre père,
Gémissez! et portez, dans vos justes douleurs,
A sa veuve, à son fils, le tribut de vos pleurs.
Dites, s'il eût régné, quelle eût été sa gloire;
Racontez sur la mort son illustre victoire.
Vous le vîtes, au jour de son adversité,
D'un vertueux loisir goûtant la volupté,
Fils des rois, manier les pinceaux et la lyre;
La poussière de Rome exaltait son délire.
Eh! ne l'as-tu point vu, sur tes nobles débris
Fixant avec respect ses regards attendris,

Tracer de tes grandeurs la grande ombre effacée?
O Rome! tes destins pesaient sur sa pensée.
Lorsque la messagère aux cent voix, aux cent yeux,
Eut semé dans tes murs ce forfait odieux
Qui révélait l'espoir de l'esprit des ténèbres,
Le Vatican troublé poussa des cris funèbres,
Et les échos plaintifs du palais des Césars
Redirent les regrets des vertus et des arts.

FIN DU CHANT PREMIER.

CHANT SECOND.

Oui! mortels! c'est ainsi qu'en agitant sa roue,
Des gloires d'ici-bas la Fortune se joue;
L'inexorable Temps, son cruel allié,
Comme elle, sourd aux vœux, comme elle, sans pitié,
De débris en débris poursuit son vol immense.
En vain l'homme les brave, en vain il les encense;
Sur le chaume du pauvre et sur les tours des rois,
La Fortune et le Temps pèsent de tout leur poids;
Et l'aveugle Destin, leur ministre sévère,
Met avec eux un terme aux grandeurs de la terre.

Palais de nos aïeux, je vois aussi sur vous
La Fortune et le Temps multiplier leurs coups.
Hélas! pourquoi faut-il que l'homme, en son délire,
Avec eux conjuré, s'acharne à vous détruire!
Est-ce qu'humilié de sa fragilité,
La jalousie en lui combat la vanité,
Quand lui-même s'insulte en brisant son ouvrage;
Quand à ce qui l'honore il prodigue l'outrage?

Etrange aveuglement! L'homme, l'homme orgueilleux,
Par de vastes travaux, dignes même des dieux,
Confie à l'avenir le dépôt de sa gloire;
Bientôt, pour effacer jusques à leur mémoire,
Il excite contre eux la guerre au front d'airain,
Furie au pied sanglant, à l'homicide main.
Modernes Visigoths, que tardez-vous encore?
Ce qui résiste au fer, que le feu le dévore;
Anéantissez tout, même le souvenir;
Destructeurs du passé, proscrivez l'avenir!

Ainsi, lorsqu'un volcan, dont les fureurs voilées
Laissaient dormir en paix l'habitant des vallées;
Dont les feux assoupis, dans le sein des guérets,
Y fécondaient le grain déposé par Cérès;
Lassé du long repos dans lequel il sommeille,
Excité tout-à-coup, terrible, se réveille:
Sa lave, débordée en longs et noirs torrens,
Dévore les épis qu'avaient nourris ses flancs.

Montargis, vieux berceau des nobles fils de France,
Vieux tombeau de l'Anglais qui sentit ta vaillance; (1)
Toi dont le dévoûment, source des grands exploits,
T'avaient rendu l'amour et l'appui de tes rois;
Toi qui des lis courbés soutins la tige altière ;
Doux pays où mon œil s'ouvrit à la lumière,
Je n'ai donc pu ravir aux serres des vautours
Ton château romantique et ses guerrières tours! (2)

De la fille d'un roi père de la patrie,
Noble castel, au temps de la chevalerie, (3)
Qui vis ce chien fameux, vengeur de Mont-Didier,
Terrasser en champ clos son lâche meurtrier; (4)
Où nos rois chevelus, simples sous la couronne,
Remplissant saintement les saints devoirs du trône,
Comme Vincenne a vu le plus grand des Louis,
Partageaient leurs longs jours entre Mars et Thémis;
Lorsqu'enfant j'admirais, dans ma joie idolâtre,
Tes noirs créneaux tranchans sur l'horizon bleuâtre;
Que j'entendais l'écho de tes arceaux déserts
Des cors de la forêt répéter les concerts;
Qu'assis sur ton rocher, je promenais ma vue
Dans les rians lointains d'une immense étendue;
Que, de là, j'abaissais mon regard recueilli
Sur des ormes plantés par la main de Sully;
Ah! qui m'eût dit qu'un jour, au pied de ta colline,
Je peindrais tes vieux murs et tes tours en ruine? (5)

Et toi, pour la vertu, décoré par les arts,
Elégant Châtillon, palais des fils de Mars,
Asyle de l'honneur, où souvent la victoire
Allait loin de la cour dissimuler sa gloire;
Par le fer abattus, par le feu dévorés,
J'ai vu tomber tes murs et tes lambris dorés.
Ces vieux chênes, orgueil de ton parc frais et sombre,
Qui peut-être avaient vu Coligny sous leur ombre,
Où sont-ils? Demandez-le à ces vils acheteurs,

Du palais des héros sordides brocanteurs.
O peintre! si tu viens pour en chercher la place,
La ronce et le chardon t'en dessinent la trace.
Une tour, comme un roc sur les Alpes assis,
Montre encor ses flancs nus que la foudre a noircis;
Colonne du malheur, par le crime laissée,
Et qu'attriste le deuil de sa splendeur passée!
Déchiré par la scie, assourdi du marteau,
Et réchauffant mes doigts glacés par le Verseau,
Quand mes crayons tremblans, dans une pâle esquisse,
En traçant ces débris, consignaient mon supplice,
La toise allait: la craie, avec ses calculs prompts,
Supputait ses profits sur les bois, sur les plombs,
Pendant qu'errait proscrit, en proie à l'indigence,
L'héritier dépouillé d'un héros de la France!(6)

    C'est ainsi qu'on a vu les palais ravagés,
Des beaux-arts éperdus les chefs-d'œuvre outragés,
Et les nobles manoirs, vieux berceaux de nos pères,
Transformés tout-à-coup en immenses carrières!
Mais le Temps, aussi bien que le bras des mortels,
Détruit des monumens qu'on croyait éternels,
Et nos neveux, un jour, aux rives de la Seine,
Chercheront les palais des Condé, des Turenne.
Pleins des grands souvenirs de leurs nobles travaux,
Les siècles n'auront point oublié ces héros,
Ni ces héros des arts dont s'honore Lutèce,
Et qui, s'ils fussent nés sous le ciel de la Grèce,

Aux temps des Praxitèle et des Parrhasius,
Eussent rivalisé leurs chefs-d'œuvre inconnus,
Et peut-être effacé l'éclat de leur mémoire.
J'en atteste leurs noms proclamés par la gloire:
Lesueur et Goujon et Perrault et Poussin,
Qu'avec orgueil la France a vus naître en son sein!
Mais vous, vous périrez, monumens périssables,
Tandis que les grands noms, seuls à jamais durables,
Ne partageront point les injustes oublis
Où les palais des rois tombent ensevelis.
En vain le voyageur, dans la plaine où fut Troie,
Redemande ses tours, au feu jadis en proie:
Homère et les guerriers célébrés dans ses chants,
Seuls, dans ces lieux déserts, ont triomphé du temps.

 Oui! tels sont les pensers que nourrit dans son âme
L'élève qu'Apollon de son amour enflamme......
Son corps frêle, il le sait, bientôt devra périr;
Qu'importe! tout entier il ne veut point mourir:
Comme Achille, il préfère à de longs jours sans gloire
Peu d'instans, mais suivis d'une longue mémoire,
Et laisser d'un grand nom, à jamais respecté,
L'honorable héritage à sa postérité.

 A cette heure où Morphée, à l'artisan utile,
A l'heureux laboureur, verse un sommeil tranquille;
Où l'avare, rêvant qu'on lui ravit son or,
Se réveille en sursaut, la main sur son trésor;

Lorsque l'ambitieux, qu'abusent ses chimères,
Poursuit, même en dormant, des grandeurs mensongères;
Sous le toit de l'artiste entrez : le voyez-vous?
Sa main soutient son front penché vers ses genoux.
La toile, encor oisive, attend et sollicite
Le dépôt des pensers que sa tête médite.
Aux propices clartés des nocturnes flambeaux
Sortez, illustres morts, sortez de vos tombeaux !
De l'inspiration dont il sent la présence,
Son noble enthousiasme atteste la puissance;
Grands hommes, paraissez! Son art majestueux
Va transmettre aux respects de nos derniers neveux,
Vos nobles actions, vos exploits magnanimes;
Ils viendront y puiser des exemples sublimes.
Venez donc, fameux Grecs, fiers Gaulois, grands Romains,
Et vous, nobles Français, compléter vos destins :
Son pinceau vous rendra les hommages du monde.

Quoi! les projets nombreux dont ton génie abonde,
Envahissent tes nuits? Ce dangereux plaisir
Peut te déshériter de ton noble avenir;
Enfant des arts, abrège une imprudente veille!
Mais, ton crayon s'endort dans ta main qui sommeille;
Cède au dieu qui sur toi répand ses doux pavots:
L'arc tendu trop long-temps a besoin de repos.....
Il est sourd à ma voix ; déjà l'aube naissante
Eclaire au Vatican sa course impatiente.
Au Vatican! c'est là qu'héritier des Césars,

Un pontife au vrai Dieu recommande les arts ;
Au Vatican ! moderne et brillant Capitole,
Où la pourpre des rois vint fléchir sous l'étole ;
Honorable refuge, asile respecté
Que la religion offre à l'antiquité.

Mais ici l'art moderne a surpassé l'antique.
Ce dôme aérien, ce somptueux portique,
Cette voûte, abrégé de la voûte du ciel,
Qui semble à l'habiter convier l'Éternel,
Relèvent les splendeurs de Rome détrônée ;
D'un triple diadême aujourd'hui couronnée,
La thiare a voilé l'injurieux affront
Dont le temps, trop jaloux, avait flétri son front.
Lui-même, réparant ses barbares outrages,
A ce qu'il insulta prodigue ses hommages ;
Le vicaire du Christ, d'un bras religieux
Soutient les murs croulans des temples des faux dieux,
Et les autels sacrés de la cité chrétienne
Sont parés des débris de la ville païenne.
Oui ! Rome, tes destins ne doivent plus finir ;
Ta nouvelle grandeur a conquis l'avenir.
Oh ! du seul Dieu vivant toi l'oracle et l'asile,
Jouis paisiblement de ta gloire tranquille ;
Si les rois, rassurés sur leurs vieilles terreurs,
Ne craignent plus ta foudre, ils t'ont soumis leurs cœurs :
Sans aigles, sans faisceaux, toujours leur souveraine,
Leur respect est ta garde, et ton amour, leur chaîne.

Grâce à leurs dons pieux, offerts à ton autel,
Il s'éleva ce temple immuable, éternel,
Ce temple sans rivaux, seul digne sanctuaire
Qu'au souverain des cieux pût élever la terre.

De quelle majesté rayonne ce saint lieu!
Oui! tout proclame ici la présence d'un dieu.
De la religion, des arts et du génie,
Du pouvoir et du temps, ô merveille infinie!
Chef-d'œuvre de l'Europe et de tout l'univers,
Quel bras a suspendu ton dôme dans les airs?
N'entends-je point, du haut de ta vaste coupole,
Dieu lui-même aux mortels annoncer sa parole?
L'âme ici s'agrandit; l'orgueil humain dompté,
Succombant sous le poids de la Divinité,
Médite son néant, et songe à sa poussière.
Du temple d'Artémis qu'Éphèse soit moins fière,
Qu'Athènes vante moins son fameux Parthénon,
La ville des Césars son noble Panthéon:
Un seul homme du ciel devinant les pensées,
A vaincu Rome antique et la Grèce éclipsées.

Du culte évangélique ô vous premiers soutiens,
Lorsque, pour vous soustraire aux fureurs des païens,
Vous dûtes, habitans des noires catacombes,
Y cacher vos autels à l'abri de vos tombes;
Qu'ensevelis vivans, à ces autels secrets,
Que nul rayon du ciel n'illumina jamais,

Vous veniez, protégés de l'ombre et du mystère,
Implorer le seul Dieu que fléchit la prière;
Vous fut-il révélé que, subjuguant les rois,
Dans les siècles futurs, la triomphante croix,
De bienfaits et d'amour source toujours féconde,
Etendrait ses deux bras aux deux pôles du monde?

Mais, les voilà, ces murs où survit Raphaël:
Là, du ciel descendus, les ministres du ciel
Du saint temple outragé chassent Héliodore.
Contre Rome, Attila; tel qu'un feu qui dévore,
Là s'avance et, soudain, par Léon arrêté,
Sur son coursier fougueux chancelle épouvanté.
Ici, chante Apollon, rempli d'un saint délire:
Les vierges du Permesse et les rois de la lyre,
Dante, Homère, Virgile, émus de doux transports,
Recueillent, attentifs, ses sublimes accords.
Plus loin, tous réunis au portique d'Athènes,
Apparaissent Platon, Socrate, Diogènes;
Et, près du Pérugin, modestement placé,
Le divin Raphaël par Raphaël tracé.

Lui-même, Raphaël, dans l'idéal immense,
Poursuit le vol hardi de l'aigle de Florence; (7)
Rival de l'Éternel, il veut, et ses pinceaux,
Comme la main de Dieu, débrouillent le chaos.
Il sépare le jour des ténèbres profondes,
Tend les cieux comme un dais qu'il suspend sur les mondes,

D'un trait peuple la terre et les flots et les airs ;
D'un trait anime l'homme, et finit l'univers.

   Et toi, géant des arts, dont le puissant génie
Aux hôtes du sépulcre a redonné la vie,
Et qui, pour évoquer les rebelles démons,
Aux brasiers de l'abîme as trempé tes crayons ;
As-tu donc deviné la stupeur et les craintes
Qu'on verra sur les fronts profondément empreintes,
Lorsqu'à la voix du ciel, de leur tombe expulsés,
Se lèveront des morts les ossemens glacés ?
Que les peuples éteints, ranimant leur poussière,
Sous les cieux chancelans verront crouler la terre ?
Grand peintre, as-tu donc vu les oracles sacrés
Plongeant dans l'avenir leurs regards inspirés,
Quand de leurs saints transports l'accès mélancolique
Troublant leurs yeux, ouvrant leur bouche prophétique,
Ils pleuraient Israël, ou tonnaient sur ses rois
Interdits et tremblans à leur terrible voix ?

   Gloire à toi, Raphaël ! Gloire à toi, Michel-Ange !
De la postérité l'équitable louange
Atteste qu'immortels par ces nobles travaux,
Vous fûtes assez grands pour n'être que rivaux.
Oui, sans être envieux, vous chérissiez la gloire !
Je ne croirai jamais la mensongère histoire
Qui put vous accuser de sentimens jaloux :
Ceux qui vous animaient étaient dignes de vous.

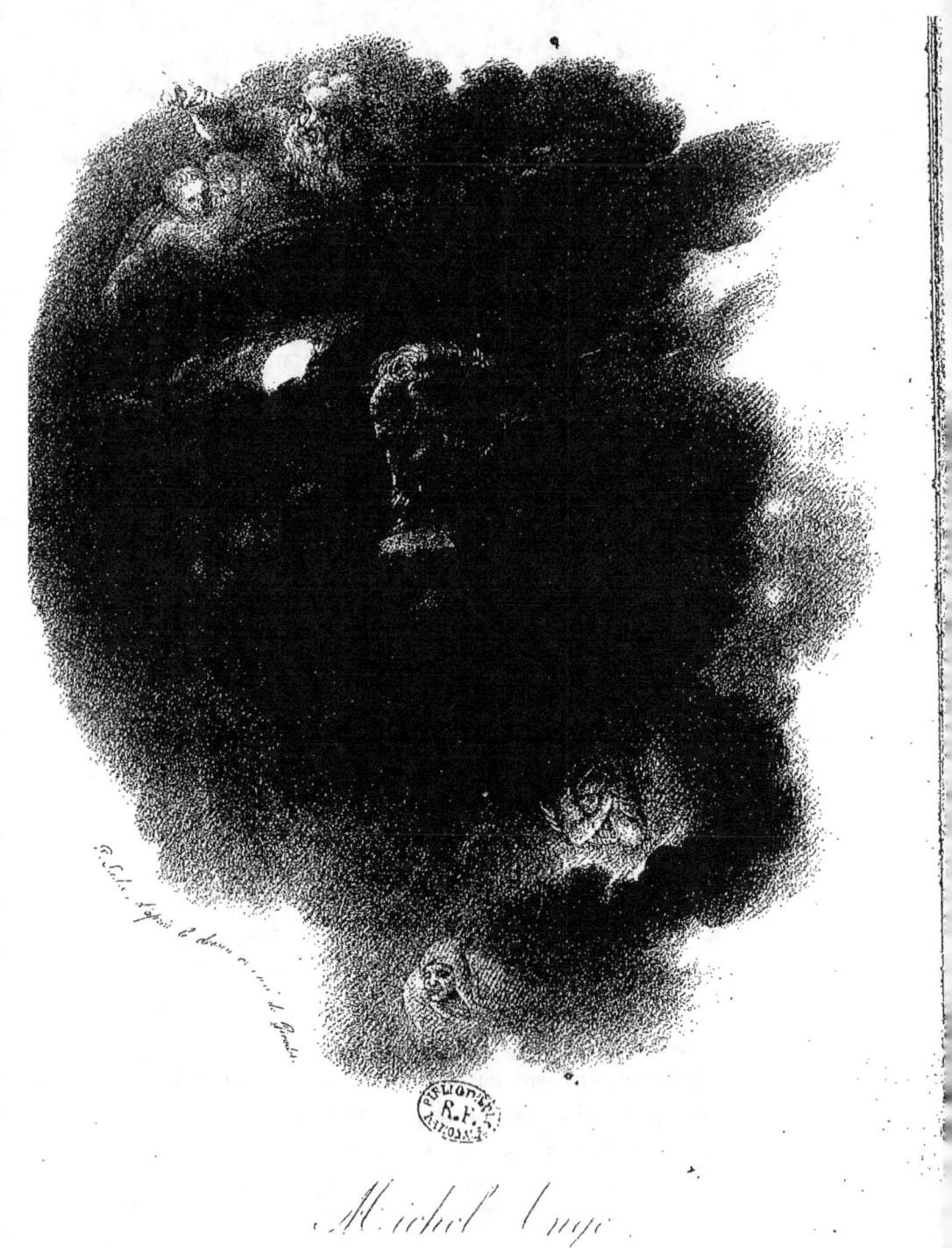

Michel Ange.

Publié par Jules Renouard

Mais, combien, atterré des beautés qu'il admire,
Le peintre est loin du but où son effort aspire !
Il se croyait habile, il voit qu'il ne sait rien.
Grands maîtres ! ah ! soyez son fidèle soutien ;
Raphaël ! Michel-Ange ! éclatantes lumières,
Daignez lui dévoiler vos sublimes mystères ;
Ah ! si le ciel jamais vous donnait un rival,
Vous seuls pourriez l'instruire à marcher votre égal.
Que dis-je ? Ai-je oublié les élégans portiques
Où brillent sans rivaux ces fameuses antiques,
Enfans du ciseau grec, monumens consacrés,
Toujours plus vieillissant, toujours plus admirés,
Et qui, de la beauté conservateurs fidèles,
Vrais prodiges de l'art, sont ses plus purs modèles ?

Quel magique pouvoir assemble ici les dieux ?
Tout l'Olympe à-la-fois a-t-il quitté les cieux ?
Ou, l'artiste lui-même, admis dans l'empyrée,
En a-t-il pu franchir la barrière éthérée ?
Fier vainqueur des Titans, père des immortels,
Qui dus à Phydias tes plus nobles autels ;
Toi, dont les noirs sourcils, célébrés par Homère,
Sur son axe ébranlé faisaient trembler la terre ;
Contemplant de ton front l'auguste majesté,
De quelle émotion le peintre est agité !
L'aimable déité, que l'écume de l'onde
Fit naître avec l'amour pour le bonheur du monde,
Attrayante de grâce et belle de candeur,

Comme un rêve olympique enivre ici son cœur;
Mais, eux-mêmes, les dieux sont ravis par ses charmes;
En vain, Mars, agitant ses homicides armes,
Frémissant de fureur, respirait les combats :
D'un sourire Vénus a désarmé son bras.
Comme tombe des flots l'écume passagère,
Soudain du dieu dompté s'apaise la colère,
Et le monde un instant a goûté le repos.

    Fameux Alcide, ô toi dont les rudes travaux
Des monstres conjurés avaient purgé la Grèce,
Ces muscles, tout puissans de force et de souplesse,
Décèlent le héros dont les robustes flancs
Soulagèrent Atlas du poids des cieux croulans,
Et dont le bras, armé du droit de la puissance,
Faisait pâlir le crime et sauvait l'innocence.
Heureux si, par l'amour, toi-même combattu,
L'Amour n'eût près d'Omphale enchaîné ta vertu!

    Où s'élance ce dieu, jeune, élégant et leste?
Ah! je le reconnais : c'est l'envoyé céleste.
Oui! c'est le dieu rusé, fourbe, éloquent, malin,
Ingénieux, perfide et qui, né le matin,
Vers le milieu du jour sut inventer la lyre,
Et le soir dérober, dans le céleste empire,
Le trident dont Neptune épouvante les flots,
Son sceptre à Jupiter, à Vulcain ses marteaux,
A Phébus son carquois, à Vénus sa ceinture;

Qui couvrit ses larcins d'audace et d'imposture,
Et dont les pieds ailés, plus prompts que les éclairs,
Le portent en trois pas des cieux jusqu'aux enfers.

   Est-ce une illusion? Des bruyantes crotales
Le cliquetis se mêle au bruit sourd des cymbales;
Bacchus paraît, Bacchus, frère du dieu du jour.
Ses yeux demi-voilés par l'ivresse et l'amour,
Sa bouche parfumée où la grâce respire,
Ses cheveux ondoyans, bouclés par le zéphire,
Et les souples rondeurs d'un corps harmonieux,
Tout nous revèle en lui le plus charmant des dieux.
Fuyez, nymphes, fuyez! redoutez sa présence:
Des faunes il ne peut réprimer la licence.
Diane vous appelle au sein des sombres bois,
Un arc d'or à la main, sur l'épaule un carquois;
Aux sommets ombragés qui couvrent le Ménale,
Elle va diriger sa course matinale;
Ce soir, vous la verrez, de ses charmes secrets
Confier les trésors aux flots purs et discrets.
Gardez que d'un mortel le coup d'œil téméraire,
De ses plaisirs sacrés ne trouble le mystère;
Ecartez, s'il se peut, l'imprudent Actéon;
Mais, évitez la grotte où dort Endymion:
Imposez à vos yeux une chaste réserve.
Nymphes, retirez-vous: la pudique Minerve
Ne partagerait point vos doux amusemens;
Les beaux-arts seuls ont droit à ses délassemens;

La méditation dans ses regards empreinte,
Son attitude noble et grave sans contrainte,
Commandent le respect; et les amours craintifs
Devant ses chastes yeux baissent leurs yeux lascifs.
Sa bouche, en s'entr'ouvrant, enseigne la sagesse;
Jamais des voluptés la turbulente ivresse
De son front calme et pur n'a terni la candeur;
Sa paupière baissée annonce la pudeur.
Elle guide la force, anime la prudence;
Mars évite au combat sa formidable lance,
Et la paix qui la suit, d'un rameau d'olivier,
Voile à demi l'éclat de son casque guerrier.

Mais combien sa vengeance aux mortels est funeste!
Prêtre du dieu des mers, ton sort cruel l'atteste,
Lorsque, craignant des Grecs les dons insidieux,
Ton javelot perça ce colosse odieux,
Qui dans son flanc aveugle enfermait la ruine.
Tant de fiel entre-t-il dans une âme divine?
Laocoon à peine, au pied des saints autels,
A Neptune immolait les taureaux solennels,
Soudain, sortant des flots, deux dragons effroyables,
Du courroux de Pallas ministres redoutables,
S'élancent, furieux, sur lui, sur ses deux fils;
Leurs orbes, resserrés en tortueux replis,
Les compriment: déjà de cruelles morsures
Ont creusé dans leurs flancs de profondes blessures;
Laocoon mourant, levant au ciel les yeux,

Pour ses fils, pour eux seuls, implore en vain les dieux;
Les dieux sont sourds : les dieux et le destin complice
Se hâtent d'achever cet affreux sacrifice.
O puissance de l'art! mes yeux versent des pleurs
Sur ce marbre expirant dont je plains les douleurs!

 D'un prodige plus grand mon œil s'étonne encore.
Un vil bloc enfanta le père de l'Aurore,
Le radieux vainqueur du ténébreux Python!
Peintres, prosternez-vous, adorez Apollon,
Apollon, dieu du jour, des arts et de la gloire!
Impétueux amant des filles de mémoire,
Leurs luths harmonieux et leurs célestes voix
Célèbrent ses bienfaits et chantent ses exploits.
Déjà, tout dans ces lieux est plein de sa présence;
Profanes, loin d'ici, le dieu, le dieu s'avance!
Tel qu'un cep, vierge encor, prodigue ses rameaux,
Telle, sa chevelure, en mobiles anneaux,
Dans son luxe élégant mollement se déploie.
Rayonnant des éclairs d'une superbe joie,
Et plus prompt que le trait dont son bras l'a percé,
Son œil foudroie encor le monstre terrassé
Qui leva contre lui sa redoutable tête.
Ta marche est un triomphe, et ta joie une fête,
Fils du grand Jupiter! A ton auguste aspect,
Emu d'un saint délire et d'un pieux respect,
Le peintre, dans l'extase où son âme est livrée,
Croit dans ton sanctuaire ouïr ta voix sacrée

Lui révéler sa gloire et ses destins futurs.
Il t'adresse ses vœux: tes accens doux et purs
D'une flamme féconde embrasent son génie;
A tout ce qu'il enfante il imprime la vie;
Par le coursier divin dans les cieux emporté,
L'obstacle qu'il combat à l'instant est dompté.
Des poètes alors les transports le saisissent;
Alors les chants d'Homère en son cœur retentissent.
Toi qui, rival heureux du chantre d'Ilion,
En vers passionnés fis soupirer Didon
Et gémir la douleur de l'époux d'Eurydice;
Dante, qui d'Ugolin nous peins l'affreux supplice,
De l'enfer sans espoir les tourmens éternels;
Et toi, qui préféras, dans tes vers immortels,
Les palmes de Sion aux verts lauriers du Pinde,
Chantre noble et brillant d'Armide et de Clorinde;
Vous, du Pinde français la merveille et l'honneur,
Qui savez inspirer la pitié, la terreur,
Racine tendre et pur, grand, sublime Corneille,
Souvent vous prolongez sa studieuse veille;
Souvent les chants aigus de l'oiseau du matin
Le surprennent encor, vos œuvres à la main.
Vous l'inspirez: il sait, par un noble artifice,
Faire aimer la vertu, faire abhorrer le vice,
Consacrer les bienfaits chers à l'humanité,
Et condamner le crime à l'immortalité.

 Ainsi que Melpomène, ainsi que Polymnie,

Plus d'une muse encor captive son génie;
Euterpe qui, des sons d'un luth harmonieux,
Accompagne ses chants purs et mélodieux;
Erato qui soupire un chant plus doux encore;
Calliope, Clio, Thalie et Terpsichore;
Enfin les dieux du ciel, de la terre et des flots,
D'un aimable délire animent ses tableaux.
Dans ses délassemens sans effort il sait plaire.
Le Poussin, égayant son front grave et sévère,
Oubliant ses Hébreux, ses Grecs, ses Philistins,
Aimait à figurer les amours enfantins,
Adonis reposant auprès de Cythérée,
Et la Ménade en proie à sa fureur sacrée.
Titien, fatigué de peindre tous les rois,
Peignait ou sa maîtresse ou les nymphes des bois;
Et l'austère pinceau qui créa le Ténare,
S'adoucit pour tracer l'épouse de Tyndare. (8)

Soit que l'ami des arts, devant leurs monumens,
S'absorbe en son extase, en ses ravissemens;
Soit qu'à ses yeux charmés, la nature vivante
S'offre naïve et simple, ou parée et brillante,
Oh! combien d'un ami, présent à ses côtés,
Le plaisir qu'il partage embellit leurs beautés,
Ajoute d'intérêt aux objets qu'il admire!
Qu'un chef-d'œuvre l'enflamme, ou qu'un site l'inspire,
Le premier est mieux vu, le second mieux senti,
Quand le transport de l'un chez l'autre a retenti.

Disons-le, cependant: l'austère solitude
Féconde les esprits dans le sein de l'étude;
Plus libre, moins distrait, l'artiste, en s'isolant,
Concentre sa pensée, agrandit son talent;
L'observateur léger glisse sur les surfaces,
Mais lui de son sujet parcourt toutes les faces;
Il en creuse le fond, l'éclaire à tous les jours;
Cherchant le mieux sans cesse, il le trouve toujours.
Son docile génie, à son instinct fidèle,
Suit de son ascendant la pente naturelle,
Et, loin de se traîner dans un sentier bannal,
Même lorsqu'il imite, il reste original.
Tel, Poussin, au milieu des ruines de Rome,
Errait, méditant seul; tel, ce triple grand homme,
Rival de Raphaël, dont les sombres pinceaux
Evoquèrent les morts du fond de leurs tombeaux,
Méditait seul, aussi, lorsque, loin de la terre,
Jusqu'au ciel s'élevant par sa pensée altière,
Dans un silence auguste, un calme solennel,
Face à face, il osa contempler l'Éternel.
Ainsi, planant aux cieux, ou plongeant dans l'abîme,
Il sut d'un grand larcin doter son art sublime.

Parfois abandonnant les héros et les dieux,
Empruntant de Momus le masque ingénieux,
Des coups vifs et légers d'une agile férule,
Le peintre, en se jouant, fouette le ridicule,
Et, guidé par Horace ou Perse ou Juvénal,

Poussin.

Rit d'un sot, ou d'un fat, ou d'un original.
Eh! pourquoi donc, lecteur, ne devrait-il pas rire?
Le poète a-t-il seul le droit de la satire?
Le peintre ne peut-il, s'il ne s'exprime en vers,
Redresser nos erreurs, châtier nos travers?
Sur les trottoirs fangeux de la brumeuse Londre,
Quel homme atteint du spleen, quel rêveur hypocondre
Put jamais voir sans rire, ingénieux Hogarth,
Ces tableaux où, fixant les bornes de ton art,
Ton pinceau satirique, en sa libre peinture,
Se plaît à retracer mainte caricature? (9)
Railler est un plaisir qui peut être innocent.
Que le trait soit malin, pourvu qu'il soit décent,
Et n'offense jamais, en d'ignobles images,
L'homme dont les vertus méritent nos hommages;
Qu'il sache respecter la probité, l'honneur,
Les talens, le génie, et surtout le malheur;
Qu'après cela, des sots la jalouse cabale,
Pour un sot immolé, partout crie au scandale,
L'artiste, tel qu'un roc en vain battu des flots,
Se rit de la colère et des discours des sots.
Eh! pensa-t-on jamais à mettre au rang des crimes
Les chefs-d'œuvre vengeurs, satires légitimes,
Qu'Apelle et Clésidès, les Hogarths de leur temps,
Et Michel-Ange, enfin, firent de quelques grands?
Oui! le peintre a le droit de punir la sottise
Sur un siège de bure ou sur la pourpre assise;
Dans leur juste courroux, ses pinceaux irrités

Vengeront son honneur et sa gloire insultés.
L'artiste généreux, l'artiste le plus sage,
Lorsqu'il est outragé, sent doublement l'outrage.
Je vous prends à témoin, vous tous, fils d'Apollon :
La haine suit l'amour dans le sacré vallon.
Le poète et le peintre, hélas ! trop irascibles,
Auraient-ils des talens, s'ils étaient insensibles ?
Sachez donc pardonner au génie offensé,
De renvoyer le trait dont il se sent blessé.

Eh ! s'il n'est point ému, que produira l'artiste ?
Rien que de froid, de lourd, d'insipide et de triste.
La mère du talent, la sensibilité
Allume son génie aux feux de la beauté,
La beauté dont il sent la magique puissance
Et dans l'être sans vie et dans l'être qui pense ;
Qui de ses dons brillans revêt l'hôte des airs,
L'habitant des forêts et l'habitant des mers ;
Qui souffle au fier coursier sa fougue et son courage,
Hérisse du lion la majesté sauvage,
Pare le vil insecte et l'humble fleur des bois
Des feux du diamant, de la pourpre des rois ;
De liquides saphirs teint le cristal des ondes,
Et tapisse d'azur les cieux de tous les mondes.
Mais, l'homme lui doit plus : ce front religieux
D'où volent ses pensers dirigés vers les dieux ;
Ce regard où s'empreint sa haute destinée,
Et des élans du cœur la voix passionnée ;

L'homme, enfin, fut créé semblable aux immortels.
Sa compagne bientôt partagea leurs autels;
Le ciel se réfléchit dans son divin sourire;
Par elle la beauté retient sous son empire
Le roi de l'univers, dans ses fers arrêté:
Les mortels et les dieux, Vénus a tout dompté.

   Des élémens du beau qu'il choisit, qu'il rassemble,
Le peintre, par son art, forme un heureux ensemble.
L'abeille industrieuse ainsi pétrit son miel
Des sucs divers qu'aux fleurs a prodigués le ciel.
Combinaison sublime, admirable mélange
Qui peut, de traits humains, former les traits d'un ange!
Du savant Lavater, disciple ingénieux,
Le peintre observe aussi, d'un regard curieux,
Le maintien, la couleur, la forme du visage;
Distingue un sot d'un fat, un insensé d'un sage.
Son œil, mieux qu'un autre œil, sous de sinistres traits
Voit le crime, pensif, méditer ses forfaits;
Il soulève des cœurs le voile impénétrable,
Lit son arrêt écrit sur le front du coupable,
Et découvre bientôt, sous un masque trompeur,
Les travers de l'esprit, les faiblesses du cœur;
Dans sa démarche lente et son regard humide
Il voit l'amour naissant de la vierge timide.
De l'homme vertueux l'abord calme et serein,
Du pauvre l'air rampant, du riche l'air hautain;
Le désespoir, la joie et la haine et la crainte,

Laissent dans son esprit leur attitude empreinte.
L'artiste, ainsi, des cœurs suit chaque passion,
Et sait en retracer la juste expression :
Dès qu'il sent, il produit, et soudain communique
Au spectateur ému l'étincelle électrique.

Depuis l'homme doué d'un principe immortel
Jusques au ver qui rampe et ne voit point le ciel ;
De l'aigle au moucheron, du cèdre à la fougère,
Tout parle au peintre, tout, et la montagne altière,
Et l'Océan superbe, et cet humble ruisseau
Qui fuit sur les gazons en minces filets d'eau.
Le torrent qui bouillonne au milieu des abîmes ;
Les glaciers, l'avalanche et ses chutes sublimes ;
Le voile des brouillards et l'éclair des volcans,
Et le vol enflammé des fougueux ouragans ;
De la nuit et du jour, quand l'heure les ramène,
L'accord mystérieux et la lutte incertaine ;
Le soleil triomphant sur son char radieux,
Inondant de lumière et la terre et les cieux ;
La pourpre dont le soir l'horizon se colore,
La lampe de Phœbé, le flambeau de l'aurore,
Tout charme ses regards de contrastes divers :
C'est pour le peintre, enfin, que Dieu fit l'univers.

Oui ! l'artiste inventif est affamé d'images.
Partout il les poursuit : ces immenses nuages
Dont l'amas condensé, sous les cieux étendu,

Forme un autre océan dans les airs suspendu,
Variés par les vents en figures sans nombre,
Eclatans de lumière, ou rembrunis par l'ombre,
Et brillant des couleurs dont se revêt Iris,
Dans leurs vagues contours et leurs plans indécis,
Se dressent en rochers, s'élèvent en montagnes,
Se penchent en coteaux fuyant dans des campagnes;
Souvent même un enfer, sur ces monts vacillans,
Semble d'un Phlégéton verser les flots brûlans,
Et, confondant les feux et la terre et les ondes,
Recréer un chaos d'où sortiront des mondes.
L'imagination, ce sens générateur,
Dont le prisme embellit et colore l'erreur,
Toujours inépuisable en ses heureux prestiges,
Soudain, aux yeux du peintre, enfante des prodiges.
Alors, au sein des airs, pour lui seul habités,
Tantôt il aperçoit des êtres enchantés,
Des cavaliers, des chars, vains fantômes d'armées,
Tels que ceux qui, troublant ses villes alarmées,
En leur prophétisant les vengeances du ciel,
D'un salutaire effroi frappaient tout Israël.
Il voit, dans les brouillards de la Calédonie,
Où du vieil Ossian plane encor le génie,
Ces héros vaporeux qui, des champs de la mort,
S'envolaient, en sifflant, sur les brises du nord.
Au pays des beaux-arts et des fables divines,
Il voit Zéphyr d'un souffle élever les collines.
Des monstres fabuleux, des mers et des forêts,

L'illusion encor lui reproduit les traits :
Ici nage un triton, là le géant énorme,
Et de l'homme et de l'hydre assemblage difforme,
Entasse rocs sur rocs, escalade les cieux.
De plus heureux hasards peignent-ils à ses yeux
De Junon ou d'Hébé les célestes images?
L'artiste, autre Ixion, se perd dans les nuages.

 Le peintre observe encor tous ces vieux monumens,
Que, d'accidens heureux, jaspe la main du Temps;
Les flancs brisés des rocs, le sein veiné des marbres,
Les tisons du foyer, le tronc noueux des arbres,
Les taches de la lune, où, dans sa douce erreur,
Chloë voit deux amans échanger leur bonheur,
Tandis que son curé, qui nie un tel scandale,
Voit dans ces deux amans deux tours de cathédrale.

 Dans les bras du sommeil, l'imagination
Du peintre vient encor nourrir l'illusion.
Sous l'aile de la nuit, quand le dieu des mensonges
Envoie à son chevet l'essaim trompeur des songes;
Quand, malgré ses pavots et leurs charmes puissans,
Son esprit veille encore en dépit de ses sens;
Alors, et par milliers, les êtres chimériques
Moulent dans son cerveau leurs formes fantastiques :
Il en peuple les airs et la terre et les eaux,
Et s'amuse à créer des univers nouveaux.
C'est ainsi que Callot vit ses diables burlesques,

Michel-Ange et Milton leurs démons gigantesques,
Et que, sans doute aussi, l'âme de Raphaël
En songe fut admise aux visions du ciel.

   Absorbé tout entier dans sa volupté pure,
Le peintre sait jouir de toute la nature.
Pour la connaître mieux, il cherche le danger.
Sur un frêle vaisseau studieux passager,
Aux lueurs des éclairs qui brillent sur sa tête
Toujours calme, Vernet dessine la tempête.
Suspendu sur la mort, quand le courroux des flots
Imprime la pâleur au front des matelots,
Il admire, il observe, et, bravant le naufrage,
La gloire est son fanal au milieu de l'orage.

   Parrocel, quand le fer ou le plomb meurtriers
Volent avec la mort au-devant des guerriers,
Au bruit et de l'airain, et des balles sifflantes
Peint le choc des héros et leurs chutes sanglantes;
Dessinateur brûlant et valeureux soldat,
L'atelier qu'il choisit, c'est le champ du combat.
De nos jours on a vu, dans l'antique Ibérie,
Au pays des Germains, aux champs de l'Hespérie,
Plus d'un guerrier français, disciple d'Apollon,
Maniant tour-à-tour l'épée et le crayon, (10)
Se délasser des arts dans les jeux de Bellone,
Et, le front rayonnant d'une double couronne,
Retracer sur la toile, au palais de nos rois,

La gloire de la France et leurs propres exploits.
Quand, du flanc des vieux monts dont les cimes chenues
Attirent les vapeurs qui produisent les nues,
L'amas des longs hivers, par l'Autan emporté,
Dans le creux des vallons soudain précipité,
Ecrase les forêts, entraîne les montagnes,
Et de nombreux débris couvre au loin les campagnes,
Oubliant ses périls, et domptant sa terreur,
Le peintre ose affronter ce théâtre d'horreur ;
Ni la terrible voix des tonnerres qui grondent,
Ni les échos lointains dont les voix leur répondent,
Ne peuvent à sa main arracher le pinceau,
Et, le pied dans l'abîme, il médite un tableau.

Visitons avec lui ces hôpitaux lugubres,
Remplis d'exhalaisons, de vapeurs insalubres,
Invisibles poisons disséminés dans l'air,
Plus actifs que le feu, plus mortels que le fer.
Là, le peintre, observant la nature affaiblie,
Vient surprendre à la mort les secrets de la vie ;
Il les trouve en ces corps par la douleur brisés,
Quand leurs esprits vitaux, languissans, épuisés,
Sont prêts à dépouiller leur terrestre enveloppe ;
Ou, lorsque le scalpel d'un Larrey, d'un Fallope,
Lui démontre le jeu de ces leviers puissans,
Esclaves enchaînés aux besoins de nos sens.
Etude périlleuse: une fièvre brûlante
Verse tous ses poisons dans son sang qui fermente;

Mais, du peintre accablé le talent créateur
Avec lui veille encor sur son lit de douleur;
Souvent, même, il ne doit qu'aux tristes maladies
Ces pensers lumineux, ces images hardies,
Que son cerveau tranquille encor tenait cachés,
Qu'en un moment plus calme en vain il eût cherchés,
Et qui, brillans éclairs au sein des noirs orages,
Sont, comme eux, trop souvent suivis d'affreux ravages!
Mais, quand l'homme s'éteint, l'artiste avec effort
Résiste à la douleur et repousse la mort.
Célèbre Jouvenet, lorsque ta main percluse
A servir ton génie, inerte, se refuse,
La main qui lui survit ressaisit les pinceaux:
Tel, Salamine a vu combattre ce héros
Qui, mutilé d'un bras trahi par la victoire,
Se rattachait de l'autre aux ailes de la gloire.(11)
Le vieil Homère, aveugle, encor chantait les dieux;
Comme lui pleins de jours, privés de voir les cieux,
Ainsi Milton chantait, ainsi chantait Delille.
Michel-Ange, dit-on, touchait d'un bras débile
Les chefs-d'œuvre des Grecs perdus pour ses regards.(12)
La mort même hésitait d'affliger les beaux-arts,
Quand l'heureux Titien, au bout de sa carrière,
Rajeunissait Vénus d'une main centenaire.
Mais, bien d'autres aussi tombent avant le temps,
Et Raphaël mourut à la fleur de ses ans.
Qu'un peintre sache donc user avec prudence
Des précieux trésors de sa douce existence;

Que, sans le vain projet de n'avoir nuls rivaux,
Sur ses forces toujours mesurant ses travaux,
Et satisfait du lot qu'il reçut en partage,
Il soit toujours heureux, en étant toujours sage.

Trop souvent le génie, à sa fougue livré,
Et dans un vaste espoir follement égaré,
Ne voit rien d'impossible à sa brûlante audace ;
Il veut franchir d'un saut les degrés du Parnasse.
Ah! modère, imprudent, ton vol ambitieux !
Tu peux, nouvel Icare, aussi tomber des cieux ;
Sur ta jeunesse en vain ton ardeur se confie,
Et la mort, sans pitié, frappe qui la défie.

Jeune, illustre Drouais, tel fut ton sort cruel !
A la fleur de tes ans, un succès solennel
Déjà t'avait couvert des palmes de la gloire.
Je m'en souviens encor, le jour de sa victoire,
Couronné de la main de ses jeunes rivaux,
Et porté sur nos bras, aux lueurs des flambeaux,
Du palais de nos rois aux remparts de Lutèce,
Son triomphe égalait les fêtes de la Grèce.
Tout éclatait de joie et d'applaudissemens.....
Infortuné! jouis de ces heureux momens !...
Rayonnant de beauté, de bonheur, d'espérance,
Dans un vaste avenir sa jeunesse s'élance ;
Une mère adorée a reçu ses adieux,
La fidèle amitié l'accable de ses vœux,

Il part.... Reverra-t-il le ciel qui l'a vu naître?
En lui Rome bientôt aperçoit un grand maître.
Lui-même, épris de Rome, en ses nobles transports,
Il se voue à son culte et, des rares trésors
Qu'aux amans des beaux-arts son enceinte présente,
Chaque jour il accroît sa récolte savante.
Déjà d'un vol plus fier il ose s'élancer;
C'est Clio qui l'inspire: elle lui voit tracer
Le héros de Lemnos, le proscrit de Minturne.
Veillant à la lueur de sa lampe nocturne,
De plus vastes projets suspendent son sommeil;
Son pinceau vigilant voit lever le soleil;
Pour lui plus de repos......Mais, tout son sang s'allume
Dans son corps agité qu'un noir poison consume.
Faut-il donc qu'il renonce à ses brillans travaux?
Hélas! Si jeune encore : exécrable Atropos,
Monstre affreux, ah! suspends ton arrêt effroyable!
Si le destin cruel n'est point inexorable,
Oui! jeune infortuné, tu seras Raphaël!.....
Vain espoir! tu n'es plus..... O regret éternel!
Tu n'es plus; tes rivaux te pleurent comme un frère.
Jamais Rome ne vit de douleur plus amère;
Dans les bras d'Apollon elle t'a vu tomber;
Malgré son docte fils tu viens de succomber,
A la gloire immolant les restes d'une vie
Que semblait prolonger le feu de ton génie.....
Célèbre comme toi, jeune encor, le Sueur,
A la France enlevé, s'éteignit dans sa fleur;

Mais, dans ses jours plus longs, il fit plus pour sa gloire;
Toi, cependant, quel lustre eût acquis ta mémoire !
Quels chefs-d'œuvre annonçait ton sublime début !
Console-toi : tu meurs où Raphaël mourut,
Raphaël que la mort, dans l'été de son âge,
Empêche d'achever son plus sublime ouvrage,
Et qui, ton guide sûr et ton fidèle appui,
Te voyait chaque jour s'élever jusqu'à lui.
Ombre illustre, rejoins sa grande ombre immortelle ;
Reçois le triste adieu de l'amitié fidèle,
Et ces chants de douleur que les beaux-arts, en deuil,
Déposent par ma voix au pied de ton cercueil. (13)

FIN DU CHANT SECOND.

CHANT TROISIÈME.

Magnifique débris du plus brillant empire,
Rome a du fils des arts excité le délire;
Son goût s'est épuré, ses yeux se sont ouverts;
Mais, il est d'autres lieux encor dans l'univers
Où le dieu de Claros féconde le génie :
Livre-lui tes trésors, poétique Ausonie;
Jamais un plus beau sol, jamais de plus beaux cieux,
N'ont mérité l'amour du peintre studieux,
Offert à ses crayons une moisson plus belle,
Et l'espoir mieux fondé d'une gloire immortelle.
C'est là que la nature, en sa simplicité,
Dans sa grâce naïve ou dans sa majesté,
Déploie, en se jouant, les scènes les plus vastes,
Les plus piquans effets, les plus puissans contrastes;
Qu'elle revêt pour lui ses plus riches atours,
Et même en vieillissant, se rajeunit toujours.
Les outrages du temps l'embellissent encore;
De sa destruction sa vigueur semble éclore;
Le peintre alors lui voit mille charmes secrets,

Et ses plus doux plaisirs naissent de ses regrets.
Oui! de l'antiquité l'empreinte révérée
Ajoute aux beaux objets une beauté sacrée
Que chaque jour accroît, lorsqu'un grand souvenir
Se présente avec eux à l'immense avenir.
C'est toi que j'en atteste, ô respectable asile,
Où repose aujourd'hui la cendre de Virgile;
Toi que, pour assurer ton immortalité,
Recommande aux beaux-arts la docte antiquité.
Monument sans orgueil, mais fier d'un nom célèbre,
Où, sous l'arc ébranlé de la voûte funèbre,
Rêvent et le poète et le peintre et l'amant;
Où la tendre amitié, dans son recueillement,
Du chantre de Nysus adore la poussière,
Pourquoi sur tes débris où serpente le lierre,
Ne vois-je plus fleurir le laurier glorieux
Dont le front ombrageait ton deuil silencieux,
Et que du chantre aimé des nymphes de Vaucluse
Au docte ami d'Horace avait voué la muse?
O siècles! répondez: a-t-il senti vos coups?
Comme les Mœvius, le temps est-il jaloux? (1)

Un autre hommage encor manque à ta destinée:
L'élève et le rival du doux chantre d'Enée,
Le Virgile français, ému de saints transports,
Avait dit, modulant ses sublimes accords:
« Oui, j'en jure Virgile et ses accords sublimes,
« J'irai, de l'Apennin je franchirai les cimes,

« J'irai, plein de son nom, plein de ses vers sacrés,
« Les lire aux mêmes lieux qui les ont inspirés. »
Tu ne pus à tes vœux, Delille, être fidèle;
En vain elle espéra, cette tombe immortelle,
Retentir de ces doux et solennels accens
Qu'aux chants virgiliens eussent prêté tes chants;
Si le sort l'eût permis, Virgile, pour entendre
Ses beaux vers embellis par ta voix noble et tendre,
Aurait abandonné le séjour infernal,
Et, dans son digne élève, embrassé son rival.

Quelle ivresse, à Tibur, t'eût fait chercher la place
Et de l'humble maison et du jardin d'Horace!
Te l'eût dépeint goûtant l'ombrage hospitalier
De ce peuplier pâle et de ce pin altier
Dont les jets fraternels, mêlés par le zéphyre,
Inspirèrent si bien et son luth et ta lyre!
Je crois le voir moi-même, ô doux enchantement!
Sur ces gazons fleuris reposé mollement:
Son front est couronné de myrtes et de lierre;
J'entends, d'une voix douce, héroïque ou légère,
Sa muse lui dicter, en vers mélodieux,
Des chansons pour Chloé, des hymnes pour les dieux.

Illusion charmante, ah! séduis-moi sans cesse!
Mais, avant que je touche au seuil de la vieillesse,
Ne te verrai-je plus, délicieux Tibur
Où l'Anio, tombant en nappes d'argent pur,

Engloutit sous les rocs ses ondes fugitives,
Et d'un bruit poétique encor frappe ses rives?
Ne reviendrai-je plus, spectateur imprudent,
Suspendu sur les bords de l'abîme grondant,
Interroger l'horreur de ses gouffres humides;
Voir, de ses flots brisés dans leurs chutes rapides,
L'écume vaporeuse, en ses blancs tourbillons,
De l'écharpe d'Iris réfractant les rayons,
Colorer vaguement, diaphane peinture,
Les rochers et les eaux, les airs et la verdure?

Vous qu'Horace a chantés, vous reverrai-je un jour,
Lieux autrefois si chers à Cypris, à l'Amour;
Dont l'air seul, respiré par la simple innocence,
A ses vagues desirs la livrait sans défense;
Dont l'aspect seul troublait les impassibles fronts
Du stoïque Sénèque et des graves Catons;
Baïa, Cumes, Pouzzol, mystérieux asiles
Où, fuyant le fracas de la reine des villes,
Les fils de Mars couraient aux autels de Vénus
Déposer à ses pieds leurs antiques vertus?
C'était là qu'au milieu des festins et des fêtes,
Ces conquérans, jaloux de plus douces conquêtes,
Ennuyés de leur gloire et lassés de plaisirs,
Ne trouvaient plus l'instant de former des desirs;
Que le Xerxès romain, les Crassus, les Hortense,
Importunés du poids de leur vaste opulence,
Semant l'or, épuisant leurs caprices divers,

Tyrannisaient les monts et tourmentaient les mers;
C'était là que l'orgueil, le pouvoir, la fortune,
Dans le marbre et l'albâtre emprisonnaient Neptune,
Et jusque sous ses flots vainement irrités,
Tranquilles, se berçaient au sein des voluptés,
Comme pour y noyer, au fond des noirs abîmes,
Leurs soucis, leurs dégoûts, leurs chagrins ou leurs crimes.

A l'heure où de Phébé le char mystérieux,
Avec le beau Vesper se partageant les cieux,
Comme un fanal d'amour, se levait sur les ondes,
Ces mers se couronnaient de barques vagabondes
Aux mâts rayonnant d'or, et de pourpre, et de fleurs;
Les échos répondaient aux accens des rameurs;
De son souffle embaumé Zéphyr gonflait leurs voiles;
Dans les flots transparens se miraient les étoiles,
Et le charme du soir, sur la terre et les eaux,
Invitait au plaisir encor plus qu'au repos.
Le temps à ces beaux lieux prodigua les outrages.
Tandis que, méditant sur leurs tristes ravages,
En silence l'artiste apprête ses couleurs
Pour ravir des débris aux flots dévastateurs,
Armé de ses filets, sur l'onde poissonneuse,
Le lazaron, guidant sa barque aventureuse
Au son de la guitare, au souffle des zéphyrs,
Prélève son tribut sans quitter ses plaisirs :
Chaque jour le nourrit, chaque nuit le repose;
Son flanc porte un poignard, son front porte une rose;

La pêche, le sommeil, le loisir et l'amour,
C'est ainsi qu'il emploie et divise le jour.
Sans craintes, sans regrets, sans soins, sans prévoyance,
Le cercle du présent borne son existence;
Etranger au passé, pour lui point d'avenir:
Peut-être ignore-t-il qu'un jour il doit mourir.
Rayonnant de santé, dans sa verte jeunesse,
La vieillesse des dieux ressemble à sa vieillesse.
Ce végétal humain, aux rameaux vigoureux,
Admiré du soleil, est bruni de ses feux;
Sa mandoline en main, dansant la tarantelle,
Le voici qui s'avance avec sa pastourelle
Dont les agiles doigts font frémir le tambour.
De leurs joyeux accens les rives d'alentour
Répètent sur les mers la note cadencée,
Tantôt plus ralentie et tantôt plus pressée;
Mais, aux danses, aux chants succède le repos:
L'haleine des zéphyrs qui caressent les flots
Le berce mollement dans une paix profonde,
Et, sans rêve, il s'endort au murmure de l'onde.

Verse-lui tes pavots, ô bienfaisant sommeil!
Mais, quels bruits menaçans ont troublé son réveil!
L'air gémit: des forêts a frémi le feuillage;
Le flot épouvanté fuit son tremblant rivage.
Avertis par l'instinct, les habitans des bois,
Elevant, effrayés, leurs effrayantes voix,
De son danger prochain instruisent l'homme même:

Malheureux! ah! fuyez, le péril est extrême,
Le Vésuve mugit, gronde, tonne. J'entends
Les rocs déracinés se heurter dans ses flancs.
Voyez-vous s'élancer, en tourbillons rapides,
Ces noirs blocs de fumée et de flammes livides,
De sa bouche vomis au séjour de l'éclair?
Est-ce une insulte au ciel provoqué par l'enfer?
Le Titan en fureur perce le sein des nues,
Roule en fleuves de feu ses entrailles fondues
Dont les flots condensés, précipités des monts,
Dépouillent les coteaux et comblent les vallons.
Plus redoutable encor, dans sa marche agrandie,
Ainsi qu'un front d'armée avance l'incendie;
Cybèle oppose en vain ses remparts à son cours:
La lave conquérante escalade ses tours,
Dévore dans sa course et le marbre et le chaume,
Et du pavé du temple atteint jusqu'à son dôme.
Tandis qu'en son cachot le brigand, révolté,
Rompt ses fers et rend grâce au volcan irrité,
Traînant ses jeunes fils groupés avec leur mère,
L'homme pieux s'enfuit, courbé sous son vieux père.
L'égoïste fuit seul. Sous son toit embrasé,
Demeuré sans secours, l'infirme est écrasé.
Sur son or, son ami, dont rien ne le sépare,
La tempête surprend et consume l'avare.
Oh! combien sur cet or, chéri si tendrement,
Ses ossemens brûlés dormiront mollement!
Semblable au Phlégéton, la lave étincelante

Jusques au fond des mers se précipite, ardente.
Cependant un bruit sourd, dans ces antres profonds,
Et s'élève, et s'accroît, et fait trembler les monts.
Une trombe de cendre, en immense colonne,
Se dresse, touche au ciel ; sur Naples qui frissonne
Se déploie et retombe en lui cachant les cieux.
L'effroi glace les cœurs, l'effroi trouble les yeux;
Le désespoir, la mort, sont peints sur les visages;
La frayeur, détachant les pieuses images,
Crédule, les oppose au géant indompté.
Quelques momens plus tôt, dans l'heureuse cité,
De mortels fortunés une troupe folâtre
Courait du bal au jeu, du festin au théâtre;
O peintre! les vois-tu, maintenant prosternés,
Elever vers le ciel leurs regards consternés?
Vois le dur égoïsme et l'avare opulence
Verser leurs dons tardifs sur la triste indigence;
Vois ces prêtres pieux dont le zèle excité
Exhorte au repentir un peuple épouvanté.
La mollesse, à leur voix, se couvre d'un cilice,
Et des fouets déchirans s'impose le supplice.
Des coupables mortels salutaires frayeurs!
Le peintre a partagé ces mortelles douleurs,
Mais, au pied du volcan son audace le guide;
Il vole, voit, admire, et son pinceau rapide
Sur la toile docile esquisse, en traits brûlans,
Ce terrible combat de tous les élémens;
La flamme pleut sur lui, mais, plus heureux que Pline,

Aux éclairs du volcan son tableau se termine.

 Par degrés, cependant, les élémens troublés
S'apaisent : du soleil les rayons dévoilés
Eclairent tristement la campagne souffrante,
Et les murs désertés de la cité fumante.

 O merveille! ô pays du ciel prédestiné!
Sur cette cendre aride et ce tuf calciné,
Dont Vulcain a couvert des villes opulentes,
Le temps a dessiné des campagnes riantes
Où l'homme industrieux a rappelé les arts :
La cité des Bourbons sur celle des Césars
Etale avec orgueil ses palais magnifiques.
Sous ses temples nouveaux sont des temples antiques
Qui reverront peut-être, à la clarté des cieux,
Exhumer leurs autels, leurs prêtres et leurs dieux.
Ici, l'homme, indocile à ces leçons sévères,
A cultivé le champ qui dévora ses pères,(2)
Et son espoir comblé voit de nouveaux soleils
Dorer ses gras épis, mûrir ses fruits vermeils.
Là, le berger revient, au son de la guitare,
Fouler d'un pied joyeux ces voûtes du Ténare,
Et l'écho, qu'effrayaient ses accens de terreur,
Redit ses doux concerts d'amour et de bonheur :
Son malheur, en fuyant, s'efface comme un songe.
Jouissons-nous d'un bien? notre espoir le prolonge;
Nous oublions qu'il naît de la source des maux,

Et que les fleurs, aussi, germent sur les tombeaux.
Le Temps qui change tout en des formes nouvelles,
Le Temps efface tout du seul vent de ses ailes,
Et le bruit de ses pas est l'écho de la mort.

Mais, s'il détruit sans peine, il produit sans effort;
Les pouvoirs d'ici-bas sous son pouvoir fléchissent;
En silence, à ses lois les siècles obéissent:
Sans doute, par son ordre, ils ont sauvé pour nous
Les débris échappés au Vésuve en courroux;
Trésors que réservaient, sous la cendre légère,
Les siècles d'ignorance aux siècles de lumière.
Quoi! ce temple est debout! Sur ses autels déserts
Pourquoi les dons sacrés ne sont-ils plus offerts?
Dans ces murs, à ma voix, nul être ne s'avance;
Ils sont inhabités; je comprends leur silence:
Il me dit qu'un seul jour, un semblable trépas,
Ensemble ont dévoré l'homme de ces climats.
Mais, les arts ont orné ces demeures désertes;
Visitons ces maisons, à l'étranger ouvertes,
Où l'art moderne encor va puiser des leçons. (3)
Quel monument m'appelle? un théâtre! Avançons:
Du haut de ces gradins la voix d'un peuple immense
Applaudissait aux vers de Plaute et de Térence,
Aux gestes d'un Pâris, au jeu d'un Roscius.
Là, furent casernés les fils de Romulus,
Et leur oisiveté, charbonnant les murailles,
Estropiait encor les gens dans les batailles.

Entrons dans ce musée, et que j'admire encor
Ces débris, par le temps, érigés en trésor.
Ici, le nom fameux ou les traits d'un grand homme
Me font contemporain du grand siècle de Rome:
Je crois appartenir à ces jours de splendeur:
Partout l'illusion prolonge mon erreur.
Des guerriers de ces temps les pesantes armures,
Et des belles d'alors les légères parures,
Les volumes sans prix, que la cendre et les feux
Transmirent aux savans en charbons précieux;
La dépouille coupable aux cachots enchaînée; (4)
L'or terni, retenu par la main calcinée,
Tout m'explique un passé qui n'eut point d'avenir,
Et ce présent d'alors qui devait sitôt fuir.

Beaux vallons, frais coteaux, grottes inspiratrices,
Antres voluptueux, attrayans précipices,
Désolés par Vulcain, par Bacchus consolés,
Champs du Vésuve, ô vous que mes pas ont foulés,
Avant qu'à mes yeux luise une dernière aurore,
Puissé-je, en mes vieux ans, vous contempler encore!
J'étais, quand je vous vis, dans l'âge des amours.
Que sont-ils devenus ces trop rapides jours
Qui, sous ton ciel riant, belle Parthenopée,
Berçaient mon âme, alors d'un doux rêve occupée?

Ils sont évanouis et ne reviendront plus;
Mais, les plus beaux pays que l'homme ait parcourus,

Ne sont-ils pas toujours ceux où, dans son jeune âge,
Il a fait de la vie un doux apprentissage?
Temps heureux d'espérance et de projets sans fin
Qui, d'un riche avenir, colore le lointain.
La mémoire est l'étai qui soutient la vieillesse;
Bientôt je serai vieux : eh bien! je veux sans cesse
Me rappeler ces doux, ces fortunés momens,
Passés comme l'éclair, mais pleins d'enchantemens,
Où mon âme expansive à ton charme amollie,
Savourait tes beautés, noble et belle Italie!
O Naples, mes amours! ô toi que le soleil
D'un rayon caressant éclaire à son réveil,
Comme la jeune épouse, au retour de l'aurore,
Rougit, en souriant à l'époux qu'elle adore;
Au signal de ses feux, toi, vers l'astre du jour
Tu lèves tes regards pleins d'espoir et d'amour.
Il pénètre ton sein de ses flammes fécondes;
Elles versent la joie aux poissons de tes ondes,
Aux hôtes de tes bois, aux oiseaux de tes airs,
A l'heureux lazaron, citoyen de tes mers;
Elles gonflent l'épi de tes moissons dorées,
Mûrissent le nectar de tes vignes pourprées.
Les frimats exilés, fuyant loin de tes yeux,
Ne glacent point ton sol, n'attristent point tes cieux;
Jamais tu n'as vu Flore infidèle à Pomone;
Toujours un beau printemps t'assure un riche automne,
Et pour toi, dans leur cours ne variant jamais,
Le retour des saisons t'apporte leurs bienfaits.

Un parfum poétique embaume tes rivages ;
Le dieu de l'harmonie habite tes ombrages.

 Tel qu'autour de leur reine, un jeune essaim de fleurs
Mêle à son vif éclat ses brillantes couleurs,
Et concourt avec elle à parer la verdure ;
Telles, t'environnant d'une riche ceinture,
Parthenope, tu vois de riantes cités
Embellir tes attraits de leurs fraîches beautés.
Rivales sans orgueil, aucune ne t'efface ;
Ici brille Sorrente, asile obscur du Tasse,
Tombeau d'un jeune Apelle en sa fleur dévoré,
Et que le dieu des arts en secret a pleuré. (5)
En dépit du Vésuve, et qui gronde et qui brûle,
Là, Portici s'assied sur la ville d'Hercule ;
Castel-Mare, Mola, sur leurs rochers marins,
Invitent les crayons des modernes Lorrains.....(6)
Mais, hélas! trop souvent dans ces lieux pleins de charmes,
Aux rires de la joie ont succédé les larmes.
La nature inconstante, oubliant ses bienfaits,
Y voulut des malheurs, y permit des forfaits.
Ici, comme la mer, la terre est orageuse ;
Ici, comme la terre, une mer sulfureuse
Fait jaillir de ses flots les foudres de Vulcain :
Elle baigna la tombe où dormit l'Africain (7)
Loin d'un pays ingrat. Voici l'île adultère,
Caprée, où la vieillesse a désarmé Tibère.....
Quels monstres le hasard rassemble sous nos yeux !

Et Néron et Tibère ont donc souillé ces lieux !
L'assassin d'Agrippine y proscrivit sa cendre.
Cicéron, que sa gloire, hélas ! ne put défendre,
Y présenta la gorge aux fers des triumvirs.....
Partout du crime, ici, vivent les souvenirs.
Ah ! laissons loin de nous les souvenirs du crime !

Vois-tu ces monts lointains dont l'azur peint la cime,
Jeune artiste ? C'est là que des sites nouveaux
T'offrent, tout composés, de sublimes tableaux.
C'est Vietri, c'est La Cave et Salerne et Nocère,
Beaux lieux, amours du ciel, délices de la terre,
Où les vieux chantres grecs, dans les siècles anciens,
Eussent voulu placer leurs Champs-Elysiens.....
Mais, pour oser les peindre, il faut être un Virgile,
Un Guaspre, un Péquignot, un Saint-Pierre, un Delille.

Toi, qui rivalisais l'antique Sybaris,
Pestum, égare-nous dans ces bosquets fleuris,
Où Zéphire empruntait ses parfums à tes roses.
Dans ces lieux si charmans quelles métamorphoses !
Partout un froid silence et d'arides déserts
D'où s'exilent l'amour et la fille des mers. (8)
Mais, je veux admirer ces vieux temples rougeâtres
Que rongent lentement les ans opiniâtres ;
Où, bravant du lion la dévorante ardeur,
Semblable à son troupeau, le stupide pasteur,
Dans ses champs recouverts par la ronce et la pierre,

Entend meugler le buffle et siffler la vipère
Trop long-temps oubliés, ces prodiges de l'art,
Sauvés des Sarrasins et du fer de Guiscard, (9)
Et survivant encore à leurs cruels outrages,
Aujourd'hui de l'artiste appellent les hommages.
L'élève de Vitruve, ici, l'équerre en main,
Vient épurer son goût, châtier son dessin ;
Et, bien souvent, tandis qu'il mesure ou contemple,
Le peintre a retracé l'architecte et le temple.

Mais l'aurore paraît : le zéphyr, un ciel pur,
Invitent à voguer sur cette mer d'azur
Où voguèrent jadis Théocrite et Virgile.
Recevez nos saluts, ô muses de Sicile !
Soit qu'au sein d'Aréthuse et sous le myrte en fleur,
D'un bain voluptueux vous goûtiez la fraîcheur ;
Soit que vous animiez, par vos chansons légères,
Les combats des bergers, les danses des bergères,
Accueillez parmi vous les disciples des arts :
Ses regards ne sont pas de profanes regards.
Dans vos temples pieux, dans vos chastes retraites,
Vous pouvez recevoir les peintres, les poètes ;
Amans de la nature, ils viennent l'adorer ;
D'un œil respectueux ils veulent l'admirer
Dans ce qu'elle offre aux yeux de grâces plus touchantes,
De plus nobles beautés, d'horreurs plus attrayantes.
Délivré des Romains et des Carthaginois,
Votre sol disputé n'est plus, comme autrefois,

Le théâtre sanglant de leurs luttes cruelles;
Denis n'y règne plus: les factions rebelles
Que nous vîmes naguère en altérer la paix,
Muettes aujourd'hui, se taisent pour jamais.
L'olivier refleurit dans vos vallons tranquilles;
Qui peut nous arrêter? Salut, célèbres villes,
Qui dûtes vos splendeurs au sceptre d'Hiéron! (10)
Syracuse en lambeaux, mais fière de ton nom,
Tu n'es donc plus, hélas! qu'une illustre ruine!
Salut! Palerme heureuse, et toi, riche Messine,
Où le luxe triomphe au milieu des débris.
Salut! toi, dont les murs, sur des laves assis,
Pèsent sur d'anciens murs enfouis sous des laves;
Mais l'Etna fume encor, Catane, et tu le braves! (11)

Et toi, des champs d'Enna nourricier éternel,
Soupirail du Ténare et colonne du ciel;
Dont l'abîme sacré, profond, inaccessible,
Recèle un océan de flamme inextinguible;
Dont la bouche écumante, en ses convulsions,
De ton sommet neigeux sillonne les glaçons;
Qui vois Flore et Cérès, et Bacchus et Pomone
Déposer à tes pieds leur féconde couronne,
Et qui, vaste abrégé de l'immense univers,
Réunis en toi seul tous les climats divers;
Toi, l'amour et l'effroi des nymphes de Sicile,
Sombre et riant Etna, célébré par Virgile;
Que, sur ton sol magique et fait pour inspirer,

Le peintre et le poète aiment à s'égarer!

L'un et l'autre, à l'aspect de tes sites antiques,
Transportent leur pensée aux siècles héroïques.
Fier de sa noble proie, ici, le noir Pluton
L'entraîne sur son char vers le sombre Achéron.
Plus haut qu'un vieux sapin, l'énorme Polyphème
Suit de l'œil, sur les mers, la déité qu'il aime;
Ses rustiques pipeaux, ses seuls consolateurs,
Racontent aux forêts ses sauvages ardeurs;
Tandis que, près de lui, sur les roches ardues,
Son troupeau vagabond semble errer dans les nues.
Sur l'enclume j'entends retentir les marteaux:
Eole aide Vulcain à fondre les métaux.
Ulysse a sur ces mers traîné sa destinée;
Ces vagues ont blanchi sous les vaisseaux d'Enée;
Là, dans son cours plaintif, Acis, désespéré,
Roule son onde au sein d'un objet adoré.
Alphée encor poursuit, dans l'erreur qui l'abuse,
La vapeur dont Diane enveloppe Aréthuse;
Les faunes, les sylvains, les nymphes d'alentour,
Ont vu Daphnis, mourant, exhaler son amour
Dans ces bois où, peut-être, assis aux mêmes rives,
Théocrite chantait ses idylles naïves,
Quand Pindare, aigle altier, sur ce mont sourcilleux,
Dérobait à Phébus ses vers audacieux.

Terre des dieux chérie, en prodiges féconde,

Je te fais mes adieux : et toi, fille de l'onde,
Qui, Vénus des cités et Cybèle des mers,
Naquis pour étonner et charmer l'univers,
Salut! belle Venise! à ton pompeux rivage
Je veux offrir aussi mon poétique hommage.
Jadis tu m'accueillis dans les jours du malheur.
J'ai vu les murs, témoins de ta vieille splendeur,
Où tes doges altiers, des mains de la fortune,
Pour sceptre avaient reçu le trident de Neptune,(12)
Et, riches des tributs de l'Ottoman dompté,
Conquirent la grandeur après la liberté.
Des beaux-arts réunis Venise était l'asile ;
Les muses l'encensaient, opulente et tranquille,
Quand le vent de la gloire, ami de ses vaisseaux,
Lui rapportait les dons et les cœurs des héros.
Ses filles, comme autant de blanches néréides,
De la perle de l'Inde ornaient leurs fronts candides ;
L'or couvrait leurs habits : Mercure, dans ses ports,
Faisait à pleine voile aborder les trésors.
Malgré le Vatican, sa longue résistance
Aux ligueurs de Cambrai fit sentir sa puissance.
Au sein de la grandeur assise noblement,
La force et le secret, partout, à tout moment,
Protégeaient son repos, assuraient ses conquêtes,
Surveillaient l'étranger enivré de ses fêtes.
Quand le lion ailé, guidant ses étendards,
Le disputait au vol de l'aigle des Césars ;
Quand ses flottes grondant sur les flots du Bosphore

Les rougissaient du sang des soldats de l'Aurore;
Que ses sages, ses grands, tels qu'un sénat de rois,
Au croissant obscurci dictaient leurs fières lois;
Alors, des souverains, noble médiatrice,
Elle pesait leurs droits soumis à sa justice;
Et quand Bellone, enfin, lui retirant son bras,
Elle ne brilla plus dans le champ des combats,
Les peuples, sans la craindre, admiraient sa sagesse,
Recherchaient ses plaisirs, ses arts, sa politesse.
Un orage a grondé..... les révolutions
N'ont point laissé Venise au rang des nations :
Des légions du nord ses plages sont couvertes;
L'indépendance a fui ses lagunes désertes;
Les chants du gondolier ne frappent plus les airs,
Et la Liberté pleure en contemplant ses mers.
Et c'était en son nom que s'armèrent les trônes!
L'or du bonnet ducal brille sur les couronnes;
Abattu, désarmé, succombant à ses maux,
Le lion, décrépit, disparut sous les flots.
Le joug de l'étranger, du palais solitaire
A fait fuir, consterné, le maître héréditaire,
Et, loin du sol esclave où dorment ses aïeux,
Il détourne en silence, et ses pas, et ses yeux.

Sous son ciel brille encor ce dôme pittoresque,
Ce dôme, heureux effort de l'art grec et moresque,
Et ce vaste palais, fastueux monument,
Où le fier Tintoret d'un pinceau foudroyant

Souvent improvisa ses chefs-d'œuvre rapides;
Où Paul* et Titien, ses rivaux et ses guides,
Coloraient leurs tableaux des feux dont le soleil
Peint l'écharpe d'Iris et l'orient vermeil.

Je crois encor les voir, ces villes élégantes
Qu'arrose la Brenta de ses eaux transparentes!
Ici fleurit Padoue, et les murs d'Antenor
Gardent encor la tombe où gît l'ami d'Hector; (12 ᵇⁱˢ)
Abano, dont la nymphe, et salubre, et féconde,
Soulagea dans leurs maux les souverains du monde;
Asile où la fortune invoque la santé;
Rendez-vous que l'amour assigne à la beauté;
Où l'oisif vient changer d'ennuis et de supplices,
Mais que toujours le peintre admire avec délices!(12 ᵗᵉʳ)
Là, tout est ravissant : et la terre et les cieux
Semblent s'être entendus pour séduire les yeux;
Là, le saule affligé pleure au bord des fontaines;
L'or perlé du maïs jaunit le sein des plaines;
Les pampres de Bacchus, mariés aux ormeaux,
D'arbre en arbre élancés, tapissent les coteaux,
Parcourent les vallons, et, de leur vert feuillage,
Offrent au voyageur le bienfaisant ombrage.
Tandis que sur les monts, qu'il noircit de son deuil,
Le sapin gigantesque étale son orgueil,

---

* *Paul* CALIARI, plus connu sous le nom de *Paul* VÉRONÈSE.
P. A. C.

Du modeste olivier, la verdure sans ombre,
Colore les vergers d'une teinte moins sombre,
Et le peuplier souple, aux haleines des vents,
Balance dans les airs ses feuillages mouvans.
Enfin, bornant la vue en un lointain bleuâtre,
Des monts Euganéens le vaste amphithéâtre
Enclot ces beaux vallons dans ses rideaux d'azur
Que baigne de lumière, un ciel brillant et pur;
Les monts Euganéens, où, dans les bosquets d'Arque,
Dort, sous un frais gazon, la cendre de Pétrarque,
Auprès du clair ruisseau qui semble, dans son cours,
Murmurer ses beaux vers et ses chastes amours.

J'ai vu ces beaux pays aux jours de ma jeunesse;
Mais alors, de mon âme, en proie à la tristesse,
Un sentiment amer brisait les facultés:
Pour moi ces beaux pays étaient désenchantés;
Même au sein des succès qui couronnaient ses armes,
La France était baignée, et de sang, et de larmes.
Eloigné d'elle alors, quel Français désolé
Par un Français ami ne fut point consolé?
J'éprouvai ce bonheur au sein de ma misère:
Exilé vertueux sur la terre étrangère,
Un ami m'apparut, proscrit par la terreur;
Je fus moins malheureux en calmant sa douleur. (13)

De mes jours orageux sombre et doux souvenir!
Lorsque je n'osais plus espérer d'avenir;

Quand les maux de la France épouvantaient l'Europe,
J'errais mélancolique aux champs de Parthenope.
Près d'un ami rival des Claudes, des Poussins,
J'admirais ces beaux champs plus beaux dans ses dessins.
L'un par l'autre excités, dans nos courses riantes,
Nos crayons récoltaient des moissons abondantes :
Tantôt nous dessinions ces bosquets toujours verts
Où la figue et l'orange ignorent les hivers;
Où, des larmes du Christ, la vigne parfumée
Suspend ses grappes d'or à la roche embaumée,
Ou serpente, en grimpant, sur l'arbre de Pallas.
Tantôt nous retracions, couverte de frimats,
La cime du volcan, sans colère, fumante;
Les noirs rochers battus par la vague écumante
Où se plongeaient d'un saut, semblables aux Tritons,
Tout le peuple nageur des jeunes lazarons.
Que de fois, sur le port, promeneurs solitaires,
Diane nous a vus passer des nuits entières,
Soit lorsque ses rayons, des objets vacillans
Nous répétaient l'image au sein des flots tremblans,
Et versaient dans nos cœurs la douce rêverie;
Soit lorsque, du Vésuve éclairant la furie,
Ses doux feux reflétaient, de leur lustre argenté,
Les flancs noirs et fumans du volcan irrité.
Les soins de l'avenir n'osaient troubler nos songes.
Abusés cependant par les plus doux mensonges,
Nos vœux se partageaient l'avenir par moitié:
L'une pour les beaux-arts, l'autre pour l'amitié.

Mais, la vie est un fruit que la vieillesse altère,
Et l'espérance même, une fleur éphémère.
Je ne les verrai plus, ces pays enchanteurs :
Les travaux, les devoirs ne sont point voyageurs.
L'âge mûr rarement change sa destinée,
Et l'habitude reste où l'habitude est née.
Je n'y trouverais plus cet ami précieux;
Ce beau ciel qu'il aimait n'éclaire plus ses yeux.
Ces vallons enchantés, ces roches pittoresques
Où souvent s'égaraient ses pensers romanesques;
Cette profusion, ce luxe d'accidens
Que les flots et les feux ont semés dans les champs;
Cette forte nature à ces grands paysages
Prodiguant les bienfaits, prodiguant les ravages;
Ces monts, nouveaux enfans nés des flancs des vieux monts
Et qui savaient si bien inspirer ses crayons,
Ne feront plus jamais son bonheur et sa joie.
De la mort son génie est devenu la proie;
Dans l'été de ses ans le barbare destin
Arracha les pinceaux à sa savante main.
La France honorerait aujourd'hui sa mémoire,
Si son orgueil, moins fier, eût accueilli la gloire.
Aimant les arts pour eux, heureux d'être oublié,
Ses seuls besoins étaient l'étude et l'amitié;
Par l'étude fixé sur la terre étrangère,
Pour compagne il garda la pauvreté sévère,
Pour mentor le travail, et ses nobles mépris
Aux hommes comme à l'or n'attachaient aucun prix.

Plus d'une fois j'ai vu la bizarre fortune,
Accourant sur ses pas, lui paraître importune,
Je l'ai vu, dédaignant les dons de sa faveur,
Lui-même malheureux, secourir le malheur!

O toi qui, malgré toi, seras un jour célèbre,
Reçois, cher Péquignot, cet hommage funèbre!
Hélas! en te quittant, j'espérais quelque jour
Te revoir dans ces lieux si chers à ton amour:
Les temps ont emporté mes vœux avec ta vie.
Ami, paix à ta cendre et gloire à ton génie! (14)

FIN DU TROISIÈME CHANT.

CHANT QUATRIÈME.

Tu connais l'Italie, enfin, jeune Zeuxis;
Mais, ce n'est point assez : vers de lointains pays,
A travers les dangers, va conquérir la gloire.
Cours : l'orient t'appelle à plus d'une victoire;
C'est au sein des déserts que tu dessineras
Ces chefs-d'œuvre ignorés dans les mêmes climats
Où la main du génie, autrefois si féconde,
Les sema pour instruire et pour charmer le monde.
Tu combattras la soif, la fatigue, la faim,
Et le sol destructeur, et l'Arabe inhumain;
N'importe : le vent souffle; aux rives de la Grèce
Tu voles : à ce nom, ton cœur bat d'allégresse.
Le voilà, ce pays favorisé des dieux,
Où brilla sans rivaux un peuple ingénieux,
La lumière, l'amour et l'orgueil de la terre;
Turbulent dans la paix, formidable à la guerre,
Sage, aimable, inconstant : amoureux des hasards,
Des vices, des vertus, de la gloire et des arts.

Là, chaque lieu révèle ou cache une merveille;
Les sites charment l'œil; les noms charment l'oreille;
L'aimable illusion, comme le souvenir,
Remplissent le passé, le présent, l'avenir.
Va donc, et suis les pas des voyageurs célèbres.
Majestueuse encor sous ses crêpes funèbres,
La Grèce, soulevant ses vêtemens de deuil,
S'est montrée à Delille, à Byron, à Choiseul. (1)
Comme eux, de ses guerriers viens évoquer les ombres;
Aux lueurs de l'histoire éclaire ses décombres;
Pénètre dans la nuit de ses vieux monumens,
Dévastés par Bellone, enfouis par le temps.
Est-il de ses débris un seul qui ne rappelle
Son illustre infortune et sa gloire immortelle?
Interrogeons la poudre où dorment sans honneurs
Ces favoris des dieux privés de successeurs :
Oui! leur grand souvenir agrandit la pensée.
N'entends-tu pas la voix de la Grèce oppressée,
Cette voix qui murmure au fond de ses tombeaux:
« Arrête, voyageur, tu foules des héros! »

Sur ce sol favori de Minerve et des Grâces,
Viens, de ses dieux bannis, viens adorer les traces.
Rends Thétis et Neptune aux abîmes des mers,
Rends Jupiter aux cieux, rends Pluton aux enfers.

Vois-tu ce mont sacré d'où le dieu du tonnerre,
D'un seul de ses regards enveloppant la terre,

Des éclats de la foudre, allumée en ses mains,
Faisait pâlir le front des coupables humains?
D'où quelquefois aussi, loin du lit des déesses,
Et, sous des traits mortels, déguisant ses faiblesses,
Aux aimables beautés du terrestre séjour
Il venait, suppliant, abaisser son amour?

Frère du Pinde altier, et père des étoiles
Où l'aube épanouit les roses de ses voiles,
Contemple ici l'OEta, bûcher de ce mortel
Dont la vertu conquit tous les honneurs du ciel, (2)
Et dont l'ombre héroïque inspira Léonide,
Quand, guidant au combat sa phalange intrépide,
Joyeux, il l'invitait au banquet de Pluton. (3)
C'est ici qu'entassant Ossa sur Pélion,
Les monstrueux enfans, nés des flancs de Cybèle,
Méditèrent des cieux l'escalade rebelle.
Des frais vallons d'Hémus les profondes forêts
Invitent à rêver sous leur feuillage épais.
Où sont, disait Virgile, où sont ces vertes plaines
Que le folâtre essaim des vierges laconiennes,
Sur les flancs du Taygète, aux bords de l'Eurotas,
En célébrant Bacchus, vient fouler sous ses pas?

Berceau jadis flottant du dieu cher à Thymbrée,
Délos s'élève au sein de cette onde azurée.
Des monts de la Lycie, en son rapide essor,
Ce dieu, s'enveloppant dans un nuage d'or,

Y descendait, rempli de pensers prophétiques;
Il y faisait parler les trépieds fatidiques;
Mais j'entends..... oui! j'entends frémir le Cythéron
Au bruit de la cymbale, aux accens du clairon.
A ses transports soudains la bacchante livrée,
L'œil en feu, le sein nu sous une peau tigrée,
Vient-elle, ivre d'amour, d'extase et de fureur,
Célébrer de l'Indus le jeune et beau vainqueur?
Non: le dieu dont le charme apprivoisa Cerbère,
Qui sut plier au joug l'indocile panthère,
Qui déchira Rhétus armé contre les cieux,
Ce dieu, le plus terrible et le plus doux des dieux,
Qui chasse les soucis sur l'aile des nuages,
Du Cythéron désert a quitté les ombrages.
Le front couvert de pampre, ivres, le thyrse en main,
Je n'y vois plus danser et Silène et Sylvain.
Aux bords désenchantés des ruisseaux sans Naïades,
Je n'entends plus les chœurs des ardentes Ménades;
Sur les pas rallentis de ces vives beautés,
Je ne vois plus bondir les Faunes effrontés.
Ah! rêves séduisans, dont la menteuse Grèce
Du poète et du peintre ont bercé la jeunesse,
Etes-vous donc enfin disparus pour toujours?
De Cypre et de Paphos, la mère des amours
Ne vient plus visiter la retraite charmante;
Nul amant n'y conduit sa jeune et tendre amante;
Ses temples sont détruits, et les pieux mortels
N'apportent plus leurs dons au pied de ses autels.

O Grèce, en tes beaux jours si brillante et si fière,
Relève enfin tes dieux couchés dans la poussière ;
Au peintre, dont ta gloire enflamme les pinceaux,
Rends leurs débris mêlés aux cendres des héros !
Sur leurs tombeaux sacrés, quels yeux restent sans larmes?
Ah! si de ces vieux chefs tu retrouvais les armes,
Si ta voix évoquait leurs fantômes vengeurs !....
Malheur, malheur à vous, barbares oppresseurs !
Et vous, jeunes Giaours, comme autrefois d'Achille,
Parmi les vains bijoux qu'aime un sexe débile,
L'instinct guerrier choisit la parure de Mars,
Laissez là le théorbe, armez-vous de kangiars.
Jusques à quand, ô vous que la terreur comprime,
Baiserez-vous, courbés, la main qui vous opprime?
Mais déjà de leur chaîne ils s'indignent tout bas ;
O Grèce, redis-leur quel fut Léonidas !
Peut-être qu'ignorés de ton tyran stupide,
Un nouveau Miltiade, un nouvel Aristide
Déjà liment sans bruit les anneaux de tes fers.
Un second Thémistocle, invoqué sur tes mers,
Va peut-être, au combat conduisant tes Hellènes,
Te rendre les beaux jours et de Sparte et d'Athènes,
Faire pâlir Stamboul, et lancer dans son port
Le fer, les feux, la peur, la vengeance et la mort.
Mais pourquoi s'abuser? De la rouille de l'âge
De jour en jour s'accroît l'indélébile outrage ;
En vain, sur tes tombeaux, l'ombre de ta grandeur
Jette à travers les temps sa lugubre lueur ;

C'en est fait : gémissant de honte et de détresse,
J'aperçois ton génie, ô malheureuse Grèce,
Profondément blessé; son amer souvenir
Implore du destin un meilleur avenir.
Que tes débris du moins, chers encore à la gloire,
Des héros du vieux temps nous redisent l'histoire.

Où sont-ils? Ils étaient ombragés de lauriers.
Les marbres éloquens de ces trois cents guerriers
Qui vendirent si cher leur trépas magnanime;
Ces marbres qui disaient, dans leur accent sublime :
Va, voyageur; que Sparte apprenne par ta voix
Qu'ici nous sommes morts fidèles à ses lois ! (4)
O mère de héros, maintenant asservie !
Sur la terre d'Agis l'étude et le génie
Vinrent ensemble un jour crier : Léonidas !
La voix des vieux tombeaux ne leur répondit pas.

Dans la plaine où fut Thèbe allons fouler sa cendre,
Et révérons ce toit respecté d'Alexandre; (5)
Mais le toit de Pindare et les murs d'Amphion
Sur leur sol sans débris n'ont laissé qu'un vain nom.
Tout, dans ces tristes lieux, trompe l'âme attristée;
La poudre des tombeaux environne Platée.
Plaine de Marathon, veuve de tes héros,
De ton sein maternel as-tu banni leurs os ?
Platée et Marathon ! champs sacrés de la gloire,
Avez-vous oublié ces hymnes de victoire

Que chantaient vos vengeurs, quand leurs nobles exploits
Eurent enfin brisé l'orgueil du roi des rois?

Fuyons: portons nos pas vers l'arène olympique;
Allons revoir ces jeux où la palme athlétique,
Où le laurier, posé sur leurs fronts radieux,
Elevaient les vainqueurs jusques au rang des dieux.
C'était là que la Grèce, environnant le stade,
Souriait, enivrée, au bel Alcibiade,
Lorsque son jeune orgueil, sûr de ses grands destins,
Rivalisait de faste avec les souverains.
Ah! rendez-moi ces chars lancés dans la carrière,
Ces nobles fronts couverts de gloire et de poussière!
Mais j'entends des coursiers: ô Grecs infortunés!
A mourir sous le joug êtes-vous condamnés?
Ces coursiers, dont le pas retentit dans ces plaines,
Portent l'affreux tyran qui vient river vos chaînes!
Et c'est en ce lieu même, heureux Diagoras,
Qu'embrassant tes deux fils, tu mourus dans leurs bras;
Tes deux fils, dont tu vis, en la même journée,
Dans cinq combats divers la tête couronnée, (6)
Aux acclamations des nombreux spectateurs
Qui les comblaient de vœux, qui les couvraient de fleurs;
Que les combats plus doux du pinceau, de la lyre,
O Grèce! t'enivraient d'un sublime délire,
Alors que, captivant ton esprit exalté,
Le talent, la valeur, la grâce, la beauté,
La gloire et le génie, applaudis par tes sages,

Plus que la vertu même, obtenaient tes hommages!
Quel Thémistocle, un jour, vainqueur des fiers sultans,
Y verra, digne prix de ses faits éclatans,
Concentrés sur lui seul, dans leur brûlante ivresse,
Les yeux reconnaissans des enfans de la Grèce?
Jours de gloire, d'honneurs, d'héroïques vertus,
Et vous, Grecs généreux, qu'êtes-vous devenus?

Athènes, ah! pourquoi cet aspect triste et sombre?
La déesse aux yeux bleus et tes héros sans nombre
Ont-ils donc, pour toujours, fui loin de tes remparts?
Que vient leur demander le jeune amant des arts?
L'élan de la valeur, l'orgueil de la victoire,
L'ivresse du plaisir, le songe de la gloire,
L'amour de la patrie et de la liberté,
Tout s'est évanoui, tout est désenchanté.
Sombre fils de l'erreur, l'absurde fatalisme,
Le sceptre ensanglanté du cruel despotisme,
Le sabre du barbare et les siècles jaloux
Ont sur toi, noble Athène, appesanti leurs coups.
Ils ont anéanti les murs de Pisistrate,
Et le toit de Sophocle, et le toit de Socrate.
Ne cherchons plus ici les bois d'Académus,
Ces myrtes arrosés des flots de l'Ilissus,
Ces platanes sacrés, oracles de la Grèce,
Quand Platon sous leur ombre enseignait la sagesse.
O ville de Cécrops! non, tes dieux exilés
N'offriront plus, hélas! aux regards consolés

Ces parcs Élyséens où l'aimable Épicure,
Sectateur décrié d'une morale pure,
En dépit du Portique, austère et mal vêtu,
Du nom de volupté décorait la vertu.

Des fils de Mahomet quand la horde barbare
Prévient les derniers coups que le temps leur prépare,
O peintre, hâte-toi! vite, accours contempler
Ces restes précieux tout prêts à s'écrouler.
Voyez-le, dans l'extase où son âme est en proie,
Oppressé de tristesse et palpitant de joie;
Il verse, en gémissant, des larmes de bonheur;
Il interroge tout d'un regard scrutateur:
Les cieux, les champs, les mers, les dieux de ce rivage,
Tout reçoit son salut, tout obtient son hommage.
Attentif et distrait, à pas précipités,
De débris en débris errant de tous côtés,
Il veut tout admirer, tout dessiner, tout peindre;
Jamais jour plus heureux ne le vit plus à plaindre;
Impatient, il court, il vole au Parthenon,
S'en empare, l'embrasse; il y grave son nom.
Murs sacrés! puisse-t-il chez les races futures
Avec vous de l'oubli défier les injures!
Noble, mais vain espoir: dans son vol désastreux,
Le temps médite encor des attentats contre eux.
O! forfait! ô! douleur! quelles mains criminelles
Ont pavé ces degrés d'œuvres des Praxitèles?
Dans l'excès du regret, dans l'excès du plaisir,

De respect, immobile, il n'ose les franchir.
Quel triomphe de l'art, et quelle décadence!
Ah! combien de misère et de magnificence!
Ces trésors du talent méconnus, dédaignés,
Parmi de vils cailloux au hasard maçonnés; (7)
Ces restes des splendeurs de la savante Grèce,
L'Ottoman les mutile en sa brutale ivresse;
Sous le sceptre de fer des descendans d'Omar,
La ville de Minerve est changée en bazar.
L'ignorance en turban foule d'un pied profane
Le sol où s'imprimaient les pas d'Aristophane,
Respire le même air que respirait Platon,
Et voit le même ciel que mesurait Méton! (8)
Vainement l'étranger, d'une voix attristée,
Redemande aux échos d'Athènes dévastée
Ses sages, ses héros, ses brillans orateurs,
Et sa pompe élégante, et ses arts enchanteurs;
Les échos sont muets : la déplorable Athènes
Ne se ressouvient plus du nom de Démosthènes.

    D'un saint zèle animés, vous, pélerins des arts,
Qui venez, en bravant de périlleux hasards,
Adorer les débris d'une gloire étrangère,
D'Athènes dégradée, ah! plaignez la misère,
Respectez sa faiblesse: au nom de Phidias,
De ses derniers trésors ne la dépouillez pas.
Ombre de Périclès, veille toujours sur elle!
Mais, de quel bruit affreux reçois-je la nouvelle?

Enfant du nord, j'apprends qu'un desir destructeur
Du barbare Ottoman t'inspire la fureur.
Comment n'as-tu pas vu, fils du pays des neiges,
Tes mains se dessécher, oui! tes mains sacrilèges,
Lorsqu'elles ont osé, sur les murs de Pallas,
Consommer par le fer tes hardis attentats?
Je vois l'honneur honteux dont ton orgueil se flatte:
Tu veux être appelé le moderne Erostrate. (9)

Où retrouverons-nous le feu sacré des arts?
L'Egypte humiliée, attristant nos regards,
Silencieuse, au sein de ses vastes ruines,
Peut-être en garde encor les semences divines?
Thèbes s'entoure en vain de ses sables brûlans:
Bravant, pour l'aborder, des cieux étincelans,
Osons, osons fouler ces redoutables plaines
Que des vents du Kampsim embrasent les haleines; (10)
Où l'arabe pasteur trouve de sûrs abris
Dans les temples des dieux qu'adora Sésostris.
Sur eux il semble encor que, d'une main lassée,
Le Temps suspend les coups de sa faux émoussée,
Et qu'un jour, d'autres dieux à l'Egypte rendus,
A ces temples rendront les honneurs qu'ils n'ont plus.
Avançons, pénétrons sous ces pylones sombres,
Noirs palais de l'oubli, du silence et des ombres,
Où, dans l'obscurité qui couvraient leurs autels,
Les oracles divins semblaient plus solennels,
Et frappaient les esprits d'une terreur sacrée.

L'imagination follement égarée,
Ni la mode éphémère, ou de vains ornemens,
Ne défiguraient point ces nobles monumens.
L'architecture grave et la sculpture austère,
De leur religion suivaient la loi sévère.
Les exploits des héros et les bienfaits des dieux,
Du laboureur actif les soins industrieux,
L'animal bienfaisant, le végétal utile,
Et des cieux étoilés l'hémisphère mobile,
Tels étaient les tableaux présentés aux regards.
Pour ses dieux seuls l'Egypte avait créé les arts.
Flambeau de l'Orient, Egypte vénérable,
Lorsque de nos guerriers le courage indomptable
De tes barbares chefs enchaîna la valeur,
Que n'as-tu reconquis ta gloire et ton bonheur !
Puisse du moins un jour cesser ton esclavage !
Tel est pour toi le vœu de l'artiste et du sage.
Avais-tu mérité de gémir dans les fers ?
Mais, abordons enfin dans tes riches déserts,
Où, guidant vers les cieux la vue et la pensée,
L'obélisque mystique, en aiguille élancée,
Debout sur des débris, au sol des Pharaons,
Va préparer notre âme aux méditations :
Emblème du soleil, dont la flamme féconde
Le limon que le Nil répand avec son onde,
Il terrasse l'orgueil des monumens romains :
Les siècles étonnés respectent ses destins.
Là, muet confident de l'histoire et des fables,

Le sphinx, environné d'un océan de sables,
Y garde les secrets du génie et du temps.
Là, de l'antiquité gigantesques enfans,
Dominent dans les airs, sombres, silencieuses,
Les tombes de ses rois, bornes mystérieuses
Qu'aux portes de la vie et de l'éternité
Posa leur noble instinct de l'immortalité.
Colosses triomphans! que de races éteintes
Ont passé sur le sol d'où vos vastes enceintes
Portent jusques aux cieux leur vénérable deuil!
Monumens enfantés par un sublime orgueil,
Dont l'âge s'est perdu dans une nuit profonde,
Prétendez-vous survivre aux ruines du monde?

Lorsque l'artiste, enfin, rendu dans ses foyers,
S'applaudit d'avoir vu ces climats étrangers,
Parfois, d'un ris moqueur, l'incrédule ignorance
De leurs grands monumens conteste l'existence,
Et, ne concevant rien que par ses sens bornés,
Croit que par le caprice ils sont imaginés.
Mais lui, dans ses tableaux, il les admire encore
Ces rivages brûlans où le soleil colore,
Et le lotos d'Isis, et le palmier d'Horus,
Et les minces rubans du large papyrus,
Interprètes obscurs de la pensée humaine.
Il se revoit, armé, dessinant dans la plaine
Ces vieux temples muets où les codes des lois,
Par les prêtres gardés, dévoilés aux seuls rois,

Loin des yeux indiscrets du profane vulgaire,
Appuyaient le pouvoir de l'ombre du mystère.
Voyageant sans danger, mais non pas sans plaisir,
Par la mémoire encore il aime à parcourir,
Seul et silencieux, ces vastes solitudes
Dont le tableau fidèle est peint dans ses études.
Quels souvenirs que ceux de ces jours de terreur
Où, des rocs libyens perçant l'antique horreur,
Et bravant les poignards, la flamme et les ténèbres,
Imprudent, il errait sous ces antres funèbres
Où gisent confondus, malgré l'orgueil des rangs,
Et le vulgaire obscur, et les rois, et les grands!
Au milieu des tombeaux, devenus leurs retraites,
Dans ces grottes, jadis, d'humbles anachorètes
Séparés des vivans, par de pieux concerts,
Des louanges du Christ animaient les déserts;
Mais, la lampe à la main, lorsqu'à ses lueurs pâles,
Le peintre dessinait ces voûtes sépulcrales
Que protègent la mort, le silence et la nuit,
De ses dangers, pour nous, il recueillait le fruit,
Et s'instruisait, armé d'un tranquille courage,
Aux leçons des vieux temps qui forment le vrai sage.

Attristé, mais instruit, par l'aspect des tombeaux,
Le peintre méditait les siècles en lambeaux;
Cependant il s'éloigne, il part, et vers l'aurore
Va chercher les lieux saints où le dieu qu'il adore
Voulut de l'homme, en proie à sa coupable erreur,

Au prix de tout son sang, être le rédempteur.
Ce ne sont plus ici ces ruines mondaines
Des splendeurs de la Grèce et des grandeurs romaines;
C'est la cité de Dieu, l'empire d'Israël,
Par Dieu même flétri d'un opprobre éternel.
Des lévites sacrés les solennels cantiques
Ne retentissent plus sous tes palmiers antiques,
Colline de Sion! Le silence et le deuil
Couvrent Jérusalem comme un vaste linceul;
Ses murs ont éprouvé la céleste colère,
Et le pied de l'impie en foule la poussière.
En vain de nobles preux, par de pieux exploits,
Sur ces murs relevés auront planté la croix;
L'arrêt est prononcé sur la cité rebelle:
Jérusalem retombe en proie à l'infidèle.

Terre de Bethléem, mon œil épouvanté
N'aperçoit que la mort sur ton sol dévasté:
Des villes sans fumée et des champs sans verdure;
Un soleil en courroux, tyran de la nature,
Que, sur des rocs brûlans et dans les feux des airs,
Bravent seuls le reptile et l'aigle des déserts;
Des torrens desséchés, de stériles ravines,
Des hameaux ruinés sur des rocs en ruines,
Des débris entassés de tombeaux sur tombeaux,
Une mer empestée, immobile, sans flots,
Où l'œil épouvanté croit voir fumer encore
Et l'infâme Sodôme et l'impure Gomorrhe!

Cher au dieu d'Israël, est-ce là ce Jourdain.
Dont l'onde obéissante à l'arche ouvrit son sein?
Entraînant à regret sa limoneuse arène
Et sa vague pesante, indolemment se traîne,
Dans son cours léthargique, un fleuve paresseux
Qui, tristement couché dans ses roseaux hideux,
Prête une ombre coupable au Bédouin taciturne
Dont le poignard attend le pélerin nocturne.
Telle est donc aujourd'hui ta lugubre splendeur,
Désert que Jéhovah remplit de sa grandeur! (11)

D'un pouvoir surhumain reconnaissons l'empreinte.
Tout finit ici-bas : où sont Sparte et Corinthe?
Qui put égaler Tyr, cette reine des mers?
Aujourd'hui par les flots ses débris sont couverts.
Au sol de Babylone, aux sables de Carthage,
Que le peintre s'épargne un douloureux voyage.
La place où fut Ninive est incertaine encor;
Mais qu'il ose aborder le désert de Thadmor,
Si son crayon, ami des ruines célèbres,
Reste fidèle encore aux images funèbres.

Comment donc est tombée, et par quel sort fatal,
La ville où de Sapor le glorieux rival,
Revenant en vainqueur des champs de l'Arabie,
Déposait ses lauriers aux pieds de Zénobie?
Est-ce donc là Palmyre et ce riant vallon
Que d'un regard d'amour caressait Apollon;

Où croissaient à l'envi, pour embellir ses fêtes,
L'olivier de la paix, la palme des conquêtes;
Cette noble cité de la gloire et des arts,
Et dont furent jaloux les dieux et les Césars? (12)
Le pâtre et le chameau dorment sous ses portiques;
Leurs colonnes, debout, en files symétriques,
Telles qu'un bataillon de guerriers vétérans
Dont le bronze et le fer ont éclairci les rangs,
De leurs fronts mutilés, prêts à tomber en poudre,
Bravent encor le temps, et l'Arabe, et la foudre!

Oh! qui me portera sur ces débris sacrés,
Quand, sur l'azur des cieux qui pâlit par degrés,
Et sur ces vieux palais et sur la plaine immense,
Luttent le jour qui fuit et la nuit qui s'avance!
Quand la fraîcheur du soir, calmant les feux de l'air,
A l'orient Phébé vient sourire à Vesper,
Tandis que du soleil la lumière tarie
Expire au front lointain des monts de la Syrie!

Mais non; fuyons plutôt et Palmyre et Thadmor:
Vers un monde nouveau prenons un libre essor;
Dirigeons nos regards vers ces neuves contrées
Que l'homme ni le temps n'ont point déshonorées;
Où, sans art, la nature étale avec fierté,
Et son luxe sauvage, et sa vierge beauté;
Où, jusqu'à l'horizon mollement étendue,
La savane se perd, et déroule à la vue
Ses tapis de verdure et ses ondes de fleurs ;

Où des forêts sans fond les noires profondeurs
De la hache jamais n'ont ressenti l'outrage,
Et, portant jusqu'au ciel leurs dômes de feuillage,
De l'Indien errant cachent l'amour heureux.
Voyez-le déployer ses membres vigoureux,
Poursuivre et de ses traits percer les daims timides,
Du grand Meschacébé fendre les flots rapides,
Et de grâce embellir ses libres mouvemens :
Cruel dans les combats, héros dans les tourmens,
Et banni magnanime, aux terres étrangères
Il n'emporte avec lui que les os de ses pères! (13)
Par de vils intérêts sans cesse divisés,
Quelle leçon pour vous, peuples civilisés!
Et vous la recevez d'une horde sauvage!
Des tableaux plus touchans viennent sourire au sage;
Mais, laissons-les tracer au chantre de Chactas :
Qui peindrait mieux que lui ses amours, ses combats,
La vierge du désert, et des fils des cabanes
Les berceaux suspendus aux festons des lianes?
Farouches habitans de ces sauvages lieux,
Fils de la liberté, recevez mes adieux.
Je vous quitte à regret : le peintre que tourmente
De voir et de sentir la fièvre dévorante,
De vos déserts, chéris de l'époux d'Atala,
Rapide, se transporte aux sommets du Cromla.
Au pays des frimats il trouvera des charmes ;
L'illusion l'y suit : déjà j'entends des armes
Et la voix de Loda retentir sur Arven ;

Aux rives du Lubar l'aveugle de Morven,
Soupirant gravement sa lugubre complainte,
Sur la tombe d'Oscar pleure sa gloire éteinte.
Ravis par ses accens, les spectres belliqueux,
Sur un pâle rayon s'élevant dans les cieux,
Accourent, et, penchés au bord de leur nuage,
Reçoivent le héros qu'a trahi son courage.
Enlevée en triomphe aux régions de l'air,
L'ombre vaillante y monte, et les feux de l'éclair,
Météore effrayant, environnent sa tête;
Elle siffle, rugit, gronde dans la tempête.
Dans son rapide élan le fantôme guerrier
Couvre l'astre des nuits de son noir bouclier;
La foule des héros devant lui se déploie;
Ses aïeux, rayonnans et d'orgueil et de joie,
Ouvrent leurs rangs: soudain, sous leur noble étendard,
Il agite en sa main sa lance de brouillard;
Puis les douces beautés de l'humide atmosphère
Lui portent des festins la coupe hospitalière,
Le couronnent de fleurs, et leurs timides voix
Et la harpe du barde ont chanté ses exploits.
Peintre, n'as-tu pas vu, dans ces nuages sombres,
De nos héros français apparaître les ombres,
Et s'admirer l'un l'autre, en un transport égal,
Ossian et Desaix, et Kléber et Fingal? (14)

Soudain, un tourbillon bouleverse la nue,
Et leurs membres dissous nagent dans l'étendue.

Devant l'astre du jour ainsi s'évanouit
Le fantôme formé des rêves de la nuit.
Le peintre ne voit plus que d'informes nuages
Qui volent sur le front des collines sauvages;
Il n'entend que le bruit, et de l'onde, et des vents.

Mais, dans son souvenir vivent toujours présens
Ses amis éloignés, son absente patrie;
Il s'attendrit sur eux : une mère chérie,
Tous les premiers objets de son premier amour
Jouissent-ils encor de la clarté du jour?
Et le sage Mentor qui guida son enfance,
Et l'ancien compagnon de son adolescence,
Quand les reverra-t-il aux lieux chers à son cœur,
Où, plus loin de la gloire et plus près du bonheur,
Un immense avenir de ses jeunes années
Embellissait d'espoir les heures fortunées?
Arrive-t-il enfin ce jour si desiré?
De tout ce qu'il chérit il se voit entouré;
Il court revoir ces lieux gravés dans sa mémoire,
Où ses jeunes pinceaux disputaient la victoire;
Se rassied sur ces bancs où son vieux professeur
Par ses sages conseils dirigeait son ardeur,
Et pour lui, tour-à-tour indulgent ou sévère,
L'encourageant en maître, ou le grondant en père,
Jadis lui présageait un brillant avenir.
O charme doux et pur d'un premier souvenir!
Il croit recommencer ses amis, sa jeunesse;

Enivré de bonheur, un seul desir le presse :
Il veut revoir encor ces monumens fameux
Que, sur leur sol natal, illustraient nos aïeux,
Et dont son cœur français a gardé la mémoire.

    Vieux castels, vieux témoins de notre antique gloire,
Où de preux chevaliers, de gentils troubadours,
Servaient Dieu, leur pays, la gloire et les amours,
Paraissez! montrez-lui vos tourelles gothiques
Dominant les sommets de vos bois romantiques,
Vos ponts-levis, vos murs hérissés de créneaux,
Où viennent, croassant, se percher les corbeaux.
Au pied de vos remparts, succombant sous l'épée,
Que de guerriers ont vu leur vaillance trompée!
Sur l'herbe qui revêt leurs ossemens blanchis
L'insouciant berger voit bondir ses brebis.
Parfois le laboureur, en sillonnant la terre,
Exhume de ces preux la dépouille guerrière,
Des casques en débris et d'argile souillés,
Des tronçons de poignards, de vieux heaumes rouillés. (15)
Voyez-vous les transports du peintre qui découvre,
Au penchant d'un coteau qu'un bois épais recouvre,
De mousse revêtus, de vieux et sombres murs,
De longs arcs dépouillés de leurs vitraux obscurs,
L'herbe des saints tombeaux désunissant la pierre,
La ronce enveloppant l'autel de la prière,
Un pavé que pressaient de leurs fronts repentans,
Devant Dieu prosternés, d'austères pénitens?

Voici ce Paraclet où la tendre Héloïse,
Même aux pieds des autels à son amant soumise,
Mêlait dans sa prière, en son cœur confondus,
Le doux nom d'Abeilard au saint nom de Jésus. (16)
Nouveau Jérôme, ici, Rancé, sous le cilice,
De ses feux combattus éprouvant le supplice,
D'un cœur enfin dompté par la religion,
Commentait saint Benoît après Anacréon.(17)

De moins graves objets, de plus douces images,
Vont sourire à l'artiste amant des paysages.
La guirlande de Flore et l'épi de Cérès,
Les doux soins qu'avec Pan se partage Palès,
Les trésors de Bacchus, les présens que l'Automne
Accorde dans sa joie à l'amour de Pomone,
Et même quand l'Hiver, ramenant l'Aquilon,
Du manteau des frimats vient blanchir le vallon,
Les veilles du foyer, les contes sous le chaume,
De l'heureux laboureur obscur et doux royaume,
Pour le peintre des champs quels ravissans tableaux!
La muse pastorale inspire ses pinceaux :
Sous les aimables traits du modeste Virgile,
Du Virgile français, l'harmonieux Delille,
De Roucher, de Thompson, de Claude, de Poussin,
Elle attendrit son âme, et dirige sa main.
Le chantre séduisant de Paul, de Virginie,
De son feu doux et pur échauffe son génie.
Par ces maîtres instruit, dans son ravissement,

La nature à ses yeux est tout enchantement.
Loin du bruit des cités dont il fuit l'esclavage,
Il vit libre, content, et, pour tout dire, en sage.
Le peintre campagnard, à son joyeux réveil,
Court, guidé par l'aurore, au-devant du soleil,
Promène ses regards avec ses rêveries
Sur le penchant des monts, sur l'émail des prairies;
Suit de l'œil les détours des ruisseaux murmurans;
Respire le parfum des bosquets odorans;
Plante son chevalet près de leurs verts ombrages,
Et, d'un crayon rapide, esquisse les nuages :
La vermeille Philis, en tournant ses fuseaux,
D'un sourire étonné contemple ses tableaux.
En dépit de Berchoux, l'appétit assaisonne
Ses mets simples cueillis aux vergers de Pomone.
Le gazon sert de nappe à son repas frugal,
Le nectar de Bacchus colore le cristal
Qu'il plonge dans les flots de la fraîche Naïade,
Dont l'urne, près de là, se répand en cascade;
Leur murmure l'endort : des songes gracieux,
Enfans de la santé, voltigent sur ses yeux,
Caressent son sommeil de leurs douces chimères,
De nos biens mensongers les moins imaginaires.

Oui ! sans l'espoir flatteur qui trop souvent séduit
L'artiste ambitieux que la gloire éblouit,
L'heureux peintre des champs, amant de la nature,
Trouve à la contempler une volupté pure;

Pour prix de son hommage, elle embellit ses jours;
Ils sont calmes, sereins, et le seront toujours;
Jamais, aveugle amant de l'aveugle fortune,
Il n'implore ses dons d'une voix importune;
Il n'entend, ni les cris des lâches envieux,
Ni d'oisifs ennuyés les discours ennuyeux;
Ignoré des jaloux, il ignore leurs brigues,
Et cultive son art sans craindre leurs intrigues.

 Peintres savans, ô vous dont les secrets travaux
Restèrent sans prôneurs, sans jaloux, sans rivaux,
Qui, tranquilles, goûtiez dans votre solitude
Les plaisirs sans regret, compagnons de l'étude;
Vous qu'invitait la gloire à cueillir ses lauriers,
Mais qui, fuyant l'écueil qui borde ses sentiers,
Parvîntes à soustraire aux flèches de l'envie
Le repos occupé de votre heureuse vie,
Qu'importe que vos noms périssent ignorés,
S'il vaut mieux vivre heureux, que mourir admirés?

FIN DU CHANT QUATRIÈME.

CHANT CINQUIÈME.

Le peintre, en voyageant, a connu la nature :
Maintenant, concentré dans sa retraite obscure,
De crainte d'irriter par des succès brillans
L'envie atrabilaire, aux regards malveillans,
Devra-t-il condamner son génie au silence?
Languir dans un repos dont la gloire s'offense?
Des sublimes talens par ses veilles acquis
Privera-t-il les arts, son siècle, son pays?
Non! sans doute; bientôt, de la gloire idolâtre,
Par la gloire séduit, sur un vaste théâtre
L'artiste va paraître : en ses nobles ardeurs,
Affamé de triomphe et non de vains honneurs,
Le rêve des succès le berce sur sa couche;
Il voit son nom fameux voler de bouche en bouche;
Chanté par Apollon, par les belles vanté,
Il savoure, vivant, son immortalité.....
Imprudent! qu'as-tu fait? Les filles de mémoire
Au prix de ton repos te vendront tant de gloire:
De tous les faux bonheurs le plus cher acheté,

Veux-tu donc le savoir? c'est la célébrité.
Renonce à tes pinceaux, ou, du moins, de tes veilles
Dérobe à tous les yeux les savantes merveilles.
Si tu comptes parfois quelques nobles rivaux,
Justes estimateurs de tes heureux travaux,
Dont l'éloge soit franc et la censure utile,
Combien d'autres sur toi déverseront leur bile?
En vain, par ta prudence, en vain, par tes égards,
Tu croiras désarmer ces Zoïles des arts :
Sur les fronts couronnés par les vierges divines,
Les lauriers sont toujours entrelacés d'épines;
Sache donc réprimer ta généreuse ardeur,
Puisque la gloire enfin ne vaut pas le bonheur.

 Mais non : si son talent, franchissant la barrière,
Peut, d'un vol assuré, parcourir sa carrière;
S'il ramène toujours, sur ses œuvres fameux,
Les yeux toujours distraits d'un public dédaigneux,
Bien loin de le blâmer, j'exciterai son zèle :
Plus l'obstacle est puissant, plus la victoire est belle.
Il ne veut la devoir qu'à d'illustres travaux;
Comme Ajax, en plein jour, il combat ses rivaux.
Déjà je l'aperçois élancé dans l'arène,
Fixant l'opinion trop long-temps incertaine;
Déjà par un chef-d'œuvre il s'est fait remarquer :
Mais l'envie en fureur soudain vient l'attaquer;
On le chansonne en vers, en prose on le critique :
Par un nouveau chef-d'œuvre, eh bien donc! qu'il réplique.

Au silence réduits, d'un vain espoir frustrés,
Il verra ses censeurs eux-mêmes censurés.
Par un triomphe, ainsi, noblement il se venge;
S'il ne peut sans effort conquérir la louange,
Il sait, il sait aussi qu'un laurier disputé
Donne un lustre plus vif à la célébrité;
Que terrasser l'envie est un plaisir sublime;
Que la dent du serpent s'ébrèche sur la lime.
Plus il a de jaloux, plus il fait de progrès,
Et l'envie elle-même affermit ses succès.
Oui! quelquefois ce monstre, obtenant la victoire,
Peut le punir du tort de mériter la gloire;
Mais, la mort et le temps, qui savent tout grandir,
Grandiront de son nom l'immortel souvenir;
Et peut-être qu'un jour, les élèves à naître,
Admirant ses tableaux, l'adopteront pour maître.
Et le méditeront, les pinceaux à la main,
Ainsi qu'il médita Raphaël et Poussin.

Mais, hélas! pourquoi donc, pourquoi l'artiste habile
Vit-il si rarement, et célèbre, et tranquille?
Pourquoi, dès que son front s'ombrage de laurier,
N'y peut-il toujours joindre un rameau d'olivier?
On a vu cependant des émules de gloire
Que n'a pu désunir l'ardeur de la victoire:
Tels vécurent ensemble, et l'histoire en fait foi,
Largillière et Rigaud, Mignard et Dufrénoy,
Dominique et l'Albane; enfin l'estime pure

Unissait Raphaël au savant Albert Dure;
Souvent ils échangeaient leurs ouvrages entre eux,
Et, de ces nobles dons, ils s'honoraient tous deux. (1)

Je pourrais m'appuyer de plus d'un autre exemple.
On admire à Florence un vénérable temple,
Où le dieu des combats fut, dit-on, adoré,
Au précurseur du Christ aujourd'hui consacré.
De pieux magistrats, à ce saint édifice,
Voulurent ajouter un noble frontispice,
Digne de leur patrie, et des temps, et des lieux;
Sept artistes, choisis parmi les plus fameux,
Se disputent l'honneur d'en donner le modèle;
La gloire leur sourit; l'espoir soutient leur zèle.
Enfin, après un an, les juges réunis,
De ce brillant combat vont décerner le prix.
Un des sept concurrens, à la fleur de son âge,
Attire les regards par un sublime ouvrage,
Mais, avec deux rivaux, il partage les voix;
Les juges, indécis, n'osent risquer un choix.
Brunellesque et Donat, guidés par la justice,
D'eux-mêmes, tout-à-coup, abandonnent la lice,
Et, par un mouvement qui les couvre d'honneur,
Ils proclament tous deux Ghiberti leur vainqueur. (2)

Mais, envers un rival, c'est peu que d'être juste;
Pour Horace, Virgile obtint les dons d'Auguste,
Et, du peintre de Cos, la puissante amitié

Secourut noblement Protogène oublié. (3)
C'est par de pareils traits que l'artiste s'honore,
Et, sûr d'être admiré, se fait chérir encore,
Et qu'on voit un rival pleurer sur son tombeau.
O toi, d'un chaste amour, qui brûles pour le beau,
Ce sont là tes plaisirs : avec indifférence
Tu vois les vains hochets que le vulgaire encense.
Dans l'asile modeste où, sans être ignoré,
De la soif des grandeurs tu n'es point dévoré,
Tu fuis le faux éclat de ces grandeurs si vaines :
Pour toi des chaînes d'or ne sont pas moins des chaînes.
Tu t'appartiens toujours : sans fers, sans protecteurs,
De l'illustre embarras que traînent les honneurs
Tu ne surcharges point ta douce destinée ;
Pour des biens superflus ta vie est trop bornée ;
Des devoirs trop pesans exigent trop de soins ;
La liberté, ton art, voilà tes seuls besoins.
Eh! pour le vrai bonheur en faut-il davantage ?
Tel, modeste grand homme, en son humble ménage,
Rome a vu Le Poussin, aussi libre qu'heureux,
Recherché par les grands, bien qu'il s'éloignât d'eux!

Tel ne fut point Lebrun, d'orgueilleuse mémoire.
Son faste éblouissant n'a point accru sa gloire.
Justement admiré pour ses vastes travaux,
Ne pouvait-il briller sans nuire à ses rivaux?
Moins vanté, Lesueur était-il moins habile,
Alors que Girardon, courbant un front servile,

Esclave de Lebrun, s'enchaînait à son char,
Et portait son encens à ce peintre-césar ?
Sans fléchir le genou, sans adorer l'idole,
Tel qu'un chrétien devant les dieux du Capitole,
Le Puget seul debout, toujours fier, toujours grand,
Noblement s'enferma dans son noble talent;
Il unit un grand cœur avec un grand génie,
Et ne connut jamais ni l'orgueil ni l'envie.

 Une brigue jalouse avec soin dérobait
Aux regards du public un chef-d'œuvre parfait.
Jeune encor, Le Poussin, dans l'ardeur qui l'anime,
Vient un jour admirer cet ouvrage sublime:
Saint Jérôme expirant. De ce tableau divin
L'auteur infortuné, dévoré de chagrin,
Bientôt en est instruit; il accourt: « Quoi! jeune homme,
« Ce tableau vous plaît donc?—C'est le plus beau de Rome
« Et de tout l'univers », reprend avec chaleur
Du chef-d'œuvre outragé le jeune admirateur.
Le grand homme, à ces mots, ému, verse des larmes.
Quel triomphe! et pour lui combien il a de charmes!
Son trouble le décèle...... Au même instant Poussin
Tombe à ses pieds, saisit et baise cette main,
Cette savante main, victime de l'envie!
« Ah! lui dit le vieillard, oui! tu me rends la vie!
« J'oublie en ce moment tous mes malheurs passés ;
« Un instant de bonheur les a tous effacés.
« Cet hommage si pur me permet de le croire:

« L'équitable avenir me rendra donc ma gloire ! » (4)

Tel est le grand artiste, il accueille, flatté,
L'éloge que, pour lui, la justice a dicté ;
Il fuit l'adulateur : si son âme élevée
Par un vil intérêt n'est jamais captivée,
A sa juste valeur s'il sait estimer l'or,
Si la gloire est son Dieu, l'honneur est son trésor.
Le savant Polignote a, d'une main habile,
Rendu vivans les murs du superbe Pœcile,
Et, content du grand nom acquis par ses travaux,
Croit que l'or, vil métal, souillerait des pinceaux
Consacrés aux exploits d'Athènes triomphante. (5)
Aux fêtes de Samos l'ingénieux Timanthe
A détrôné l'orgueil du fier Parrhasius ;
La Grèce l'applaudit, que lui faut-il de plus ? (6)
Le peintre du Tartare inventé par Homère,
Refuse l'or des rois, comme l'or du vulgaire,
Et, riche du grand nom par son talent conquis,
Offre en don son chef-d'œuvre à son heureux pays.
Athènes en garda la mémoire immortelle,
Et l'en récompensa par un prix digne d'elle :
Elle érigea sa tombe et voulut que ses os
Dormissent où dormaient les cendres des héros. (7)
Mais alors, chez les Grecs, et les rois et les villes
Se disputaient entre eux les artistes habiles,
Et, partout honoré, dans ce noble métier,
Un peintre appartenait à l'univers entier.

L'art de peindre, ennobli par des mains souveraines,
S'interdisait aux mains qu'avilissaient des chaînes :
Par un édit public ainsi fut cimenté
Le lien des beaux-arts avec la liberté.
Leurs chefs-d'œuvre admirés, sentis avec ivresse,
Paraissaient couronnés aux fêtes de la Grèce,
Et l'état qu'illustrait un artiste étranger,
Parmi ses citoyens cherchait à le ranger,
Revendiquait son nom, s'appropriait sa gloire;
Les muses en tous lieux célébraient sa mémoire.
Paraissait-il? Sur lui se fixaient tous les yeux;
Les vierges pour époux le demandaient aux dieux.
Celui qui, du génie, étendant les conquêtes,
Eclipsait ses rivaux dans ces pompeuses fêtes,
Pouvait se croire alors l'égal des immortels.
On a vu Timagore, en ces jeux solennels,
Dans l'excès du bonheur, dans l'excès du délire,
Célébrer son triomphe aux accens de sa lyre.
Décernés aux talens, ces insignes honneurs
D'un orgueil trop hautain parfois enflaient les cœurs :
Parrhasius voulait qu'Apollon fût son père;
L'or ductile, conduit par l'aiguille légère,
Brillait sur son cothurne et parait ses habits.
Tous les trésors des rois, trop pauvres pour Zeuxis,
Ne pouvaient plus payer ses chefs-d'œuvre admirables
Par lui-même appelés divins, inimitables;
Il daignait les donner : sa générosité
D'un voile de grandeur couvrait sa vanité.

Ah! du moins, son orgueil n'était pas hypocrite.
J'aime mieux le talent moins fier de son mérite,
Qui, digne de l'éloge et pouvant y compter,
S'en remet au public du soin de le vanter.

Oui! gloire au grand artiste, à l'homme de génie,
Qui sait à son talent unir la modestie.
D'un chef-d'œuvre proscrit, mais peint par Mélanthus,
Néalque obtient la grâce aux genoux d'Aratus;
L'image d'un tyran seule en dut disparaître;
Mais, saisi de respect pour l'œuvre et pour le maître,
Néalque se défend d'ajouter un seul trait,
Tant un noble talent prise un talent parfait! (8)
Tant la gloire est sacrée aux regards de la gloire!
Plutarque a raconté, je crois, cette autre histoire:
Callimaque admirait l'Hélène de Zeuxis,
Et, de sa tendre extase, un froid lourdaut surpris,
Osait tout critiquer dans ce divin modèle:
« Prends mes yeux, dit le peintre, et tu la verras belle. »

Qu'entends-je? et quels objets ont frappé mes regards?
Où volent, si pressés, ces coursiers et ces chars?
Où court ce peuple ardent? Quel intérêt l'anime?
C'est dans l'Elide entière un concert unanime.
Tendre et jeune Ætion, de tes brillans essais
Un triomphe éclatant couronne le succès.
Quels furent les transports de la Grèce ravie,
En contemplant ces traits pleins de grâce et de vie

Où tu sus exprimer le vainqueur de Porus
Unissant ses destins au sang de Darius !

 Ce chef-d'œuvre élégant dans le stade olympique
A peine est exposé: soudain la voix publique
Et tous les concurrens ont nommé le vainqueur;
Mais l'hymen à son peintre offre un prix plus flatteur:
Au milieu du concours de la foule étonnée,
Qui du héros d'Arbelle admire l'hyménée,
L'illustre Proxénis a proclamé son nom.
Il ajoute ces mots: « Digne fils d'Apollon,
« Accepte ce laurier que, dans leur douce ivresse,
« Te donnent, par mes mains, les peuples de la Grèce;
« Si les vœux de ton cœur répondent à mes vœux,
« Tu peux, aujourd'hui même, être encor plus heureux;
« Ma fille à mes desirs ne sera point rebelle;
« J'ai lu dans tes regards que tu la trouves belle;
« Tu feras son bonheur si tu deviens mon fils. »
Précipité soudain aux pieds de Proxénis,
Ætion, dont l'amour à ce discours s'enflamme,
Ne contient plus l'ardeur qui consume son âme.
Quel bonheur s'offre à lui! quel honneur pour les arts!
Sur Doris à l'instant se fixent ses regards.
Il dépose aux genoux de sa belle conquête
Cet immortel laurier qui couronne sa tête,
Signe éclatant de gloire et gage de bonheur.
Doris, baissant les yeux, répond par sa rougeur,
Et son regard timide et son chaste sourire

Expriment ce qu'alors sa bouche n'osait dire. (9)

Oui! s'il est ennobli par la célébrité,
L'heureux enfant des arts sait plaire à la beauté.
On la voit préférer, dans le mortel qu'elle aime,
Le bandeau d'Apollon au plus beau diadème,
Les lauriers de l'artiste aux palmes du héros.

Interrompant le cours de ses exploits nouveaux,
Le vainqueur de l'Asie et le maître du monde,
Alexandre, voyait, dans une paix profonde,
L'Eurotas et le Gange obéir à ses lois.
Enivré de l'encens des peuples et des rois,
Dédaignant d'occuper encor la renommée,
Il laissait respirer la terre et son armée,
Et, loin du bruit des camps, bercé par les plaisirs,
Le héros sommeillait au sein des doux loisirs.
Fatigué de l'éclat que donne la victoire,
Aux genoux de Campaspe il oubliait sa gloire :
Il n'était plus guerrier et ne rêvait qu'amour.
Le fils de Jupiter, dans son ivresse, un jour,
Ordonne près de lui qu'on introduise Apelle :
« Je t'offre, lui dit-il, le plus parfait modèle
« Que jamais puissent voir et la terre et les cieux,
« Digne de tes pinceaux, d'Alexandre et des dieux :
« Exprime son regard, son céleste sourire ;
« Que ton tableau, comme elle, excite mon délire.
« Si ton art peut atteindre à rendre sa beauté,
« Tu peux, tu dois compter sur l'immortalité. »

Le héros dit, s'éloigne, et Campaspe s'avance;
Apelle la contemple et l'admire en silence;
Interdit et tremblant, il saisit ses crayons;
Mais, bientôt enflammé de ses perfections,
Sur ce divin objet sa vue est égarée.
Trois fois il veut tracer son image adorée,
Et trois fois le crayon, vers le cadre tendu,
Inactif dans sa main, demeure suspendu.
L'amour enfin, l'amour ranime son courage;
D'un doigt léger et sûr, il esquisse l'ouvrage.
Secouru d'un tel dieu, que craindrait-il encor?
L'obstacle a disparu. Dans son brûlant essor,
Il s'élève, il s'élance, il a quitté la terre:
C'est chez les dieux qu'il peint la reine de Cythère.
Isolé, chaque trait est plein de volupté;
L'ensemble, d'agrément, de grâce, de beauté;
Et cette flamme, au ciel par le peintre ravie,
Y fait éclore l'âme et circuler la vie.
Sous les traits de Campaspe, en ce tableau charmant,
Vénus paraît sortir de l'humide élément;
Elle exprime en ses mains les blanchissantes ondes
Dont l'écume argentait l'or de ses tresses blondes.
Le flot qui, gémissant d'abandonner son sein,
De ses genoux de rose effleure le satin,
De volupté murmure et frémit autour d'elle;
Son moindre mouvement révèle une immortelle;
Son aspect réjouit les ondes et les airs,
Et son premier regard sourit à l'univers.

Campaspe, transportée, admire son image
Dont, moins fidèlement, sur le plus pur rivage,
L'onde la plus limpide eût répété les traits.
« Peintre chéri du ciel, par quels heureux secrets
« Peux-tu me rendre ici plus belle que moi-même?
« — Est-il rien d'impossible au peintre, quand il aime?
« O Campaspe! jamais charmes si séduisans
« N'ont captivé mon cœur, n'ont embrasé mes sens,
« Voilà mon seul secret.....Mais, quelle est ma démence?
« Ton amour pour le roi me défend l'espérance.
« —L'amant qui m'a su rendre aussi belle, à mes yeux,
« Plus que tout autre amant est digne de mes vœux.
« —Qu'entends-je?—Le roi m'aime et ma fierté peut-être
« A sa flamme eût cédé, s'il n'eût été mon maître.
« L'amour veut être libre, et je sens que mon cœur
« Loin de l'éclat du trône a choisi son vainqueur. »
Apelle à cet aveu n'aurait osé s'attendre;
Aux genoux de Campaspe il s'élance..... Alexandre
Paraît, les voit, et reste, en son transport jaloux,
Muet d'étonnement et pâle de courroux.
Long-temps il les contemple, interdit, immobile,
Tour-à-tour menaçant, furieux ou tranquille;
Maître enfin de lui-même, il se penche vers eux:
« Ne craignez rien, dit-il; je serai généreux;
« Oui! je respecterai votre amour et ma gloire.
« Mon orgueil s'applaudit de la double victoire
« Que, sur lui-même, obtient Alexandre irrité:
« Son courroux est vaincu; son amour est dompté.

« Campaspe vit pour moi dans ce portrait fidèle;
« Pour prix de la copie, accepte le modèle.
« Je veux que la beauté couronne le talent,
« Peintre illustre! Alexandre est sans doute assez grand
« Pour te sacrifier la maîtresse qu'il aime,
« Mais qu'il n'eût point cédée à Jupiter lui-même.»(10)

Dans leur sublime élan s'entr'aidant tour-à-tour,
Que ne peuvent unis le génie et l'amour?
De gloire, de bonheur sources toujours fécondes,
De leur souffle puissant ils animent les mondes.
Sans l'amour, l'univers, déserte immensité,
Ne serait qu'une erreur de la divinité.
Si le feu créateur, si le feu du génie
N'eût enfanté les arts pour embellir la vie,
L'homme, toujours semblable aux plus vils animaux,
Usant ses jours obscurs dans un triste repos,
En vain des immortels eût reçu l'existence.
C'est par lui, vers les dieux, que son âme s'élance;
C'est par lui qu'il apprend les glorieux destins
Que les dieux ont promis à l'œuvre de leurs mains.
L'amour sur la beauté fonda son doux empire:
A son pouvoir suprême en tous lieux tout conspire.
Au génie, à l'amour, la docte antiquité
Erigea des autels ainsi qu'à la beauté.

Le génie et l'amour! invincible puissance!
Quel artiste n'a point senti votre influence!

Ah! pourquoi de l'amour les généreux élans
Viennent-ils quelquefois comprimer ses talens,
Et de ses traits amers envenimer sa vie?
Amour, devrais-tu donc affliger le génie?
Trahi par la beauté qu'idolâtrait son cœur,
Giorgion, dans sa gloire, expire de douleur.(11)

Mais, la Grèce féconde, aimable, ingénieuse,
La Grèce, aux temps passés indépendante, heureuse,
Charmait tout l'univers par ses inventions;
Partout on adoptait ses nobles fictions.
Chez ce peuple toujours l'amour et le génie,
Par les constantes lois d'une douce harmonie,
Gouvernaient sans rivaux l'empire des beaux-arts.
Les prodiges naissaient, brillaient de toutes parts.
Les mortels étonnés prodiguaient leur hommage
Aux dieux dont le génie avait créé l'image.
Sans l'aide de Vulcain, la guerrière Pallas
Sortit aux yeux des Grecs du front de Phidias.
Jupiter fut conçu dans le cerveau d'Homère:
Phydias l'adopta, devint son second père.
Par Apollon, sans doute, il était enflammé,
Celui dont le ciseau, d'un marbre inanimé,
Dégagea de ce dieu l'éternelle jeunesse,
Et l'offrit à l'extase, aux transports de la Grèce.(12)
Un amant de la gloire a sculpté ce héros
Dont Hébé, dans l'Olympe, acquitta les travaux.(13)
Vénus naquit des flots, grâce à l'amour d'Apelle;(14)

Cupidon s'envola d'un bloc de Praxitèle;
Enfin, Pygmalion vit son chef-d'œuvre heureux
Palpiter sous l'albâtre et couronner ses feux.

   Dans la belle Amathonte, à Vénus consacrée,
Où les flots blanchissans de la mer azurée
D'une rive fleurie, embrassant le contour,
Invitaient l'étranger aux fêtes de l'amour,
Jadis Pygmalion, dans un charmant asile,
D'un amant des beaux-arts goûtait le sort tranquille.
Au faîte du palais, par lui-même élevé,
Tout ce que son ciseau fit de plus achevé
Ornait élégamment un riche belvédère.
Là, des amours malins la séduisante mère
Respirait le parfum du plus suave encens;
Là, tout parlait au cœur, tout ravissait les sens;
Là, l'époux de Psyché, de sa flamme puissante
Versait les doux torrens au sein de son amante.
Les filles de Thétis, les dieux des flots amers,
Rasant légèrement le dos courbé des mers,
Semblaient tous rendre hommage à la fille de l'onde;
L'œil enchanté suivait leur course vagabonde,
Contemplait, profilé sur un lointain riant,
Du temple de Vénus le portique brillant
Que le char du soleil, en ouvrant sa carrière,
Aimait à caresser de sa blonde lumière.
Autour des murs sacrés un bois mystérieux
Pour l'artiste achevait d'enchanter ces beaux lieux.

Ce fut là que, fuyant le joug de l'hyménée,
Et confiant aux arts sa noble destinée,
Pygmalion rêva la céleste beauté
Qui lui dut et la vie et l'immortalité.
Animé par un dieu qui l'enflamme et le presse,
A peine il en conçoit l'image enchanteresse,
Son ciseau créateur en reproduit les traits :
C'est Vénus elle-même avec tous ses attraits.
L'albâtre, sous sa main, s'amollit et respire;
La naïve pudeur, l'ineffable sourire,
Les charmes les plus doux paraissent animer
La parfaite beauté qu'il se plut à former :
Lui-même il est surpris, en la voyant si belle.
Nulle fille des dieux, nulle aimable mortelle
Jamais de tant d'appas ne reçut l'heureux don.
De son chef-d'œuvre épris, soudain, Pygmalion,
Trompé par son art même, abandonne son âme
Aux transports inconnus de sa nouvelle flamme;
Sa main, de son idole effleurant le contour,
S'en éloigne par crainte, y revient par amour,
Tremble de l'offenser ; mais, sa bouche plus tendre
Lui dérobe un baiser qu'elle ne peut comprendre.
Il la pare avec soin de voiles précieux,
Tels que ceux qu'on destine aux images des dieux,
Ou couronne son front des dons brillans de Flore.
Tout lui sied, et, sans voile, elle est plus belle encore;
Chaque moment accroît le trouble de ses sens,
Et déjà, de l'amour il connaît les tourmens.

Ah! si ce dieu puissant, touché de sa détresse,
Attendrissait pour lui cette froide maîtresse,
Et, d'un marbre insensible, enfin, pouvait former,
Pour répondre à son cœur, un cœur qui sût aimer,
Oh! combien de Vénus il chérirait l'empire!
Au pied de son autel, ému d'un saint délire,
Un jour, à la déesse il adresse ces vœux.
« Secourable Vénus, sois propice à mes feux,
« Accorde à mes desirs une épouse aussi belle
« Que celle dont mes mains ont formé le modèle. »
Il n'osa proférer que ces vœux imparfaits;
Mais Vénus a compris ses sentimens secrets.
Trois fois, comme l'éclair de la nue électrique,
S'élève de l'autel la flamme prophétique,
Présage fortuné des faveurs de Cypris.
Soudain, d'un vol léger, sur l'écharpe d'Iris,
L'amour descend du ciel que sa trace illumine;
L'air s'épure aux rayons de sa clarté divine;
En vain le marbre oppose à leur vive chaleur
Sa roideur inflexible et sa dure froideur,
Le dieu malicieux se rit de l'impossible :
Il paraît, le bloc cède, et le marbre est sensible.
Emané de ses feux, un fluide éthéré
Dans la pierre amollie a déjà pénétré,
S'en empare, y circule et court de veine en veine :
L'idole enfin respire, et, de sa douce haleine,
Elle rend le zéphyr amoureux et jaloux.
De son sein attendri glissant à ses genoux,

La divine vapeur sur ses pieds vient s'épandre,
Et du socle isolé va la faire descendre;
Mais, son âme naissante, encor dans le sommeil,
Du souffle de l'amour attend son doux réveil;
C'est à lui d'animer son regard près d'éclore;
D'achever ce soupir que tient captif encore,
Dans son cœur sans desir l'instinct de la pudeur.
Par degrés son front perd sa muette pâleur,
Et va trahir le dieu qui lui donna la vie.
Création de l'art, par l'amour embellie,
En elle son triomphe, enfin, va s'accomplir;
C'est alors qu'enivré d'un sublime plaisir,
Eperdu, hors de lui, Pygmalion l'admire.
Dieu de Gnide, dis-nous, dis quel fut son délire,
Lorsqu'il vit son idole, enfin, être parfait,
De l'existence entière éprouver le bienfait;
Son teint se colorer des roses de l'aurore,
Le souris du bonheur sur ses lèvres éclore,
Et son regard timide, incertain, languissant,
Contempler tour-à-tour le ciel et son amant! (15)

C'est ainsi que, jadis, la reine d'Idalie
Voulut, en secondant l'amour et le génie,
Couronner les travaux d'un artiste fameux,
Et, pour prix de sa gloire, exaucer tous ses vœux.

FIN DU CHANT CINQUIÈME.

CHANT SIXIÈME.

Laissons, muse, laissons tous ces récits menteurs
Dont la Grèce idolâtre embellit ses erreurs,
Ses vices, ses vertus et la vérité même.
Son génie égaré, dans son délire extrême,
Avait divinisé la matière et les sens,
Et, de faibles mortels fait des dieux tout-puissans;
Mais, ces régulateurs des cieux et de la terre,
Sans la beauté, jamais, aux Grecs n'auraient su plaire;
Tous ces dieux de leur choix, façonnés par leurs mains,
Furent ornés par eux des plus beaux traits humains.
Leur souverain, du haut d'un trône de nuages,
Au loin lançait la foudre, ou calmait les orages.
Un indomptable dieu dominait sur les mers;
Un dieu morne et jaloux attristait les enfers.
L'univers fut peuplé de déités sans nombre,
Dont l'aspect imposant, triste ou gai, grave ou sombre,
Régnait sur les esprits, captivait les regards.
Le plus beau de ces dieux fut le dieu des beaux-arts.

De ses pâles rayons, empruntés à son frère,
Phébé charmait la nuit et consolait la terre.
Toujours aimable et jeune, un dieu, toujours aimé,
Transformait les raisins en nectar parfumé.

Il fut un dieu du temps, un dieu de la mémoire,
Un dieu de la valeur, un dieu de la victoire.
Un dieu silencieux présidait au sommeil;
L'Aurore aux doigts de rose annonçait le Soleil
Dont le char, dirigé par les rapides Heures,
S'arrêtait tour-à-tour en ses douze demeures;
Lui-même, enfin, plongeait ses rayons amortis
Dans le lit amoureux de la belle Thétis.
Flore, au dieu du printemps confiant son empire,
Livrait son sein fécond aux baisers de Zéphire.
L'arc pluvieux, brillant des célestes couleurs,
Marquait le vol d'Iris dans d'humides vapeurs ;
Les sources se formaient des larmes des Naïades;
Sous l'écorce des bois palpitaient les Dryades.
Les flottantes moissons qui dorent les guérets,
C'étaient les doux présens de la blonde Cérès.
Le feu, c'était Vulcain; la mer, c'était Neptune.
Toujours l'aveugle Amour et l'aveugle Fortune
Réglaient le sort des cœurs et le sort des états.
La sagesse instruisait par la voix de Pallas;
L'éloquence touchait par la voix de Mercure;
Vénus, en déployant sa magique ceinture,
Enflammait à-la-fois, d'un regard de ses yeux,

L'onde, la terre et l'air, l'enfer même et les cieux.

 Ainsi la vérité suivait l'allégorie;
Ainsi la beauté seule, admirée et chérie,
Excitait chez les Grecs ces sublimes élans
Qui faisaient à sa vue éclore les talens.
Tous ces dieux, asservis aux passions humaines,
Partageaient des mortels les plaisirs et les peines;
Ils enseignaient à l'homme à vivre pour jouir,
Et le culte des sens n'avait point d'avenir.

 Rome, héritière en tout de la profane Grèce,
Adopta sa folie et sa fausse sagesse.
Toutefois, de ces dieux engendrés des humains
Le pouvoir du vrai dieu limita les destins.
Son culte, le seul pur, le seul inébranlable,
Devait, un jour, brillant d'un lustre inaltérable,
Imprimer aux beaux-arts l'accent religieux.
Qu'ils ne pouvaient avoir en servant les faux dieux, (1)
Et donner l'existence à ces beautés nouvelles
Qu'exprima Dominique et qu'ignorait Apelles,
Ce courage chrétien, ces saints ravissemens.
Qui s'exhalaient vers Dieu du milieu des tourmens.
Zeuxis n'a pu tracer ces élans extatiques
Des amans du désert, ni ces vierges mystiques,
Modèles accomplis de beauté, de pudeur,
Ornés par Raphaël de grâce et de candeur,
Et toujours honorés dans l'heureuse Italie,

Où la dévotion, par les arts embellie,
Fait naître dans les cœurs des transports inconnus
De l'idolâtre amant d'Isis et de Vénus.

   Lorsqu'un mauvais génie, en ravageant la terre,
Aux beaux-arts éperdus eut déclaré la guerre;
Que l'empire ébranlé, croulant de toutes parts,
Sous ses vastes débris accablant les Césars,
Se vit partout en proie à des hordes brutales
De Goths, de Visigoths, de Huns et de Vandales,
D'un sommeil sépulcral, dans un profond oubli,
L'art des Parrhasius dormit enseveli.
Sombres fils de Chronos, huit siècles de démence,
D'erreurs, de noirs forfaits, d'orgueilleuse ignorance,
Des beaux-arts expirans éteignant le flambeau,
Sur leur sol nourricier creusèrent leur tombeau.
Sous les palais détruits des villes renversées,
Les écrits confidens des sublimes pensées,
Les chefs-d'œuvre fameux des Grecs et des Romains,
Furent enveloppés dans les mêmes destins.
L'homme du nord, poussé par son instinct barbare,
Sur les métaux sculptés porta sa main avare;
Avide, furieux, ardent à ravager,
Pillant pour s'enrichir, brûlant pour se venger,
Il ravit à son tour des dépouilles opimes;
Les monumens des arts devinrent ses victimes.
Quand le vieux Bélisaire, assiégé par les Goths,
Aussi barbare qu'eux, repoussait leurs assauts,

Les marbres qui des dieux offraient la noble image,
Multipliaient la mort dans les champs du carnage.(2)
Tout est légitimé par l'ardeur des combats ;
Tout sert d'arme aux fureurs de farouches soldats.
Le noir bûcher d'Omar convertit en fumée
Les trésors du génie acquis par Ptolémée. (3)
Les débris échappés à ces dévastateurs
Des moines ignorans excitaient les fureurs. (4)
Le fer, la flamme en main, ces grossiers fanatiques,
Orthodoxes bourreaux des idoles antiques,
Poursuivaient en tous lieux les chefs-d'œuvre des arts,
Et s'acharnaient encor sur leurs restes épars.
Ces lambeaux dispersés de la grandeur romaine,
Moins victimes du temps que de la rage humaine,
Cybèle, en les cachant dans ses flancs généreux,
Les gardait en dépôt pour ces jours plus heureux
Où les arts, ranimés aux rayons de la gloire,
Et rapides, volant de victoire en victoire,
Saisiraient de nouveau le feu sacré du ciel ;
Où le grand Michel-Ange et le grand Raphaël
Embelliraient encor la plus belle nature ;
Où, dans son noble élan, la fière architecture,
A la voix de Rovère, à l'appel de Léon,
Suspendrait sous le ciel un autre Panthéon ; (5)
Où, découvrant enfin la vérité voilée,
D'un œil divinateur, le sage Galilée
Pénétrerait des cieux les sublimes secrets,
Et, malgré l'ignorance et ses honteux arrêts,

Démontrerait les lois qui font mouvoir la terre,
Et l'auguste repos de l'astre qui l'éclaire.
Mais, les siècles dormaient : la barbarie encor
Du génie inventif emprisonnait l'essor.

  Toutefois, conservant quelque faible étincelle
De ce feu dont brillaient les chefs-d'œuvre d'Apelle,
Bysance recueillit les beaux-arts, exilés
De ces mêmes climats qui les ont rappelés,
Lorsqu'à son tour vaincu, l'orient en alarmes
Aux pieds de Mahomet eut déposé ses armes.
Mais, aux Muses déjà de pieux empereurs
Avaient restitué leur rang et leurs honneurs.
Des pontifes zélés depuis les imitèrent.
Ces vierges, à leurs voix, enfin se réveillèrent,
Et l'heureux Latium, pour la seconde fois,
De ces aimables sœurs vit refleurir les lois.
La peinture exhuma sa gloire de sa cendre;
Aux plus nobles destins elle eut droit de prétendre;
On la vit, d'un saint luxe ornant les saints autels,
Instruire, consoler et charmer les mortels;
Prêchant la charité, l'amour, la bienfaisance,
Conquérir l'homme à Dieu par sa vive éloquence;
Et le peintre du Christ et du dieu d'Israël
Fut l'interprète heureux de la terre et du ciel.
Pénétré des devoirs qu'enseigne l'Evangile,
Par la religion sanctifiant son style,
Qu'épurant ses couleurs dans ses chastes tableaux

Il fasse de la foi revivre les héros,
Aux pieds de l'Eternel sa récompense est prête :
Les palmes de Sion ombrageront sa tête ;
Les cieux répéteront son éloge sacré,
Et sur la terre encore il sera révéré.
Heureux de son destin, faisant avec délice
D'une gloire mondaine à Dieu le sacrifice,
Il consacre à ce Dieu sa joie et son appui,
Les talens immortels qu'il a reçus de lui ;
Et la douce onction qui pénètre son âme
Coule de son pinceau dans les cœurs qu'elle enflamme.
Rival, dans ses tableaux, des plus grands orateurs,
Il maîtrise à son gré l'âme des spectateurs,
Convertit l'incrédule et subjugue l'impie.
Implorant le bienfait d'une nouvelle vie,
A l'aspect imprévu d'un chef-d'œuvre pieux,
Parfois l'idolâtrie abjura ses faux dieux.

Je ne redirai point ces monstrueux outrages
Qu'essuyèrent jadis les plus saintes images,
Quand l'hérésie, armant des sectaires cruels,
Par leurs coupables mains dépouillait les autels ;
Temps affreux dont nos jours ont revu le scandale. (6)
A cette triste époque, aux Muses si fatale,
Source de noirs forfaits et d'affreux souvenirs,
La peinture compta d'héroïques martyrs.
Pour l'empêcher de peindre, au courageux Lazare,
Odieux instrumens d'un souverain barbare,

De féroces bourreaux avaient brûlé les mains ;
Ce moine courageux, au fond des souterreins
Qu'un temple offre à son art pour dernière retraite,
De ses doigts mutilés ressaisit sa palette ;
La lampe de l'autel l'éclaire : à sa lueur
Il y trace le saint qui fut son protecteur.
Don pieux ! noble hommage au vénérable asile,
D'où son pinceau bravait le fer de Théophile ! (7)

Mais, le peintre chrétien, plus heureux désormais,
Peut, sans crainte, aspirer à de brillans succès.
Déjà nous l'avons vu, sur les débris de Rome,
Déplorer son néant et le néant de l'homme ;
Nous l'avons vu fouler le sol de Bethléem,
S'attrister sur Sion et sur Jérusalem,
Rêver sous les longs arcs des vieux cloîtres gothiques ;
Qu'il se souvienne encor des scènes pathétiques
Où la religion, à l'aide des beaux-arts,
Sait émouvoir les cœurs et charmer les regards.
Ce n'est pas le pinceau qui fait peindre : c'est l'âme ;
L'âme est pour le talent ce qu'est l'air pour la flamme.
Le cœur, s'il est ému, s'exprime éloquemment ;
Dans ses effusions jamais le cœur ne ment ;
Ce qu'il dit persuade et dans les cœurs s'imprime ;
Il sait faire obéir la palette et la rime,
Et dirige, à son gré, les élans de l'esprit.
Si l'auteur se dévoile en tout ce qu'il écrit,
Le peintre se reflète aussi dans ses ouvrages,

Et l'homme, dans l'artiste, aspire à nos suffrages.
Les vertus et les arts correspondent entre eux,
Et qui peint la vertu sans doute est vertueux.

   Douce et tendre pitié, modeste bienfaisance,
Venez aussi du peintre embellir l'existence;
Ajoutez à l'éclat de ses brillans succès
Des souvenirs heureux et des plaisirs parfaits.
Calabrèse, accablé par la douleur et l'âge,
Consacre ses pinceaux aux pauvres qu'il soulage.(8)
« Ah! dit-il, après Dieu qui donc les aiderait
« Si je ne peignais plus! et qui les nourrirait? »
Guerchin, des indigens opulente ressource,
Leur ouvrait sans réserve et son cœur et sa bourse;(9)
De loin, en le montrant et du geste et des yeux,
Ils le nommaient l'ami, l'appui des malheureux.
Michel-Ange du fruit de ses veilles sublimes
Prévenait le besoin, souvent père des crimes; (10)
Sous les modestes traits d'un pieux bienfaiteur,
Le génie en secret secourait le malheur.
De ce généreux maître un serviteur fidèle
Languissait dévoré d'une fièvre mortelle;
Il ne le quitte plus: par les plus tendres soins
Il adoucit ses maux, il prévient ses besoins.
Il le veille la nuit: chaque matin, l'Aurore
Auprès de son chevet le voit veiller encore;
Mais en vain il s'épuise en ces devoirs pieux;
De son vieux serviteur il a fermé les yeux,

De son vieux compagnon, dont la reconnaissance
Egalait ses bienfaits moins que sa bienfaisance,
Et qui devait, appui de ses pas chancelans,
L'aider à supporter le lourd fardeau des ans.(11)

Instruit par le hasard qu'un pauvre gentilhomme
Sous le poids du malheur succombe au sein de Rome,
Grimaldi, protégé par les ombres du soir,
Sous le seuil délaissé du noble au désespoir
S'introduit en silence et d'une main hâtive
Glisse furtivement son aumône craintive.(12)
Il s'éloigne aussitôt, mais, après quelques jours,
Revient toujours discret et double ses secours.
Du noble consolé la surprise est extrême :
« Quel est l'ange, le dieu dont la bonté suprême
« Me prodigue ses dons d'une invisible main,
« Et, sans m'humilier, me ravit à la faim ? »
Il dit, et, pour saisir cette main paternelle,
Au seuil de son logis, exacte sentinelle,
Il se cache, attentif, au milieu de la nuit;
Il observe, il écoute; enfin, un léger bruit
Trahit son bienfaiteur, et, rempli d'allégresse,
Il se jette, muet, à ses genoux qu'il presse.
O silence éloquent ! à l'instant Grimaldi
Le relève et l'embrasse : il s'est fait un ami.
Gloire à ce beau talent dont l'âme encor plus belle
Secourait le malheur, et lui restait fidèle.
Mais quoi ! dans tous les temps, les artistes fameux

Ont senti des vertus les transports généreux ;
L'amour de la patrie et l'amour de la gloire
Remplissent les feuillets de leur brillante histoire.

   Long-temps Rhodes rebelle au pied de ses remparts
Vit de Démétrius flotter les étendards ;
Mais le monarque, enfin, pénètre dans la ville.
Protogène en ce lieu, solitaire et tranquille,
D'Ialise achevait le chef-d'œuvre vanté.
Démétrius surpris de sa sécurité :
« Eh ! quel dieu, Protogène, a banni tes alarmes
« Au milieu du tumulte et du fracas des armes ? »
Il dit, et, déposant son costume guerrier,
Du rival de Zeuxis visite l'atelier.
L'art du peintre l'étonne, et son œuvre l'enflamme ;
La passion des arts s'empare de son âme.
Protogène, soudain, embrasse ses genoux :
« Grand roi, de ma patrie éloigne ton courroux ;
« Pardonne, au nom des arts : c'est moi qui t'en conjure ;
« De mes concitoyens daigne oublier l'injure.
« — Je le veux, Protogène, ils ne devront qu'à toi
« La grâce qu'en ce jour ils reçoivent de moi.
« Qu'ils ne redoutent plus un châtiment sévère ;
« Ton art, ton art puissant a vaincu ma colère. »
Aussitôt son armée a quitté les remparts ;
Chez l'artiste le peuple accourt de toutes parts,
Le conduit en triomphe, avec transport s'écrie :
« Le peintre et son chef-d'œuvre ont sauvé la patrie ! »(13)

Callot fut moins heureux : il n'eut pas le bonheur
De sauver son pays, et n'eut pas moins d'honneur.
Quand Louis, occupé d'accroître sa puissance,
Eut soumis la Lorraine à son obéissance ;
Quand la bannière où sont trois merles réunis
Dut céder au destin qui protégeait les lis,
Louis, pour augmenter l'éclat de sa victoire,
Voulut que le burin en célébrât la gloire.
Il fait venir Callot : Callot était Lorrain.
Fidèle à son pays comme à son souverain,
L'artiste avec respect cette fois se récuse.
Louis, en l'admirant, reçoit sa noble excuse.
« Heureux Charles ! dit-il, justement attendri,
« Qui de pareils sujets peut se croire chéri ! »
Mot généreux d'un roi digne de sa couronne !
Des flatteurs, moins amis du prince que du trône,
Condamnaient de Callot l'énergique fierté ;
Mais l'artiste, indigné de tant de lâcheté :
« Oui ! plutôt qu'insulter mon prince et sa mémoire,
« En me tranchant la main, je sauverais ma gloire ! » (14)

O vous, fils d'Apollon, comblés de ses faveurs,
Que ces traits généreux électrisent vos cœurs ;
Et qu'aux grandes leçons votre muse nourrie,
Du moins, sache toujours honorer la patrie !

Dans Bagdad, autrefois, de sublimes accords
Du farouche Amurath calmèrent les transports ;

Mais du peintre inspiré la magique palette
Rivalise la lyre et les chants du poète.
S'il n'est point de sauvage, en ses affreux déserts,
Que ne puisse adoucir le charme heureux des vers,
Il n'en est point, non plus, que l'aimable peinture
Ne puisse captiver par sa docte imposture.
Souvent chez les mortels de vices combattus
Son pouvoir fit germer les plus hautes vertus,
Et dans les nobles cœurs raffermit leur empire.
Voyez comment, des Grecs exaltant le délire,
L'un par ses chants guerriers, l'autre par ses tableaux,
Tyrtée et Polignote enfantaient des héros! (15)
Tel était le pouvoir, l'ascendant du génie.
Des arts et des vertus ravissante harmonie!
Les mœurs, la politique et la religion,
Tout ressentait l'effet de leur sainte union,
Et, propageant partout leur céleste influence,
De la terre à l'Olympe ils comblaient la distance.
Phydias atterrait, d'un regard de ses dieux,
L'athée au cœur d'airain, au front séditieux;
Sa Minerve inspirait le travail, la sagesse.
Devant son Jupiter les peuples de la Grèce
Adoraient, prosternés, le roi de l'univers.
Lorsque Rome à la Grèce eut imposé des fers,
On vit des arts des Grecs l'influence puissante
Triompher à son tour de Rome triomphante,
Adoucir sa rudesse, humaniser ses mœurs,
Et le peuple vaincu subjuguer ses vainqueurs.

C'est par eux que ce peuple aujourd'hui règne encore.
L'occident s'éclaira des rayons de l'Aurore;
Le nord glacé, lui-même, en reflète les feux.
Les beaux-arts ont lié tous les peuples entre eux;
La peinture surtout, universel langage:
L'homme civilisé, l'homme inculte et sauvage,
Se laissent amollir à ses traits pénétrans;
Elle plaît à tout âge, en tous lieux, en tout temps;
Des simples citadins embellissant l'asile,
Du spectacle des champs elle charme la ville.
Dans les palais des rois, aux regards éblouis
Elle évoque Alexandre ou César ou Louis.....
Mais ton plus doux bienfait, ô divine peinture!
C'est de nous rappeler sans cesse à la nature;
De nous faire élever un œil contemplateur
De la création jusques au créateur.
Beaux-arts que je chéris, heureux dans sa retraite,
Heureux, avec vous seuls, le peintre ou le poète!
Un doux loisir, l'espoir de l'immortalité,
Les voilà ses trésors et sa félicité.
Trop heureux s'il pouvait, loin des traits de l'envie,
Parcourir doucement le chemin de la vie!

Ah! de cet art divin dont un dieu bienfaisant,
Pour embellir ses jours, au peintre fit présent,
Qui peut ne pas sentir le sublime avantage!
Que du malheur sur lui vienne fondre l'orage,
Son talent le conduit dans un port assuré;

Ce protecteur constant et partout révéré,
Le recommande aux rois ; ou, compagnon fidèle,
Rend son exil moins dur, sa prison moins cruelle.

Oui! le talent du peintre est tout pour son bonheur!
Lorsqu'il tient ses pinceaux, un fantôme enchanteur,
Déroulant à ses yeux de brillantes images,
De son esprit mobile écarte les nuages.
Son âme du malheur triomphe sans effort,
Et dût-il même, enfin, par un arrêt du sort,
Voir à son noble front ravir une couronne,
Qu'il peigne, et sans regrets il descendra du trône.
Tel, ce bon roi René qu'un bizarre destin
Du trône fit tomber, ses pinceaux à la main,
Et qui, de son désastre apprenant la nouvelle,
Sans trouble continue à peindre son modèle.

L'artiste, épouvanté, voit-il les factions
Déchirer son pays par leurs convulsions,
Il fuit et cherche au loin une terre tranquille;
Mais, au lieu d'exhaler une plainte inutile,
Il travaille, et bientôt succèdent dans son cœur,
Au noir chagrin l'espoir, à l'espoir le bonheur.
A l'aide du travail, son âme indépendante,
Secouant du malheur la chaîne humiliante,
Sans faste, sans hauteur, mais non pas sans fierté
Lui fait reconquérir sa chère liberté.
Tel Fénelon nous peint, d'une plume éloquente,

Philoclès, sage ami du vieux roi de Salente.
Tout près de succomber sous d'infâmes complots,
Il se hâte de fuir : les rochers de Samos
Offrent à son malheur leurs antres pour retraite,
Leurs hôtes pour amis. Statuaire, poète,
Les outils de son art, des pénates de bois,
D'un grand précipité de la faveur des rois,
Etaient les seuls trésors. Dans ce réduit agreste,
Aux dieux, à son destin abandonnant le reste,
Philoclès reproduit les types de ces dieux
Qui semblent, pour lui seul, avoir quitté les cieux.

Que je plains le mortel, à lui-même inutile,
Dont l'esprit sans culture est comme un champ stérile,
Et qui, dans l'inertie où gît sa nullité,
Succombant sous le poids de son oisiveté,
Sans même soupçonner le bonheur de l'étude,
Nourrit de vains desirs sa triste inquiétude;
Sans cesse tourmenté, consumé par l'ennui,
Rien ne lui semble encore ennuyeux comme lui.
C'est en vain qu'à toute heure il se fuit, il s'évite,
L'inévitable ennui s'acharne à sa poursuite;
Monte en croupe avec lui, navigue à ses côtés,
A sa table s'assied; au sein des voluptés,
Sur le même édredon que presse son oreille,
Auprès de lui toujours s'endort, rêve ou s'éveille.
Il ne sema jamais dans l'âge du plaisir :
Dans l'hiver de ses ans que peut-il recueillir?

Pour son âme de glace, à languir condamnée,
Chaque jour est un siècle, et chaque heure une année,
Tandis que pour l'artiste un siècle n'est qu'un jour.
Sans cesse travaillant, méditant tour-à-tour,
Son travail avec lui porte sa récompense.
Durable est son bonheur, pure est sa jouissance,
Et lorsque l'âge enfin, en glaçant ses pinceaux,
A son génie usé commande le repos,
Ses heureux souvenirs lui rappellent encore,
Et ses premiers succès, et leur brillante aurore,
Et ce temps éloigné, ce temps si regretté,
Où son travail de nuit, constamment répété,
A peine lui payait, dans sa veille obstinée,
L'étude du matin, le pain de la journée!
Tendre et respectueux, son élève pensif,
A ses discours qu'anime un ton persuasif,
En silence attachant une oreille attentive,
Grave au fond de son cœur sa parole instructive.
Tel, Homère nous dit que le sage Nestor
Aimait à raconter aux fiers rivaux d'Hector
Les exploits qui jadis illustraient sa jeunesse,
Et dont le souvenir consolait sa vieillesse.
Tel brilla parmi nous l'honorable vieillard,
Père de notre école et Nestor de son art,
A qui la France doit ces artistes célèbres
Dont le génie enfin a chassé les ténèbres,
Du règne de Boucher triste et honteux produit.
De ses doctes travaux Vien recueillit le fruit :

Guidé par un tel maître et dépassant ses traces,
Tu pris ton noble essor, peintre heureux des Horaces !
Toi, dont le pinceau ferme et brillant à-la-fois
Régénéra l'école et lui dicta des lois ;
Mais Vien n'est plus ; les arts ont posé leur couronne
Au pied de son tombeau que l'estime environne.

 Voyez-vous ce vieillard, par la gloire illustré,
Cet artiste fameux, d'élèves entouré,
Qui, formant aux beaux-arts leur jeune intelligence,
L'éveille, la dirige, y verse la science ?
Avec délice il voit, d'un œil observateur,
Le génie au berceau, le talent dans sa fleur,
L'espoir leur souriant, les couvrant de ses ailes.
Il cultive, joyeux, de ses mains paternelles,
Ces plants faibles encor qui, bientôt vigoureux,
Promettent à ses soins les fruits les plus heureux.
A-t-il vu couronner un élève qu'il aime ?
Il partage sa joie, il triomphe lui-même ;
Mais, si le vrai talent, par l'intrigue éconduit,
Voit de ses longs travaux le doux espoir détruit,
Il le console encor de cet injuste outrage,
Dans son cœur abattu ranime son courage,
Et lui fait conquérir, par d'illustres travaux,
Les applaudissemens de ses propres rivaux.

 J'allais cesser mes chants : aux sources d'Hippocrène,
Quelle divinité, malgré moi, me ramène ?

CHANT SIXIÈME.

Ange de la peinture, ô divin Raphaël!
C'est toi: reçois l'encens que j'offre à ton autel!
Gloire à ton ombre illustre, émule heureux d'Apelle?
O des peintres futurs digne et parfait modèle!
Je te vois entouré de disciples chéris,
Et tel qu'un tendre père au milieu de ses fils,
De ton art enchanteur expliquant le mystère,
Eclairer leurs esprits de ta vive lumière;
Ou, par des traits savans, retracés à leurs yeux,
Les charmer encor plus, les instruire encor mieux.
Ils puisent dans ton âme une nouvelle vie;
A ton génie ardent s'allume leur génie;
Jules*, ton bien-aimé, moins pur, moins gracieux,
Prend un élan plus fier et plus audacieux.
De tes nobles pensers digne et noble interprète,
Tu conçois et, soudain, il trace la défaite
Du farouche tyran, fils de Maximien :
Le pieux fondateur de l'empire chrétien
Ici montre aux soldats armés pour sa défense,
Ecrite dans les cieux, la chute de Maxence.
Jule, en ces grands travaux, ô divin Raphaël!
Associait son nom à ton nom immortel.
L'orgueilleux Vatican, sur ses murs magnifiques,
Déjà, rivalisant les prodiges antiques,
Orné par tes pinceaux, étonnait les regards;
Devant toi reculaient les limites des arts :

---

* *Jules Pipi*, plus connu sous le nom de *Jules Romain*. P. A. C.

Jeune Apelle ! ah ! pourquoi, d'une fougue effrénée,
Toi-même as-tu borné ta haute destinée ?
Trop sensible aux beautés des modèles parfaits
Dont ton art créateur reproduisait les traits,
Lorsque tes sens émus leur cédaient la victoire,
Que d'instans précieux dérobés à ta gloire !
Le plaisir t'abusait : son charme séducteur,
En abrégeant tes jours, abrégeait ton bonheur !
O douleur ! ô regrets ! dans sa tristesse amère,
De son maître adoré, qu'il chérit comme un père,
Jule, éperdu, saisit le pinceau défaillant,
Et termine à regret le chef-d'œuvre brillant.
Grand Raphaël ! encor dans l'été de ton âge,
Tu l'aurais achevé, cet immortel ouvrage
Où le Christ radieux, des sommets du Tabor,
Vers le ciel qui l'attend prend son divin essor.
Son visage éblouit ; son vêtement éclaire ;
De sa gloire accablés, la face contre terre,
Ses disciples tremblans n'osent lever les yeux
Pour suivre dans les airs son vol majestueux.
Faut-il, si jeune encor, que Raphaël succombe !
Muses, Grâces, Vertus, de fleurs couvrez sa tombe !
Ses élèves, en proie à leurs sombres chagrins,
Autour de lui pressés, accusaient les destins.
Mais soudain apparaît, majestueuse et belle,
De lumière entourée, une jeune immortelle.
Un céleste rayon brille dans ses regards ;
Elle tient dans sa main les palmes des beaux-arts :

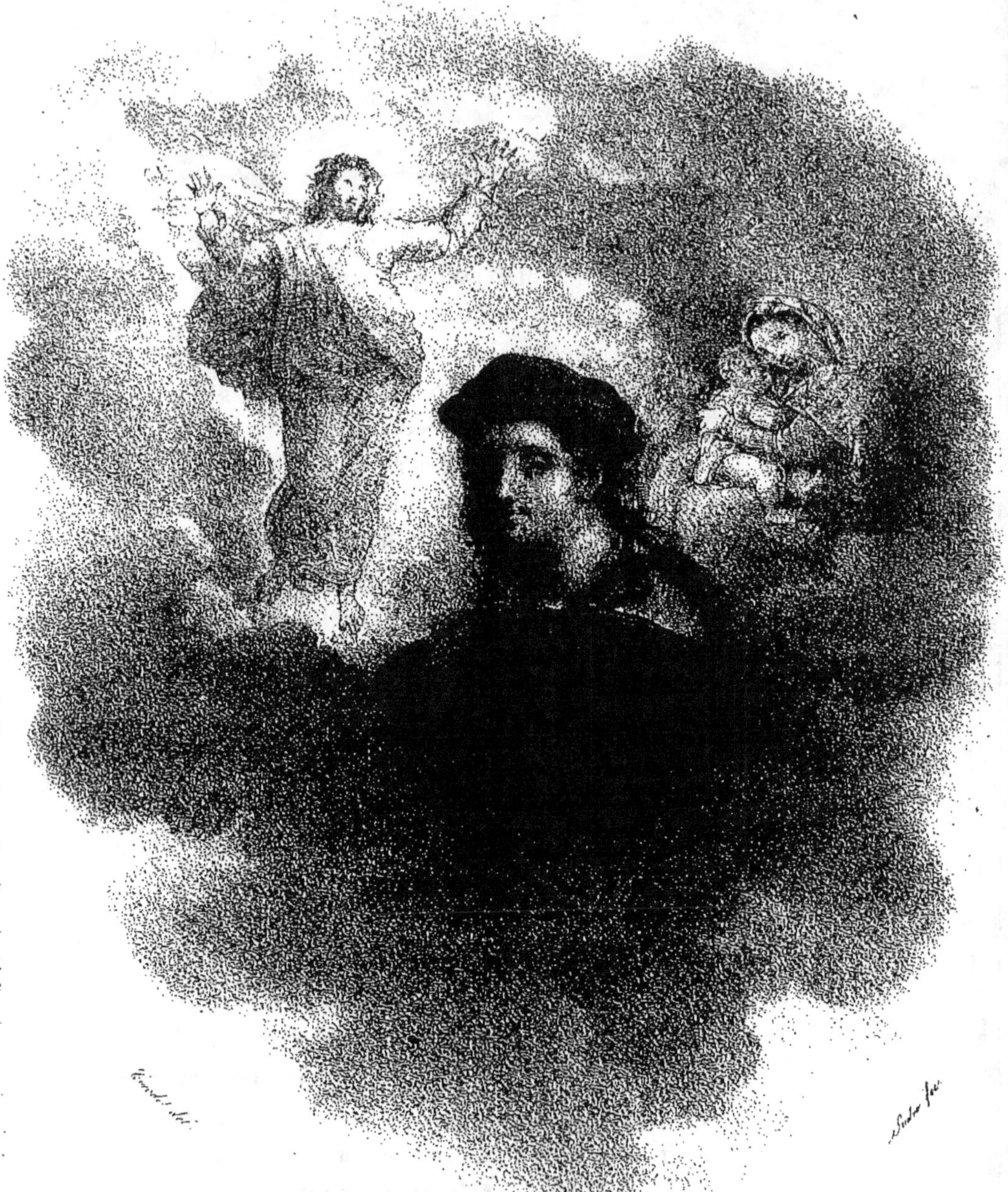

Raphaël.

Imp. lith. de Delpech. Publié par Jules Renouard.

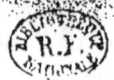

C'était la Gloire! « O vous, disciples du grand homme,
« Que d'un regret si tendre honore aujourd'hui Rome,
« Quand j'affranchis son nom de l'oubli du cercueil,
« Gardez de l'affliger par un profane deuil.
« Séchez vos pleurs; vos pleurs offenseraient sa gloire.
« L'univers et les temps maintiendront sa mémoire.
« Oui! de mon noble éclat toujours environné,
« Des peintres le plus grand, par ma main couronné,
« Dieu des arts, et rival du dieu de l'harmonie,
« Va cueillir dans les cieux les palmes du génie. »

FIN DU SIXIÈME CHANT.

NOTES

DU

POÈME DU PEINTRE.

NOTES

DU

CHANT PREMIER.

(1) Lorsque, d'un tendre amant, son doigt sûr et léger
 Arrêta sur le mur le profil passager
 Qu'y dessinait sans art une ombre vacillante.

L'histoire de Dibutade est connue de tout le monde : elle était fille d'un potier d'Argos, d'autres disent de Sycione. Le regret de voir partir son amant lui inspira l'idée de tracer ses traits que l'ombre dessinait sur un mur. Si cette origine qu'on donne à la peinture n'est pas la plus vraisemblable, elle est certainement la plus poétique.

(2) . . . . . Dans ta douleur mortelle,
 Deux fois le burin fuit de ta main paternelle.

Bis conatus erat casus effingere in auro ;
Bis patriæ cecidere manus.
 Virg. *Enéid.*, lib. vi.

Dédale doit être compté parmi les personnages les plus célèbres, dont l'antiquité fabuleuse nous a transmis les noms. En dépouillant son histoire de ce qu'elle a de merveilleux, on peut en conclure qu'il inventa l'usage des voiles, et que c'est par ce moyen qu'il parvint à sortir du labyrinthe. C'est ainsi qu'il faut expliquer la fable qui dit que ce fut avec des ailes que lui et son fils s'échappèrent. Il fut inconsolable de la perte d'Icare, et, pour soulager sa douleur, il voulut consacrer, par un monument de son art, un si triste évènement. Dédale avait donné des preuves de son habileté en architecture. D'autres arts, dans leur enfance alors, tels que la gravure et la sculpture, lui sont redevables de plusieurs développemens qui hâtèrent leurs progrès dans la Grèce, d'une manière presque miraculeuse. C'est du moins l'opinion la plus commune et qui nous a été transmise par les poètes et par les historiens grecs. Le savant auteur de l'usage des statues chez les anciens, dans la méfiance que lui inspirent leurs exagérations, non-seulement regarde tous ces prodiges comme incertains, mais il va même jusqu'à mettre en problème l'existence de Dédale. Quoi qu'il en soit, ce nom seul réveille les idées de talent et de génie, et il sera toujours permis aux artistes et aux poètes de suivre, dans la représentation de ce personnage mystérieux, les antiques traditions.

(3) Il saisit ses pinceaux, et son art créateur
    De la mort indignée est demeuré vainqueur.

Dédale ne fut point le seul artiste dont le talent servit la douleur. Luca Signorelli avait un fils, beau de corps et de visage, et qu'il aimait tendrement. Ce jeune homme ayant été tué à Cortone, son père au désespoir le fit déshabiller tout nu, et, s'armant d'un courage presque surhumain, il le peignit sans jeter une larme, sans pousser un soupir. Voici comment Vasari rapporte ce trait: *Dicesi che essendogli stato ucciso, in Cortona, un figliuolo che egli amava molto, bellissimo di volto e di persona, che Luca, così addolorato, lo fece spogliare ignudo, e con grandissima costanza d'animo, senza piangere, o gettar lacrima, lo ritrasse.*

(4) Il semble, avec le lait, sucer l'amour des arts.

Michel-Ange fut mis en nourrice chez la femme d'un sculpteur, ce qui lui donna occasion de dire, par la suite, lorsqu'on l'interrogeait sur les causes qui avaient déterminé son goût pour la sculpture, qu'il avait sucé l'amour de cet art avec le lait. Ce n'était qu'un bon mot : quel qu'eût été le métier du mari de sa nourrice, il est plus que probable que ce génie vigoureux et original n'en aurait pas moins suivi, par son impulsion naturelle, l'immense carrière dans laquelle il s'est si glorieusement illustré ; car, si le mari de sa nourrice était sculpteur, il ne lui vit pas faire des tableaux ni construire des temples.

(5) Et si l'hiver blanchit la cour de son collège,
Apprentif Michel-Ange, il modèle la neige.

Les grands peintres, en général, ont annoncé, dès l'enfance, ce qu'ils seraient un jour. Michel-Ange avait donné de bonne heure les plus brillantes espérances. Dès qu'il le pouvait, il quittait ses livres et s'arrachait à l'étude de la grammaire et des lettres, dans lesquelles cependant il faisait d'étonnans progrès, pour aller dessiner partout où il en trouvait l'occasion. C'est ainsi qu'il avait couvert les murs de la maison de ville et de l'habitation de campagne des Buonarotti, d'une multitude d'esquisses que Glori, éditeur de *Condivi*, l'un des historiens de *Michel-Ange*, dit avoir vues, et il assure qu'on remarquait déjà, dans les premières idées d'un enfant, l'indice d'un génie supérieur ; mais, lorsque Michel-Ange fit un colosse de neige, il avait dix-huit ans, et s'était déjà placé au rang des habiles. Ce ne fut que par un excès de condescendance pour le jeune duc, Pierre de Médicis, qui, après la mort de son père, le retint auprès de lui et lui continua les mêmes honneurs et les mêmes bienfaits, qu'il consentit à se prêter à une occupation si frivole. Il travaillait déjà, dans ce moment même, à faire revivre, dans une statue de marbre, et sous les attributs d'Hercule, les traits de Laurent, qui étaient gravés dans son cœur. La douleur et la reconnaissance dirigeaient seules son ciseau, dans cet hommage pur et désintéressé d'un génie naissant, à la mémoire de son illustre et généreux protecteur.

Les figures de neige me rappellent un monument de même nature que le peuple de Paris, en reconnaissance des bienfaits de Louis XVI, pendant le rude hiver de 1788, érigea à ce bon roi dans la rue du Coq-Saint-Honoré, et au bas duquel, entre autres inscriptions, étaient les quatre vers suivans que je retrace de mémoire.

> « Louis! les indigens que ta bonté protège
> « Ne peuvent t'élever qu'un monument de neige;
> « Mais il plaît davantage à ton cœur généreux
> « Que le marbre payé du pain des malheureux. »

J'espère que ceux de mes lecteurs qui pourraient ignorer une particularité qui honore tout à-la-fois, et Louis XVI, et son peuple, me pardonneront cette digression étrangère à mon sujet.

> (6) O douleur! des parens, aussi tendres que sages,
> Veulent le détourner des périlleux rivages
> Où tant d'écueils divers le peuvent entraver ;
> Son invincible instinct s'obstine à les braver.

En parcourant les vies des peintres, on voit que beaucoup d'entre eux ont souvent été contrariés par leurs parens, dans la première manifestation de leur penchant pour la peinture ; loin que ces parens méritassent le blâme, c'était une marque de leur tendresse et de leur sage prévoyance. Il n'y a, dans tous les temps, que trop de jeunes gens qui, sans véritable vocation pour la séduisante carrière des arts, s'y livrent d'abord par caprice, la suivent ensuite par obstination et finissent, mais trop tard, par reconnaître qu'ils ont trompé leur destinée; à moins, ce qui est plus ordinaire, qu'ils ne s'imaginent que leur siècle ne leur rend point justice, lorsqu'ils n'ont pu parvenir à s'en faire remarquer ; mais on n'a guère d'exemples qu'aucun grand talent n'ait enfin surmonté tous les obstacles pour arriver à une célébrité méritée.

(7) A-t-il enfin conquis le voyage de Rome ?

L'auteur a supposé que le peintre qu'il met en scène est Français, et qu'il jouissait, en remportant le prix, des avantages du voyage d'Italie, et de l'admission à l'académie établie à Rome, fondée, comme on sait, en 16.., par Charles Lebrun, à qui la France est redevable de ce bel et utile établissement*. C'est de cette pépinière de jeunes talens que sont sortis beaucoup d'artistes habiles, dont les ouvrages honorent l'école française. Il est vrai cependant que plusieurs, après avoir paru mériter la faveur d'y être admis, n'ont point justifié ce qu'on avait droit d'attendre d'eux, tandis que d'autres, privés du même avantage, ont assez prouvé qu'ils en étaient dignes.

---

* Voltaire, Siècle de Louis XIV, chap. XXXIII, dit que ce fut Colbert qui, en 1667, engagea le roi à fonder l'Académie de Rome ; c'est également à Colbert que M. Villenave (*Biographie universelle*) attribue l'honneur de cette idée. M. Periès dit (*loco citato*) que ce fut Lebrun qui, en 1666, suggéra à Louis XIV la pensée de créer cette école ; mais il faut remarquer que ce fut Colbert qui fonda, en 1664, l'Académie royale de peinture, sculpture et architecture, et, comme l'école de Rome fut instituée par une ordonnance rendue sur le rapport de ce grand ministre, il devient difficile de dire si Lebrun fut seulement consulté, ou si l'idée première de cette école lui appartient réellement. Quant à l'opinion que Girodet exprime sur cet établissement, on doit faire remarquer qu'elle est entièrement opposée à celle qu'il manifeste dans sa correspondance avec M. Trioson (tome II), lorsqu'il était lui-même pensionnaire. Le temps et les changemens qui ont été apportés dans le régime de l'école, depuis cette époque, paraissent l'avoir ramené à un autre sentiment. P. A. C.

C'est sans doute que, malgré l'équité des juges les plus éclairés et les plus intègres, les jugemens humains sont quelquefois défectueux.

L'école française de Rome a porté, depuis sa fondation jusqu'à la révolution, le titre d'académie. Dans le principe, elle n'avait été instituée que pour les peintres, les sculpteurs et les architectes; depuis, on y admit les graveurs, soit en camées, soit en taille-douce, et les élèves du Conservatoire de musique qui avaient remporté les grands prix. Ces derniers y sont encore envoyés; mais on n'y reçoit plus les graveurs: ils jouissent de la pension à Paris, où ils continuent leurs études. Il y a peu d'années que, sur la proposition de l'académie royale des beaux-arts, le gouvernement a substitué aux graveurs, les élèves-peintres de paysage dit *historique*. Malheureusement ce concours n'a lieu que tous les quatre ans; si donc un de ces élèves a le courage de se présenter trois fois de suite dans la lice, il se trouve, à son troisième concours, à douze ans de distance du premier. On sent que l'époque où les artistes doivent avoir fini leurs études, se prolongerait ainsi, pour les paysagistes, beaucoup au-delà de celle où ils pourraient espérer de commencer à les mettre à profit pour leur fortune; et, si l'on considère que l'âge de trente ans révolus est le terme passé lequel les concurrens ne peuvent plus être admis, on jugera que le plus grand nombre des paysagistes ne peut guère se présenter qu'une ou deux fois pour disputer ce grand prix. Un amateur vient de publier une brochure où il examine de quelle utilité, pour l'art et pour le gouvernement, peut être l'encouragement donné au genre du paysage; il pense qu'on ne devrait point envoyer à Rome, explorée tant de fois et depuis si long-temps, les paysagistes qui auraient remporté le grand prix, mais qu'il faudrait leur donner « des missions spéciales pour accompagner les expédi-
« tions maritimes, ou pour suivre nos ambassadeurs dans les

« contrées susceptibles d'être étudiées, tant pour la structure
« des montagnes et le gisement des côtes, que pour les variétés
« de la végétation et celles des animaux domestiques et sau-
« vages; qu'alors, le peintre de paysage, devenu cosmopolite
« par état, et par le besoin de présenter à l'infatigable curio-
« sité des amateurs des sites et des effets toujours nouveaux,
« en s'appliquant à rendre avec vérité les paysages de toutes
« les latitudes, se familiariserait avec des connaissances trop
« négligées jusqu'à présent, et qu'en dirigeant ainsi méthodi-
« quement ses études, ce nouveau genre ne le condui-
« rait pas à *pasticher* sans cesse Orisonti, le Guaspre et le
« Poussin. »

Si je ne me trompe, ces nouvelles vues, sur la direction qu'on pourrait donner au genre du paysage, mériteraient d'être prises en considération. L'auteur de la brochure citée aurait pu s'appuyer des productions de ceux de nos paysagistes qui ont déjà marché, avec succès, dans la route qu'il indique. Notre immortel Vernet, si vrai et en même temps si original, n'a-t-il point, le premier, ouvert pour nous cette mine féconde? Sa seule suite des ports de France, si fidèlement retracés, si pittoresques, si variés et si magistralement peints, aurait sans nul doute excité l'admiration du Poussin et de Claude Lorrain eux-mêmes, avec lesquels il n'a d'autre ressemblance que celle de la supériorité du talent. Enfin, dans ces derniers temps, ceux de nos habiles artistes qui ont parcouru l'Egypte, la Grèce et l'Orient, n'ont-ils point enrichi des dessins les plus précieux les voyages de nos savans dans ces contrées célèbres? Cependant, quelque avantage qui dût résulter de l'obligation, pour les paysagistes lauréats, de s'attacher à une expédition lointaine, il semble que cette obligation ne devrait point être de rigueur. Un paysagiste, doué d'une imagination féconde, peut, sans dépasser l'Italie, se frayer une carrière nouvelle, et produire encore des tableaux admirables, qui ne seront ni de froids pastiches ni de serviles imitations de ses illustres devanciers.

(8) Immobile, sans voix, la poitrine oppressée,
Il sent fléchir sous lui ses genoux chancelans.

Il faut être bien froidement organisé pour ne pas être frappé vivement à la première vue du spectacle imposant des hautes montagnes. Les artistes, en général, et les peintres, particulièrement, ne les voient jamais sans une émotion profonde. Tandis que le minéralogiste s'enfonce dans leurs flancs déchirés, pour y reconnaître les argiles, les granits et les métaux qu'ils recèlent; que le botaniste, les yeux fixés vers la terre, rampe à leur surface dans l'espoir d'enrichir son herbier d'un nouveau trésor végétal, le peintre, étonné de la majesté de ces masses prodigieuses, laisse errer son imagination dans les combinaisons infinies de leurs formes, de leur mouvement et de leurs effets. Elle les peuple alors d'êtres fantastiques, en harmonie avec leur structure colossale ; elle en fait la demeure des dieux, des géans et des monstres. Dans les pays des pensées graves et des sensations fortes, la nature tourmentée réagit sympathiquement sur l'homme : aussi l'habitant des montagnes diffère-t-il autant, pour la forme extérieure, le caractère et l'imagination, de l'habitant des plaines, que les lieux où ils vivent diffèrent eux-mêmes entre eux.

La vue lointaine des Alpes est belle et majestueuse ; mais elle n'excite encore qu'une admiration vague, qui ne sait d'abord où se fixer. La distance, en affaiblissant l'aspect de leurs accidens extraordinaires, restreint aussi l'impression qu'elles produisent, immanquablement, lorsqu'on les voit de plus près. C'est en les traversant qu'on marche de surprise en surprise ; c'est dans leur sein qu'est renfermé le secret de l'enthousiasme qu'elles excitent; c'est là, aussi, que l'homme se sent petit et faible en présence de ces palais magiques du grand architecte; mais, c'est ce sentiment même qui lui révèle, et accroît en lui, l'étendue et l'énergie de la pensée. Que le lecteur me pardonne de transcrire ici un fragment de lettre où j'exprimais à un ami l'impression que j'éprouvai au fameux passage des Echelles, lorsque j'entrai en Savoie, pour me rendre à Rome, en 1790. On aime à se rappeler les sentimens vierges de la jeunesse, et leur souvenir réchauffe l'imagination jusqu'aux derniers âges de la vie.*

Ce passage, si justement célèbre, a été ouvert, comme on sait, à travers des rochers d'une hauteur prodigieuse, dans la longueur de plus de mille toises: entreprise admirable qui a rendu immortel le nom du duc Charles Emmanuel II. Ce prince généreux voulut ainsi, par des travaux que l'orgueil et la puissance des Romains n'avaient pas même tentés, établir une communication facile entre son peuple et une nation amie: ils furent terminés en 1670. L'admiration et la reconnaissance dictèrent, sans doute, l'inscription qui fut gravée à l'entrée de cette route miraculeuse. La fureur révolutionnaire avait outragé ce monument de gloire et de bienfaisance; mais, en 1804, le préfet du Mont-Blanc remplit le vœu public, en le faisant rétablir.

(9) Du savant Léonard inimitable ouvrage,
    La *Cène* t'offre ici de célestes beautés.

Ce fameux tableau de Léonard de Vinci, qui peut-être n'existe plus aujourd'hui, était peint à l'huile, sur le mur, au-dessus de la porte d'entrée du réfectoire de l'église de *Santa Maria delle Grazie*, desservie par les dominicains de Milan. Léonard y a déployé toute l'élévation, toute la force, toute l'étendue de son génie. Où trouverait-on ailleurs une ordon-

---

* La lettre dont parle Girodet, étant imprimée en entier (*Voy.* tom. II, page 357), je n'ai pas cru devoir conserver ici l'extrait qu'il en avait donné.
P. A. C.

nance plus simple, plus noble et plus belle, soit dans l'agencement des groupes, soit dans l'ensemble de la composition; un style plus grandiose, plus imposant dans toutes ses parties? La vivacité, la justesse et la convenance des expressions, décèlent une profonde étude du cœur humain, et la science des passions. La variété des caractères de tête prouve qu'elles ont toutes été étudiées d'après la nature, mais la nature choisie, et, en cela surtout, ce sublime tableau, ainsi que ceux de Raphaël, sont d'excellentes leçons pour les artistes qui ne sauraient trop les méditer. C'est là que la force est réunie à la grâce et à la beauté; que la précision se montre sans sécheresse; et que le fini des détails, loin de nuire, concourt lui-même à l'effet des masses. Que dirons-nous, enfin, de ce faire *Léonardesque,* aussi suave, aussi magique, peut-être, que celui du prince de l'école Lombarde? Peut-on admirer assez cette sage ampleur des contours, aussi éloignés de la mesquinerie que de l'exagération! Dans cet immortel ouvrage, Léonard, sans rien emprunter de l'antique, et sans rien devoir qu'à la nature et à son génie, parut rassembler en lui Michel-Ange, le Corrège et Raphaël. François I, ou, selon Paul Joves, historien contemporain, Louis XII, fut si frappé de sa beauté, qu'il voulut le faire transporter en France; mais, la difficulté de l'opération (car il fallait absolument, ou détacher le tableau du mur, ou enlever le mur avec le tableau) le fit renoncer à ce projet. Tout le monde connaît la magnifique estampe due au burin pur et gracieux de Raphaël Morghen, et qui assure à ce chef-d'œuvre l'immortalité, quoique, selon M. Aimé Guillon, qui se fonde sur des autorités non suspectes, Morghen l'ait gravé d'après un dessin fait, en 1795, par Matteini, qui ne put copier ce qui restait intact du tableau de Léonard, qu'avec les nombreuses et maladroites restaurations qui en avaient, depuis long-temps, altéré la beauté. La preuve qu'il donne de cette assertion est que cette gravure offre des différences notables, dans quelques parties de la composition, avec la copie d'Ecouen, depuis transférée au Musée; copie faite dans l'école même de Léonard, et presque identique avec celle qui fut peinte, dans le même temps, par Marc d'Oggiono, son élève, et qu'on voyait avec admiration à la Chartreuse de Pavie, lors même que l'original, dans tout l'éclat de sa conservation, n'avait reçu aucune atteinte ni du temps ni de l'ignorance, et brillait de toute sa gloire.

Lorsque je vis le tableau de la *Cène*, à mon passage à Milan, il me parut dans un état avancé de dégradation. Plusieurs parties considérables en étaient plus qu'à demi effacées, d'autres menaçaient ruine. Le coloris devait avoir subi une grande altération, quoique cette magie de l'art ne dût jamais avoir été son mérite principal, eût-il même été colorié comme les tableaux du Titien. J'avais lu, dans les relations d'Italie, que Léonard, désespérant de donner à la tête du Christ le caractère de beauté surhumaine et de charité divine dont son génie avait conçu le type idéal, après d'inutiles efforts pour la rendre d'une manière digne de son modèle, avait enfin laissé cette tête imparfaite. J'ignore de quelles perfections il aurait pu l'embellir davantage; mais, l'admiration qu'elle me causa et que je me rappelle encore, après plus de trente ans, me persuada alors, même en présence des autres têtes les plus belles de la *Cène*, que celle du Christ en était la plus sublime.

M. Cochin, qui, dans son voyage d'Italie, décrit à sa manière ce qu'il a observé et peut-être aussi ce qu'il n'a point vu, y consigne, sur le tableau de Léonard, une assertion assez étrange dont un ami me pria de vérifier l'exactitude, lorsque j'irais à Milan. Je m'acquittai de sa commission, et, à mon arrivée à Rome, j'écrivis mes observations à cet ami, en juin 1790. Les voici copiées sur la lettre que je lui adressai. « Quoique le « coloris du tableau de la *Cène* me semble faible, et qu'il ne « me paraisse pas aussi terminé qu'il serait possible de le desi-

« rer, dans toutes ses parties, cependant c'est une des plus
« belles et des plus admirables peintures que j'aie encore vues,
« par son grand caractère de dessin et l'expression sublime de
« toutes les figures. Il est bien faux que celle de saint Jean ait
« six doigts à l'une de ses mains. C'est à M. Cochin, seul, qu'il
« faut attribuer la distraction qu'il prête à l'artiste. Ce qui a pu
« l'induire en erreur, c'est que les mains du saint Jean sont
« jointes, et il aura pris, pour un sixième doigt de la main
« droite, un doigt qui appartient évidemment à la gauche. Ce
« n'est pas la seule remarque dans laquelle M. Cochin me
« paraisse s'être trompé, et il est permis de n'avoir pas une
« confiance entière dans les jugemens d'un homme qui préfère
« le Guide au Dominiquin, et à Raphaël lui-même. »

Au surplus l'assertion de Cochin est démentie par Grosley. L'abbé Richard avoue avoir négligé de s'assurer de la vérité, quoiqu'il fût à même de la reconnaître. Il assure, d'ailleurs, que le tableau de la *Cène* est peint en *huile à fresque*, ce qui donne à Jean-Marie Roland, ancien ministre de l'intérieur, auteur lui-même d'un voyage en Italie, l'occasion de se moquer de l'abbé Richard, qu'il appelle ironiquement l' *eruditissimo signor viaggiatore*. C'est dommage qu'à son tour, Roland, qui ne dit pas un mot de la *Cène*, lui substitue, dans le réfectoire des dominicains, un tableau de sainte Anne, de Léonard, qui, selon lui, serait le tableau que l'abbé Richard dit avoir été peint en *huile à fresque*. Cette distraction, ou cette ignorance, est encore plus extraordinaire que l'erreur de Cochin; et voilà justement comme on écrit l'histoire.

Il semble dans la destinée de tous ceux qui font ou qui composent des voyages, de contredire leurs devanciers pour être, à leur tour, réfutés par ceux qui les suivent, sauf, à ceux-ci, de subir plus tard la peine du talion.

L'amateur curieux de connaître en détail la vérité sur tout ce qui concerne ce fameux tableau de Léonard, et les différentes copies qui en ont été faites, soit du temps du maître, soit postérieurement, peut consulter l'essai historique sur le cénacle, publié à Milan, en 1811, et la dissertation sur l'ancienne copie de ce tableau, transportée d'Ecouen à Paris, par M. Aimé Guillon. Ce chef-d'œuvre de peinture méritait un historien fidèle, et l'a enfin trouvé.

(10) Hommage au peintre heureux qui devina la grâce.

« Le Corrège, dit M. Taillasson dans ses observations judi-
« cieuses sur quelques grands peintres, le Corrège est aux
« grâces ce que Michel-Ange est au terrible; » ce qui, dans l'intention de l'auteur, signifie, sans doute, que ces deux peintres immortels tiennent le premier rang dans les caractères si opposés du talent auquel chacun d'eux a dû son illustration : cependant le Corrège, sous le rapport de la grâce, peut bien être comparé à Raphaël, mais ne saurait lui en ravir la palme; et Jules Romain, avec une physionomie de talent toute différente, mais également prononcée, peut, si je ne me trompe, soutenir le parallèle avec Michel-Ange dans le genre terrible. L'opinion de M. Taillasson me paraîtrait plus complètement juste, s'il avait dit que le Corrège et Michel-Ange montrent une unité parfaite dans le caractère particulier de leur génie, et qu'ils se sont renfermés dans un genre plus uniformément le même, tandis que Raphaël et Jules Romain ont parcouru une carrière plus variée, tant par la nature des sujets qu'ils ont conçus, que par la manière dont ils les ont exécutés.

Je n'avais vu à Paris que la *Danaé* du Corrège, lorsque je partis pour l'Italie; mais c'est à Parme que je connus son chef-d'œuvre, le fameux *saint Jérôme*, copié, gravé et décrit tant de fois, et toujours, comme tous les ouvrages supérieurs de l'art, d'une manière plus ou moins infidèle. Celui-ci me parut réunir, au suprême degré, tous les genres de mérite qui distinguent si éminemment son auteur. Je ne me souviens plus de l'impression que j'éprouvai lorsque je contemplai ce tableau pour la première fois ; mais je me rappelle que je ne pouvais m'en arracher. Ici, la palette disparaît, et l'artiste se cache derrière le magicien dont le prestige seul séduit et enchante, tandis que le mécanisme reste inconnu ; ici, les couleurs éclatantes du prisme se fondent en teintes légères et harmonieuses, et la touche ambitieuse et savante n'ose se montrer. Si l'art s'évanouit dans ce chef-d'œuvre du Corrège, il ne se découvre pas davantage dans tout ce qui reste de la main de ce peintre inimitable, qui n'a lui-même imité personne. Une grâce, à-la-fois voluptueuse et chaste, découle de son pinceau le plus suave et le plus moelleux que jamais la peinture ait confié à ses plus chers favoris. Il semble ignorer la science ou l'oublier. Séduit par son charme, qui désarme toute critique, on ne s'aperçoit pas de ses fréquentes incorrections ; loin de sentir le besoin de les lui pardonner, aussi long-temps qu'on l'admire, on s'en souvient à peine à l'aide de la réflexion. Je ne crois pas cependant, avec M. Taillasson, « que personne « n'offre mieux que lui cette beauté divine que quelques-uns « appellent idéale, et qui ne se trouve que rarement dans la « nature ». Son pinceau modeste, dans son doux essor, ne s'est point élevé jusqu'aux dieux. Je crois cet éloge beaucoup plus applicable à Raphaël ; mais j'adopterais volontiers la pensée qui me représenterait le Corrège inspiré, dans ses rêves gracieux, par les sylphes, les génies ou les anges, et qui me le ferait voir, à son paisible réveil, copiant de charmans modèles, à demi voilés à ses yeux du souvenir de ses aimables illusions. Je ne partage pas, non plus, l'opinion de l'auteur que j'ai cité « qu'il serait peut-être permis de dire que l'*incorrection* même du Corrège est quelquefois une *beauté*, puisqu'elle est une *des causes* de ses grâces ». Quelque séduisant que soit le prestige qui l'environne, jamais l'erreur ne deviendra la vérité. Pourquoi la beauté parfaite ne devrait-elle pas toujours être accompagnée des grâces. Les Grecs les avaient réunies; les arts ne doivent jamais les séparer : ce serait trop leur nuire. Si le goût moins pur des modernes n'en a pas toujours exigé l'union intime, les anciens, dont les chefs-d'œuvre seront éternellement nos guides et nos modèles, n'ont jamais adopté ces maximes indulgentes. Qui oserait dire que la *Vénus de Médicis* aurait plus de grâce, si sa beauté était moins parfaite, et qui pourrait penser que l'*Anthiope* ou la *Léda* de ce grand peintre eussent jamais pu rien perdre de leur charme, si, à la grâce dont ce charme émane, avaient pu se joindre toutes les perfections de la beauté? Loin que la grâce soit redevable à l'incorrection, c'est celle-ci qui reste son obligée; car tel est le privilège de cette grâce magique que, si elle est une nouvelle beauté pour la beauté même elle sert encore d'ornement et comme de passeport à tout ce qui ne pourrait plaire sans elle.

Disons donc, affirmons, sans crainte d'être contredit par la raison qui, seule, survit aux vieux préjugés des temps, ainsi qu'aux systèmes éphémères des écoles, que, si les ouvrages du Corrège eussent offert, réunis à cette grâce séduisante qui lui est comme personnelle, la correction et la beauté de Raphaël et de l'antique, ils n'auraient peut-être pas charmé davantage; mais, ils auraient été plus admirables encore : ils auraient été plus parfaits. Or, qui pourra douter que l'effort de l'art ne doive sans cesse tendre à la perfection?

Antoine Allegri, surnommé le Corrège, parce qu'il était né à Correggio, n'eut point de maître connu. Les Carrache étaient remplis d'admiration pour ses ouvrages, qu'ils étudièrent avec ardeur à Parme et à Modène. « Le plus « enchanteur de tous les peintres anciens et modernes, dit « encore M. Taillasson, vécut misérable, et mourut misérable- « ment à l'âge de quarante ans, en 1513, d'une pleurésie qu'il « gagna, ayant porté lui-même, l'espace de douze milles, deux

« cents francs en monnaie de cuivre, qu'il avait reçus pour le
« prix d'un de ses tableaux ». *Habent sua fata... pictores.* Ce fait
semble prouver que le Corrège ne jouissait pas, de son vivant,
d'une grande réputation, puisqu'on ne lui donnait qu'un prix
modique de ses ouvrages; tant il est vrai qu'il ne suffit pas
d'avoir du génie et de posséder le talent de bien peindre, et
qu'il faut encore avoir celui de se faire valoir. Probablement
le Corrège, modeste, désintéressé, simple de mœurs, et uniquement satisfait des jouissances qu'il trouvait dans l'exercice
de son art, ignorait ou dédaignait les moyens d'en tirer parti
pour sa fortune.

(11) *Au peintre aimable et doux des amours et des jeux.*

Il y a des peintres qui semblent avoir écrit leur vie dans leurs
ouvrages. La physionomie du talent de l'Albane, ainsi que les
scènes de ses tableaux, sont, en quelque sorte, une réflexion
de son caractère personnel et de l'heureuse position où le sort
l'avait placé; ce qu'on ne pourrait pas dire, toutefois, de Jules
Romain qui, rempli lui-même de douceur et d'aménité, n'a
guère peint que des sujets terribles, et avec la fougue du génie
la plus impétueuse. De jolies nymphes sans coquetterie; de
jolis amours, sans malice, livrés à d'aimables jeux dans de
beaux paysages qui invitent le spectateur à s'y reposer ou à
les parcourir; de douces madones, des anges gracieux, de
blonds chérubins; toutes les images du bonheur, de la joie
modérée, de l'adoration tranquille: tels sont les sujets qui
souriaient le plus à la fraîche imagination de l'Albane, calme
comme le cristal d'un beau lac, pure comme l'onde du ruisseau qui baigne des rivages fleuris. Père de jeunes et nombreux
enfans doués, comme leur mère, des charmes de la beauté,
c'est dans ses foyers qu'il trouvait à-la-fois, et les motifs de ses
tableaux, et ses modèles: aussi toutes les têtes de ses personnages ont-elles un même air de famille et presque la même

expression de grâce et de douceur. Son dessin pur et coulant ne manque ni de grandeur ni de délicatesse; mais il paraît trop uniforme. L'Albane n'a fait, pour ainsi dire, dans cette partie de l'art, que féminiser les contours du Carrache, dont il était élève. Sa couleur est fraîche, sans fadeur, et vigoureuse sans cesser d'être agréable. Le style mixte de ses draperies, toujours parfaitement d'accord avec celui de ses figures, ne s'élève jamais jusqu'à l'idéal; enfin la teinte légère d'une poésie ingénieuse qu'il devait moins à la culture qu'à l'amour des lettres, telle que la douce flamme d'un météore sans chaleur, revêt partout d'un charme élégant ses riantes compositions. Il résulte, de ces convenances mutuelles, un équilibre harmonieux entre tous les mérites de ses ouvrages, et qui en constitue le caractère particulier. Il est aussi gracieux, et presque de la même manière, dans les sujets de piété que dans les sujets profanes, et ses *Vénus* sont presque aussi modestes que ses *Vierges*; mais, s'il n'excite ni le ravissement ni l'enthousiasme; s'il n'attendrit ou n'étonne jamais, il a toujours, comme l'observe M. Taillasson, « le don de plaire et souvent celui de « charmer. »

La grâce de Raphaël est noble et divine: elle ravit, on l'adore. Celle du Corrège est chaste et voluptueuse: elle attendrit; on se passionne pour elle. Celle de l'Albane semble émaner bien plus des formes délicates et des attitudes gracieuses, que de l'âme de ses figures : elle intéresse sans émouvoir. On sourit à cette grâce facile qui n'est pas tout-à-fait naïve, mais qui, éloignée de l'affectation, n'est peut-être que de l'agrément; ses nymphes, ses déesses, sont comme d'aimables étrangères que l'on rencontre avec plaisir, que l'on quitte avec peu de regrets, mais que l'on ne revoit pas sans être charmé de les trouver encore.

La lyre des poètes a souvent célébré l'Albane, et la renommée dont il a joui, de son vivant, s'est conservée après sa mort.

Il la méritait, sans doute, et par le choix délicat des sujets de ses tableaux, et par le rare talent avec lequel il les a traités. « Une des causes encore de son extrême célébrité, dit in-
« génieusement M. Taillasson, est la douceur de son nom,
« facile à placer dans un vers. Si l'auteur de tant de tableaux
« séduisans se fût appelé Zuccharo ou Pinturricchio, avec la
« meilleure volonté du monde, la poésie n'aurait guère pu en
« parler; mais, la fraîcheur de l'Albane, les pinceaux de l'Al-
« bane, sont des hémistiches harmonieux dont les poètes se
« servent avec plaisir. »

L'Albane naquit à Bologne en 1578, et mourut en 1660, âgé de quatre-vingt-deux ans. Son père était marchand de soieries. Avant d'entrer dans l'école des Carrache, il avait étudié chez Denis Calvart. François et Jean-Baptiste Mola ont été ses élèves. Ce dernier devint un habile paysagiste et se fit, dans ce genre, une grande réputation.

(12) Au peintre vrai, naïf, réfléchi, studieux,
Dont la gloire imprévue exaspéra l'envie,
Même après son trépas non encore assouvie.

Ces qualités, que l'auteur du poème attribue au Dominiquin, sont éminemment celles que tous les connaisseurs ont toujours admirées dans ses ouvrages. Le Poussin préférait Raphaël et le Dominiquin à tous les autres peintres, surtout pour le mérite de l'expression.

Dominique Zampieri, dit le Dominiquin, fut le plus célèbre ou, du moins, le plus habile des élèves sortis de la grande école des Carrache. On a dit, mais à tort, peut-être, que ses dispositions ne se développèrent que lentement; sans doute, cette rectitude de jugement et cette faculté d'observation réfléchie qui le guidaient, même dans ses premières études, ne lui permettaient pas de se contenter aussi facilement que ses condisciples, moins jaloux de satisfaire la raison par des pensées justes et une imitation fidèle de la nature, que de plaire aux yeux par une manière de peindre agréable et facile; aussi l'appelaient-ils par dérision *le bœuf* de leur école. Mais le Carrache, qui voyait plus loin qu'eux, jugeait tout autrement des premiers essais du Dominiquin, et il leur assura que *ce bœuf*, dont ils se moquaient, fertiliserait un jour le champ de la peinture. La parole du maître s'est vérifiée : c'est ainsi que les grands hommes devinent et prédisent les grands hommes, et que le génie développé découvre le génie naissant dans des indices inaperçus des yeux vulgaires. On peut croire, aussi, que le mot du Carrache fut un puissant véhicule pour le Dominiquin. En est-il, en effet, de plus efficace pour réveiller dans le jeune élève l'instinct toujours sûr du vrai talent, et de plus capable d'encourager en lui la conscience encore timide de ses moyens ?

C'est moins par l'aspect général de ses ouvrages, empreints des caractères propres de l'école bolonaise, que par l'examen de leurs différens mérites particuliers, que ceux du Dominiquin se distinguent sensiblement. Aussi grand dans son dessin que le Carrache, il est, peut-être, dans cette partie de l'art, plus vrai, mais moins élevé; aussi expressif dans les passions violentes et dans la douleur profonde, il semble plus naturellement entraîné que lui à rendre les émotions douces, pieuses, mystiques et contemplatives. Une grâce toute chrétienne, celle de l'innocence, de la vertu et de la religion, embellit ses têtes virginales toujours comparables, sous ce rapport, et quelquefois aussi sous celui de la beauté élevée, à celles de Raphaël même. Le Dominiquin n'étonne pas, mais il touche; il ne saurait éblouir, mais il attache; il attendrit et il cause des émotions vives, profondes et durables. Pour appuyer ces opinions, parmi les ouvrages capitaux de ce grand peintre, je ne citerai ici que son fameux tableau du *Martyre de sainte Agnès*, placé originairement dans l'église dédiée à cette sainte, *in campo S. Antonio*, à Bologne, depuis transféré au musée de Paris, et maintenant rendu à l'Italie, par suite des évènemens politiques de 1814.

Je me rappellerai toute ma vie l'impression que me fit ce chef-d'œuvre, la première fois que je le vis en passant par Bologne, pour me rendre à Rome.

Nous étions descendus à l'auberge, mes compagnons de voyage et moi; nous n'avions que le temps nécessaire pour dîner, si nous voulions nous occuper de quelques affaires que nous avions dans cette ville; mais, la haute réputation de ce tableau célèbre ne nous permit pas d'éloigner le bonheur de l'admirer. Nous courûmes à l'église élégante et soignée dont il était le plus bel ornement, et où il occupait le dessus du maître-autel. Selon l'usage d'Italie, un rideau le couvrait; nous déchirions des yeux ce voile importun jusqu'au moment où le sacristain vint satisfaire notre impatience. Dans l'instant même, un rayon de soleil, projeté d'une fenêtre à notre gauche, vint frapper de haut le groupe principal, et en fit saillir les figures, véritablement vivantes, hors de la toile. L'art, l'artiste, tous les objets environnans avaient disparu pour nous, et nous assistions, en effet, à cette scène terrible, pathétique et religieuse, dans un état d'émotion assurément plus profonde que celle que paraissent éprouver, à l'aspect du martyre d'Agnès, les autres personnages que le Dominiquin a introduits, comme spectateurs, dans ce tableau; mais on ne s'aperçoit de ce défaut (si toutefois c'en est un) que par réflexion; car, tel est le pouvoir de l'expression et de la beauté sublimes, qu'elles s'emparent impétueusement de l'admiration et la concentrent exclusivement sur elles-mêmes. Qu'un grand homme paraisse au milieu d'une réunion d'hommes ordinaires, pour celui qui le contemple, il est seul. Ainsi, pour l'être sensible à la puissance de l'art, dans la foule de ses productions offertes simultanément à ses regards, rien n'est vu, rien n'est visible, que ce qui est beau et sublime.

Je ne m'arrêterai point à décrire ici minutieusement cette scène pathétique, l'objet, en France comme en Italie, d'une admiration universelle, et dont aucune analyse ne peut donner une juste idée. Qui pourrait ne l'avoir pas toujours présente à la mémoire, après l'avoir vue même une seule fois? L'action toute mécanique de ce bourreau, dépêchant de sang froid son ouvrage, impassible comme le dur acier qu'il plonge dans le sein de la jeune vierge; le ravissement extatique de cette sainte, dont l'âme candide s'exhale et s'élance dans les cieux ouverts, et semble abandonner, dans l'effusion d'une ineffable joie, un corps brillant de jeunesse, de grâce et de beauté; cette expression divine, modifiée par l'impression physique de la douleur inséparable d'une mort violente: tel est le sublime contraste qu'offre le groupe principal de ce tableau, qui présentait le problème d'expression le plus difficile à résoudre, et dont l'âme religieuse et profondément sensible du Dominiquin a pu seule, peut-être, trouver la solution, dans ce chef-d'œuvre immortel qui excite, au plus haut degré, l'attendrissement, l'admiration et la terreur.

Je me rappellerai toujours, avec ce plaisir qui naît de la sensation encore présente d'un bonheur passé, que le chemin de notre auberge à ce tableau était solitaire et pittoresque; que l'église silencieuse, et point trop éclairée, était vide d'importuns et de curieux; qu'il n'y avait d'êtres vivans que les figures du Dominiquin et nous; que la journée était fraîche et belle; et, enfin, ce qui doublait pour nous toutes ces jouissances, que nous étions nous-mêmes dans la fleur de l'âge, et remplis de cette première ferveur d'admiration qui, lorsqu'elle trouve où s'attacher, change la vie en un ravissement continuel.

(13) A ce triumvirat d'admirables talens,

> Dont la ligue soutint les beaux-arts chancelans,
> Dont l'école savante a peuplé l'Italie
> De chefs-d'œuvre où la grâce à la vigueur s'allie.

Les trois Carrache, Louis, Augustin et Annibal. Ces deux derniers étaient frères : ils apprirent de Louis, leur cousin, les principes de leur art. Louis naquit à Bologne, en 1555, trente-cinq ans après la mort de Raphaël, précisément dans le temps même, dit le comte Malvasia, où les élèves des premières écoles d'Italie, s'éloignant de plus en plus des grands maîtres qui les avaient illustrées, soit par une vaine présomption, soit par une ignorance aveugle, cherchaient une route nouvelle dans la peinture. Les tableaux de ces peintres égarés n'offraient plus qu'un dessin lâche et incorrect, un coloris faux et sans vigueur, une méthode de peindre assez large, mais téméraire et toute de convention ; en somme une certaine manière de voir la nature éloignée de toute vraisemblance et absolument chimérique. Ces corrupteurs de l'art, ajoute Malvasia, étaient entre autres, parmi les étrangers, Salviati, Zuccheri, Vasari ; et, parmi les Bolonais, Denis Calvart, les Proccacini, Sabbatino, et leurs élèves ou leurs imitateurs.

Louis Carrache s'opposa le premier, et constamment, au mauvais goût de cette époque, qui succédait de si près à celle de la perfection. Jaloux de rendre à la peinture son premier éclat, le but de ses efforts fut de la délivrer du joug de ces méthodes erronées. Il étudia le Corrège, le Titien, le Tintoret et Paul Véronèse, dont il préférait les chefs-d'œuvre aux plus belles statues antiques. Ni leur beauté parfaite, ni la grâce pure de Raphaël, ni le dessin énergique de Michel-Ange, qu'il n'avait cependant point négligés, n'avaient fait sur lui une aussi forte impression. Cependant, il avait étudié les contours de ce dernier, en les adoucissant, et il appelait lui-même les dessins qu'il avait faits dans ce système, d'après ce grand maître, son *Michel-Ange réformé.* D'ailleurs, il préconisait hautement le dessin comme base fondamentale de la peinture. Un jour qu'il travaillait à un tableau de Bacchus et Ariadne pour son intime ami, César Rinaldi, celui-ci le priant de ne se servir que des plus belles et des plus fines couleurs, Louis partit d'un éclat de rire : « Beau dessin et coloris de « boue », lui dit-il, faisant allusion à ce qu'avait coutume de répéter le Titien lui-même, comme le rapporte Ridolfi, « que « la couleur ne faisait pas la beauté des figures, mais bien le « dessin »; et ailleurs : « que les belles couleurs s'achetaient à « Rialto, mais que le beau dessin était renfermé dans la tête « du peintre. »

Il faut cependant convenir que le plus bel ornement d'un beau dessin est un beau coloris, et que tous les peintres à qui on vendait, comme au Titien, leurs couleurs à Rialto, n'y trouvaient point à acheter la magie avec laquelle celui-ci savait en faire usage; mais, cette opinion de Louis Carrache et du prince des coloristes, ne démontre que plus victorieusement l'importance de cette partie si noble et si essentielle de la peinture, trop souvent négligée, et qui n'a jamais été qualifiée de science des pédans, que par des amateurs superficiels, ou par des artistes qui n'ont pu y atteindre.

Formés par les préceptes et par les exemples d'un maître tel que Louis Carrache, Augustin, et surtout Annibal, firent des progrès rapides avec des caractères et des dispositions totalement différens. Augustin, l'aîné de son frère, était timide et circonspect dans sa manière d'opérer; porté d'impulsion vers tous les arts et toutes les sciences, aucun de leurs secrets ne lui était étranger : il aurait pu soutenir des thèses de philosophie et de médecine, résoudre des problèmes de mathématiques et d'astronomie; versé dans la politique, il possédait la géographie et l'histoire. Poète facile, il composait des stances, des sonnets, des madrigaux, et si parfaitement, que le Rinaldi, son ami, avouait qu'il était meilleur poète que lui. Le vice-légat Spinola disait aussi « qu'il était « aussi bon littérateur qu'habile peintre ». Virtuose et compositeur, il notait et chantait lui-même ses chansons, s'accompagnant de plusieurs instrumens, mais principalement du luth qu'il touchait dans la perfection. Bon graveur, soit en médailles, soit au burin, il modelait savamment. On assure qu'il s'adonnait avec le même succès aux arts mécaniques, fabricant lui-même des rouages d'arquebuse, des horloges, des ouvrages de tour, et toute sorte d'instrumens. A tant de talens réunis, Augustin joignait des mœurs élégantes, vivant aussi familièrement avec les grands qu'avec les savans, les gens de lettres et les artistes. Savant, il aimait à communiquer la science; aussi sa conversation piquante, agréable et instructive le faisait-elle rechercher de tout le monde. On aurait peine à croire, même sur la foi de son historien, qu'il eût été possible à un seul homme, dont la carrière fut courte, de réussir dans un si grand nombre de talens divers et si opposés, si l'on ne savait que l'Italie a produit d'autres hommes encore plus extraordinaires, moins comme Augustin Carrache, par la multiplicité de leurs talens, que comme Léonard, par l'ampleur et l'universalité de leur génie.

Annibal, moins âgé qu'Augustin de trois ans, était, comme nous l'avons dit, tout l'opposé de son frère. Prompt, hardi, plein d'ardeur et d'une confiance qui ressemblait à la témérité; méprisant les difficultés qui s'aplanissaient devant lui, sans qu'il parût prendre la peine de les vaincre, il avait quitté brusquement l'aiguille du tailleur, pour les pinceaux de l'artiste. Sachant à peine lire et écrire, il s'en glorifiait, tout en portant aux belles qualités de son frère un sentiment d'envie qu'il ne cherchait pas à dissimuler; se moquant ouvertement de lui, et lui faisant comme un reproche de ce qui lui attirait des louanges; disant que c'était une chose ridicule que de méconnaître son rang et de vouloir agrandir sa condition; qu'au contraire, rien n'était plus convenable que de se trouver satisfait de son état; que, pour lui, il se contentait de suivre sa vocation qui l'appelait à la peinture; que ce n'était pas peu de réussir dans un art si étendu, et qui ne permettait point, à ceux qui aspirent à s'y rendre supérieurs, la moindre occupation qui pût les en distraire; à plus forte raison ne devaient-ils point en embrasser un si grand nombre, et de si difficiles.

Ces réflexions piquantes et continuelles blessaient vivement Augustin, et, bien qu'il cherchât à se cacher à lui-même le déplaisir qu'il en recevait, il ne pouvait cependant s'empêcher d'en ressentir un chagrin amer, surtout en voyant les succès rapides d'Annibal qui, uniquement occupé d'arriver à son but, semblable à un torrent fougueux, surmontait tous les obstacles et s'avançait à pas de géant dans la carrière. Son père lui faisait sans cesse l'éloge de la manière de penser solide d'Annibal, et lui montrait l'utilité qui en devait résulter pour la famille; il lui reprochait de n'écouter que ses frivoles caprices, de se livrer indiscrètement à toutes sortes d'occupations, excepté à la seule qui pût lui être utile et assurer son existence; changeant de maître sans raison, étudiant au hasard, enfin ne se conduisant qu'à sa tête; il ajoutait qu'on n'était pas dupe de ses vains prétextes, qu'il ne voulait que se soustraire à la discipline et à l'autorité de Louis, son cousin, pour avoir la liberté de perdre son temps à fréquenter les compagnies, épier les nouvelles, questionner les savans sur des choses qu'il ne lui importait nullement de savoir; que dorénavant il ne devait s'appliquer qu'à la peinture, ou se remettre sans distraction à son burin, et laisser les riches et les oisifs s'occuper de bagatelles.

Cependant, malgré cette dissidence d'opinion, et cette opposition de caractère si marquée entre les deux frères, ou peut-être même à cause de la diversité de leurs talens, ils sentirent le besoin de se rapprocher, dans l'intérêt de leur avancement et de leur gloire. Après avoir étudié les ouvrages du Corrège et des maîtres vénitiens, de retour dans leur patrie, ils oublièrent leurs querelles, se réunirent, et à la persuasion de Louis, leur cousin, qui s'associa avec eux, ils fondèrent cette académie célèbre qui prit le nom d'*academia degli desiderosi* (des desireux de s'instruire), et dans laquelle se formèrent le Guide, le Dominiquin, l'Albane, le Cavedone, Lanfranc, le Tiarini, le Guerchin et beaucoup d'autres artistes habiles. Les Carrache y admettaient tous les jeunes gens avides d'instruction, qui venaient y étudier jour et nuit. On y dessinait, non-seulement d'après les plus beaux modèles vivans, mais aussi d'après les antiques et les dessins des plus grands maîtres anciens. On y démontrait l'anatomie, la perspective, l'architecture ; on y traitait de la théorie et de la pratique des arts de peindre et de modeler, et ce n'était pas seulement les Carrache qui y enseignaient par leurs leçons et par leurs exemples: les savans, les gens de lettres, et les amateurs les plus distingués dans tous les rangs, y venaient aussi proposer ou résoudre des questions dont la solution et l'examen devenaient une source de nouvelles lumières. Une collection de médailles et de livres choisis favorisait le développement de tous les germes d'instruction ; aussi les vit-on fructifier rapidement. L'émulation entre les élèves y contribuait puissamment encore ; des prix d'honneur étaient décernés à ceux qui se distinguaient dans les concours, et Augustin, heureux de leurs succès, se faisait un doux plaisir de célébrer leurs noms dans des pièces de vers qu'il composait à leur gloire, et qu'il chantait lui-même en s'accompagnant de la lyre; tandis que Louis les instruisait par des éloges raisonnés, mêlés de critiques judicieuses, et qu'Annibal, par ses mots piquans, laconiques, et qui tous portaient coup, d'une seule parole ou d'un seul regard de satisfaction, les enflammait du feu dont il était lui-même animé.

Telle était l'impulsion que ces trois hommes illustres, auxquels un de leurs historiens donne collectivement le nom de Géryon de la peinture, avaient imprimée aux beaux-arts en Italie, après la décadence qui avait suivi de si près les prodiges des Raphaël, des Titien, des Corrège et des Michel-Ange.

(14) Florence! noble asile où la magnificence
   S'est plu à réunir tant de chefs-d'œuvre épars.

Florence, fondée l'an de Rome 645, cent sept ans avant l'ère chrétienne, fut d'abord une colonie romaine, sous les triumvirs Auguste, Antoine et Lépide. Après la chute de l'empire d'occident, elle fut détruite par Totila, roi des Goths, dans le sixième siècle, et reprise ensuite par Narsès. Charlemagne, maître de l'Italie, après l'extinction des rois Lombards, s'occupa, en 781, de la rebâtir et de la repeupler. Il la fit environner de murailles, flanquées de tours, pour la défendre. Peu-à-peu cette ville s'agrandit; dès le douzième siècle, elle devint le chef-lieu d'une république puissante, et, quoique l'autorité y fût partagée entre les principales familles, longtemps divisées entre elles par des factions intestines devenues si célèbres sous la dénomination de blancs et de noirs, de Guelfes et de Gibelins, cet état n'en devint ni moins riche ni moins florissant. Enfin, lassées de s'entre-déchirer, les rivalités s'assoupirent, et tous ces pouvoirs partiels vinrent se fondre dans l'influence toujours croissante qu'exerçait, dès le milieu du douzième siècle, l'illustre maison de Médicis.

Côme fut le premier de cette famille qui, en 1569, reçut le titre de grand-duc de Toscane, lequel lui fut conféré par le pape Pie V. Les autres personnages fameux dont elle s'honore, avant Côme Ier, tels que Côme-le-Grand, Pierre Ier, son fils,

Laurent-le-Magnifique, dit le père des muses, fils de Pierre et frère de Julien, qui fut assassiné dans la conjuration des Pazzi, étaient revêtus de la dignité de gonfalonier, la première de la république, et la gouvernaient en cette qualité, plutôt comme chefs et modérateurs, que comme souverains. Laurent-le-Magnifique, dont la gloire s'accrut de la gloire de ses ancêtres, et surtout de celle de son père et de son aïeul, avait hérité d'eux, avec d'immenses richesses, fruit de leurs heureuses spéculations commerciales, leur grandeur d'âme, leur génie et leur amour passionné pour les sciences, les lettres et les arts. Aux monumens dont Côme-le-Grand et Pierre Ier avaient embelli Florence, il en ajouta d'autres non moins somptueux et non moins utiles. Il augmenta leur collection de statues de bronze et de médailles antiques; envoya de tous côtés des savans à la recherche des manuscrits grecs et latins qui auraient pu échapper à la barbarie, et notamment le savant Lascaris, qui parcourut la Grèce et l'Orient, secondé dans cette recherche par la bienveillance de Bajazet II pour le chef de la république. Laurent avait encore acquis une prodigieuse quantité de tableaux et de dessins des meilleurs maîtres alors connus; mais, pour ne pas profaner ces trésors du génie, en les rendant le vain objet d'une curiosité stérile, il ne les communiquait qu'aux personnes qui savaient les admirer comme lui, et à celles qui pouvaient en retirer de l'utilité pour leurs études. C'était sans doute dans cette vue qu'il avait établi une école de peinture et de sculpture dans ses jardins, alors ornés d'une partie des statues placées aujourd'hui dans la galerie bâtie depuis par le grand-duc Côme Ier. C'était en copiant, et en méditant ces beaux modèles que s'élevaient, à l'ombre d'une protection à-la-fois souveraine et paternelle, de nombreux, d'habiles élèves dont quelques-uns devinrent les plus illustres maîtres de l'école Florentine. Aussi généreux qu'il était éclairé, Laurent les entretenait à ses frais, afin qu'ils n'eussent d'autre pensée que l'étude, d'autre désir que la perfection, d'autre besoin que la célébrité, et que leur indigence ne fût point un obstacle à leur gloire. Il admettait même familièrement à sa table et à sa conversation ceux qui se distinguaient le plus. Ce fut ainsi que sa prédilection, qu'on pourrait dire prophétique, s'attacha Michel-Ange à qui ses bienfaits ouvrirent, dès son adolescence, la carrière du génie et la route de l'immortalité.

Ces faits sont bien connus, sans doute; la gloire des Médicis, inhérente à la gloire des arts, ne pourrait s'éteindre qu'avec eux. Mais, s'il est d'heureuses impulsions que les souverains, jaloux de s'illustrer par leur amour pour les muses, sont appelés à donner à leur siècle, c'est aussi, à toutes les époques, un devoir sacré de reconnaissance pour les littérateurs et les artistes, d'en perpétuer d'âge en âge le glorieux souvenir.

(15) L'architecture, ici, déployant ses prestiges,
    Noble et grave, éleva ces palais somptueux....

« Après avoir traversé les Apennins, disent MM. Famin et
« Grandjean, dans leur excellent recueil de l'architecture
« Toscane, on découvre tout-à-coup Florence avec ses tours
« et ses palais, gigantesques comme les montagnes qui leur
« servent de fond. C'est là qu'on se demande, avec une admi-
« ration mêlée d'un certain effroi, quelle force a transporté
« ces pierres énormes; quelles mains ont élevé les immenses
« édifices dont l'œil mesure avec peine la hauteur. On ne peut
« se persuader qu'ils soient l'ouvrage d'hommes ordinaires;
« on y entre avec respect, croyant les trouver habités par
« des êtres d'une nature supérieure à la nôtre. Soit que l'œil
« s'arrête sur les monumens du siècle de Côme Médicis, soit
« qu'il contemple ceux des temps qui l'ont précédé et suivi,

« tout, dans cette cité imposante, porte l'empreinte de la
« grandeur et de la majesté. »

« Les fréquentes révolutions dont Florence fut si long-temps
« le théâtre, obligèrent ses principaux habitans, chefs des di-
« vers partis, d'accorder leur sûreté personnelle avec la magnifi-
« cence de leurs demeures. De là vient ce caractère de force qui
« distingue l'architecture florentine. Mais, les habiles artistes
« qui ont élevé ces monumens savaient allier, dans leurs con-
« ceptions, la grâce et la grandeur avec la simplicité. Lorsqu'on
« entre dans ces palais, dont l'aspect extérieur est d'une si
« noble sévérité, on s'étonne d'y trouver des modèles du goût le
« plus exquis et le plus délicat. Par exemple, l'intérieur de la
« cour du vieux palais contraste singulièrement avec la façade
« extérieure de ce monument. Qui pourrait en effet s'attendre
« à trouver là un portique formé de colonnes de stuc sur
« un fond d'or, des voûtes couvertes d'arabesques de l'école
« de Raphaël, et, comme si l'œil n'avait pas assez de toutes
« ces richesses, une fontaine de l'architecture la plus élégante
« qui s'élève au milieu de cette cour ? »

(16) Et le ciseau, jaloux d'en accroître le lustre,
  A l'égal du pinceau voulut s'y rendre illustre.

Les églises, les palais et généralement les monumens publics de Florence, sont, pour la plupart, décorés non-seulement de figures et d'ornemens peints ou sculptés, d'une grande richesse d'invention et d'un travail parfait, mais encore de fresques imposantes et de statues souvent colossales. Les places et les jardins ont aussi leur part de cette magnificence. Une noble émulation semblait exciter à l'envi le gouvernement et les riches particuliers; et les artistes rivalisaient eux-mêmes de talens et d'efforts pour produire des chefs-d'œuvre. Ainsi, lorsque Vasari et Zucchero peignaient à fresque la coupole de Santa Maria del Fiore, conception neuve et hardie de Brunelleschi, que Michel-Ange assurait ne pouvoir être surpassée, lui-même Michel-Ange et Bandinelli, son émule, ornaient les autels de cette majestueuse cathédrale, de groupes et de bas-reliefs qui, lors même qu'ils auraient été les seuls ouvrages de ces grands maîtres, eussent encore été suffisans pour assurer leur gloire.

(17) Du divin Raphaël les savans précurseurs,
   Ici, de l'art naissant préparaient les splendeurs.

Raphaël a élevé l'art de la peinture au plus haut degré qu'elle ait pu atteindre depuis le siècle d'Alexandre. C'est une vérité encore mieux prouvée par ses immortels ouvrages que par sa grande renommée. Mais, en rendant ce juste hommage à l'Apelle moderne, il ne faut pas méconnaître le mérite prodigieux de ses prédécesseurs, dans les ouvrages desquels il a trouvé lui-même des modèles à suivre; car, sans parler de Pérugin, qui fut son premier maître, et dont les tableaux offrent, malgré leur sécheresse, une grâce et une simplicité qui se retrouvent encore dans les productions de son illustre disciple, il reçut, depuis, les leçons de Fra Bartolommeo, dont la manière plus large et le style plus élevé concoururent puissamment à ses progrès. Les génies du premier ordre, loin de se confier uniquement dans leurs propres forces, savent s'approprier les mérites, non-seulement des talens supérieurs, mais encore de ceux qui ne peuvent les rivaliser; ils profitent même de leurs erreurs. « Loin de me piquer de ne
« rien devoir qu'à moi-même, dit J.-J. Rousseau, j'ai toujours
« cru avec Longin que l'un des plus sûrs chemins, pour arriver
« au sublime, était l'imitation des écrivains illustres qui ont
« vécu avant nous, puisqu'en effet, rien n'est si propre à nous
« élever l'âme et à la remplir de cette chaleur qui produit les
« grandes choses, que l'admiration dont nous nous sentons saisis
« à la vue des ouvrages de ces grands hommes. » L'exemple

tracé par Raphaël et la leçon donnée par Jean-Jacques, qui peut également s'adresser aux artistes, devraient bien détromper ceux qui s'imaginent pouvoir se livrer à tous les caprices de leur imagination, sans mettre à profit l'expérience de leurs devanciers, et sans consulter les grands modèles. C'est, pour le dire en passant, cette opinion si absurde qui, lorsqu'elle s'est accréditée, a, peut-être, plus que toute autre cause, accéléré dans tous les temps la décadence des écoles.

Les anciens maîtres toscans et, surtout, Masaccio, qui, mort à vingt-sept ans, avait déjà produit des chefs-d'œuvre, avaient été l'objet des études et des méditations de Raphaël : l'élégance et le grandiose du style de Léonard ; la vérité et la beauté de ses expressions ; l'énergie savante et l'ampleur du dessin du peintre de la chapelle Sixtine, avaient achevé de développer son génie ; aussi disait-il, avec cette noble candeur et cette modestie vraie qui sied si bien aux talens supérieurs, « qu'il « rendait grâces au ciel d'être né du temps de Michel-Ange ». N'oublions pas, non plus, l'instruction que Raphaël dut puiser dans les ouvrages à fresque dont Benozzo Gozzoli, et avant lui, mais avec moins de succès, Giotto, les deux Orgagna, Memmi, Antonio Veneziano et d'autres artistes, avaient embelli le cloître du Campo Santo, à Pise, l'un des plus célèbres monumens dont puisse se vanter l'Italie et la Toscane en particulier, depuis la renaissance des arts ; mais, les plus anciennes de ces peintures offraient à Raphaël, moins de beautés à imiter, que de défauts à fuir ; tandis que les ouvrages de Gozzoli, malgré la teinte de barbarie qui n'en est pas totalement effacée, lui présentaient des modèles de grâce, d'élégance et de richesse d'invention très remarquables. Aussi, comme le dit le savant professeur Gio. Rosini, auteur des *Lettres pittoresques sur le Campo Santo*, « la peinture parut-elle avoir fait un pas « aussi grand, depuis Cimabué jusqu'à Gozzoli, que, bientôt « après, depuis Masaccio jusqu'à Raphaël. »

(18) Ici, sombres, profonds, tous deux d'une âme ardente,
   Michel-Ange sculptait comme chantait le Dante.

Benedetto Varchi, dans l'oraison funèbre qu'il prononça aux funérailles de Michel-Ange, dit: *Che nello scolpire e dipingere, giostrò e combattè con Dante*; « que, dans ses ouvrages « de sculpture comme dans ses tableaux, il combattit et lutta « avec le Dante ». En effet, soit que l'on considère le choix et le caractère des sujets traités par ces deux grands génies; soit que l'on observe le mode d'exécution qu'ils ont suivi dans leurs ouvrages, on y sera toujours frappé de cette empreinte décidée de force, de grandeur, de sombre énergie et de bizarrerie barbares, qui font si puissamment ressortir, par le plus frappant contraste, cette lueur de grâce native et ce type de beauté primordiale dont brille la figure d'Eve dans le plafond de la chapelle Sixtine, et l'expression tendre, naïve et mélancolique qui fait le charme du touchant épisode de Françoise de Rimini, dans le poème du Dante. Sans doute, le poète eût admiré les peintures de cette voûte, et la terrible scène du jugement dernier, avec autant d'enthousiasme que le peintre en éprouvait lui-même à la lecture de la divine comédie, dont il possédait un exemplaire à grandes marges, sur lesquelles il avait improvisé, à la plume, les sujets qui l'avaient le plus frappé dans cette conception extraordinaire. Ce précieux volume, où un simple croquis du peintre servait de sublime commentaire à une strophe du poète, monument du génie érigé au génie, et trophée commun à deux grandes renommées, périt, dit-on, dans un naufrage.

La nature, qui ne produit aucun objet rigoureusement identique avec un autre, en a cependant rapproché un grand nombre par des similitudes qui, au premier coup-d'œil, semblent n'offrir qu'une seule individualité multipliée; et, comme dans l'ordre physique, on est souvent frappé par les ressemblances des formes et des autres qualités extérieures, il existe aussi, dans l'ordre moral, des rapprochemens également marqués de caractères et d'intelligences, dont les harmonies se répondent. Les portraits qui nous sont restés de Michel-Ange et du Dante ne se ressemblent point linéairement; mais, tous deux prononcés, tous deux graves, leur physionomie austère dévoile la profondeur et la mélancolie de leurs pensées. Leurs traits transpirent leur âme et leur génie. Citoyens d'une même patrie, le Dante la vit long-temps déchirée par les fureurs des guerres civiles, et lorsque Michel-Ange parvint au trône des beaux-arts, l'esprit républicain n'était encore qu'assoupi. Alors, même, et sous l'empire pacifique des muses, au milieu des magnificences des successeurs de Côme, les caractères étaient empreints de l'énergie des temps de liberté et d'agitation; et celui de Michel-Ange, par l'effet de son organisation naturelle, devait nécessairement en conserver la teinte vigoureuse, et le rapprocher intimement de son poète favori. Nés tous deux pour les grandes choses; fiers de la dignité de leur destination et de l'admiration de leurs compatriotes; génies modestes, mais forts de la conviction de leur supériorité; enthousiastes de la vertu et de la vraie gloire; religieux, sensibles, généreux; placés quelquefois dans des positions semblables; tous deux, avec des talens analogues, eurent les mêmes goûts, ainsi qu'ils avaient les mêmes passions: le poète dessinait habilement; le peintre s'est montré bon poète. Dans la crainte de ne pas se survivre dans une postérité digne de lui, Michel-Ange ne voulut jamais s'assujétir au joug de l'hyménée; et le Dante, marié à une autre Xantippe, mais moins patient que Socrate, fut obligé de rompre ses chaînes. Des pronostics fatidiques semblèrent annoncer, dès l'enfance, et même avant la naissance de ces hommes extraordinaires, quel serait l'éclat de leur destinée. Le premier biographe du Dante, l'auteur du Décaméron, raconte que sa mère avait été avertie de l'importance de sa grossesse, et d'autres affirment que, dès l'âge de dix ans, il manifesta son penchant précoce pour cette philosophie qu'il appelait *Béatrice*, et que les étrangers avaient cru n'être qu'une amante substantielle. L'amour, qui achève la perfection des grands hommes, lorsque leurs âmes n'en éprouvent les transports que pour des êtres dignes de leurs hommages; l'amour avait eu sa part dans la destinée du Dante et de Michel-Ange, comme il absorba, pour ainsi dire, toute celle de Pétrarque. Objets de leurs tendres et chastes adorations, anges de la terre, divinisées dans leurs chants et dans leurs cœurs, Béatrix, la marquise de Pescaire et Laure, célébrées sur la lyre des trois plus beaux génies de l'Italie, furent associées par eux à leur immortalité, et ces trois grands hommes eurent la douleur de pleurer sur la tombe de l'objet de leur plus tendre affection. Le Dante et Michel-Ange, ces hommes privilégiés qui s'élevaient aux plus hautes conceptions, et dont la vertu se roidissait contre la fortune, luttaient contre les obstacles, comme l'aigle dans les orages, comme les géans des mers dans leurs abîmes. Nés à l'époque, l'un de l'aurore des arts, l'autre au moment qui précéda immédiatement leur perfection; tous deux créateurs, n'eurent point de modèles, comme ils n'eurent pas d'imitateurs; et leur renommée, qui n'empiéta sur aucune célébrité, et qu'aucune gloire ne domine, s'est conquise et assurée une place à part dans la postérité. Ornemens de leur siècle, ils surent défendre, par les armes, la patrie qu'ils illustraient par leurs chefs-d'œuvre : la victoire couronna, dans les champs de Caprona et de Campaldino, le front poétique du Dante; et Michel-Ange, qu'une tendre reconnaissance attachait à tout ce qui portait le nom de Médicis, forcé par l'honneur de sacrifier ses plus chères affections aux rigoureux devoirs de citoyen, Michel-Ange foudroya, pendant un an entier, l'armée du belliqueux Clément VII, au pied des remparts de Florence qu'il avait fortifiée de toutes les ressources de l'art de la guerre et de son génie.

La vie de ces deux hommes extraordinaires, surtout celle du Dante, fut souvent agitée. Ils portèrent leur esprit de liberté au milieu de la servitude des cours, et l'indépendance de leur caractère n'en fut point faussée. Le Dante heurta hardiment les hommes et les préjugés de son temps, et Michel-Ange résista de front aux volontés de plusieurs papes, et ne fléchit pas même sous la fougue de l'impétueux Jules. En butte l'un et l'autre à des rivalités de talent et de pouvoir, leur fin mit une cruelle différence entre leurs destinées jusqu'alors si semblables. Michel-Ange, plein de jours et de gloire, mourut debout sur le serpent écrasé de l'envie, et comme enseveli dans son triomphe; sa mort fut un deuil public; ses funérailles, une apothéose honorée des regrets et des larmes des pauvres, et tout ce qu'il y avait d'hommes supérieurs en Italie s'honora de porter ou d'accompagner ses restes mortels à la sépulture de ses pères. Le Dante, au contraire, n'ayant qu'à peine dépassé le midi de sa course, après avoir subi, dans la proscription, toutes les misères de l'exil, et traîné de factions en factions ses humiliations et sa gloire, supplié vainement la patrie ingrate qu'il avait servie de sa plume, de son épée et de ses conseils, de lui rouvrir son sein, alla, comme il le dit lui-même, « navire sans gouvernail et sans voiles, poussé de rivage en ri- « vage par le souffle glacé de l'infortune, » expier, isolé et loin de ses foyers qu'il ne devait plus revoir, ces grands torts que les républiques ne pardonnent jamais : sa vertu, son génie et son malheur. Ses ossemens, comme ceux de Scipion, ne trouvèrent de repos que dans la terre étrangère, et aucun ami ne vint pleurer sur sa tombe.

(19) Tel fut ce Ghiberti, génie universel,
    Qui, moderne Vulcain, fit les portes du ciel;
    Portes du ciel ! ainsi les nommait Michel-Ange.

Lorenzo Cione Ghiberti, fils de Bartoluccio Ghiberti, habile orfèvre, apprit, dès son enfance, cette profession de son père, et le surpassa bientôt*; mais, le dessin et la sculpture ayant encore plus d'attraits pour lui, tantôt il s'essayait à peindre, tantôt à jeter en bronze des figurines du style le plus élégant et d'une grâce infinie; il se rendit habile à contrefaire les médailles antiques au moyen des coins qu'il avait gravés, et à exécuter, par le même procédé, les portraits d'un grand nombre de ses amis. Pendant que ces travaux l'occupaient, en 1400, la peste et quelques mouvemens de discordes civiles désolèrent Florence. Il a fait lui-même le récit de ces évènemens dans un livre écrit de sa main, où il traite des choses de l'art. Forcé de quitter Florence, il se rendit à Rimini, accompagné d'un peintre de la Romagne, avec lequel il exécuta plusieurs travaux pour Pandolfo Malatesta, jeune seigneur passionné pour la peinture. Il s'occupa encore, dans cette ville, de faire des dessins, des modèles en cire, des ouvrages de stuc et d'autres ornemens; cependant la peste cessa à Florence: ce fut alors que la seigneurie et le corps des commerçans délibérèrent, comme déjà ils l'avaient fait plusieurs fois, de faire exécuter, enfin, les deux autres portes du baptistère de saint Jean, sur le modèle et dans les proportions de celles dont André Pisano avait orné cet édifice sur les dessins du Giotto. Bartoluccio, qui travaillait alors à Pesaro, fit savoir cette résolution à son fils, en l'exhortant à revenir promptement à Florence, et à se présenter au concours qu'on allait ouvrir à cette occasion. Nous dirons plus loin de quelle manière il

---

* D'après les pièces originales rapportées par Baldinucci, Laurent Ghiberti, fils d'Uguccione, nommé par abréviation, Cione, apprit l'art de modeler et celui de fondre les métaux, de Bartoluccio, mari de sa mère en secondes noces. Girodet a suivi les indications données par Vasari.

P. A. C.

réussit dans le bas-relief d'essai qu'il fit concurremment avec ses rivaux, et comment il exécuta la première de ces portes. Le succès en fut tel pour Ghiberti que, non-seulement, il fut comblé de louanges par tous les artistes, tant florentins qu'étrangers, et par toutes les classes de citoyens de la ville, mais qu'il fut aussitôt chargé des travaux les plus importans par la seigneurie, les corporations, et les princes d'Italie chez lesquels sa réputation était parvenue; cependant les magistrats de Florence reçurent tant d'éloges, à l'occasion de cette porte, qu'ils pressèrent l'exécution de la seconde, dont Ghiberti se tira avec autant d'honneur que de la première, et qui fut placée à l'entrée du milieu, d'où celle de Pisano fut enlevée. Vasari dit que c'est la plus belle production de l'art qu'on eût encore vue chez les anciens et chez les modernes; mais la plus grande gloire de ce monument est d'avoir excité l'admiration de Michel-Ange lui-même. Un jour qu'il s'était arrêté à en examiner la perfection, on lui demanda ce qu'il en pensait, et si c'était véritablement un bel ouvrage? « Ces portes sont « si belles, répartit l'auteur du *Moïse*, qu'elles mériteraient « d'être les portes du paradis ». « Eloge véritablement digne « d'un tel chef-d'œuvre, ajoute Vasari, et donné par qui pou- « vait l'apprécier ». Ces portes furent célébrées par les beaux esprits contemporains. Voici les seuls vers, de tous ceux qui furent composés à leur louange, qu'ait cités Vasari dans sa *Vie de Lorenzo*.

Dùm cernit valvas aurato ex ære nitentes
In templo, Michaël-Angelus obstupuit;
Attonitusque diù, sic alta silentia rupit:
O divinum opus! O janua digna polo!

Ghiberti fut noblement récompensé de son travail par les consuls du négoce; la seigneurie de Florence lui fit don d'une riche ferme, voisine de l'abbaye de Settimo, et peu après, il fut admis dans l'ordre des seigneurs patriciens, et revêtu de la suprême magistrature.

Voilà comme les grands artistes étaient encouragés et honorés en Italie, même avant Laurent-le-Magnifique.

(20) *Que ta beauté m'enchante, aimable Vallombreuse.*

Vallombreuse (*Vallis ombrosa* ou *Vallombrosa*), monastère célèbre d'Italie, dans la Toscane, sur l'Apennin, à six lieues à l'est de Florence ; c'est le chef-d'ordre d'une congrégation, sous l'invocation de saint Benoît, instituée par saint Jean Gualbert, au onzième siècle.

(21) *Salut, fille de Mars, reine de l'univers !*
Lève ton front paré de tes nobles ruines !

Italiam ! Italiam ! Tel fut le cri de joie des compagnons d'Énée à la première apparition des plages de l'Italie, lorsqu'ils virent cette terre qui leur était promise par les oracles, et qui devait être le terme de leurs courses et de leurs malheurs. C'est avec le même enthousiasme que l'artiste, après avoir traversé le désert aride dont Rome est environnée, aperçoit enfin, pour la première fois, le dôme de Saint-Pierre dominant à l'horizon les grandeurs abaissées de la ville antique, et toutes les magnificences de la ville moderne. Qui pourrait en effet, et surtout quel artiste pourrait aborder de sang-froid cette auguste reine des rois, que ses destins ont dédommagée du sceptre de Jupiter par les clefs de l'apôtre, et de l'épée de Mars par l'olivier de Minerve et le laurier d'Apollon ? Les souvenirs se pressent en foule dans la mémoire du peintre ; mille sentimens confus agitent son âme : dans son enthousiasme, il lui semble voir, évoquée à la voix des siècles, la maîtresse des nations élever sa tête du milieu de ses ruines, et accabler à-la-fois sa pensée de toutes les merveilles des Césars ; tandis que les prodiges des Médicis et de leurs successeurs vont se disputer son admiration, dès que ses pieds impatiens auront franchi la porte de Flaminius et les murs de Bélisaire.

(22) Rome, dis-moi, pourquoi si près de ton enceinte
La dévastation partout est-elle empreinte?

Sur la route de Sienne, et lorsqu'on approche de Rome, on trouve, près de Baccano, des restes de l'ancienne voie flaminienne. C'est à un mille environ de ce village, sur la hauteur, que l'on commence à découvrir la ville et la vaste coupole de Saint-Pierre, qui s'élève majestueusement au-dessus de tous les autres édifices, de quelque côté qu'on l'aperçoive.

Dans toute cette partie du patrimoine de Saint-Pierre, le terrain, quoique excellent, n'est point cultivé. On se contente d'y nourrir des troupeaux de moutons, qui ne suffisent pas pour consommer l'herbe qui croît dans les campagnes. Ces lieux sont presque inhabités; à peine y découvre-t-on quelques maisons de campagne, quelques métairies isolées, et, de loin en loin, quelques pièces de terres labourées par des bœufs qui, pour peu que la saison soit humide, y enfoncent jusqu'au jarret. Dans le double obstacle que leur présente, et leur pauvreté, et l'oubli du gouvernement qui pourrait seul les aider à fertiliser ces terrains, jadis cultivés par des mains victorieuses, les propriétaires, chassés par la misère et l'air pestilentiel que font régner dans les chaleurs les exhalaisons des eaux stagnantes, refluent dans la ville, et préfèrent une aumône assurée, aux avantages incertains d'une culture ingrate, toujours insuffisante et souvent impraticable.

Telle est l'idée que donne de cette solitude l'abbé Richard dans son voyage d'Italie, à l'époque où Robert, alors pensionnaire à l'académie de France, allait s'égarer dans les catacombes, sans prévoir que sa périlleuse aventure fournirait au plus célèbre poète de nos jours un de ses plus brillans épisodes*. Voici un tableau plus moderne, tracé par un amateur éclairé des arts, et qui tient, avec un égal succès, le crayon et la plume.

« La campagne de Rome, dit M. le vicomte de Sennones
« dans son intéressant ouvrage sur l'Italie, partout sillonnée
« par d'énormes crevasses, souvent par des débris d'aqueducs
« à perte de vue, privée de végétation, déserte, aride, in-
« culte, ressemble à une vaste sépulture. L'*aria cattiva* qui,
« pendant une partie de l'été, ravage un tiers de la ville,
« a frappé de mort son vaste territoire : la peur en a chassé
« tout ce qu'a épargné la fièvre. Les *ville* qui décoraient ses
« collines, abandonnées qu'elles sont, tombent en ruines, et,
« de cette immense population qui, sous les empereurs, avait
« converti les dehors de Rome en retraites délicieuses, en
« campagnes fécondes, en jardins embaumés, il ne reste que
« des arcades solitaires, que des ronces stériles, que des tom-
« beaux privés eux-mêmes de leurs paisibles habitans.

« Cependant, ce triste spectacle n'est pas sans quelque
« charme : il fait rêver le philosophe ; il offre une foule d'objets
» piquans au crayon de l'artiste, et, sur cette vivifiante pous-
« sière de l'antiquité, quelques débris des arts et de l'opu-
« lence des temps modernes attirent encore le voyageur, et
« lui présentent un spectacle digne de toute son admiration. »

« Que de belles campagnes presque incultes, absolument
« nues, s'écrie Roland (*Lettres d'Italie*). Elles offrent des
« ruines, d'anciennes tours carrées que l'on croit avoir été
« des tombeaux. Le Tibre, ce fleuve si pompeux chez les
« poètes, n'est pas beau dans ce désert qui fut le champ de
« bataille où combattirent Constantin et Maxence. Des champs
« mal cultivés, un peuple rare qui a l'air misérable, rendent
« tristes les approches de la capitale du monde. »

---

* Delille: *Imagination*, ch. IV.   P. A. C.

« Tout-à-coup, dit le président Dupaty, après avoir décrit sa
« route jusqu'à Viterbe; par un contraste nouveau, comme si l'on
« traversait les lieux habités par Armide, sous le plus beau ciel,
« rien ne se meut, rien ne vit, rien ne s'agite; dans le lointain,
« on voit Rome; le moment d'après on ne voit plus rien.

« Dans ces chemins où, jadis, de tous les coins de la terre,
« les rois et les nations accouraient; où roulaient les chars de
« triomphe; qu'inondaient les armées romaines; où le voya-
« geur rencontrait César, Cicéron, Auguste, je ne rencontrai
« que des pélerins et des mendians. Enfin, à force de percer
« le désert, la solitude, le silence, je me trouve au milieu de
« quelques maisons: je ne pus m'empêcher de verser des larmes;
« j'étais dans Rome... C'est le tombeau de Néron qui l'annonce. »

Le président De Brosses peint en abrégé la Campagne de
Rome, et la décrit dans un style qui lui est particulier... « Et
« puis, voici la vraie campagne de Rome qui se présente. Sa-
« vez-vous ce que c'est que cette campagne de Rome? C'est
« une quantité prodigieuse et continue de petites collines sté-
« riles, incultes, absolument désertes, tristes et horribles
« *au dernier point*; on ne peut rien voir de plus *vilain*. Il fallait
« que Romulus fût *ivre* quand il songea à bâtir une ville dans
« un terrain aussi *laid.* »

Ecoutons un autre voyageur, M. Creuzé de Lesser. « Que
« dire de l'état ecclésiastique? Peu de culture; peu d'hommes;
« des femmes qui font tort à ce doux nom; une terre noire et
« féconde qui semble, presque partout, accuser le gouverne-
« ment qui l'a laissé se couvrir de bruyères; quelques ruines
« éparses... Enfin on approche; on cotoye quelques masures :
« on est à Rome. On passe une vilaine petite rivière jaunâtre :
« c'est le Tibre...! »

Le génie qui inspira Corinne a tracé le tableau de cette solitude, et l'a coloré des teintes de sa brillante imagination.
« L'aspect de la campagne autour de Rome a quelque chose de

« singulièrement remarquable ; sans doute c'est un désert, car
« il n'y a point d'arbres ni d'habitations; mais la terre est cou-
« verte de plantes naturelles que l'énergie de la végétation
« renouvelle sans cesse. Ces plantes parasites se glissent dans
« les tombeaux, décorent les ruines, et semblent là seulement
« pour honorer les morts. On dirait que l'orgueilleuse nature
« a repoussé tous les travaux de l'homme, depuis que les Cin-
« cinnatus ne conduisent plus la charrue qui sillonnait son
« sein; elle produit des plantes au hasard, sans permettre que
« les vivans se servent de sa richesse. Ces plaines incultes doi-
« vent déplaire aux agriculteurs, aux administrateurs, à tous
« ceux qui spéculent sur la terre et veulent l'exploiter pour les
« besoins de l'homme; mais, les âmes rêveuses que la mort
« occupe autant que la vie, se plaisent à contempler cette cam-
« pagne de Rome où le temps présent n'a imprimé aucune trace ;
« cette terre qui chérit les morts et les couvre avec amour des
« inutiles fleurs, des inutiles plantes qui se traînent sur le sol,
« et ne s'élèvent jamais assez pour se séparer des cendres
« qu'elles ont l'air de caresser. »

L'on voit que, ici, les voyageurs qui se contredisent si souvent sont parfaitement d'accord.

Et nous aussi jeune élève, alors, mais enflammé de l'amour des arts, quelques années avant ces grands peintres, nous avons traversé ces déserts civilisés, dans un âge où la pensée, distraite et légère, glisse trop souvent sur la surface des impressions, au lieu de s'y arrêter et de les approfondir par une utile méditation. Mais il est des objets d'un caractère si positif, que leur effet est immanquable sur les imaginations, même les plus mobiles, et les souvenirs irréfléchis qu'elles en conservent dans leur jeunesse se renouvellent plus tard avec une énergie et une émotion qu'augmentent encore les regrets qu'elles éprouvent de ne plus les recevoir. C'était vers la fin de mai 1790 que je vis, que je traversai ces champs désolés. Déjà ce luxe de végétation inculte s'était desséché sous le libre rayon d'un soleil dont aucun arbre, aucun monument n'interceptait les feux. Des milliers de lézards, d'un vert d'émeraude, s'échappaient des touffes de gazon jauni que je foulais sous mes pas, et, dans leur course rapide et sinueuse, disparaissaient dans les buissons voisins, dans les crevasses des tombeaux en ruines dont ils semblaient être les génies familiers.

(23) C'est la Rome du peintre, et que le dieu des arts
    Adopta pour patrie, et choisit pour asile.

La plus fameuse ville du monde en est encore aujourd'hui la plus belle, surtout aux yeux des artistes qui ne peuvent l'avoir vue sans enthousiasme et sans desirer, après l'avoir quittée, de la revoir encore. Elle sera éternellement pour eux, malgré les pertes immenses et les dégradations que lui ont fait subir le temps et les barbares, l'école la plus instructive. Les monumens précieux qui lui restent de l'antiquité, ceux qu'elle doit à la piété des papes et à la magnificence des princes, dans les quinzième et seizième siècles; les chefs-d'œuvre de sculpture antique et moderne; les prodiges du pinceau des Raphaël, des Michel-Ange, des Jules Romain; enfin les avantages qu'elle ne tient que de la nature; son site pittoresque, le caractère de beauté, les costumes même de ses habitans et des pays qui l'environnent, font de cette ville unique, comme le muséum central de l'Europe, et le rendez-vous des artistes de toutes les nations qui viennent y puiser aux véritables sources. C'est là qu'ils épurent leur goût, qu'ils mûrissent leur jugement, et que les germes de leurs talens éclosent et se fécondent. Il n'y a eu que fort peu d'artistes, justement célèbres, qui ne se soient formés ou perfectionnés par la méditation des grands modèles dont elle offre la réunion complète. Ce ne sont pas seulement les monumens anciens ou ceux des derniers âges qui l'éclairent et qui l'instruisent; mais, dans une foule d'habitations modestes, le génie des arts semble avoir été secondé par le sol, pour en rendre les formes, la disposition, agréables et pittoresques sans cesser d'être commodes et utiles. Souvent les traces de cette influence se font remarquer jusque dans les moindres détails.

Cette concordance, ce rapport intime des beautés de la nature avec les perfections de l'art, comme si l'art eût aussi lui-même dirigé la nature, est si remarquable à Rome et surtout dans les parties de cette ville le plus remplies d'antiquités, que maintes fois j'en ai été frappé jusqu'à l'extase. Souvent je me suis demandé, en présence des perspectives grandioses que les sites m'offraient, ce qu'elles auraient pu gagner encore en beauté, si j'avais été libre d'y ajouter ou d'y retrancher à volonté, comme j'aurais pu le faire dans un tableau de pure imagination; et je restais convaincu par l'examen, que la nature, le temps et même les hommes avaient toujours bien arrangé les choses, et le plus souvent pour le mieux.

A quelles causes faut-il donc attribuer ce caractère de force et de grandeur, souvent accompagné de grâce, que présente Rome dans son ensemble et dans ses détails, si ce n'est aux belles lignes de son architecture, simples sans monotonie; aux mouvemens du terrain dont les heureux accidens multiplient les perspectives sans les confondre; au luxe d'une végétation vigoureuse, d'un vert chaud et sérieux, en harmonie avec ses ruines antiques et dont elle est la plus noble parure; enfin à ces contours ressentis, mais sans aspérités, que dessinent, sur un ciel éclatant de lumière, les montagnes qui l'environnent, et dont l'azur, vivement coloré, forme un doux et brillant contraste avec les teintes dorées de ses anciens monumens, comme avec les teintes plus suaves et plus argentines de ses édifices modernes? Si le génie de la puissance et de la victoire a pu construire le Panthéon, et faire peser sur la terre l'amphithéâtre de Flavius, c'est le génie de la religion qui a ceintré les vastes colonnades du Vatican, et qui a élevé jusqu'aux cieux le dôme de Saint-Pierre : les grandes choses sont filles des sublimes pensées et des volontés fortes.

Il n'y a que bien peu d'édifices nouveaux à Rome qui paraissent avoir été conçus par un génie capricieux, et il est remarquable qu'aucun des restes de ses nombreuses antiquités ne présente ce caractère. Chez les anciens, nul Borromini n'abusa de son talent pour enfanter des monstres, et ne courut après la gloire sur le chemin du ridicule. Parcourez Rome : mariées aux vieux débris qui semblent les protéger et devoir leur survivre, les habitations modernes en deviennent quelquefois même plus pittoresques. Construites pour le seul besoin des hommes que la raison guide toujours sûrement et sans distraction vers l'utile, le mauvais goût, qui naît tout aussi naturellement des écarts d'une imagination désordonnée, n'a pu y trouver sa place, et c'est ainsi que le beau devient compagnon du bon et ne saurait s'en séparer. Figurez-vous l'aspect qu'aurait présenté le môle d'Adrien, condamné enfin par la guerre et par le temps à changer de face, si, après avoir été converti en forteresse, ainsi que sa masse pesante et sa position en désignaient l'usage, au lieu de l'avoir environné de créneaux et surmonté de bâtimens uniquement appropriés à la défense, comme le firent les derniers empereurs qui disputèrent l'empire aux barbares du nord, le caprice des papes en eût couronné le sommet par des pavillons chinois, ou, si vous l'aimez mieux, par des clochers pointus, semblables à ceux de nos cathédrales gothiques. Au milieu du Campo-Vaccino, vénérable débris du Forum antique, au lieu de ces fabriques véritablement utiles, qui n'ont tout au plus que l'élégance de la simplicité dont ne s'offense point la majesté de ces ruines, représentez-vous un jardin anglais avec son désordre compassé, ses ruines postiches, son ruisseau d'emprunt, ses bergers grimaçans, ses vases mesquins : sans oublier le rocher obligé, sa grotte mystérieuse et l'indispensable pont sentimental, sublime complément de ces admirables colifichets. Contemplez, sur le Palatin, le cadavre gisant de la maison des empereurs, où les chefs des peuples venaient adorer les maîtres du monde ; voyez ces voûtes en arcades, ces piliers gigantesques, tantôt encore debout, retraite de l'oiseau qui fuit le jour, repaire du reptile ennemi de l'homme ; tantôt démolis de fond en comble, et dont les blocs informes de briques et de marbres, écroulés, entassés les uns sur les autres, jonchent au loin le sol jadis témoin de leur splendeur. Liés entre eux par de longues chaînes de ronces, enveloppés par les réseaux des lierres séculaires, ils sont pris par les filets du temps et de la destruction. Parmi les fragmens enfouis des frontons et des colonnes, s'élève et s'accroît d'heure en heure cette végétation indépendante et vigoureuse, qui masque les plaies incurables que la fortune a faites au palais de ses favoris. Ici, les molles acanthes, aux larges feuilles découpées comme le chapiteau de Corinthe, croissent pêle-mêle au pied des touffes de lauriers et des myrtes incultes dont les tiges aïeules couronnèrent peut-être de leurs jeunes rameaux les fronts chauves des Césars. Là, se dresse, auprès de l'arbre de la paix, l'obélisque de la mort, le lugubre cyprès : sa noire verdure s'alimente de la terre des ruines ; elle les couvre de son deuil, et protège de son ombre épaisse la chaumière du jardinier qui veille sur cette poussière des trônes, et qui plante ses broccolis et ses laitues où furent les galeries dorées de Néron.

Sur ce vaste théâtre du néant des grandeurs, empreint du cachet sévère des siècles et des révolutions, supposez, dis-je, les petits cabinets de verdure bien peignés, illuminés en verres de couleurs ; les jeux de bagues ; l'orchestre en bois de sapin qui tremble sous le coup d'archet résolu du ménétrier ; la balançoire et les montagnes russes où nos jolies grisettes vont chercher des émotions ; enfin, toutes les pauvres richesses et le luxe indigent dont brillent les bals champêtres des environs de Paris, et dites-moi quelle impression en recevrait, non pas un philosophe, non pas un artiste ni un amateur, mais tout homme qui, même insensible au charme et à la puissance des grands souvenirs, ne serait doué que du plus léger sentiment des convenances locales purement matérielles.

Les embellissemens enlaidissent les ruines ; les enjolivemens les déshonorent : les couronnes des patriarches sont leurs cheveux blancs et leurs rides. Quel artiste insensé oserait couvrir d'une guirlande de roses le diadème d'airain du vieux Saturne ?

(24) D'un pied respectueux, d'un œil contemplateur,
De ces murs qu'embellit leur mourante splendeur
Ensemble parcourons l'enceinte vénérable.

Ces ruines si imposantes de l'ancienne Rome sont naturellement ce que le peintre d'histoire est le plus empressé de visiter à son arrivée dans la capitale du monde chrétien. Tandis que l'homme oisif, qui ne voyage souvent que pour voyager ou pour promener son ennui, va d'abord porter son admiration obligée à la basilique de Saint-Pierre, sur la foi de Lalande ou de Cochin, l'artiste vole au Campo-Vaccino, au Capitole, au Colisée ; il court admirer les débris des aqueducs, des arcs de triomphe et des vieux murs qui les enfermaient dans leur enceinte. Les prodiges des modernes n'obtiennent son hommage qu'après les chefs-d'œuvre de l'antiquité ; mais, bientôt, ils deviennent tous l'objet, non-seulement de ses études sérieuses, mais encore de ses délassemens et de ses promenades favorites dont aucune n'est infructueuse. Le livre de croquis à la main, il esquisse, tantôt un point de vue agréable, une fabrique élégante; tantôt une statue, un fragment de bas-relief où respire le génie de la Grèce. Les groupes animés des gens du peuple, enveloppés de leurs manteaux à larges plis; leurs jeux, leurs querelles ou leur repos, tout est pour lui matière d'observation, car tout est pittoresque dans cette ancienne métropole des arts. C'est véritablement la ville du peintre, du sculpteur et de l'architecte. Que l'on ajoute à tous ces motifs qu'ont les artistes de se plaire à Rome, ceux qui résultent de l'impression des grands noms, des grands souvenirs qui se rattachent à ses monumens, tant anciens que modernes, et qui alimentent sans cesse leur enthousiasme; la liberté douce, illimitée dont ils jouissent; le calme studieux de la méditation qu'ils y goûtent, et auquel l'âge heureux des illusions et de l'espérance donne encore un charme plus attrayant; enfin ce *dolce far niente*, si agréable par intervalle, mais où leur pensée, loin de rester oisive, embrasse avec ardeur de nouveaux projets d'études, et s'arrête avec complaisance sur l'idée d'une célébrité prochaine dont ils n'ont pas encore prévu les obligations et les dangers, et l'on pourra se faire une idée, quoique imparfaite encore, des jouissances aussi vives que pures des jeunes artistes dans cette antique et auguste capitale du monde, l'objet éternel de leurs desirs, de leur bonheur ou de leurs regrets.

(25) Voici ce Capitole, arbitre des humains,
Dont Rome à sa fortune enchaîna les destins.

Il semble que les premiers Romains, en construisant cette forteresse, aient eu la prévision de leur grandeur future. Ils avaient bâti ses murs de grandes pierres carrées, et les avaient flanqués de hautes tours qui environnaient de toutes parts le mont, alors escarpé, qui lui sert de base; par la multitude de temples qu'ils y bâtirent, dès l'origine et depuis, ils semblèrent l'avoir mis sous la protection des dieux, et les avoir intéressés à la conservation de ce monument. C'était là que dominait, sur tous les autres, celui de Jupiter *Capitolin* où les triomphateurs apprenaient, du haut de leur char de triomphe, à modérer leur ambition à l'aspect de la roche Tarpéienne. On y conservait les livres sibyllins, les boucliers votifs; les dépouilles des ennemis vaincus y étaient suspendues. La magnificence de ce temple fameux s'accrut à mesure que Rome étendit ses conquêtes. Les dons des rois et des peuples alliés y affluaient. Des simulacres de divinités, parmi lesquelles on n'avait garde d'oublier ceux de la Victoire; une prodigieuse quantité des plus riches métaux; des couronnes d'or, des vases précieux, des trépieds sacrés; enfin tout ce qui contribuait à la pompe de la religion, y formait un trésor immense.

Si, sous les rois, la statue du dieu n'était que d'argile coloré de cynabre, cependant elle nourrissait la piété des peuples et excitait la crainte et l'admiration. Elle fut remplacée, sous les empereurs, par une statue d'or armée de la foudre et d'une lance; on croit que la statue de Jupiter était tournée vers l'orient, ou vers le Forum. Les autres temples principaux du Capitole étaient celui de Jupiter *Feretrius*, bâti par Romulus, après qu'il eut vaincu Acron, roi des Céniniens; celui de Jupiter *Tonnant*, dédié à ce dieu par Auguste, pour lui rendre grâce de n'avoir pas été même effleuré de la foudre qui tua un de ses favoris à ses côtés. Il reste encore, de ce dernier monument, quelques colonnes et une portion d'entablement qui étaient presque enfouis jusqu'à ces derniers temps: on les a dégagés des démolitions qui les encombraient. Non loin de ces débris, sont ceux du temple de la Concorde, qui, consumé dans un incendie, fut reconstruit depuis par un décret du sénat. On voyait encore, sur le Capitole, le temple de la Foi, érigé par Numa-Pompilius. La foudre le détruisit, et, avec lui, la bibliothèque fondée par Domitien, les archives où se conservaient les délibérations et les décrets du sénat, le plébiciste et le recueil des lois gravées sur des tables de bronze, jusqu'au nombre de trois mille, comme l'atteste Suétone, dans la Vie de Vespasien. La partie inférieure de cet édifice avait été consacrée, par Aurélien, à former une école publique des beaux-arts, sous le nom d'*Athenœum*. Les auteurs font encore mention des temples d'Isis, d'Osiris, de la Fortune; de celui de la Pensée, monument votif élevé par le préteur T. Otacilius, lorsqu'il fut décemvir; de celui de Vénus *Calva*, ainsi nommée du sacrifice que firent les femmes romaines de leurs cheveux, lorsque les défenseurs du Capitole en armèrent leurs arcs au lieu de cordes, pour repousser les Gaulois; et, enfin, celui de Jupiter *Conservateur*, bâti par Domitien au lieu même où, dans la guerre contre Vitellius, il échappa aux ennemis qui le poursuivaient, déguisé sous le costume et mêlé dans le cortège des sacrificateurs. Ces temples, séparés, étaient construits, les uns sur la roche, les autres sur le Capitole proprement dit.

Le Capitole fut brûlé du temps de Sylla; un nouvel incendie l'ayant consumé sous Vitellius, Vespasien le rétablit : il éprouva le même sort sous Tite, et Domitien en répara les ruines.

M. le baron de Théis, dans ses *Lettres romaines*, fait ainsi parler Polyclète à Crantor : « Les autres temples de cette ville
« immense, quoique moins magnifiques que le Capitole, éton-
« nent encore par leur splendeur. A l'aspect de cette inconce-
« vable quantité de statues d'or et d'argent, de ces vases, de
« ces coupes enrichies de pierres précieuses, de tant d'objets
« plus riches encore par le travail que par la matière, on ne
« peut se défendre de penser que la piété des Romains a été
« plus ruineuse pour les peuples que leur ambition. »

C'était encore sur le Capitole qu'était située la maison de Romulus, bâtie de roseaux et d'osier, et que les prêtres avaient soin d'entretenir et de réparer avec les mêmes matières. Ovide l'a célébrée dans ses fastes ;

> *Quæ fuerit nostri si quæris regia nati,*
> *Aspice de cannâ straminibusque domum.*

M. Huyot, membre de l'académie des beaux-arts, célèbre par son voyage en Grèce avec M. le comte de Forbin, a cherché à concilier les divers auteurs qui ont parlé de ces anciens édifices, dans une restauration entière du Capitole, où la science de l'antiquaire est réunie au talent de l'architecte. Ce beau monument servira, sans doute, à fixer les idées sur la magnificence que devait présenter cette célèbre forteresse, dans les plus beaux temps de sa splendeur.

Il ne reste plus, de ces antiques et majestueux édifices, que quelques substructions qui servent de fondations aux palais modernes, et des églises, dont la principale est celle des capucins, dite l'*Ara Cœli*, bâtie, selon quelques auteurs, sur l'emplacement qu'occupait le temple de Jupiter Capitolin, et du côté opposé à la roche Tarpéienne. Les femmes du peuple de Rome montent aujourd'hui les degrés qui y conduisent, toujours agenouillées, et prient Dieu tout bas de les faire gagner à la loterie.

(26) Sont-ce là les degrés qu'en son noble dédain
    Monta ce Scipion, vainqueur de l'Africain?

Selon Tacite, liv. III de ses *Histoires*, les murs du Capitole étaient percés de plusieurs portes ; d'autres prétendent qu'il n'en existait qu'une seule, en bronze, à laquelle aboutissaient trois rues qui partaient du Forum. Il faudrait donc en conclure que l'escalier moderne qui monte à l'*Ara Cœli* n'est point construit sur l'emplacement des degrés antiques par lesquels on montait au temple de Jupiter Capitolin, puisque cet escalier est situé à l'opposé du Forum. Ce ne serait donc pas de ce côté que Scipion y serait monté dans la circonstance dont il s'agit, mais sans doute par le Clivus Capitolinus ; ce qui est d'autant plus probable, que c'était au Forum que se tenait l'assemblée du peuple, lorsque ce grand homme y fut assigné par les tribuns à rendre compte de sa conduite.

(27) Mais toi, Titus, dont l'âme en vertus si féconde
T'avait fait surnommer les délices du monde....
Vertueux Antonin.......

L'arc de Septime-Sévère et d'Antonin (Caracalla), son fils, est situé au pied du Capitole et regarde le Forum. Il a été décrit savamment par Suarès, évêque de Vaison, qui l'a rétabli dans sa magnificence triomphale, d'après un ancien médaillon de cet empereur. Il a été publié depuis par Bellori, avec les gravures de Pietro Santi Bartoli, et sur l'autorité des médailles de Septime-Sévère et de ses fils. Cet arc était couronné par un char de triomphe, attelé de six chevaux, où se voyaient les statues de Sévère et de Caracalla ; ou, peut-être, des deux Césars Caracalla et Geta. Des statues de guerriers, à pied et à cheval, étaient placées des deux côtés du char. Les lettres de l'inscription, creusées dans le marbre et de la grandeur de deux pieds romains chacune, étaient fondues en bronze de Corinthe : elles en furent arrachées par les Goths. Nardini et d'autres auteurs affirment qu'après la mort de Sévère, Caracalla, par haine pour son frère, fit effacer de cette inscription ces mots : *Et P. Septimio Getœ, nobilissimo Cæsari opt.*, et y substituer ceux-ci : *Optimis fortissimisque principibus.* Aujourd'hui, et depuis long-temps, cet arc n'a plus d'autres ornemens que les bas-reliefs où sont représentés les combats et les triomphes de Sévère sur les Parthes, les Adiabéniens et les Arabes, après ses victoires contre Pescennius Niger et Clodius Albinus, qui lui disputaient l'empire. Selon le cardinal Baronius, cet arc fut érigé l'an de J.-C. 205 ; ce n'est que depuis quelques années que sa base, enfouie à près de deux toises de profondeur, a été dégagée et mise à découvert. On l'a entourée d'une balustrade, et, en descendant jusqu'au sol antique, les artistes peuvent aujourd'hui connaître ses véritables proportions.

Les négocians et les banquiers (*argentarii*), ou plutôt, peut-être, les orfèvres, avaient érigé aussi un arc de triomphe à Septime-Sévère, à l'impératrice Julie, sa femme, et à ses fils, dans le *Forum Boarium*, bâti sur l'emplacement de l'ancien *Velabrum*. Il est encore debout; il touche à l'église de Saint-Georges. On y voit, dans un bas-relief, l'empereur Sévère et l'impératrice Julie sacrifiant à la Paix dont l'effigie a disparu. Un autre offre Caracalla et Geta représentés dans la même action; mais la figure de Geta fut, après sa mort, effacée par l'ordre de son frère, ainsi que son nom dans l'inscription de la face de ce monument.

L'arc de Titus, fils de Vespasien, surnommé les délices du monde, fut érigé, après la mort de ce prince, par le sénat et le peuple romain, sous le règne de Trajan, dans la voie sacrée, en mémoire de ses exploits militaires et, principalement, de la prise de Jérusalem. L'un des bas-reliefs placés sur les côtés intérieurs de l'arc, représente Titus couronné par la Victoire, dans un char de triomphe traîné par quatre chevaux, dont la figure de Rome tient les rênes. Des licteurs précèdent la marche qui est fermée par des personnages, vêtus de la toge, que l'on peut supposer des sénateurs ou des patriciens. L'autre offre une partie du cortège qui précédait le triomphateur. Les personnages qui le composent portent les dépouilles du temple de Jérusalem: la table des pains de propitiation, le vase des libations, les trompettes des chantres, et, enfin, le fameux chandelier d'or à sept branches; on remarque, parmi ces figures, celle d'un chevalier romain, portant sur sa tunique un des ornemens distinctifs de son ordre, appelé *Phaleræ*, et qui était enrichi de clous d'or. Tous les personnages sont couronnés de lauriers, et plusieurs en portent une branche à la main. A la voûte de l'arc, on voit Titus porté au ciel par un aigle : c'est la consécration, l'apothéose de l'empereur.

La colonne Antonine, érigée sur la voie Flaminienne à la mémoire d'Antonin-le-Pieux, en vertu d'un décret du sénat, est-elle un monument de la piété filiale de Marc-Aurèle qui, après deux expéditions successives contre les Germains et les Sarmates qu'il vainquit, la fit élever en l'honneur de son père ? Les bas-reliefs, sculptés en spirale depuis la base de cette colonne jusqu'à son chapiteau, surmonté anciennement par la statue d'Antonin, pourraient faire supposer qu'elle fut consacrée à Marc-Aurèle lui-même, puisqu'ils représentent les évènemens de cette double expédition ? C'est, au reste, sur quoi les érudits ne sont pas d'accord. Sixte-Quint restaura ce monument et le dédia à l'apôtre saint Paul, dont il fit placer au sommet la statue en bronze doré, en l'année 1589, la quatrième de son pontificat.

La colonne de Trajan, qui occupait le milieu du forum de cet empereur, bâtie par l'architecte Apollodore, était aussi un témoignage de reconnaissance et d'admiration du sénat et du peuple romain pour la valeur et les vertus de ce prince. Elle est d'une forme semblable à la colonne Antonine, et l'on y voit représentée en bas-reliefs toute la guerre des Daces, qui comprend la première et la seconde expédition contre le roi Décébale. Au-dessus du chapiteau, était placée la statue de Trajan en bronze doré, tenant d'une main un sceptre, et, de l'autre, le globe qui renfermait ses cendres : elles avaient été apportées de Sélinunte, en Cilicie, où il mourut à l'âge de soixante-quatre ans.

La sculpture de ce monument est supérieure, sous le rapport de l'art, à celle de la colonne Antonine. On y compte environ deux mille cinq cents figures qui paraissent l'ouvrage du même ciseau. La base, toute sculptée, où sont représentés les trophées d'armes enlevées aux Daces, est d'un travail admirable: elle était restée enterrée jusqu'au pontificat de Paul III qui la fit découvrir; mais, ce fut encore aux soins de Sixte-Quint que l'on dut la restauration de tout le monument, en 1588. Ce pontife fit placer au sommet la statue du prince des apôtres, fondue en bronze doré, sous la direction de l'architecte D. Fontana.

La colonne Antonine et la colonne Trajane, les deux antiquités les mieux conservées peut-être de l'ancienne Rome, sont celles qui intéressent le plus l'artiste, l'historien, le guerrier et le philosophe. C'est une idée noble, ingénieuse et utile que celle d'avoir représenté sur ces monumens de gloire, d'une manière lisible pour tous les peuples et dans tous les temps, l'histoire des évènemens qui en ont motivé l'érection. Non-seulement ces monumens nous offrent la série des faits historiques, mais encore ils ont jeté le plus grand jour sur une foule de détails que les meilleures descriptions ne pouvaient faire connaître qu'imparfaitement; particulièrement sur les costumes des Romains à cette époque, et sur ceux des peuples barbares contre lesquels ils combattaient.

Ces deux colonnes sont entièrement en marbre; on y monte par des escaliers intérieurs, éclairés par de petites fenêtres, et qui conduisent du sol d'où s'élève la colonne, jusqu'à la balustrade qui entoure les statues qu'on y voit aujourd'hui.

(28) . . . . C'est ici que la Peur
  Vit son temple érigé des mains de la valeur.

La peur, que les Romains nommaient *pavor*, *timor* et *pallor*, était adorée chez eux comme chez les Grecs. Tullus Hostilius, dans un combat contre les Albains où son armée pliait, voua un temple à la Peur, et il remporta la victoire; depuis, Rome honora toujours cette divinité dont le culte est rappelé sur les médailles de la famille Hostilia: elles offrent une tête avec les cheveux hérissés, le visage élevé, la bouche ouverte et le regard troublé, véritable image de la peur.

(29) Ce forum, où grondait la discorde civile,
    Offrit à la Concorde un temple pour asile.

Les Romains avaient élevé plusieurs temples à la Concorde : le premier lui avait été consacré par Camille, lorsqu'il rétablit la paix entre les nobles et les plébéiens ; le sénat et le peuple le reconstruisirent après qu'il eut été consumé par un incendie. Tibère le fit orner magnifiquement, et l'on sait, par une inscription, que Constantin l'a également restauré. Le sénat y tenait souvent ses assemblées. Les restes de ce temple se voient encore aujourd'hui, au bas du Capitole, près de l'arc de Septime Sévère. Il n'en reste que sept colonnes surmontées de leur entablement mutilé, sur lequel on lit encore l'inscription suivante :

Senatus populusque romanus
Incendio consumptum
Restituit.

On montait à ce temple par un grand nombre de gradins, selon ce que dit Cicéron dans sa *deuxième Philippique*.

Les décemvirs Marius et Caïus Attilius bâtirent, sur la roche Tarpéienne, un autre temple à la Concorde, qui avait été voté par Lucius Manlius, comme le rapporte Tite-Live, liv. II de la *troisième décade*.

Plutarque dit qu'on lui fit bâtir une chapelle d'airain, de l'argent provenu d'une taxe sur les publicains.

Appien rapporte qu'après le meurtre des Gracques, le consul Opimius fit élever un temple à la Concorde dans le *Forum romanum*, en vertu d'un décret du sénat. On écrivit sur le frontispice, ce qui irrita le peuple : *Vecors facinus Concordiæ fanum fecit*. Saint Augustin qui avait vu ce temple, le désigne ainsi : *Ædem Concordiæ, testem cœdis et supplicii Gracchorum.*

Comme il n'est point question, dans les auteurs, d'un autre temple de la Concorde dans le *Forum*, on est fondé à conclure que celui bâti par le consul Opimius fut construit sur les fondations, ou du moins sur l'emplacement de celui qui avait été consacré par Camille.

Ce fut dans ce temple que furent jugés les complices de Catilina, et les voûtes que soutenaient les colonnes qui nous en restent retentirent des paroles éloquentes qui sauvèrent la patrie.

Les chevaliers romains, assis sur les degrés du vestibule, veillaient à la sûreté et à la tranquillité des magistrats assemblés dans l'intérieur du temple, et les plus puissans rois de l'Asie se croyaient honorés d'avoir une place parmi eux. On voyait à son sommet une statue de la Victoire, qui fut renversée par la foudre, l'an de Rome 552, selon Tite-Live.

(30) Et Rome, dont le fer ne reposait jamais,
    Malgré Mars éleva des autels à la Paix.

Ce fut après avoir terminé la guerre contre les Juifs, que Vespasien éleva le fameux temple de la Paix, auprès de l'arc de Tite son fils, sur les ruines du portique de la maison dorée de Néron. C'était l'édifice le plus considérable, à l'exception, peut-être, des monumens égyptiens, de tous ceux qu'on eût vus jusqu'alors, non-seulement à Rome, mais encore dans toutes les autres villes alors existantes, ainsi qu'on peut le voir dans Pline, chap. xv du xxxvie livre, et dans le 1er livre d'Hérodien. L'or et l'argent avaient été employés avec profusion pour l'embellir. C'était dans ce temple, comme dans un asile inviolable, que les citoyens les plus opulens déposaient leurs trésors. Ammien-Marcellin, livre xvi, le compte au nombre des merveilles de Rome. Lorsque le roi de Perse Hormisdas vint dans cette ville, le temple de la Paix excita sa surprise et son admiration, que se partagèrent aussi l'amphithéâtre de Vespasien, les temples de Jupiter au Capitole, le Panthéon, le forum de Trajan et quelques autres grands édifices.

Il n'existe plus aujourd'hui de ce temple que trois arcades, ou voûtes immenses, dont les murs d'appui sont à moitié ensevelis. La partie correspondante a disparu, ainsi que la nef du milieu, qui était soutenue par huit colonnes d'ordre ionique; une seule de ces colonnes restait sur pied sous le pontificat de Paul V : ce pontife la fit élever dans la place de Sainte-Marie-Majeure, où on la voit encore.

La largeur de ce temple était d'environ deux cents pieds romains, sur trois cents de longueur. Les constructions intérieures étaient recouvertes de lames de bronze doré. Outre les immenses richesses que contenait ce temple, il était rempli de statues d'une parfaite beauté, dues au ciseau des plus fameux sculpteurs; on en remarquait une, entre autres, que Vespasien avait dédiée à Vénus, et qui était l'ouvrage de Timante, artiste d'une grande célébrité.

Josèphe, chap. XIX, au livre VII de la *Guerre des Juifs contre les Romains*, dit que Vespasien y déposa les dépouilles les plus précieuses du temple de Jérusalem, excepté cependant les tables de la loi et les voiles de pourpre du même temple qu'il fit mettre dans son palais. Ces dépouilles devinrent depuis la proie de Genseric, roi des Vandales, qui les porta en Afrique; elles tombèrent ensuite dans les mains de Bélisaire, et furent exposées à Constantinople parmi les pompes de son triomphe. Enfin l'empereur Justinien les distribua généreusement à plusieurs églises de Jérusalem, ainsi que le rapporte Procope, liv. II, *de Bello vandalico*.

Cependant l'arche d'alliance resta à Rome; on la conserve à Saint-Jean-de-Latran. Les barbares n'en firent plus aucun cas, lorsque, ayant enlevé les lames d'argent qui la couvraient, ils se furent aperçus qu'elle n'était construite que de simple bois.

A. Gelle (chap. XXI, liv. VI) fait mention de la bibliothèque de ce temple en ces termes : « *Commentarium de prolo-* « *quiis Lelii docti hominis qui magister Varronis fuit, studiosè* « *quæsivimus, eumque in pacis bibliotheca repertum legimus.* »

On voyait dans le même temple une grande statue du Nil, en basalte, avec seize enfans qui jouent autour de lui : elle orne maintenant le jardin du pape au Belvédère. Enfin, c'était dans le temple de la Paix, et au milieu des plus savantes peintures du même maître, qu'on admirait le fameux tableau d'Ialisus de Protogène, dont nous parlerons avec quelques détails dans les notes du sixième chant. *

Ceux qui professaient les beaux-arts et qui en donnaient des leçons publiques, s'assemblaient dans le temple de la Paix, afin qu'en présence de cette divinité, toute aigreur fût bannie de leurs discussions : « idée ingénieuse, dit M. Noël dans son « excellent Dictionnaire mythologique, et qui devrait trouver « chez nous son application. » Les malades, d'après ce que rapporte Gallien, s'y rendaient en foule, ainsi que ceux qui y venaient faire des vœux pour leurs amis alités ; aussi ce grand concours excitait-il continuellement des querelles dans le temple de la Paix.

Cet édifice ne dura pas plus d'un siècle ; il périt, sous le règne de Commode, dans un incendie nocturne dont la cause resta inconnue. Cet incendie embrasa tout le quartier, et consuma, entre autres monumens remarquables, le temple de Vesta. Tous les trésors qu'il renfermait appartenant, soit à l'état, soit à des particuliers, furent anéantis, et un grand nombre de fortunes furent renversées de fond en comble.

* *Voyez* la note 13 de ce chant.   P. A. C.

L'incendie fut si prompt et si violent qu'on ne put rien en retirer : des ruisseaux de métaux fondus coulaient dans la voie sacrée. On voyait au palais Farnèse l'inscription qui fut placée au frontispice de ce temple, lors de sa dédicace.

PACI. ÆTERNÆ. DOMUS. IMP. VESPASIANI. CÆSARIS. AUG.
LIBERORUMQUE. EJUS. SACRUM.

(31) *Ces débris où la Gloire adora la Fortune.*

Les Romains avaient bâti, en dedans et en dehors de Rome, un grand nombre de temples à la Fortune, dont Plutarque parle dans son *Traité sur la Fortune des Romains*. Cette divinité ne pouvait attendre moins d'un peuple qu'elle avait si constamment comblé de ses faveurs.

La Fortune *équestre* avait, selon Vitruve, un temple auprès du théâtre de Pompée ; à quatre milles hors de la porte Latine, on en voyait un consacré à la Fortune *féminine*, à l'occasion de la victoire remportée par la mère de Coriolan sur la barbare résolution de son fils. La statue de la déesse qui était dans ce temple ne pouvait être touchée par les femmes qui avaient été mariées plusieurs fois. Sur le Quirinal, était le temple de la Fortune *primigenia*, celle qui protégeait les premières couches des femmes. Selon Tite-Live, il avait été élevé pendant la première guerre punique, par Quintus-Marcius, triumvir[*]. Lampridius raconte qu'Héliogabale en fit, pour les femmes, un lieu d'assemblée, appelé *Senaculum*, où elles se réunissaient pour célébrer les fêtes de la bonne déesse, celles appelées *matrales* et *matronales*, qui avaient lieu dans divers endroits de la ville.

Le caractère que les Romains attribuaient à la Fortune, d'at-

---

[*] D'après Plutarque, le temple de la Fortune *primigenia* aurait été élevé par Servius-Tullius, et ce nom de *primigenia* lui aurait été donné pour indiquer qu'elle était l'aînée.   P. A. C.

tirer tout à elle et de tout garder, lui avait fait ériger, sur le Capitole, un temple sous le nom de *viscosa*.

Il ne reste plus rien de ces temples, ou, s'il en existe quelques débris, ils sont confondus dans la ruine commune de la ville antique. Il en est un cependant que la déesse à laquelle il était consacré a préservé jusqu'à présent de la destruction : c'est celui de la Fortune *virile*, bâti près des bords du Tibre, et que quelques antiquaires, entre autres, Marliani, croient avoir été dédié à la Pudicité. Il l'est aujourd'hui à sainte Marie Egyptienne. *

Il paraît, d'après les auteurs, qu'il y aurait eu, à-peu-près dans le même emplacement, un autre temple dédié à la Fortune par le roi Servius-Tullius **, et que, si l'on doit ajouter foi à l'assertion de Valère-Maxime, parmi plusieurs statues dont il était orné, celle de ce roi, faite en bois doré, ne reçut aucune atteinte du feu, lors de l'entier embrasement de cet édifice.

Parmi les autres temples de la Fortune qu'il serait trop long d'énumérer, nous remarquerons celui que Néron lui avait fait bâtir en pierres transparentes, sans doute par caprice, et celui que Quintus-Catullus lui avait consacré sous ce titre : à la Fortune du *Jour*. Probablement il fut assez fréquenté des anciens Romains; mais, de notre temps et chez nous, on s'y étoufferait.

Il y avait sur le mont Esquilin un temple dédié à la mauvaise Fortune.

* « Il y a celuy de Fortune *virile* qui fut basty par Ancus Martius, « quatrième roy, et ainsi nommé, pour autant qu'il estima avoir eu autant « de fortune que de vaillance, à obtenir la victoire. (PLUTARQUE, *Traité de la fortune des Romains*, trad. d'Amyot.)   P. A. C.

** Le temple élevé par Servius-Tullius, et consacré à la Fortune *primigenia*, était sur le Capitolin. (PLUTARQUE, *loco citato*.)   P. A. C.

(32) Vain espoir! des vainqueurs d'Annibal, de Persée,
   Les noms ont disparu, la cendre est dispersée,
   Et la mort même a fui de leurs tombeaux déserts.

Les Romains avaient plusieurs sortes de tombeaux; les uns, apparens, bordaient ordinairement les grands chemins: on sait que la voie Appienne, qui conduisait de Rome à Capoue, et nommée par les Romains la reine des voies, en était bordée; les autres étaient construits sous terre: on y descendait par des degrés ou avec des échelles. Ces constructions souterreines formaient souvent plusieurs chambres, dans les murs desquelles on pratiquait des niches: c'était là que l'on plaçait les urnes où étaient renfermées les cendres, distinguées par les noms des morts à qui elles appartenaient.

Ce fut sous le pontificat de Clément X, en 1674, que l'on découvrit, sur la voie Flaminienne, à environ cinq milles de Ponte-Molle, vers la tour de Quintus, le beau sépulcre de la famille Nasonia, consistant en une chambre souterreine richement ornée de diverses peintures à fresque et en mosaïques, et de plusieurs bas-reliefs qui furent dessinés et publiés par P. Santi Bartoli avec les explications de Bellori. Qu'Ovide fût, ou non, l'un des chefs de cette famille, ce qu'on ne peut assurer, puisque Nason n'est que le surnom ajouté à son nom propre de Publius Ovidius, il est certain du moins que son image y était représentée dans un même tableau avec Mercure, une muse et une femme que le commentateur pense être Périlla, femme de ce poète*, qu'il avait aimée tendrément, et qu'il avait initiée dans les secrets de la poésie.

Mais il ne faudrait pas en conclure que ce tombeau ait renfermé les cendres de l'amant de Corinne, puisque, long-temps avant qu'il fût bâti par Quintus Naso Ambrosius que

---

* Perilla était fille d'Ovide qui a célébré, dans ses vers, son talent pour la poésie.   P. A. C.

l'on peut croire un descendant d'Ovide, le poète avait fini ses jours à Tomes, sur les bords du Pont-Euxin. Mais ce n'est pas de ce monument qu'il est ici question.

Le tombeau que l'on croit être celui des Scipion, était situé à quelques milles du monument de Cæcilia Metella, sur la voie Appia, près de l'église dite aujourd'hui: *Domine quò vadis*. Le corps du poète Archias y avait été déposé. On y avait placé plusieurs statues, parmi lesquelles on voyait celle du poète Ennius. P. Santi Bartoli a dessiné ce monument, dont la base carrée est bâtie en grandes pierres de taille. Le monument est rond et décoré, à l'extérieur, de huit grandes niches en ouvrage réticulaire. Une petite tour, dont la construction paraît moderne, et qui est semblable à un colombier, couronne cette ruine dans laquelle on voudrait croire que les cendres du vainqueur d'Annibal, ou des autres grands hommes de son illustre famille, aient été autrefois déposées.

Le plan de ce monument indique une chambre intérieure en forme de croix grecque, dont P. Santi Bartoli n'a donné ni dessin ni description.

J'ignore si l'on a trouvé quelque monument funéraire que l'on puisse croire être celui de Paul-Emile; mais, dans la capitale des ruines, où il en existe tant qui ont été qualifiées sans preuves, il ne tient qu'aux voyageurs, aux savans, aux artistes et aux antiquaires, de se faire des illusions qui se changeront bientôt en certitudes convenues, en prenant soin de les étayer par de savantes et, surtout, par de longues dissertations.

Pirro Ligorio a fait plusieurs dessins, conservés à la bibliothèque du Vatican, et gravés par Bartoli, qui représentent l'intérieur de quelques-uns de ces tombeaux souterreins. Ils offrent, entre autres, la façade du *colombarium* de la famille Pompéia, découvert sur la voie Appienne, dans l'enceinte de

Rome même, près la porte Capène; et le mur latéral d'un monument de cette espèce qui paraît avoir été destiné aux personnes attachées au service du palais, sous Tibère. Au bas des niches uniformes et parallèles, où étaient les urnes qui renfermaient leurs cendres, on lit, entre autres inscriptions, celles-ci :

Callisthène, veneur de César;

Chrestus Arpus, barbier;

Pantas, baigneur de César;

Cytioforus, médecin oculiste, repose ici;

Livus, notaire d'Auguste;

Silicius, médecin oculiste;

Phronimus, bibliothécaire pour les manuscrits grecs;

Callisthène, huissier de la chambre de César;

C. Julius Stirax, secrétaire pour les lettres latines;

Longinus, portier;

L. Valerius Stractus, secrétaire pour les lettres grecques;

Caïus, esclave;

A. Ti. Claudius Pyrrus Tacius, ouvrier;

Claudius Amianthus, ouvrier pour les tentes d'Auguste;

Aux dieux mânes de Januaria, esclave de César : elle vécut vingt-cinq ans et vingt-deux jours. Eutychus à son épouse;

A. Characterus, valet-de-pied de Tib. César Aug.;

Quint. Fulvius; Quint. L. Stasimus Felicula, les délices de Stasimus;

Titus Julius, échanson de Tibère Auguste. O. H. S. S.

Il faut observer qu'aucune des peintures dont ces chambres sépulcrales sont ornées ne représentent ni objets repoussans ni scènes violentes : ce sont au contraire, en général, des sujets gracieux ou qui respirent une douce mélancolie.

Les anciens ont eu sans doute une idée touchante, en destinant un seul monument aux cendres de chaque famille. On sait que, dans la famille, les Romains comprenaient, non-seulement tous les parens, mais encore les serviteurs, les esclaves, les affranchis et même les chiens. Ainsi, les cendres de ceux qui avaient été liés par les nœuds les plus saints de la nature ; de ceux qui s'étaient entr'aidés dans la vie par des échanges mutuels de services et de bienfaits, qui avaient vécu sous le même toit, reposaient aussi dans le même asile.

Les anciens croyaient que les tombeaux étaient toujours habités par les mânes, ombres invisibles, images de l'âme immortelle, dont le paganisme n'avait pu étouffer chez eux le sentiment intime*. Elles étaient les protectrices des cendres qu'elles avaient animées. De là ces supplications touchantes qu'elles adressent aux vivans du fond de leurs tombeaux : *Rogo per deos superos inferosque ne velles ossa mea violare* ; et ce souhait pieux que faisaient les vivans en terminant les funérailles de leurs proches et de leurs amis, et qui s'adressait à leurs restes : *Sit tibi terra levis*.

Tous ces monumens, soit apparens, soit souterreins, étaient sous la protection des dieux et des lois. La sainteté du tombeau était à jamais inhérente au sol où il était bâti, comme le témoigne Cicéron, *Philipp. X*. Aussi les anciens Romains, qui érigèrent des statues à un grand nombre de citoyens, sachant bien que les révolutions, la force ou la vétusté les détruisent rapidement, n'accordèrent-ils que bien rarement des sépultures aux dépens du public, parce que, plus les tombeaux étaient anciens, plus ils devenaient d'âge en âge les objets d'une religieuse vénération. C'est pour ce motif qu'on menaçait du courroux de tous les dieux, non-seulement ceux qui oseraient les violer, mais encore ceux qui les profaneraient en y déposant

---

* Si les anciens ne croyaient pas à l'immortalité de l'âme, telle qu'elle est enseignée par la religion chrétienne, du moins ils croyaient à des récompenses et à des châtimens éternels du bien et du mal.   P. A. C.

des ordures. L'inscription suivante le témoigne assez, et je la laisserai traduire au lecteur.

>L. CACILIVS. L.
>ET. C. L. FLORUS.
>VIXIT. ANNIS. XVI.
>ET. MENSIBUS. VII. QUI.
>HIC. MINXERIT. AUT.
>CACARIT. HABEAT
>DEOS. SUPEROS. ET.
>INFEROS. IRATOS.*

Si l'imprécation prononcée dans cette épitaphe et dans tant d'autres a reçu son effet, que de générations auront éprouvé le courroux des dieux des cieux, et de ceux des enfers. Mais que reste-t-il aujourd'hui dans les tombeaux écroulés des anciens héros de Rome? La mort même ne les habite plus.

(33) . . . . . . Triomphant dans les airs,
Les monumens sacrés des Trajans, des Aurèles....
Consolent à-la-fois la sagesse et les arts.

Voyez la note 27, où il est question des colonnes Trajane et Antonine.

(34) A sa vue Israël fuit en versant des pleurs.

L'arc de Tite dont nous avons déjà parlé : « A l'extrémité « du mont Palatin, dit Mme de Staël, dans Corinne, s'élève un « bel arc de triomphe dédié à Titus, pour la conquête de Jé- « rusalem. On prétend que les Juifs qui sont à Rome, ne pas- « sent jamais sous cet arc, et l'on montre un petit chemin qu'ils

---

* J'ai laissé cette inscription, telle qu'elle est dans le manuscrit de Girodet, sans essayer de la rétablir, n'ayant pu la retrouver dans les recueils d'inscriptions. Il est vraisemblable qu'au lieu de Cacilius, il y avait Caccilius, et qu'entre Caccilius et Florus se trouvaient le nom du père de Florus et l'indication de la tribu à laquelle ce dernier appartenait.   P. A. C.

« prennent, dit-on, pour l'éviter. Il est à souhaiter, pour
« l'honneur des Juifs, que cette anecdote soit vraie : les longs
« ressouvenirs conviennent aux longs malheurs. » *

(35) Est-ce une illusion ? ô céleste Egérie !
　　　Tu m'apparais dormant sous ces rians berceaux
　　　D'où ton urne sacrée épand ses claires eaux.

« On voit, à quelque distance de la voie Appienne, dit en-
« core Mme de Staël dans le même ouvrage, la fontaine d'É-
« gérie où Numa allait consulter la divinité des hommes de
« bien : la conscience interrogée dans la solitude. »

Les Romains qui, pendant plus de quatre siècles, n'eurent
d'autres eaux que celles du Tibre, des puits et de quelques
sources, honoraient les fontaines d'un culte religieux, et les
croyaient sous la protection des nymphes. Telle a dû être l'o-
rigine des honneurs rendus à la fontaine Égérie. Numa, sans
doute pour méditer avec calme les lois qu'il voulait donner aux
Romains encore barbares, fit croire au peuple que la nymphe
qui présidait à cette fontaine avait des entretiens mystérieux
avec lui, et lui dévoilait tous les secrets de la législation. Il est
probable que ce qui ajoutait aux hommages dont elle était l'objet, c'est que ses eaux étaient salutaires aux femmes enceintes ; aussi les matrones romaines, d'après ce que rapporte
Festus, sacrifiaient-elles pendant leur grossesse à la déesse
Égérie.

Cette nymphe, et je crois aussi la grande vertu de ses
eaux, ont disparu ; mais la source qui porte son nom jaillit
toujours pure du fond d'une voûte très antique, dont les
murs latéraux présentent trois niches de chaque côté ;

---

* Il est de tradition, à Rome, que le passage, au moyen duquel les
Juifs évitent de passer sous l'arc de Tite, est une concession qu'ils ont
acquise à titre onéreux.　　　　　　　　　　　P. A. C.

dans le fond, au-dessus de la source, on voit encore une statue mutilée, en marbre blanc, qui représente une nymphe couchée, nue jusqu'à la ceinture et appuyée sur son urne, et dont le travail doit être d'un temps de beaucoup postérieur à l'époque de la construction de la voûte, bâtie en partie sous la montagne même à laquelle elle est adossée. Au-dessus, selon l'abbé Richard, était un petit temple entièrement consacré aux muses, compagnes de la nymphe Égérie.

Ægeria est, quæ præbet aquas, Dea grata Camœnis;
Illa Numæ conjux, consiliumque fuit.

On voit qu'Ovide la qualifie d'épouse de Numa. Ce roi avait ordonné que les vestales prendraient à cette fontaine l'eau nécessaire à leurs sacrifices. Les voyageurs du siècle dernier disent que le peuple de Rome se portait en foule pour en boire, le premier dimanche de mai.

Ce monument est situé hors la porte Saint-Sébastien, autrefois porte Capène, à plus d'un mille de Rome, à l'endroit même où commençait la forêt Aricinienne, qui avait alors vingt milles d'étendue. Les belles eaux de cette source s'échappaient en murmurant sous son ombrage; aujourd'hui la forêt n'existe plus; mais le site est toujours extrêmement pittoresque.

Lord Byron, dans son poème de Childe-Harold, a adressé à la fontaine Égérie des strophes où respire l'enthousiasme lyrique. Voici une courte description qui joint l'élégance à la fidélité, et qui semble inspirée par la nymphe elle-même. « Qui n'a visité, dit M. le vicomte de Sennones, cette fontaine « Égérie, dont le nom se rattache aux plus anciens souvenirs « de Rome? Alors, source modeste, elle se perdait sous un bois « sombre, au milieu des fleurs et des gazons. Bientôt la reli- « gion et la reconnaissance l'emprisonnèrent sous une voûte de « marbre; des colonnes remplacèrent le tronc des vieux chê- « nes dont elle était ombragée, et la nymphe invisible reçut

« les statues des muses dans sa grotte. Aujourd'hui les muses
« ont disparu, les colonnes sont renversées, la moitié de la
« voûte est détruite; mais, des arbustes légers, des lierres,
« des vignes sauvages, qui se rattachent en festons et qui tom-
« bent en guirlandes, forment une autre voûte moins sévère
« et plus pittoresque. Une onde pure et limpide anime tou-
« jours de son murmure ce délicieux réduit. Tandis que les
« siècles emportaient avec eux Rome, ses monumens et sa
« puissance, cette source modeste a suivi son paisible cours,
« et sa nymphe attire encore aujourd'hui, comme au temps
« de Numa, non plus des législateurs, mais les amans des
« arts et de la nature. »

(36) . . . . Des vestales,
Abjurant la pudeur, les grâces virginales,
Contemplaient sans pitié, sans honte et sans terreur,
Le corps ensanglanté du vil gladiateur;.....
Et, par un geste affreux, de ces horreurs complice,
Du mourant, sans pâlir, achevaient le supplice!

Quand un gladiateur était blessé, son sort dépendait du caprice du peuple. Si les spectateurs voulaient le sauver, ils fermaient leur pouce (*pollicem premebant*), et l'étendaient s'ils voulaient qu'il mourût (*pollicem vertebant*). On lui ordonnait alors de recevoir le coup mortel (*ferrum recipere*), arrêt auquel les gladiateurs se soumettaient avec un courage surprenant. (*Horat. Juv. Plin. Cic. Ov.*)

Girodet annonce ici que les vestales prenaient part à cette espèce de jugement: c'est une induction que semble justifier ce passage de Prudence (*de Vestal.*):

Pectusque jacentis
Virgo modesta jubet, converso pollice, rumpi.   P. A. C.

FIN DES NOTES DU PREMIER CHANT.

NOTES

DU

CHANT SECOND.*

(1) Montargis, vieux berceau des nobles fils de France ;
Vieux tombeau de l'Anglais qui sentit ta vaillance......

(2) Je n'ai donc pu ravir aux serres des vautours
Ton château romantique et ses guerrières tours !

(3) De la fille d'un roi père de la patrie,
Noble castel, au temps de la chevalerie,

(4) Qui vis ce chien fameux, vengeur de Mont-Didier,
Terrasser en champ clos son lâche meurtrier......

(5) Ah ! qui m'eût dit qu'un jour, au pied de ta colline,
Je peindrais tes vieux murs et tes tours en ruine ?

L'origine de Montargis, ancienne capitale du Gatinais-Orléanais, est, comme celle des villes fort anciennes, entourée de beaucoup d'obscurité. Le P. Morin, sur l'autorité d'un manuscrit de l'abbaye de Ferrières, prétend qu'elle existait du temps de Clovis qui aurait élevé une tour sur le lieu même où depuis fut construit le château que Girodet célèbre dans ses vers. La Martinière dit qu'elle fut fondée au

* J'ai déjà annoncé à la fin du discours préliminaire (*voyez* ci-dessus, page 44) que Girodet n'avait fait les notes que du premier chant. P. A. C.

neuvième siècle par Ansigise, archevêque de Sens; d'où lui serait venu le nom de Mons-ansigisi, puis celui de Mons-argisus, et enfin celui de Montargis. Une ancienne tradition fait dériver son nom de Mons-Argus, parce que la montagne sur laquelle était bâti le château domine l'horizon. On rapporte à l'appui de cette opinion que, lors de l'entrée de Louis XIII à Montargis, en 1628, les habitans avaient mis au-dessus de la porte de la ville, entre autres décorations, un grand tableau représentant Argus, à genoux sur une colline, et tendant les bras vers le roi, comme pour lui présenter les vœux des habitans.

Montargis fut donné en dot par Guillaume de Courtenai, vers 1130, à sa fille Isabelle, sous la condition que Pierre de France, fils de Louis-le-Gros, qui l'épousa, prendrait le nom et les armes de la famille de Courtenai. Pierre de Courtenai, son fils, céda Montargis à Philippe-Auguste, en 1188. Depuis cette époque, le château de Montargis devint fréquemment le séjour de nos rois. Charles V, qui l'augmenta considérablement, y plaça la seconde horloge qu'il y ait eu en France. La cloche de cette horloge, de trois à quatre pieds de hauteur, fut transportée à Paris lors de la démolition récente du château, et vendue à un fondeur; elle portait l'inscription suivante, que j'ai trouvée dans des notes manuscrites, et que je donne ici comme un souvenir historique qui mérite d'être conservé.

> Charles le quint, roi de France,
> Pour Montargis,
> Aus heures pour ramembrance
> Et pour avis
> Faire me fit, par Jean Jouvente,
> L'an mil ccc cinquante et trente.

Ce fut au château de Montargis que Taneguy-du-Châtel conduisit le dauphin, depuis Charles VII, après qu'il l'eut fait évader de Paris, lorsque le duc de Bourgogne s'en rendit maître. Charles VIII tint aussi sa cour à Montargis. Ce fut lui qui fit représenter, dans un tableau placé sur une des six cheminées de la grande salle, et que l'on y voyait encore en 1794, le combat d'un chien danois contre un officier de sa cour qui avait assassiné le maître de ce chien. Le cavalier était cuirassé et armé de pied en cap; le chien avait pour tout refuge un tonneau plein de paille. Le combat eut lieu en présence du roi et de toute la cour; le danois s'élança au col de l'officier, et, le saisissant au défaut du gorgerin, l'eût étranglé si le roi n'eût fait séparer les combattans.

Lorsque les Anglais occupaient une partie de la France, sous Charles VII, Warvick assiégea Montargis avec une armée de trois à quatre mille combattans. Dunois vint avec seize cents hommes au secours des assiégés. Xaintrailles et Lahire servaient sous ses ordres. Après un combat très opiniâtre qui eut lieu le 5 septembre 1427, les Anglais furent entièrement défaits; l'étendard de Warvick fut pris et conservé dans le trésor de la ville. Une fête fut instituée pour célébrer l'anniversaire de cette victoire; on y portait en triomphe l'étendard anglais; mais, en 1792, on eut du scrupule de célébrer un triomphe qui avait été remporté *sur la terre classique de la liberté*, et le drapeau fut brûlé dans le lieu même où le combat avait été livré. Les fanatiques de cette époque renversèrent même un monument* qui avait été élevé pour perpétuer le souvenir du courage et de la fidélité de leurs ancêtres. Six mois après, l'Angleterre déclara la guerre à la France, et ces mêmes fanatiques brûlèrent en public un mannequin qu'ils appelèrent le roi Georges.

En 1528, François Ier donna pour apanage à Renée, fille de Louis XII et d'Anne de Bretagne, la ville, le château et

---

* La ville de Montargis a témoigné l'intention de le rétablir.

la forêt de Montargis. C'est Renée, depuis duchesse de Ferrare, et qui mourut à Montargis, que Girodet désigne dans ce vers.

> De la fille d'un roi père de la patrie,
> Noble castel. . . . . . .

Le château de Montargis, dont la fondation, d'après les documens les plus authentiques, remonte au douzième siècle, et qui a été successivement augmenté par tous les princes qui l'ont possédé, formait un ensemble considérable de bâtimens qui pouvaient contenir six mille hommes. Il fut encore habité, en 1773 et 1775, par madame la comtesse d'Artois, et par Monsieur et Madame; déjà, à cette époque, il tombait en ruines; lorsque je le vis, il y a trente ans, il ne paraissait plus habitable. Il fut vendu nationalement; Girodet en offrit trente mille francs pour ne permettre qu'à la main pittoresque du temps de le détruire; mais il fut adjugé à la bande noire pour quarante mille, et le château disparut, à l'exception de l'une des deux tours qui flanquaient la façade principale. Notre grand peintre a conservé un souvenir précieux de ce château dans une suite de dessins terminés que possède M. Jules Renouard. Plusieurs parties de ce monument, et notamment la salle haute, avaient un caractère remarquable et même gigantesque.

> (6) Et toi, pour la vertu, décoré par les arts,
> Élégant Châtillon, palais des fils de Mars......
> Par le fer abattus, par le feu dévorés,
> J'ai vu tomber tes murs et tes lambris dorés......
> Pendant qu'errait proscrit, en proie à l'indigence,
> L'héritier dépouillé d'un héros de la France.

La ville de Châtillon-sur-Loing a été sous la dépendance de la famille Coligny, depuis 1437 jusqu'en 1695. A cette dernière époque, Elisabeth-Angélique de Montmorency, issue de Gaspard IV, la laissa par testament à son neveu, Paul Sigismond de Montmorency-Luxembourg, en faveur duquel Louis XIV l'érigea en duché.

L'amiral Coligny fit construire, sur une des collines qui dominent cette ville, un château qui fut décoré avec la plus grande magnificence. Jean Goujon l'avait enrichi de sculptures, et des peintres italiens l'ornèrent de fresques que Girodet pensait avoir été exécutées sur les dessins de Jules Romain.

Après le massacre de la Saint-Barthélemy, les fidèles serviteurs de l'amiral transportèrent secrètement sa dépouille mortelle dans les caveaux de ce château. En 1786, elle fut transportée de nouveau à Maupertuis, dont le propriétaire fit élever à la mémoire de ce grand homme un monument que l'on a vu au musée des Petits-Augustins.

C'est en vain que plusieurs habitans de Châtillon, notamment le maire qui administrait cette ville à cette époque, et qui était parent de Girodet, essayèrent de conserver à M. le duc de Luxembourg, alors émigré, le château de ses ancêtres ; malgré toutes leurs instances il fut vendu en 1799. La bande noire qui, en dix ans de temps, détruisit plus de monumens qu'on n'en avait élevés en dix siècles, peut-être, s'en rendit acquéreur et le rasa de fond en comble ; mais, elle laissa debout une tour gigantesque, construction du moyen âge, parce que le prix des matériaux n'aurait pas couvert les frais de démolition.

Un habitant de Châtillon ayant découvert dans cette tour, il y a une vingtaine d'années, un caveau muré où étaient les archives des Coligny et de la famille de Luxembourg, brûla tous les papiers pour un motif d'intérêt particulier. Quelques fragmens, échappés à cet incendie, prouvèrent que la correspondance de Catherine de Médicis avec Coligny avait été déposée dans ce caveau. C'est une perte que l'on ne saurait trop déplorer.

Girodet, ainsi qu'il l'annonce dans ses vers, a également fait des vues du château de Châtillon; plusieurs sont restées entre les mains de M. Becquerel-Despréaux, son héritier.

(7) Lui-même, Raphaël, dans l'idéal immense,
Poursuit le vol hardi de l'aigle de Florence.

« Il est difficile de se refuser à croire, dit M. Quatremère « de Quincy* à l'occasion des peintures appelées la bible « de Raphaël, qu'en se donnant pour thèmes plusieurs des « compositions de ses loges, Raphaël n'ait pas eu en vue Mi- « chel-Ange et la chapelle Sixtine. Telles sont celles, par « exemple, où il reproduisit les mêmes sujets que son rival ; « où il peignit l'Éternel créant la lumière et lançant de chaque « main, dans l'espace, le soleil et la lune ; formant la terre et « ses habitans; de son souffle animant l'homme, et ordonnant « à la femme d'en être l'indissoluble moitié. »

C'est à cette circonstance que Girodet fait allusion, et les vers qui suivent ceux que j'ai cités ci-dessus développent entièrement sa pensée.

(8) Et l'austère pinceau qui créa le Ténare
S'adoucit pour tracer l'épouse de Tyndare.

« Pendant son séjour à Florence, Michel-Ange fit pour « Alphonse, duc de Ferrare, une très belle Léda qui, cepen- « dant, changea de destination parce que le peintre, offensé « par le courtisan qu'Alphonse avait chargé de la lui de- « mander, refusa de la donner. Il en fit présent à Antonio « Mini, son élève, qui la porta en France où il la vendit. Va- « sari raconte que c'était un très grand tableau peint, à la dé- « trempe (à tempera, dit Vasari), avec une délicatesse exquise; « et Mariette, dans ses notes sur Condivi, affirme qu'il l'a vu, « mais qu'il était fort endommagé; cependant il crut y aper-

* *Histoire de la vie et des ouvrages de Raphaël*, page 244.

« cevoir que Michel-Ange, oubliant sa manière habituelle,
« s'était rapproché de celle du Titien; mais cette expression
« donne lieu de soupçonner que cette peinture n'était qu'une
« copie faite par quelque bon peintre à l'huile, d'autant plus
« que, selon d'Argenville, l'original avait été brûlé au temps
« de Louis XIII * ». (Lanzi, *Histoire de la peinture en Italie*,
tome 1er.)

Voici comment s'exprime Mariette:

« Le tableau de *la Léda*, que Michel-Ange fit pour le duc
« de Ferrare, fut apporté en France: c'est une chose certaine;
« et il demeura à Fontainebleau jusqu'au règne de Louis XIII
« que M. Desnoyers, alors ministre d'état, le détruisit par
« principe de conscience. On dit que, après l'avoir fort gâté, il
« donna ordre de le brûler; mais l'ordre ne fut pas exécuté,
« et j'ai vu ** reparaître ce tableau il y sept ou huit ans;
« il est vrai qu'il était si fort endommagé, qu'en une infinité
« d'endroits il ne restait que la toile; mais, à travers ces
« ruines, on ne laissait pas que de reconnaître le travail
« d'un grand homme, et j'avoue que je n'ai rien vu de Mi-
« chel-Ange d'aussi bien peint. Il semblait que les ouvrages
« du Titien qu'il avait vus à Ferrare, où son tableau devait
« aller, l'excitait à prendre un meilleur ton de couleur que
« celui qui lui était propre. Quoi qu'il en soit, j'ai vu restaurer
« le tableau par un médiocre peintre, et il est passé en Angle-
« terre où il aura fait fortune. »

(9) Quel homme atteint du spleen, quel rêveur hypocondre
   Put jamais voir sans rire, ingénieux Hogarth,
   Ces tableaux où, fixant les bornes de ton art,

* L'auteur du *Dictionnaire des Anecdotes des beaux-arts* dit : « Léda
« était représentée animée d'une passion si vive et si voluptueuse, que
« Desnoyers, ministre d'état sous Louis XIII, voulut par scrupule qu'on
« brûlât ce tableau. »

** Cette note est jointe à l'édition de Condivi, publiée en 1746.

1.

Ton pinceau satirique, en sa libre peinture,
Se plaît à retracer mainte caricature?

La pensée exprimée dans ce dernier vers n'est peut-être pas juste : Hogarth est plutôt un peintre de mœurs qu'un faiseur de caricatures. Il est vrai qu'il pousse la satire au plus haut degré; il est vrai aussi qu'il a fait quelquefois ce que l'on appelle des caricatures; mais, les ouvrages où il a déployé le plus grand talent : *la vie d'une Courtisane, du Libertin; la conversation moderne à minuit; les Comédiennes ambulantes*, composition remplie de verve et d'esprit; *le Mariage à la mode*, sont véritablement des tableaux de mœurs, qui eurent tous un succès prodigieux, et qui seront toujours des modèles. Hogarth, comme tous les hommes doués d'un génie particulier, montra dès l'enfance un goût très vif pour le dessin; son père était prote d'imprimerie; il était né sans fortune : il mourut peintre du roi d'Angleterre.

(10) De nos jours on a vu. . . . .
Plus d'un guerrier français, disciple d'Apollon,
Maniant, tour-à-tour, l'épée et le crayon.....

L'école compte effectivement plusieurs artistes distingués qui ont manié, tour-à-tour, l'épée et le crayon. A la tête il faut mettre M. Gros qui, après avoir été conduit à l'armée d'Italie par la réquisition, a consacré son brillant pinceau à retracer plusieurs belles pages de notre histoire militaire. Le général Lejeune a su constamment attirer l'attention et l'intérêt publics par le caractère des scènes qu'il a représentées; M. Charles Langlois, après avoir fait la guerre en Espagne pendant plusieurs années, lors de la première invasion, forcé par les circonstances de remettre son épée dans le fourreau, vint étudier sous un maître habile, M. H. Vernet. Profitant de la rentrée des troupes françaises en Espagne, il retourna en Catalogne, non plus une épée, mais un crayon à la main, retracer les souvenirs des combats auxquels il avait assisté, et peindre les lieux témoins de la valeur française. Sans doute plusieurs autres artistes peuvent revendiquer l'honneur d'avoir porté les armes, et je me ferais un plaisir de les citer si cette circonstance m'était connue; mais j'en ai assez nommé pour justifier l'assertion de Girodet.

(11) Tel, Salamine a vu combattre ce héros
    Qui, mutilé d'un bras trahi par la victoire,
    Se rattachait de l'autre aux ailes de la gloire.

Ce ne fut point à Salamine, mais à Marathon, que combattit Cynégire, le héros que Girodet veut sans doute désigner dans ces vers. Les Perses ayant pris la fuite, il les poursuivit jusqu'à la mer; il saisit un des vaisseaux à la partie élevée de la poupe, et sa main fut aussitôt abattue d'un coup de hache; il y porta la main gauche qui fut également coupée; alors il chercha à prendre le vaisseau avec les dents (*Justin*, liv. II, chap. IX). Hérodote (liv. VI) dit seulement qu'il eut la main coupée en saisissant la poupe d'un vaisseau, et qu'il fut tué, ainsi que beaucoup d'autres Athéniens de distinction. Grotius a traduit deux épigrammes conservées dans l'anthologie, et qui n'ajoutent rien aux circonstances rapportées par Justin. L'une, de Cornelius Longinus, est une raillerie fine contre Phasis, peintre, qui avait représenté Cynégire avec ses deux mains.

« Heureux Cynégire, Phasis ne vous a pas représenté tel
« que Cynégire, puisqu'il vous a peint avec deux fortes mains.
« Il était bien sage ce peintre qui n'a pas voulu priver de ses
« mains un homme que ses mains ont immortalisé! »

Cynégire était frère d'Eschyle, le poëte tragique.

(12) Michel-Ange, dit-on, touchait d'un bras débile
    Les chefs-d'œuvre des Grecs perdus pour ses regards.

« Buonarotti avait une si grande passion pour les statues

« qu'on voit à Rome, dans la cour du Belvédère, qu'il les vi-
« sitait tous les jours. Il se faisait même conduire auprès de
« ces statues, lorsque la vieillesse l'empêcha de marcher.
« Lorsqu'il devint totalement aveugle, vers la fin de sa vie,
« il n'interrompit point ses promenades ordinaires. Il tâtait,
« pendant plusieurs heures, les antiques qu'il ne pouvait
« plus contempler, et ne les quittait qu'après les avoir ten-
« drement embrassées. » (*Anecdotes des beaux-arts*, tome 1er,
page 297.)

Vasari ni Condivi, élèves et biographes de Michel-Ange, ne font mention de cette circonstance; ils ne disent même pas que leur maître fût devenu aveugle; je ne sais où Sandrart, copié par l'auteur du livre que je cite, a puisé ce fait. Sandrart vivait plus d'un siècle après Michel-Ange; on peut donc, à bon droit, douter de l'exactitude de son récit que je n'ai trouvé dans aucun autre écrivain.

(13) Ombre illustre, ...
    Reçois le triste adieu de l'amitié fidèle,
    Et ces chants de douleur que les beaux-arts, en deuil,
    Déposent, par ma voix, au pied de ton cercueil.

Drouais, dont Girodet rappelle le talent et les espérances qu'il avait fait naître, d'une manière si noble et si touchante, était fils et petit-fils de peintre. Ce fut dans l'école et sous les yeux de David qu'il prit son essor. Lorsqu'il remporta le grand prix, ses camarades le portèrent chez ses parens en triomphe. Son maître avait autant d'amitié pour lui que d'estime pour son talent. J'ai rapporté, dans l'*Essai* que j'ai publié *sur David*, une lettre où ce grand peintre, déplorant la perte de son élève, dit qu'il a perdu *son émulation*. Les tableaux laissés par Drouais contiennent certainement l'indice d'un beau talent, mais on peut leur reprocher d'offrir une imitation trop servile du faire et de la manière de son maître. Consulté par Drouais sur l'agencement d'une composition,

David lui répondit : « Le temps est venu, mon cher ami, où « vous devez essayer de voler de vos propres ailes. »

Il est digne de remarque que tous les grands peintres qui, comme Drouais, ont étudié chez David : Girodet, M. Gérard et M. Gros, ne ressemblent pas plus à leur maître, qu'ils ne se ressemblent entre eux ; c'est que le génie ne peut suivre que ses propres inspirations, et que la manière de peindre, *le faire*, moyen mécanique dont le peintre se sert pour rendre sa pensée, se modifie à raison de l'organisation particulière du génie qui l'emploie.

La douleur que tous les amis de Drouais éprouvèrent à sa mort, et qui fut partagée par tous ceux qui aimaient les arts et la gloire de leur patrie, était sans doute bien légitime ; cependant, il est peut-être permis de douter que ce jeune et intéressant artiste se fût élevé à la hauteur de ceux de ses condisciples que je viens de nommer. On crut voir en lui un émule de David ; l'éclat que ce grand maître venait de répandre sur notre école faisait entrevoir avec transport l'espoir que Drouais marcherait sur ses traces ; je me trompe peut-être, mais je pense que cette supposition n'est pas suffisamment justifiée. Drouais est mort à vingt-cinq ans : à cet âge Girodet avait fait son Endymion ; et, sans prétendre établir de comparaison entre une esquisse et un tableau dont l'exécution est complète, je dirai, cependant, que M. Gérard n'avait pas vingt ans lorsqu'il fit cette belle esquisse de *la rentrée de Marius dans Rome*, que je préfère à tous les tableaux de Drouais.

FIN DES NOTES DU SECOND CHANT.

NOTES

DU

CHANT TROISIÈME.

(1) O siècles ! répondez : a-t-il senti vos coups ?
Comme les Mœvius, le temps est-il jaloux ?

Le tombeau de Virgile fut élevé sur la route de Pouzolle, à environ deux milles de Naples. Lorsque Pétrarque vint auprès de Robert d'Anjou qui cultivait les lettres en poète, et les protégeait en roi, il voulut voir la cendre du chantre d'Énée, objet de son admiration. Le tombeau fut ouvert : neuf petites colonnes entouraient un piédestal sur lequel reposait l'urne cinéraire, en marbre, qui renfermait les cendres de Virgile. Robert la fit transporter au Château-neuf, et, depuis, on ne sait ce qu'elle est devenue. C'est donc à tort que Girodet dit ici :

C'est toi que j'en atteste, ô respectable asile,
Où repose aujourd'hui la cendre de Virgile......

Madame de Staël a dit, dans *Corinne*, en parlant du tombeau de Virgile : « Ses cendres y reposent encore, et la mé-
« moire de son nom attire dans ce lieu les hommages de l'uni-
« vers ». Cette dernière assertion est la seule exacte.

La tradition veut qu'un laurier ait crû spontanément sur la

tombe de Virgile, et que ce laurier étant mort, Pétrarque en ait fait planter un autre.

Madame de Staël ajoute : « Pétrarque n'est plus et le laurier « se meurt. »

Depuis long-temps il n'existe plus de laurier sur la tombe de Virgile; mais, il est ombragé par un chêne vert qui a ses racines dans la partie élevée du rocher qui l'avoisine. Vers la fin de 1826, M. Casimir Delavigne, son frère, et M. Edouard Gauttier, jeune littérateur fort instruit, alors vice-consul à Naples, plantèrent un laurier sur la tombe révérée; l'arbre promettait de perpétuer ce témoignage de leur admiration pour le grand poète; mais, les étrangers qui viennent visiter ce monument le dépouillent tous les jours, et il périra comme le laurier de Pétrarque. Heureusement la gloire de Virgile repose sur des bases plus durables.

(2) Ici, l'homme, indocile à ces leçons sévères,
    A cultivé le champ qui dévora ses pères.....

On sait qu'il existe sur le flanc du Vésuve un village nommé *Torre del greco*, souvent détruit par le volcan, mais toujours reconstruit. Les champs qui ont été couverts de cendres en deviennent plus fertiles, et le souvenir du désastre qui en détruisit les moissons n'empêche pas les propriétaires de les cultiver de nouveau. Les habitans prévenus, par des indices qu'ils connaissent, de la prochaine éruption du Vésuve, s'éloignent en toute hâte, emportant leurs meubles les plus précieux; et, lorsque l'éruption est terminée, ils reviennent et rebâtissent, au même lieu, leurs maisons détruites.

(3) Visitons ces maisons, à l'étranger ouvertes,
    Où l'art moderne encor va puiser des leçons.

« Les édifices, a dit Mazois, en annonçant son excellent

« ouvrage sur les ruines de Pompéi, endommagés seulement
« dans leurs parties supérieures, étaient du reste parfaite-
« ment conservés. Les meubles, les ustensiles, les moindres
« objets étaient demeurés à la place qu'ils occupaient plus de
« seize siècles auparavant ; le pain, le blé, les fruits, quoique
« desséchés ou légèrement calcinés, étaient encore reconnais-
« sables ; enfin l'on retrouva même les corps de plusieurs
« personnes parées de leurs ornemens, et placées encore dans
« les attitudes où la mort les avait frappées : les unes cher-
« chant à fuir avec leurs bijoux les plus précieux, ou ca-
« chées dans des lieux obscurs ; les autres surprises à table ou
« étouffées dans leur bain. Cette découverte, qui promettait
« à-la-fois des modèles de tous genres aux arts, des éclair-
« cissemens sur les points obscurs de la science de l'anti-
« quité, des notions curieuses pour l'histoire de la vie pri-
« vée des anciens, fit concevoir à l'Europe savante d'heu-
« reuses espérances qui n'ont pas été déçues. »

(4) La dépouille coupable aux cachots enchaînée.

On a vu par la note qui précède qu'on avait trouvé plusieurs squelettes dans les ruines de Pompéi ; c'est surtout dans les prisons que l'on devait en découvrir, puisque les habitans de ces tristes séjours n'avaient pas été libres de s'éloigner ; au reste, Mazois, dans son ouvrage déjà cité, a mis une planche où il a représenté l'officine d'un bain avec le squelette qui y était encore lorsque cette partie de l'édifice fut déblayée.

(5) Ici brille Sorrente, asile obscur du Tasse,
   Tombeau d'un jeune Apelle en sa fleur dévoré,
   Et que le dieu des arts en secret a pleuré.

Ce jeune Apelle est, je crois, Péquignot auquel Girodet a

consacré la fin de ce chant, et dont je parlerai avec plus de détails à la note 14.

(6) Castel-Mare, Mola, sur leurs rochers marins,
Invitent les crayons des modernes *Lorrains*.....

C'est-à-dire des paysagistes, émules de Claude Gélée, surnommé *le Lorrain*, parce qu'il était né au château de Chamagne, en Lorraine.

(7) Ici, comme la mer, la terre est orageuse;
Ici, comme la terre, une mer sulfureuse
Fait jaillir de ses flots les foudres de Vulcain :
Elle baigna la tombe où dormit l'Africain.....

Il règne une grande incertitude sur le lieu de la sépulture de Scipion l'Africain; on lui avait élevé un tombeau à Rome et à Linternum où il était allé terminer ses jours dans la retraite. Tout porte à croire, cependant, que ce fut en Campanie qu'il mourut, et que le tombeau de Rome n'était qu'un acte de piété du second Africain; ce qui semble le prouver, c'est que, selon Valère-Maxime, Scipion avait voulu que l'on gravât sur son tombeau cet anathème contre Rome : *Ingrata patria! ne ossa quidem mea habes*. Tite-Live, qui atteste avoir vu ces deux monumens, dit que la mer avait renversé la statue qui décorait celui de Linternum. C'est à cette circonstance que Girodet fait allusion dans le dernier vers.

Dans sa lettre adressée à M. de Fontanes, et qui a été publiée avec le *Génie du christianisme*, M. de Châteaubriand a discuté la question de savoir si les cendres de Scipion l'Africain avaient été réellement déposées à Linternum ou à Rome. Il reste dans le doute, et dit seulement qu'il n'a point trouvé le tombeau de Scipion à Linternum, et qu'il n'y a vu que les ruines de la villa occupée par ce grand homme.

(8) Pestum, égare-nous dans ces bosquets fleuris,

Où Zéphire empruntait ses parfums à tes roses.
Dans ces lieux si charmans quelles métamorphoses !
Partout un froid silence et d'arides déserts
D'où s'exilent l'amour et la fille des mers.

(9) Mais, je veux admirer ces vieux temples rougeâtres
Que rongent lentement les ans opiniâtres......
Trop long-temps oubliés, ces prodiges de l'art,
Sauvés des Sarrasins et du fer de Guiscard.......

Virgile, Ovide et Properce ont célébré à l'envi les charmes de Pestum ou Possidonia, ville de la Lucanie, maintenant la Basilicate, où les roses fleurissaient deux fois l'an. *Canerem biferique rosaria Pæsti*, dit Virgile. Dans le cours du onzième siècle, le royaume de Naples et la Sicile furent successivement le théâtre des invasions des chevaliers normands qui les enlevèrent au pouvoir des Grecs et des Sarrasins. Dans cette lutte sanglante, Pestum disparut; il ne resta que les débris imposans de trois temples qui furent retrouvés dans le cours du dix-huitième siècle. Pestum n'est plus qu'un lieu inculte et malsain; on peut voir dans *le Voyage pittoresque de Naples et de Sicile*, publié par l'abbé de Saint-Non, la description que M. Denon a faite de ces lieux, peu de temps après leur découverte; depuis, tous les artistes vont visiter et étudier ces débris de l'antiquité; mais, le mauvais air qui y règne exige des précautions; tout récemment, un jeune paysagiste, plein d'amour pour son art, et qui avait fait naître les plus belles espérances, M. Enfantin, trop confiant dans ses forces, a succombé pour avoir voulu y passer les nuits, afin de donner plus de temps et de suite à ses études.

(10) .... Salut, célèbres villes,
Qui dûtes vos splendeurs au sceptre d'Hiéron !

Le règne d'Hiéron Ier, moins glorieux peut-être que celui de Gélon, son frère, a été célèbre cependant par l'amour éclairé qu'il témoigna pour les lettres et pour les arts. Simonide, Pindare, Bacchylides, Epicharme, étaient admis dans la familiarité de ce prince. Eschyle, jaloux des premiers succès de Sophocle, vint finir ses jours près de lui. Hiéron fut plusieurs fois vainqueur aux jeux de la Grèce; Pindare a célébré ses victoires dans sa première olympique, et Xénophon a donné le nom d'*Hiéron* à son discours sur la condition des rois.

(11) Salut ! toi dont les murs, sur des laves assis,
Pèsent sur d'anciens murs enfouis sous des laves ;
Mais l'Etna fume encor, Catane, et tu le braves !

Catane est effectivement située au pied du mont Etna; elle fut bâtie 718 ans avant Jésus-Christ, par les Naxiens. Hiéron, celui dont il est question dans la note précédente, en chassa les habitans, y amena une nouvelle colonie, et lui donna le nom d'Etna. Il prit lui-même le nom d'Etneus, comme fondateur; mais, après sa mort, les Catanéens se rendirent maîtres de leur ancienne patrie, et en chassèrent les habitans qu'Hiéron y avait établis : ceux-ci fondèrent près de là une autre ville à laquelle ils donnèrent le nom d'Etna, et Catane reprit le sien.

L'élévation de l'Etna est telle que les éruptions atteignent rarement le sommet*; le plus souvent elles entr'ouvrent les flancs de cette montagne. L'Etna, comme le Vésuve, n'est pas seulement à redouter à cause de ses éruptions: les tremblemens de terre qui les précèdent, ou les accompagnent, ne sont pas moins à craindre. Catane fut ainsi entièrement renversée, en 1693, mais elle fut bientôt rebâtie. Silius et Solinus nous ont conservé le nom de deux fils pieux auxquels la ville de Catane avait élevé des statues. Dans une des éruptions de

* *Pinkerton*, tome III.

l'Etna, un torrent de lave s'approchant de la ville, chacun s'empressait de fuir et d'emporter ce qu'il avait de plus précieux; Anapius et Amphinomus, oubliant leur propre péril, et abandonnant toutes leurs richesses, prirent sur leurs épaules leur père et leur mère très avancés en âge et hors d'état de s'enfuir; la lave les atteignit, mais *elle se détourna*. Leandro Alberti, qui a donné au commencement du seizième siècle une description entière de l'Italie, raconte que la ville de Catane fut préservée de l'incendie dont une éruption de l'Etna la menaçait, par *le voile de sainte Agathe que le peuple opposa aux flammes que lançait le volcan*. Voici en quels termes il raconte ce miracle :

« Ancora vedesi il venerando velo di seta, di colore vio-
« lazzo, della prefata virginella, il quale divotamente portato;
« dal popolo catanese, contro dell' ardente fiamma uscita dalle
« larghe foci della sommità del monte Ethena, che procedeva
« bruciando tutto il paese, temendo il popolo non passasse per
« insino alla città a cui, già, s'appropinquava, dimostrato il
« santo velo, si fermò e più oltre non processe. »

On sait qu'à Naples il existe, hors la ville, sur le pont de la Madalena, une statue de saint Janvier dont le geste défend au Vésuve d'inquiéter la ville qu'il protège.

(12) J'ai vu les murs, témoins de ta vieille splendeur,
    Où tes doges altiers, des mains de la fortune,
    Pour sceptre avaient reçu le trident de Neptune......

Une lutte opiniâtre, entre l'empereur Frédéric Ier, surnommé *Barberousse*, et le pape Alexandre III, désolait l'Italie. Le pape avait excommunié l'empereur et délié ses sujets de leurs sermens de fidélité; et l'empereur avait défendu, sous peine de la vie, d'accorder un asile au pape, et même de lui donner le feu et l'eau.

Poursuivi de ville en ville, Alexandre vint à Venise, seul,

déguisé et fugitif. La république prit parti pour lui ; l'empereur ayant répondu aux ambassadeurs qu'elle lui envoya pour lui faire des propositions de paix, qu'il planterait ses aigles sur la porte de Saint-Marc si Venise ne lui livrait son ennemi, il fallut recourir aux armes. La victoire remportée par les Vénitiens, au combat naval de Pirano, fut décisive : l'empereur fut obligé d'ouvrir des conférences. Le congrès se tint à Venise ; la France et l'Angleterre y envoyèrent des ambassadeurs ; toutes les puissances secondaires de l'Italie qui avaient pris parti pour Alexandre vinrent se placer sous sa protection. Il fut reconnu pape légitime et rétabli dans tous ses droits.

« Aussitôt que le traité fut signé, l'empereur s'approcha de
« Venise ; six cardinaux vinrent recevoir son serment de sou-
« mission et l'absoudre. Le lendemain le doge et le clergé
« allèrent au-devant de lui et le conduisirent jusque sur la
« place Saint-Marc ; là, le pape l'attendait, assis à la porte de
« la basilique, revêtu de ses habits pontificaux, entouré des
« cardinaux et des prélats ; tous les députés du congrès ajou-
« taient à la pompe de cette cérémonie et le peuple de Venise
« jouissait d'une paix qui était son ouvrage.

« L'empereur, dès qu'il aperçut le pape, se dépouilla
« de son manteau et vint se prosterner pour lui baiser les
« pieds. Alexandre, voyant à genoux devant lui le prince
« qui, depuis vingt ans, l'avait poursuivi d'asile en asile,
« ne vit plus que le triomphe de l'église sur une puis-
« sance rivale, et s'oublia lui-même jusqu'à mettre son pied
« sur la tête de l'empereur en prononçant ces paroles d'un
« psaume : *Je marcherai sur l'aspic et le basilic, et je foule-*
« *rai le lion et le dragon.* — *C'est devant Pierre que je m'hu-*
« *milie,* s'écria Frédéric, *et non devant vous* *. — *Devant moi*

---

* *Non tibi sed Petro.*

« *comme devant Pierre**, répondit le pontife en redoublant. »**

Alexandre, replacé sur le trône par les Vénitiens, ne se montra pas ingrat; il accorda au doge plusieurs distinctions honorifiques, et en outre il lui donna un anneau en disant:

« Recevez-le de moi comme une marque de l'empire de la
« mer; vous et vos successeurs, épousez-la tous les ans, afin
« que la postérité sache que la mer vous appartient par le
« droit de la victoire, et doit être soumise à votre république
« comme l'épouse l'est à son époux. »

Telle est l'origine de la cérémonie qui avait lieu tous les ans le jour de l'Ascension. Le doge monté sur le Bucentaure, entouré de la noblesse, accompagné de toutes les barques de Venise, allait jeter un anneau nuptial dans la mer et l'épouser aux yeux de tous les ambassadeurs étrangers qui assistaient à cette solennité.

(12 *bis*) Ici fleurit Padoue, et les murs d'Antenor
   Gardent encor la tombe où gît l'ami d'Hector.

Un grand nombre d'historiens attribuent la fondation de Padoue (Patavium) à Antenor; Caton l'Ancien, dans le second livre des *origines* où il faisait connaître le commencement de chaque ville d'Italie, avait exprimé cette opinion; ce livre est perdu, mais il a été souvent cité par les écrivains postérieurs, et c'est ainsi que l'on connaît l'origine attribuée à Padoue par Caton. Tite-Live, citoyen de cette ville, affirme qu'elle fut fondée par Antenor; Virgile a consacré cette origine dans le premier livre de l'Enéide où il a dit:

Antenor potuit, mediis elapsus Achivis,
Illyricos penetrare sinus. . . . .
Hìc tamen ille urbem Patavi sedesque locavit
Teucrorum, et genti nomen dedit, armaque fixit
Troïa; nunc placidâ compostus pace quiescit.

* *Et mihi et Petro.*
** Daru, *Histoire de Venise*, tome 1er, liv. III.

Leandro Alberti, que j'ai déjà eu occasion de citer, rapporte l'inscription suivante, sculptée sur le marbre, et placée dans l'église de San Lorenzo.

Inclytus. Antenor. patriam. vox. visa. quietem.
Transtulit. hunc. Henetum. Dardanidumque. frigas.
Expulit. Euganeos. Patavinam. condidit. urbem.
Quem. tenet. hìc. humili. marmore. cæsa. domus. *

Et cette autre, contre laquelle il se récrie, et à l'occasion de laquelle il prend la défense d'Antenor.

Hìc. jacet. Antenor. Paduanæ. conditor. urbis.
Proditor. ipse. fuit., hique. sequuntur. eum. **

C'est donc avec raison que Girodet a pu dire :

. . . . Et les murs d'Antenor
Gardent encor la tombe où gît l'ami d'Hector.

(12 *ter*) Abano. . . . .
Où l'oisif vient changer d'ennuis et de supplices,
Mais que toujours le peintre admire avec délices.

Les bains d'Abano sont situés au milieu des monts Euganéens, contrée charmante et célébrée par les poètes anciens

---

* Cette inscription, que je copie fidèlement, me paraît incorrecte ; d'abord je crois qu'il faut *hìc*, au lieu de *hunc*; quant au mot *frigas*, qui me parait également une faute, je ne sais trop ce que l'on peut y substituer. Voici, au reste, le sens de cette inscription : « L'illustre Antenor, « suivant la commune renommée, a transporté ici le repos de sa patrie. « Suivi des Hénétiens, des Phrygiens échappés au désastre de Troie, il « chassa de ces lieux les Euganéens et fonda la ville de Padoue. Il est ici « renfermé dans une humble tombe taillée dans le marbre. »

** Ce dernier membre de phrase me paraît offrir de l'obscurité ; mais, le reste est parfaitement d'accord avec l'autre inscription : Antenor avait fondé Padoue et y avait été enterré.

qui les regardaient comme une sorte de Champs-Élysées. Martial, Lucain, Claudien en ont parlé. Cassiodore dit que ce fut Théodoric, roi des Ostrogoths, qui entoura de murs les bains d'Abano. C'est un lieu de plaisir, rendez-vous habituel, pendant la belle saison, de tous les habitans riches des villes voisines. Pétrarque vint passer les dernières années de sa vie dans un vallon des monts Euganéens, et sa famille lui fit élever un tombeau en marbre devant la porte de l'église d'Arqua où il était mort.

(13) Un ami m'apparut, proscrit par la terreur ;
    Je fus moins malheureux en calmant sa douleur.

Cet ami est M. Noël, aujourd'hui inspecteur général des études, alors ministre de France à Venise. Il accueillit Girodet avec tout l'intérêt que devaient lui inspirer son talent et les persécutions qu'il venait d'éprouver ; mais, leur intimité ne commença guère qu'à l'époque où M. Noël put se considérer véritablement comme proscrit. Dénoncé deux fois à la Convention par Saint-Just et par Élie Lacoste, ayant tout à craindre de la haine personnelle de Robespierre, M. Noël envoya sa démission au comité de salut public avant la chute de ce dernier. Ce fut au moment même où la position de M. Noël devenait très critique, que Girodet s'attacha à lui d'une manière plus particulière. C'est de M. Noël que je tiens ces détails.

(14) Les temps ont emporté mes vœux avec ta vie.
    Ami, paix à ta cendre et gloire à ton génie !

Péquignot (Jean-Pierre), auquel Girodet portait une amitié si tendre, naquit à Baume-les-Dames, près de Besançon, en 1765. Son père était maréchal. Ce n'est pas la première fois qu'un homme de talent s'est élancé des rangs des classes inférieures pour se placer parmi ceux dont l'histoire conserve le nom : les hommes distribuent les titres, les honneurs ; mais la nature s'est réservé de donner le génie.

Dès sa plus tendre jeunesse, Péquignot manifesta un goût très vif pour le dessin et pour la lecture. Frappé de cette disposition d'esprit, son père l'envoya, à l'âge de dix ans, rejoindre à Besançon son frère aîné, le seul qu'il eût, pour y étudier avec lui le dessin. Il passa près de cinq ans dans cette ville ; les deux frères vinrent ensuite à Paris et entrèrent dans une institution dirigée par le chevalier Pawlet. Cette institution, protégée par la reine, était établie sur les mêmes bases que les écoles militaires. Il y restèrent quatre ans. Péquignot le jeune suivit les études, mais il ne se distingua que par ce même amour du dessin et de la lecture qu'il avait montré dès son enfance. Pendant son séjour dans cette maison il connut les neveux de Vernet Ier, et se lia intimement avec eux. Lorsqu'il la quitta ils allèrent ensemble étudier à l'académie ; Vernet Ier lui donnait des conseils et lui prêta quelques-uns de ses ouvrages pour les copier.

Pendant les six mois qu'il passa ainsi, il vécut du produit de son travail : il faisait, pour mettre sur des boîtes, de petits paysages qui n'étaient pas sans mérite. Il se fit remarquer par deux tableaux du même genre qu'il mit à l'exposition qui avait lieu alors à la place Dauphine. C'était dans la place même, le long des maisons, que les tableaux, garantis seulement par un auvent, étaient accrochés. Cette exposition était pour les jeunes gens, surtout, un moyen de se faire connaître.

Péquignot l'aîné suivit la carrière de la sculpture, et il est encore aujourd'hui un fort habile praticien ; le jeune, l'ami de Girodet, entra dans l'école de David. Ce grand maître lui témoigna un vif intérêt et le recommanda à une personne riche qui le prit sous sa protection, lui assura une pension de 1,200 francs pour aller étudier à Rome, et lui donna l'argent nécessaire pour faire son voyage. Péquignot partit plein d'enthousiasme, mais, à son arrivée dans la ville des Césars, il trouva une lettre de son protecteur qui lui annonçait qu'une faillite le mettait dans l'impossibilité de lui payer la pension qu'il lui avait promise. Réduit de nouveau à vivre de son talent, Péquignot fit des tableaux qu'il vendait à un marchand. Il acquit bientôt de la réputation.

Ce fut à Rome que Girodet, parti plusieurs années après lui de France, le connut. Ils avaient eu le même maître; ils aimaient tous deux l'indépendance et leur art; tous deux avaient du talent; ils étaient jeunes, enfin : ce fut sous ces auspices que se forma cette amitié dont Girodet avait conservé un si tendre souvenir.

Ils étaient, ainsi qu'on peut le voir dans la lettre de Girodet à M. Tortoni (tome II, page 460), avec deux autres de leurs camarades à l'Académie de France, occupés à peindre les armes de la république pour l'Académie même, lorsque la populace furieuse vint tout briser. Le bruit étant parvenu jusqu'à eux, Péquignot sortit de l'atelier où ils étaient pour en connaître la cause. Il rentra bientôt en disant d'un grand sang-froid : « Ce sont eux. — Qui, eux? demandèrent ses camarades? — Le peuple, répondit-il ». Sans délibérer sur ce qu'il y avait à faire, Girodet et Péquignot gagnèrent aussitôt l'escalier.

On verra dans la lettre que j'ai citée, et dans celle adressée de Naples à M. Trioson (tome II, page 423) les détails de ce qui leur arriva dans cette circonstance; la nécessité où ils furent de se cacher à Rome pour se soustraire à la fureur du peuple, et la crainte qu'ils eurent d'être assassinés dans une écurie où ils avaient été obligés de passer la nuit, pendant le trajet de Rome à Naples.

Les deux amis restèrent quelque temps ensemble dans cette ville; Girodet parle souvent de ce séjour avec un accent qui prouve, tout à-la-fois, combien la société de Péquignot avait de charmes pour lui, et les regrets que sa mort lui fit éprouver.

En partant de Naples, Girodet y laissa son ami qui y a passé le reste de sa vie. Avec de l'aversion pour le monde, et une sorte de sauvagerie qui l'éloignait de toute société, et qui lui faisait considérer comme une contrainte tous les usages qu'elle exige, Péquignot devait prendre et prit effectivement, en avançant en âge, des habitudes qui, malgré son grand talent, ne lui auraient pas permis d'y paraître. Il se livrait à l'usage du vin d'une manière immodérée, et il n'avait aucun soin de lui-même. Un des élèves de Girodet, M. Delorme, ayant été pendant son séjour à Naples lui porter des lettres de son maître, Péquignot refusa deux fois de le recevoir; M. Delorme fut obligé de forcer sa porte, et il le trouva dans un état qui expliquait la répugnance qu'il éprouvait à se laisser voir.

Péquignot parlait très élégamment sa langue et l'italien; il aimait la musique et la cultivait. Il s'absentait souvent pour aller faire des excursions à des distances plus ou moins grandes de Naples, et il en rapportait toujours des dessins. Il fit un voyage en Sicile; à son retour il adressa à Girodet une description que celui-ci disait être admirable. A sa mort son portefeuille était considérable: il a été perdu pour la France et pour son frère. Un colonel napolitain auquel, à la recommandation de Girodet, M. Péquignot l'aîné donna sa procuration, recueillit tous les tableaux et les dessins, et en disposa à son profit, sans qu'il ait été possible de les lui faire rendre.

Péquignot, peu connu du public, avait un talent véritablement original et ne devait rien qu'à lui-même. Quoique l'on s'aperçoive bien qu'il a observé la nature, plutôt à la manière du Poussin et du Guaspre, que comme les coloristes, il n'y a cependant pas d'analogie entre lui et ces maîtres. Ses arbres sont toujours d'une beauté de forme et d'un choix de contours remarquables. Les sites qu'il représente ont une grâce et une originalité qui plaisent à l'imagination. On ne rencontre dans aucun autre peintre le caractère agreste et sauvage de ses montagnes. Souvent il a donné à ses ciels un choix de formes qui n'appartient qu'à lui.

Les tableaux de Péquignot avaient peu d'effet; on peut reprocher aux arbres de ses premiers plans de manquer de vérité : le feuillé est souvent trop compté; on n'y trouve pas cette espèce de désordre qu'offre la nature; mais, ce défaut, peut-être inévitable lorsque l'on cherche constamment la beauté, n'est plus sensible dans les autres plans. La poésie, l'élévation du dessin, la beauté des lignes et une grande délicatesse d'exécution font le mérite particulier des tableaux de Péquignot. Son talent, qui avait une analogie frappante avec celui de Girodet, ne pouvait manquer de faire impression sur notre grand artiste, si sensible au charme de tout ce qui portait un caractère d'originalité et de beauté ; aussi les premiers ouvrages qu'il vit de Péquignot excitèrent-ils en lui des transports d'admiration, et il ne parlait jamais de son ami qu'avec enthousiasme. Girodet s'entretenant un jour de Péquignot avec un de ses élèves, celui-ci dit que c'était un homme de talent: « Dites un homme de génie, reprit sèchement Girodet. »

Ce fut à lui que Girodet dut le goût si vif qu'il témoigna pour le paysage; il copia plusieurs de ses tableaux, et ses productions, dans ce genre, rappelaient celles de son ami ; il saisissait avec empressement l'occasion d'en acheter, et il en possédait plusieurs d'une grande beauté. Les artistes qui ont vu en Italie les autres tableaux de Péquignot, disent qu'il en avait fait de plus remarquables encore.

Péquignot mourut à Naples, en 1806 ou 1807, dans un état complet de misère; sa mort causa un vif chagrin à Girodet.

L'amitié de notre grand peintre n'aura point été stérile pour Péquignot : c'est à elle, non moins qu'à ses ouvrages, qu'il devra cette célébrité qu'il n'avait pas recherchée et que Girodet lui prédit dans ses vers.

FIN DES NOTES DU TROISIÈME CHANT.

NOTES

DU

CHANT QUATRIÈME.

(1) La Grèce, soulevant ses vêtemens de deuil,
   S'est montrée à Delille, à Byron, à Choiseul.

Il faut joindre à ces noms, d'abord celui du premier de nos écrivains actuels, M. de Châteaubriand qui, dans son voyage de Paris à Jérusalem, a traversé la Grèce dont les malheurs lui ont inspiré plus d'une page remplie d'enthousiasme et d'une éloquente douleur; celui de l'abbé Barthélemy auquel nous sommes redevables d'un excellent ouvrage, le *Voyage du jeune Anacharsis*, dans lequel il a bien fait connaître la Grèce ancienne, mais qui avait aussi visité la Grèce moderne, ainsi qu'il le rapporte lui-même page 202 de son Introduction, où il dit en parlant de Léonidas, et des héros qui moururent avec lui : « Pardonnez, ombres géné- « reuses, à la faiblesse de mes expressions; je vous offrais un « plus digne hommage, lorsque je visitais cette colline où « vous rendîtes les derniers soupirs; lorsque, appuyé sur un « de vos tombeaux, j'arrosais de mes larmes les lieux teints de « votre sang* ». Enfin, il faut y joindre aussi ceux des artistes,

---

* M. Michaud, auteur de la notice insérée dans la *Biographie universelle*, a oublié de rappeler cette circonstance.

tels que Stuart et Revelt, Leroy, Cassas et autres qui, guidés par le desir de reproduire, par le crayon, les débris de ses monumens, ont contribué à perpétuer les souvenirs de son génie.

(2) Contemple ici l'OEta, bûcher de ce mortel
    Dont la vertu conquit tous les honneurs du ciel.

Ce mortel est Hercule. Dévoré par la tunique teinte du sang de Nessus, que Déjanire lui avait envoyée comme la croyant propre à l'empêcher d'aimer d'autres femmes, il éleva sur le mont OEta un bûcher auquel il ordonna à Philoctète de mettre le feu. Il faut entendre ici le mot *vertu* dans le sens de celui de *virtus*; selon l'acception française, il serait impossible de l'appliquer au héros qui, entre autres actions, rendit mères, dans une seule nuit, les cinquante filles de Thestius.

(3) Et dont l'ombre héroïque inspira Léonide,
    Quand, guidant au combat sa phalange intrépide,
    Joyeux, *il l'invitait au banquet de Pluton*.

Le père de l'histoire, Hérodote, n'a point rapporté cette circonstance; elle se trouve dans le récit de Diodore de Sicile, et dans les petits parallèles attribués à Plutarque. L'auteur de la notice sur Léonidas, insérée dans la *Biographie universelle*, attribue à Simonide cette inscription : « Passant, va « dire aux Lacédémoniens que nous sommes morts ici pour « obéir à ses saintes lois ». Ce furent les amphictyons qui firent graver cette inscription sur une colonne (*Hérodote*, liv. VII). Simonide fit celle du devin Mégistius; il fit également l'épigramme pour le lion élevé en l'honneur de Léonidas au passage des Thermopyles (*Hérodote*, loco citato).

« Je suis le plus courageux des animaux; celui que je garde, « et sur la tombe duquel je suis étendu, fut le plus valeureux

« des hommes. Si, avec mon nom, il n'eût pas eu un courage
« tel que le mien, on ne me verrait pas sur ce tombeau. »

Les ossemens de Léonidas furent rapportés à Sparte par
Pausanias, et on lui éleva un tombeau autour duquel on
célébrait des jeux en son honneur. Le lion n'avait donc plus
rien à garder, et le monument était seulement consacré au
souvenir d'une action héroïque dont le récit fait battre encore
tous les cœurs généreux.

(4) Va, voyageur ; que Sparte apprenne par ta voix
Qu'ici nous sommes morts fidèles à ses lois.

(*Voir* la note ci-dessus.)

Les quatre vers qui suivent ceux-ci ont été inspirés par le
passage de l'*Itinéraire* où M. de Châteaubriand parle de l'impression qu'il éprouva à la vue des ruines de Sparte : « Quel
« beau spectacle, mais qu'il était triste ! l'Eurotas coulant soli-
« taire sous les débris du pont Babyx; des ruines de toutes
« parts, et pas un homme parmi ces ruines ! Je restai immo-
« bile, dans une espèce de stupeur, à contempler cette scène.
« Un mélange d'admiration et de douleur arrêtait mes pas et
« ma pensée; le silence était profond autour de moi; je vou-
« lus du moins faire parler l'écho dans des lieux où la voix
« humaine ne se faisait pas entendre, et je criai de toute ma
« force : Léonidas ! Aucune ruine ne répéta ce grand nom, et
« Sparte même sembla l'avoir oublié. »

(5) Dans la plaine où fut Thèbe allons fouler sa cendre,
Et révérons ce toit respecté d'Alexandre.

Lors du sac de Thèbes, Alexandre fit vendre tous les habitans comme esclaves, à l'exception des prêtres, de ceux qui
étaient amis des seigneurs macédoniens, et de tous les descendans et parens de Pindare; la maison où il était né fut la
seule qui resta debout.

(6) Et c'est en ce lieu même, heureux Diagoras,
   Qu'embrassant tes deux fils, tu mourus dans leurs bras ;
   Tes deux fils, dont tu vis, en la même journée,
   Dans cinq combats divers la tête couronnée......

La septième olympique, dans laquelle Pindare célèbre les exploits de Diagoras, prouve que ce héros avait remporté un grand nombre de prix. Dans un âge avancé, il vint, selon Pausanias, Cicéron et Plutarque, à Olympie avec ses deux enfans qui, après avoir remporté la victoire, prirent leur père sur leurs bras, et parcoururent ainsi l'arène au milieu des acclamations des Grecs. Un Spartiate, témoin de cette scène, lui dit : « Meurs, Diagoras, car tu ne peux pas espérer « de monter au ciel. »

Aulugelle prétend que Diagoras était accompagné de ses trois fils, qu'ils furent tous trois victorieux dans la même olympiade, et que lui ayant mis leurs couronnes sur la tête, il mourut de joie au milieu de leurs embrassemens.

Je n'ai rien trouvé dans les auteurs que j'ai cités, qui prouve que les deux fils de Diagoras furent couronnés cinq fois dans la même journée ; j'ignore où Girodet a puisé cette circonstance.

(7) Ces trésors du talent méconnus, dédaignés,
   Parmi de vils cailloux au hasard maçonnés......

Ce n'est pas seulement en Grèce que l'on voit des débris de toute nature employés dans des constructions modernes ; on sait que beaucoup de grands édifices, à Rome, furent construits avec les pierres qu'on enlevait au Colysée ; à Périgueux, les murs de la ville ont été construits avec des tronçons de colonnes et d'autres débris de monumens antiques, et des villages entiers sont venus s'établir sur les débris de la splendeur de l'Egypte. Là, où la civilisation et la religion avaient élevé des monumens, l'ignorance, la barbarie ou le fanatisme sont venus les détruire.

La civilisation et la barbarie ont régné, tour-à-tour, sur les plus belles contrées de l'ancien monde, et dans les luttes qui se sont engagées entre elles, des nations entières ont disparu. Que sont devenus les Arabes, par exemple, qui brillaient de tant d'éclat et qui ont cultivé avec tant de succès les lettres, les arts et les sciences?

(8) L'ignorance en turban. . . . . . .
  Respire le même air que respirait Platon,
  Et voit le même ciel que mesurait Méton!

Méton, Athénien, vivait dans le cinquième siècle avant Jésus-Christ; il avait élevé sur la place publique un instrument qu'on avait désigné sous le nom d'*héliotrope*, au moyen duquel il observa, en l'an 430, un solstice conservé par Ptolémée. Si Méton n'est pas l'inventeur du cycle de dix-neuf ans, appelé *le nombre d'or*, et qui ramenait la nouvelle lune au même jour de l'année solaire, il paraît au moins que ce fut lui qui le fit adopter en Grèce.

Aristophane a mis en scène Méton dans sa comédie des *Oiseaux* (acte II, scène VI), et lui a fait tenir des propos vides de sens. On sait qu'il s'agit d'hommes qui veulent devenir oiseaux et bâtir une ville en l'air.

PISTHETERUS.

« Mais, dites-moi, quels instrumens avez-vous là? »

MÉTON.

« Ce sont des règles pour mesurer l'air; car, d'abord, vous
« saurez que l'air est entièrement fait comme un four; c'est
« pourquoi, appliquant par en haut cette règle courbe, puis
« posant le compas.... Vous m'entendez bien? »

PISTHETERUS.

« Moi? Je ne vous entends pas du tout. »

MÉTON.

« J'appliquerai une règle droite, et je prendrai si bien mes
« dimensions que je ferai un cercle carré, et que je tracerai
« le forum au centre ; à cette place aboutiront de toutes
« parts des rues droites, semblables aux rayons du soleil qui est
« rond lui-même. »

A la suite de ce dialogue, Méton est chassé de la nouvelle ville à coups de bâton. On sait qu'Aristophane ne mettait aucunes bornes à ses railleries, puisqu'il raillait le peuple même auquel il s'adressait.

Méton qui augurait mal de l'expédition projetée par Alcibiade sur la Sicile, et à laquelle la comédie d'Aristophane paraît se rapporter, contrefit le furieux et brûla même sa maison afin d'obtenir du peuple que son fils ne fût point de cette expédition. Il y réussit. (Plutarque, *Alcibiade*, chap. XXX.)

(9) Je vois l'honneur honteux dont ton orgueil se flatte :
    Tu veux être appelé le moderne Erostrate.

Lors de l'expédition d'Egypte, l'Angleterre devint l'alliée de la Sublime-Porte; lord Elgin, que Girodet veut désigner par ces vers, était alors ambassadeur à Constantinople. Il profita de l'influence que lui donnaient sa position et les circonstances, pour demander la permission de dépouiller Athènes de son ancienne splendeur. Cette permission lui fut accordée, et bientôt Londres vit dans ses murs les sculptures des frontons du Parthénon. Cette spoliation fut diversement jugée ; Byron et plusieurs autres, comme aujourd'hui Girodet, la traitèrent de sacrilège; on écrivit sur les murs du Parthénon : *quod non fecerunt Gothi, hoc fecerunt Scoti* (lord Elgin est écossais). Le portique du temple de Pandrose était encore intact : lord Elgin fit enlever l'une des cariatides qui en supportent le fronton, et la remplaça par un pilier en brique. On écrivit sur le pilier : *opus*

Elgin, et sur la cariatide la plus proche : *opus Phidiæ*. Enfin un Anglais de distinction fit exécuter à ses frais une copie en marbre de la cariatide enlevée, et la fit substituer au pilier de briques.

Des archéologues, dont je partage l'opinion, firent observer que cette spoliation était faite dans l'intérêt de l'art, et dans le but de conserver des monumens menacés d'une destruction presque inévitable; je dis à cette occasion *, dans une notice relative à ces mêmes sculptures du Parthénon :

« Il est très vrai que les monumens de ce genre perdent
« beaucoup à être enlevés au cadre qui les renfermait, à la
« place pour laquelle ils avaient été exécutés; on peut même
« dire qu'au milieu des nobles ruines dont ils faisaient partie,
« ils exerçaient sur l'imagination une puissance qu'ils ne
« peuvent conserver ailleurs; mais, si l'on considère de quelle
« importance il est pour les artistes modernes de pouvoir les
« étudier; s'il est bien constant qu'ils forment, dans l'histoire
« de l'art, une époque très importante; enfin si l'on s'arrête à
« cette pensée que quelque nouvelle catastrophe aurait pu
« en achever entièrement la ruine, je crois que l'Europe
« savante devra se féliciter qu'ils soient confiés à la garde
« d'une nation civilisée. »

Les évènemens survenus depuis cette époque n'ont que trop justifié cette opinion.

On sait que les illustres débris apportés par lord Elgin trouvèrent peu d'admirateurs à Londres; qu'il s'éleva une discussion dans le parlement sur le prix que l'on devait y mettre, et que M. Visconti fut appelé à les examiner. Le mémoire qu'il publia, à cette occasion, ne tarda pas à éclairer l'opinion publique sur le mérite des ouvrages soumis à sa docte investigation, et les sculptures grecques sont aujourd'hui le plus bel ornement du *British Museum*.

---

* *Revue encyclopédique*. 1821. Tome xi, page 29.

(10) Osons, osons fouler ces redoutables plaines
   Que des vents du Kampsin embrasent les haleines.

« Ces vents ont en Egypte le nom générique de vents de
« cinquante jours, non parce qu'ils durent cinquante jours de
« suite, mais parce qu'ils paraissent plus fréquemment dans
« les cinquante jours qui entourent l'équinoxe. On en peut
« comparer l'impression à celle que l'on reçoit de la bouche
« d'un four au moment où l'on en tire le pain. Quant ces vents
« commencent à souffler, l'air prend un aspect inquiétant. Le
« ciel, toujours si pur dans ces climats, devient trouble; le
« soleil perd son éclat et n'offre plus qu'un disque violacé. L'air
« n'est pas nébuleux, mais gris et poudreux, et réellement il
« est plein d'une poussière très déliée, qui ne se dépose pas et
« qui pénètre partout. Ce vent, toujours léger et rapide, n'est
« pas d'abord très chaud; mais à mesure qu'il prend de la
« durée, il croit en intensité. Les corps animés le reconnaissent
« promptement aux changemens qu'ils éprouvent. Le poumon,
« qu'un air trop raréfié ne remplit plus, se contracte et se tour-
« mente. La respiration devient courte, laborieuse; la peau
« est sèche et l'on est dévoré d'une chaleur interne. On a beau
« se gorger d'eau, rien ne rétablit la transpiration. On cherche
« en vain la fraîcheur, les corps qui avaient coutume de la
« donner trompent la main qui les touche : le marbre, le fer,
« l'eau, quoique le soleil soit voilé, sont chauds. Alors on
« déserte les rues, et le silence règne comme pendant la nuit.
« Les habitans des villes et des villages s'enferment dans leurs
« maisons, et ceux du désert dans leurs tentes, ou dans des
« puits creusés en terre, où ils attendent la fin de ce genre de
« tempête. Communément elle dure trois jours; si elle passe,
« elle devient insupportable. Malheur aux voyageurs qu'un tel
« vent surprend en route loin de tout asile ! ils en subissent
« tout l'effet qui est quelquefois porté jusqu'à la mort. Le dan-
« ger est surtout au moment des rafales; alors la vitesse accroît

« la chaleur au point de tuer subitement. Cette mort est une
« vraie suffocation ; le poumon respirant à vide entre en
« convulsion; la circulation se trouble dans les vaisseaux ;
« tout le sang chassé par le cœur afflue à la tête et à la poi-
« trine ; et, de là, cette hémorragie par le nez et la bouche
« qui arrive après la mort.

« Ces vents chauds ne sont point particuliers à l'Egypte ; ils
« ont lieu en Syrie, plus cependant sur la côte et dans le
« désert, que sur les montagnes. » (Volney, *Voyages en Syrie
et en Egypte.*)

M. le baron Leduc, sous-intendant militaire, qui a fait la
campagne d'Egypte, me disait qu'étant sous les murs de
Saint-Jean-d'Acre occupé à écrire, pendant que le Kampsin
soufflait, le papier se contractait entre ses mains, comme si on
l'avait exposé au feu : ce fait seul suffirait pour donner une
idée juste de ce vent redoutable. Une compagnie de cent
cinquante hommes ayant été surprise par ce vent, la moitié
resta dans les sables.

(11) Telle est donc aujourd'hui ta lugubre splendeur,
    Désert que Jehovah remplit de sa grandeur !

Il faut rapprocher cette description de celle de M. de
Châteaubriand, et l'on verra que le poète a su conserver toutes
les couleurs du tableau de ce grand écrivain, en y ajoutant le
charme et l'harmonie des vers.

Arrivé dans la vallée où coule le Jourdain, M. de Châteaubriand décrit ainsi les lieux qui s'offrent à sa vue.

« La vallée comprise entre ces deux chaînes de montagnes
« offre un sol semblable au fond d'une mer depuis long-
« temps retirée : des plages de sel, une vase desséchée, des
« sables mouvans et comme sillonnés par les flots. Çà et là des
« arbustes chétifs croissent péniblement sur cette terre privée
« de vie ; leurs feuilles sont couvertes du sel qui les a nourries,

« et leur écorce a le goût et l'odeur de la fumée. Au lieu de
« villages on aperçoit les ruines de quelques tours. Au milieu
« de la vallée passe un fleuve décoloré ; il se traîne à regret
« vers le lac empesté qui l'engloutit. On ne distingue son cours
« au milieu de l'arène que par les saules et les roseaux qui le
« bordent. L'Arabe se cache dans ces roseaux pour attaquer
« le voyageur et dépouiller le pélerin.

« Tels sont ces lieux fameux par les bénédictions et les
« malédictions du ciel : ce fleuve est le Jourdain ; ce lac est
« la Mer-Morte ; elle paraît brillante, mais les villes cou-
« pables qu'elle cache dans son sein semblent avoir empoi-
« sonné ses flots. Ses abîmes solitaires ne peuvent nourrir
« aucun être vivant; jamais vaisseau n'a pressé ses ondes. Ses
« grèves sont sans oiseaux, sans arbres, sans verdure ; et son
« eau, d'une amertume affreuse, est si pesante, que les vents
« les plus impétueux peuvent à peine la soulever. »

(12) Est-ce donc là Palmyre. . . . . .
Cette noble cité de la gloire et des arts,
Et dont furent jaloux les dieux et les Césars.

C'est, sans doute, une manière poétique de célébrer les
merveilles de Palmyre, car je ne connais rien ni dans la
fable ni dans l'histoire qui justifie la jalousie des dieux et
des Césars. La guerre qu'Aurélien fit à Zénobie était une
guerre toute politique: après la prise de la ville, il traita
même les Palmyréniens avec douceur; mais, ceux-ci s'étant
révoltés et ayant massacré la garnison romaine, Aurélien
revint sur ses pas, et, pendant trois jours, Palmyre fut abandonnée à toute la fureur du soldat.

(13) Cruel dans les combats, héros dans les tourmens,
Et banni magnanime, aux terres étrangères
Il n'emporte avec lui que les os de ses pères.

On peut voir dans le *Génie du christianisme*, tome III,

pages 234 et 318, édition de Lyon, 1808, ce que M. de Châteaubriand raconte de la vénération des Indiens pour les ossemens de leurs ancêtres. C'est sur ces ossemens que les chefs concluent des traités de paix et d'alliance, et, s'ils sont obligés de quitter le territoire qu'ils occupaient, ils les emportent avec eux.

Dans une catastrophe récente, qui sera un sujet éternel de honte pour le gouvernement anglais, les Parganiotes donnèrent un exemple remarquable de ce même respect pour les ossemens de leurs pères. Écoutons l'historien de la *Régénération de la Grèce*, M. Pouqueville, qui a fait connaître toutes les circonstances de cette transaction par laquelle Parga et tout son territoire furent vendus et livrés par les Anglais à Ali, pacha de Janina, et les malheureux habitans forcés d'aller chercher un refuge sur une terre étrangère, n'ayant pour tout dédommagement de leurs propriétés, de leur patrie, des souvenirs des lieux qui les avaient vus naître, qu'une misérable somme qui ne représentait pas le dixième de la valeur réelle de ce qu'ils étaient obligés d'abandonner.

« C'est après-demain, dans deux jours, au lever du soleil
« qu'il faut partir ; chacun s'empresse de marquer d'une croix
« la porte de sa demeure............! Un cri s'élève, l'air en est
« ébranlé ; on vient d'apercevoir les Turcs sur les hauteurs
« du mont Pezovolos. Un sombre désespoir s'empare des
« esprits ; on court aux armes et on jure unanimement de
« mourir avec la patrie, si les ennemis s'avancent avant
« l'heure marquée, pour s'emparer des lieux qu'on doit aban-
« donner. Puis, se rappelant leurs misères, tous fondant en
« larmes, se portent vers l'image de la vierge de Parga, Pal-
« ladium antique de leur acropole, lorsqu'une voix sortie du
« sanctuaire les avertit que les Anglais, qui les ont sacrifiés,
« ont oublié dans le traité de vendre les mânes de ceux qui
« ont vécu.

« On se précipite à l'instant vers les cimetières: les tom-
« beaux sont ouverts; on en arrache les ossemens et les ca-
« davres, à demi consumés, des aïeux et des familles éteintes,
« qu'on place sur un vaste bûcher construit avec les oliviers,
« ornemens de la terre paternelle.....

« Ce fut à la lueur funèbre du bûcher qui finissait de dé-
« vorer les restes de leurs ancêtres, que les Parganiotes ap-
« pareillèrent avec les brises matinales pour s'éloigner du
« cap Chimærium, et que les Turcs, accueillis en frères par
« les Anglais, occupèrent la ville chrétienne abandonnée le
« 10 mai 1819, époque destinée à tenir rang dans l'histoire. »

(14) Peintre, n'as-tu pas vu, dans ces nuages sombres,
De nos héros français apparaître les ombres,
Et s'admirer l'un l'autre, en un transport égal,
Ossian et Desaix, et Kléber et Fingal ?

Oui! le peintre les a vues, et ce peintre c'est Girodet lui-
même qui, dans un tableau étincelant de verve et de beautés
de tous genres, a représenté les ombres des guerriers français
reçues par les ombres des guerriers scandinaves dans leur
palais aérien.

(15) Parfois le laboureur, en sillonnant la terre,
Exhume de ces preux la dépouille guerrière ;
Des casques en débris et d'argile souillés,
Des tronçons de poignards, de vieux heaumes rouillés.

C'est une imitation de ces beaux vers de Virgile :

Scilicet et tempus veniet quàm finibus illis
Agricola, in curvo terram molitus aratro,
Exesa inveniet scabrâ rubigine pila,
Aut gravibus rastris galeas pulsabit inanes,
Grandiaque effossis mirabitur ossa sepulcris.

(16) Voici ce paraclet où la tendre Héloïse....

Mêlait dans sa prière, en son cœur confondus,
Le doux nom d'Abeilard au saint nom de Jésus.

Voici le passage de la lettre d'Héloïse à Abeilard où Girodet a puisé le pensée exprimée dans le dernier vers. Ce passage est remarquable, et l'on verra que notre poète en a rendu la pensée avec beaucoup de délicatesse.

« Sed hæc quidem amaritudo veræ pœnitentiæ quàm rara sit
« beatus diligenter attendens Ambrosius : « faciliùs, inquit, in-
« veni qui innocentiam servaverunt, quàm qui pœnitentiam ege-
« runt ». In tantùm verò illæ, quas pariter exercuimus, amantium
« voluptates dulces mihi fuerunt ; ut nec displicere mihi, nec
« vix à memoriâ labi possint. Quocunque loco me vertam, sem-
« per se oculis meis cum suis ingerunt desideriis. Nec etiam
« dormienti suis illusionibus parcunt.

« Inter ipsa missarum solemnia, ubi purior esse debet ora-
« tio, obscœna earum voluptatum phantasmata ità sibi penitùs
« miserrimam captivant animam, ut turpitudinibus illis magis
« quàm orationi vacem. Quæ cùm ingemiscere debeam de com-
« missis, suspiro potiùs de amissis.

« Nec solum quæ egimus, sed loca pariter et tempora in
« quibus hæc egimus, ità tecum nostro infixa sunt animo, ut in
« ipsis omnia tecum agam, nec dormiens etiam ab his quiescam.»

« Nonnunquàm et ipso motu corporis animi mei cogitationes
« deprehenduntur, nec à verbis temperans improvisis ! »

(17) Nouveau Jérôme, ici, Rancé, sous le cilice,
De ses feux combattus éprouvant le supplice,
D'un cœur enfin dompté par la religion,
Commentait saint Benoît après Anacréon.

Le Bouthilier de Rancé, célèbre réformateur de la Trappe, avait été destiné par sa famille à la carrière des armes ; mais, à dix ans, il reçut la tonsure pour pouvoir succéder aux riches bénéfices que laissait vacans la mort de son frère aîné. Il possédait à douze ans les langues grecque et latine, et il n'avait pas encore compté sa treizième année lorsqu'il publia (1639) une édition d'Anacréon, avec des scholies grecques et une dédicace, en grec, au cardinal de Richelieu son parrain.

La jeunesse de Rancé fut partagée entre l'étude et les plaisirs auxquels il se livrait sans réserve; la mort de la duchesse de Mont-Bazon, qu'il aimait tendrement, commença à changer le cours de ses idées; peu de temps après il donna tous ses biens aux pauvres, et se démit de tous ses bénéfices, à la réserve de l'abbaye de la Trappe dont il fut nommé abbé régulier. Il porta dans la réforme de son ordre une sévérité excessive et qui l'a rendu célèbre. Rien n'indique qu'après sa conversion, ses pensées se soient reportées vers les plaisirs de sa jeunesse ainsi que l'éprouva Héloïse, et ce vers :

De ses feux combattus éprouvant le supplice,

me semble hasardé.

FIN DES NOTES DU QUATRIÈME CHANT.

NOTES
DU
CHANT CINQUIÈME.

(1) . . . . Enfin l'estime pure
Unissait Raphaël au savant Albert Dure;
Souvent ils échangeaient leurs ouvrages entre eux,
Et, de ces nobles dons, ils s'honoraient tous deux.

« Per queste e molte altre opere, essendo passata la fama
« di questo nobilissimo artefice (Raffaello) insino in Francia
« ed in Fiandra, Alberto Durero, tedesco pittore mirabilissimo,
« ed intagliatore di rame di bellissime stampe, divenne tribu-
« tario delle sue opere a Raffaello, e gli mandò la testa d'un
« suo ritratto, condotta da lui à guazzo sù una tela di bisso
« che, da ogni banda, mostrava parimente, e senza biacca,
« i lumi trasparenti, se non che con acquerelli di colori era
« tinta e macchiata; e de' lumi del panno, aveva campato i
« chiari; la qual cosa parve maravigliosa à Raffaello; perche
« egli mandò molte carte disegnate di man sua, le quali furono
« carissime ad Alberto » (*Vasari*, Vita di Raffaello da Urbino).

(2) Brunellesque et Donat, guidés par la justice,
D'eux-mêmes, tout-à-coup, abandonnent la lice,
Et, par un mouvement qui les couvre d'honneur,
Ils proclament tous deux Ghiberti leur vainqueur.

Le récit de Vasari sur ce concours est fort curieux (*Vita*

di Lorenzo Ghiberti). Parmi un grand nombre d'artistes célèbres qui étaient venus pour prendre part au concours ouvert, les consuls en choisirent sept qui durent préparer un projet. Chacun d'eux travaillait secrètement à disposer son modèle; Ghiberti, seul, consultait les étrangers et ceux des habitans qu'il jugeait propres à lui donner de bons conseils. Lorsque tous les projets furent exposés, les consuls désignèrent parmi les peintres, les sculpteurs et les orfèvres, ceux qui leur paraissaient être les plus capables de porter un bon jugement. Brunellesco, Ghiberti et Donato l'emportaient de beaucoup sur les autres; mais, le modèle de Ghiberti était évidemment le meilleur. « Donato e Brunellesco, dit Vasari,
« visto la diligenza che Ghiberti aveva usata nell' opera sua,
« si tirarono da un canto, e parlando frà loro, risolverono che
« l'opera dovesse darsi à Ghiberti..... dicendo che sarebbe stato
« piuttosto opera invidiosa à levargliela, che non era virtuosa,
« à fargliela avere. »

(*Voir* au surplus la note 19 du premier chant.)

(3) Mais envers un rival c'est peu que d'être juste ;
Pour Horace, Virgile obtint les dons d'Auguste,
Et, du peintre de Cos la puissante amitié,
Secourut noblement Protogène oublié.

Protogène fut long-temps réduit à peindre, pour vivre, les ornemens des vaisseaux; Pline, par qui nous savons cette circonstance*, cite un autre peintre, Héraclides, qui aurait vécu sous le règne de Persée, et qui aurait été obligé de se livrer au même genre de travail. On sait que, à l'âge de quatorze ans, Puget fit en grande partie la sculpture d'une galère dont il dirigeait en même temps la construction, et que, à Florence, réduit à solliciter des travaux pour subsister, il entra chez un sculpteur en bois.

* Liv. xxxv, chap. x.

Apelle ne pouvait méconnaître le mérite des ouvrages de Protogène; il lui en acheta plusieurs auxquels le peintre n'avait mis qu'un prix très bas; mais, Apelle les lui paya cinquante talens et témoigna l'intention de les vendre comme étant de lui. Ce fut alors que les Rhodiens ouvrirent les yeux sur le mérite de Protogène.

C'est Pline qui nous a également conservé le récit de ce que fit Apelle, lorsqu'il vint à Rhodes et qu'il alla voir Protogène. Ne l'ayant pas trouvé chez lui, il prit un pinceau et traça sur une toile, qui était toute préparée, un trait d'une précision remarquable; Protogène, de retour, s'écria qu'Apelle seul avait pu le faire, mais en même temps il le couvrit d'un trait encore plus fin et d'une autre couleur; Apelle étant revenu : « vinci erubescens, dit Pline, tertio colore lineas « secuit, nullum relinquens ampliùs subtilitati locum. »

Ce fait a beaucoup exercé les commentateurs; on peut voir dans Carlo-Dati* ce qu'en ont dit les écrivains italiens et Michel-Ange lui-même; chez nous, M. Quatremère de Quincy a publié une dissertation sur le même sujet. Au reste, Pline dit qu'il avait vu la planche, ou la toile, sur laquelle les traits, alors presque effacés, des deux célèbres peintres de l'antiquité, avaient été tracés, et qu'elle fut détruite dans l'incendie du palais des Césars.

(4) *L'équitable avenir me rendra donc ma gloire.*

« Je ne sais ** où l'auteur du *Dictionnaire des anecdotes des*
« *beaux-arts* a puisé ce récit que je n'ai lu ni dans Félibien
« ni dans Bellori, qui tous deux ont publié la vie de ces
« grands peintres (le Dominiquin et Poussin); quoi qu'il en
« soit, le trait, s'il est vrai, est digne de tous deux.***

* *Vite de' pittori antichi.*
** Girodet avait fait cette note, et je l'ai conservée.   P. A. C.
*** Bellori dit seulement que, pendant que la foule des élèves italiens

« Ce fameux *saint Jérôme* du Dominiquin était placé par
« le Poussin à côté de la *Transfiguration* de Raphaël, et de la
« *Descente de croix* de Daniel de Volterra, et il les nommait
« les trois chefs-d'œuvre de la peinture moderne. Il est dif-
« ficile de ne pas souscrire au jugement d'un si grand maî-
« tre. Le saint Jérôme est en effet le plus beau tableau de
« son auteur. La figure du saint, principalement, est de l'ex-
« pression la plus touchante et la plus vraie. Accablé par la
« vieillesse qui a sillonné son front chauve, il est agenouillé
« sans force aux pieds de l'autel et soutenu par des assistans
« qui fondent en larmes. Ses yeux vont s'éteindre, mais un
« sentiment religieux, calme et profond, les anime encore, et
« brille sous le voile de la mort qui les recouvre; ses lèvres
« décolorées s'entr'ouvrent avec respect pour recevoir le pain
« des élus; ses bras desséchés et incapables de mouvemens
« expriment cependant la confiance et l'espoir. Enfin, toute
« son attitude annonce le départ d'une âme pieuse et pure,
« qui se dégage de ses liens et s'élance vers l'avenir d'un bon-
« heur éternel. La figure du vieux prêtre qui tient l'hostie,
« celle du diacre qui l'assiste, sont d'une expression simple
« et convenable pour le sujet. Ne pourrait-on pas desirer que
« les anges qui couronnent le haut du tableau fussent peints
« d'une teinte vaporeuse, au lieu d'avoir la même carnation
« et la même saillie que les figures terrestres? Cette manière

et étrangers allaient étudier le *martyre de saint André*, du Guide, Poussin dessinait, seul, d'après le tableau que le Dominiquin avait fait sur le même sujet. Il ajoute que l'exemple et les observations de Poussin y ramenèrent la foule. Le récit de l'auteur du *Dictionnaire des anecdotes des beaux-arts* se trouve également dans Fuessli, mais il dit que ce fait eut lieu à l'occasion du *martyre de saint André*. Malvasia, qui a écrit longuement la vie du Dominiquin, n'a pas même rapporté ce que dit Bellori.

P. A. C.

« de représenter de pures intelligences blesse l'imagination;
« cependant elle a été généralement adoptée par les peintres
« italiens, et je ne connais, jusqu'à présent, aucun tableau de
« leur école qui offre une exception.

« Le style des draperies de la communion de saint Jérôme
« manque de grandiose et d'aisance, du moins dans la partie
« que le peintre devait inventer ; mais les vêtemens du prêtre
« ne sauraient être mieux imités : ici l'artiste n'a eu qu'à co-
« pier, et il a été fidèle. Plusieurs têtes d'assistans pourraient
« avoir, avec autant de vérité, un plus beau caractère, sans
« cependant effacer la tête principale qui reste au-dessus de
« tous les éloges. La couleur de tout le tableau est sévère et
« vigoureuse; plusieurs détails, par exemple la tête du prêtre
« qui donne la communion, sont d'une saillie et d'une vérité
« de ton extraordinaires. Cette production célèbre me paraît,
« en cela, l'emporter sur la Transfiguration ; mais celle-ci est
« bien supérieure par la noblesse du dessin et la *grandiosité*
« du style ; la Descente de croix de Daniel de Volterra,
« peinte à fresque, et aujourd'hui presque détruite, d'ail-
« leurs faible de couleur, l'emporte également sur la commu-
« nion de saint Jérôme sous le même rapport.

« Les expressions de ces trois tableaux peuvent difficile-
« ment se comparer, les sujets étant d'une nature différente.
« On pourrait dire, cependant, que celles de la Transfiguration
« sont plus variées et plus idéales; celles de la Descente de
« croix de Daniel de Volterra plus profondes, et celles du
« saint Jérôme plus naïves.

« Ce que nous avons dit des expressions peut s'appliquer à
« la composition de ces productions rivales. La scène repré-
« sentée est généralement bien disposée. Dans Raphaël, il y
« a des groupes admirables d'agencement et de mouvement ;
« mais il faut de la réflexion pour saisir les rapports qui unis-
« sent la scène du bas du tableau avec celle qui se passe sur

« le haut de la montagne, et l'œil ne peut s'empêcher de voir
« d'abord comme deux tableaux réunis dans un même cadre.
« Il y a plus d'unité d'action dans le Dominiquin et dans Da-
« niel de Volterra; cependant, les figures de ce dernier pa-
« raissent un peu trop sur le même plan; il en résulte que les
« figures accessoires, ayant autant de développement que les
« personnages principaux, divisent nécessairement l'attention
« et l'intérêt, et détruisent le repos et l'effet des groupes d'ex-
« pression. A cet égard, le saint Jérôme est parfaitement
« conçu : l'unité est observée ; tout se rapporte à la figure
« principale, non par ces moyens factices si usités dans
« notre vieille école et dans l'école italienne dégénérée (ces
« deux là n'en font qu'une), mais par les moyens de la nature,
« simples comme elle. L'effet du saint Jérôme est un : aussi il
« est net et tranquille. Celui de la Transfiguration l'est beau-
« coup moins ; il y a dans ce dernier tableau deux lumières
« qui éclairent et qui partagent presque également les objets
« sur lesquels elles frappent. J'ose croire que, si Raphaël
« avait tenu les figures de son premier plan dans une demi-
« teinte décidée, ce qui lui était bien facile en supposant hors
« du plan de son tableau des arbres ou des rochers qui les
« auraient couvertes d'une ombre douce, et s'il ne les avait
« éclairées que par la lumière seule du Christ qui n'aurait fait
« que glisser sur elles, il aurait obtenu des masses larges de
« clair-obscur, qui, suffisamment réflétées, auraient fait res-
« sortir, avec bien plus d'éclat, la partie lumineuse du haut
« de son tableau où se passe la scène la plus imposante. Je
« crois hors de doute que la Transfiguration serait un tableau
« plus parfait encore s'il avait réuni ce mérite d'effet à tant
« d'autres qualités supérieures qui le distinguent, et qui le pla-
« ceront toujours au premier rang des chefs-d'œuvre de l'art.

« Nous avons vanté l'unité et la sagesse de la composition
« du saint Jérôme; disons cependant que l'idée-mère de ce

« tableau appartient véritablement à Augustin Carrache : ce
« fut un des grands chefs d'accusation dont les ennemis du
« Dominiquin s'armèrent contre lui pour déprécier son chef-
« d'œuvre; mais, disons aussi que ce tableau a autant de supé-
« riorité sur celui d'Augustin, que la *Phèdre* de Racine en a
« sur celle d'Euripide*. Le tableau d'Augustin est oublié ;
« celui du Dominiquin est célèbre dans toute l'Europe. »

(5) Le savant Polignote. . . . .
    Croit que l'or, vil métal, souillerait des pinceaux
    Consacrés aux exploits d'Athènes triomphante.

Polignote florissait plus de quatre cents ans avant J.-C.; il est conséquemment antérieur à Timanthe, Zeuxis, Parrhasius, Apelles et Protogènes. Théophraste lui attribue l'honneur de la peinture; mais, c'est une expression métaphorique: Polignote était fils et élève d'Aglaophon dont Quintilien parle avec éloges. Chargé, de concert avec Micon, de décorer le Pœcile, il ne voulut recevoir aucun prix pour ce travail ; il embellit de ses ouvrages plusieurs autres édifices d'Athènes. Les Athéniens reconnaissans lui conférèrent le droit de bourgeoisie, et les amphictyons celui d'hospitalité gratuite dans toutes les villes de la Grèce. La sœur de Cimon, qu'il parvint à séduire, lui servit de modèle pour la figure de Laodice qu'il peignit dans le Pœcile. C'était à Delphes qu'il avait représenté les scènes les plus remarquables de la guerre de Troie. On voyait, du temps de Pline, un tableau de Polignote dans les portiques de Pompée. Aristote, Cicéron, Quintilien ont loué les ouvrages de ce peintre.

(6) Aux fêtes de Samos, l'ingénieux Timanthe
    A détrôné l'orgueil du fier Parrhasius ;
    La Grèce l'applaudit : que lui faut-il de plus ?

Timanthe, l'un des peintres du beau siècle de la peinture

---

* Ce dernier jugement pourra paraître hasardé.   P. A. C.

en Grèce, est surtout célèbre par son tableau du *Sacrifice d'Iphigénie* que l'on voyait encore à Rome du temps d'Auguste, et dans lequel le peintre, après avoir donné à chacun des personnages l'expression convenable à sa position, désespérant de pouvoir jamais rendre la douleur d'un père, représenta Agamemnon la tête cachée dans son manteau. Il entra en lice avec Parrhasius à l'occasion d'un prix offert par la ville de Samos, pour un tableau dont le sujet devait être *la colère d'Ajax contre les chefs de l'armée grecque qui avaient adjugé les armes d'Achille à Ulysse*. Parrhasius, enflé de ses succès, affectait une grande supériorité sur ses rivaux; il portait une couronne d'or, des vêtemens de pourpre, et prétendait être issu d'Apollon. Cependant il fut vaincu par Timanthe. Outré de dépit, il répondit à un de ses amis qui venait le consoler : « Ce n'est pas moi qu'il faut plaindre, « mais Ajax victime une seconde fois de la sottise de ses « juges ». Xénophon, Pausanias, Plutarque, Élien, Pline, etc., ont célébré les louanges de Timanthe.

(7) Le peintre du Tartare. . . . .
Offre en don son chef-d'œuvre à son heureux pays.
Athènes en garda la mémoire immortelle. . . . .
Elle érigea sa tombe, et voulut que ses os
Dormissent où dormaient les cendres des héros.

Le tableau le plus célèbre de Nicias est celui où il représenta *une pythonisse évoquant les ombres*, sujet qu'il avait puisé dans Homère. Ptolémée en offrit 60 talens; mais Nicias, « plus avide de gloire que de richesses », refusa ce prix et fit don de son ouvrage à sa ville natale. Athènes reconnaissante lui éleva un tombeau au milieu de ceux de ses hommes célèbres.

On peut voir dans le *Jupiter olympien* de M. Quatremère de Quincy une dissertation intéressante sur le procédé employé par Nicias pour donner aux statues de marbre une certaine transparence.

Lorsque la Grèce fut vaincue, Rome la dépouilla de ses chefs-d'œuvre, et l'on voyait dans les portiques de Pompée, dans le temple de la Concorde, etc., un grand nombre de tableaux de Nicias.

(8) Mais, saisi de respect pour l'œuvre et pour le maître,
Néalque se défend d'ajouter un seul trait,
Tant un noble talent prise un talent parfait.

Aratus n'avait pas encore vingt ans lorsqu'il entreprit de rendre la liberté à son pays. Aidé de quelques exilés, il parvint à s'emparer de Sicyone par surprise, et la fit entrer dans la ligue achéenne. Il s'occupa aussitôt d'effacer ou d'abattre les images des tyrans qui avaient asservi sa patrie. Il se trouvait, dans le nombre, un portrait d'Aristratus, placé sur un char, et couronné par la victoire; ce portrait avait été peint par les élèves et sous la direction de Mélanthus. Plutarque dit même qu'Apelles y avait travaillé. Aratus qui, d'après ce que rapporte Plutarque, aimait la peinture et savait en apprécier dignement les productions, hésitait à faire détruire le portrait d'Aristratus; il semblait disposé à le conserver à cause de l'excellence du travail; mais, poussé par la haine qu'il portait aux tyrans, il ordonna enfin qu'on l'effaçât.

Néalcès avait, par son talent, acquis du crédit sur Aratus; il obtint de lui que la figure d'Aristratus fût effacée, mais que l'on laissât subsister le reste du tableau. Il effaça effectivement la figure du tyran et la remplaça par une palme, n'osant y ajouter autre chose.

(9) Doris, baissant les yeux, répond par sa rougeur,
Et son regard timide, et son chaste sourire,
Expriment ce qu'alors sa bouche n'osait dire.

Le tableau dans lequel Ætion avait représenté *le mariage*

d'*Alexandre et de Roxane*, et qui lui valut, tout à-la-fois, la couronne olympique et la main de la fille de Proxenidas, fut apporté en Italie. Lucien, qui assure l'y avoir vu, en a laissé une description d'après laquelle Raphaël a fait cette belle composition gravée par Marc-Antoine et, depuis, par Volpato.

Roxane est déjà sur le lit nuptial: « c'est, dit Lucien [*], une « jeune vierge d'une beauté parfaite ; elle a les yeux baissés « devant Alexandre qui est debout auprès d'elle. Une troupe « riante de petits Amours occupe toute la scène ; l'un, placé « derrière la jeune épouse, soulève le voile qui lui couvre la « tête ; un autre esclave officieux est à ses pieds et dénoue sa « chaussure ; un troisième tire Alexandre par sa chlamyde. « Le prince présente la couronne à Roxane. Près de lui est « Ephestion, un flambeau à la main, appuyé sur un beau « jeune homme qui est l'Hyménée ; ailleurs, d'autres Amours « jouent avec les armes d'Alexandre ; les uns portent sa lance « et ploient sous le faix ; les autres conduisent, comme dans « un char de triomphe, un des leurs porté sur un bouclier ; « un petit Amour s'est mis en embuscade, caché dans la cui- « rasse qui est à terre. »

(10) « Peintre illustre ! Alexandre est sans doute assez grand
   « Pour te sacrifier la maîtresse qu'il aime,
   « Mais qu'il n'eût point cédée à Jupiter lui-même. »

C'est à Pline que nous devons le récit dans lequel Girodet a puisé le sujet de cet épisode, dont les détails lui appartiennent tout entiers, ainsi que de la composition qu'il a faite pour son poème. Les érudits trouveront dans Carlo Dati [**], une dissertation sur Campaspe, nommée diversement par Élien,

---

[*] *Herodotus sive Ætion.*
[**] *Vite de' pittori antichi.*

Lucien et autres. On sait que Saint-Lambert a fait, sur ce sujet, une pièce de vers qu'il a intitulée : *le triomphe d'Alexandre*.

(11) Trahi par la beauté qu'idolâtrait son cœur,
    Giorgion, dans sa gloire, expire de douleur.

Né six ans seulement avant Raphaël, Barbarelli, dit *le Giorgion*, eut deux points de ressemblance avec le prince de la peinture: comme lui il mourut jeune, et ce fut une femme qui fut la cause de sa mort. Raphaël vécut 37 ans, et le Giorgion 34. Carlo Ridolfi, qui a écrit la vie des peintres vénitiens, dit: « Piacque a Dio levarlo dal mondo, d'anni 34, nel « 1511, infettandosi di peste, per quello si dice, praticando « con una sua amica ». Puis il ajoute que, d'après une autre version, Pierre Luzzo de Feltre, son élève, lui ayant enlevé une maîtresse qu'il aimait éperdument, il s'abandonna à un violent désespoir qui le conduisit au tombeau. Girodet a suivi cette dernière version, et personne ne sera tenté de lui en faire un reproche.

(12) Par Apollon, sans doute, il était enflammé,
    Celui dont le ciseau, d'un marbre inanimé
    Dégagea de ce dieu l'éternelle jeunesse,
    Et l'offrit à l'extase, aux transports de la Grèce.

On ignore le nom de l'artiste habile dont le ciseau a créé l'Apollon du Belvédère, la plus belle statue connue de ce dieu. Elle fut trouvée vers la fin du quinzième siècle dans les ruines d'Antium, célèbre par son temple de la Fortune et les palais que les Césars y avaient élevés.

Les antiquaires ont beaucoup discuté la question de savoir à quelle époque cette statue avait été exécutée; Mengs, dans sa lettre à M. Fabroni, avait fait remarquer qu'elle est en marbre de Carrare ou de Luni; M. Visconti, qui partage cette opinion, ajoute que les carrières de Carrare étaient ouvertes du temps de Jules César, et il pense que l'Apollon du Belvédère est une imitation perfectionnée d'une statue plus ancienne : celle de Calamis que les Athéniens placèrent dans le Céramique lorsqu'ils furent délivrés de la peste.

Au reste, l'Apollon du Belvédère est certainement une des belles créations de l'esprit humain. On sait que Winckelmann en a fait une description poétique ; Delille l'a célébré en vers pompeux dans le poème de l'imagination; Girodet, après eux, n'a pas craint d'entrer dans la lice (*voyez* ci-dessus, p. 95, et tome II, p. 174), et peut-être trouvera-t-on qu'il ne s'est pas abandonné à une vaine témérité.

(13) Un amant de la gloire a sculpté ce héros
    Dont Hébé dans l'olympe acquitta les travaux.

M. Visconti dit, à l'occasion de l'Apollon du Belvédère, que, si l'auteur de cet ouvrage ne nous est pas connu, c'est qu'il vécut postérieurement à cette époque où les arts eurent aussi leurs historiens. Cette réflexion s'applique également à Glycon dont le nom serait perdu, s'il n'eût eu le soin de l'écrire au bas de la statue que l'on nomme *Hercule Farnèse*, la plus belle statue de ce demi-dieu, et que M. Visconti, dont on a souvent à citer le nom lorsque l'on s'occupe d'antiquité, pense être une imitation de l'Hercule de Lysippe qui partagea avec Apelles le privilège de reproduire, chacun dans son genre, les traits d'Alexandre.

(14) Vénus naquit des flots , grâce à l'amour d'Apelle.

Athénée et Pline ne sont pas d'accord sur ce point. Le premier (liv. XII) dit que, pendant les dernières fêtes d'Éleusis, Phryné , après s'être dépouillée de ses habits, et laissant tomber ses beaux cheveux sur ses épaules, entra dans la mer et se joua long-temps au milieu des flots. Un nombre infini de spectateurs couvrait le rivage, et lorsqu'elle y revint, ils s'écrièrent tous : « C'est Vénus qui sort des eaux ». Apelles et Praxitèle prenaient part à ce spectacle; ils résolurent de représenter la naissance de Vénus, d'après le modèle qu'ils venaient d'avoir sous les yeux. Le premier fit la Vénus Anadyomène, et Praxitèle la Vénus de Gnide qui, d'après l'opinion de M. Visconti, aurait servi de modèle à la Vénus de Médicis, le plus bel ouvrage peut-être de Cléomènes.

Pline veut qu'Apelles ait peint sa Vénus Anadyomène d'après Campaspe : c'est cette dernière opinion que Girodet a adoptée.

(15) Et son regard timide, incertain, languissant,
   Contemplait, tour-à-tour le ciel et son amant.

L'épisode de Pygmalion est une imitation d'Ovide (*Métamorphoses*, liv. x) ; Girodet en a même emprunté plusieurs passages qu'il a traduits avec bonheur. On sait que Rousseau a fait sur ce sujet un monologue lyrique où l'on trouve plusieurs traits de cette passion vive qu'il savait si bien exprimer; Saint-Lambert a laissé une pièce de vers d'une extrême froideur qu'il intitule *Pygmalion*. La traduction que Saint-Ange a faite de cet épisode me paraît assez pâle.

Ovide dit :

> . . . . *Ornat quoque vestibus artus :*
> *Dat digitis gemmas, longoque monilia collo ;*
> *Aure leves baccæ, redimicula pectore pendent ;*
> *Cuncta decent : nec nuda minùs formosa videtur.*

Saint-Ange a traduit ainsi :

> Il se plaît à l'orner des plus riches habits ;
> Sur ses doigts, en anneaux, l'or se mêle aux rubis.
> Des perles, des colliers, précieuses merveilles,
> Serpentent sur son sein, pendent à ses oreilles.
> Belle de ces atours arrangés par ses soins,
> Elle plaît........ sans parure elle ne plaît pas moins.

Girodet n'a pris que la pensée :

> Il la pare avec soin de voiles précieux ,
> Tels que ceux qu'on destine aux images des dieux ,
> Ou couronne son front des dons brillans de Flore.
> Tout lui sied ; et, sans voile, elle est plus belle encore.

Ce dernier vers, où Girodet a dit plus qu'Ovide, me paraît rempli de grâce.

Dans son tableau de Pygmalion, comme dans ses vers, Girodet a conservé les circonstances principales du récit d'Ovide: l'invocation à Vénus et la flamme prophétique; mais, l'intervention de l'Amour dans son épisode, comme dans son tableau, est de sa création:

> Il paraît, le bloc cède, et le marbre est sensible.

Si l'on a critiqué le personnage de l'Amour dans le tableau, ce vers, au moins, est au-dessus de toute critique.

FIN DES NOTES DU CINQUIÈME CHANT.

NOTES
DU
CHANT SIXIÈME.

(1) Son culte. . . . .
    Devait un jour, brillant d'un lustre inaltérable,
    Imprimer aux beaux-arts l'accent religieux
    Qu'ils ne pouvaient avoir en servant les faux dieux.

Cette assertion semble susceptible d'être contestée; sans vouloir s'engager dans une question de théologie, on pourrait dire que, toute religion prenant sa source dans le besoin que l'homme éprouve de reconnaître un être supérieur, lorsque les arts ont été appelés à donner une forme à cet être ou à ces êtres, et que leurs créations ont été l'expression fidèle de l'opinion religieuse de leur temps, elles ont pu avoir un accent religieux. Au reste, Girodet ne s'est pas aperçu qu'il était en contradiction avec lui-même. Il dit plus loin (page 191) :

    Phydias atterrait, d'un regard de ses dieux,
    L'athée au cœur d'airain, au front séditieux ;
    Sa Minerve inspirait le travail, la sagesse ;
    Devant son Jupiter les peuples de la Grèce
    Adoraient, prosternés, le roi de l'univers.

Certes, on ne peut pas faire une meilleure réfutation ; car, si les statues de Phydias n'avaient pas été empreintes d'un accent religieux, ou, ce qui revient au même, si elles n'avaient pas répondu à l'idée que les Grecs se faisaient de leurs dieux, elles n'auraient pas produit l'effet que Girodet leur prête.

(2) Quand le vieux Bélisaire, assiégé par les Goths,
Aussi barbare qu'eux, repoussait leurs assauts,
Les marbres qui des dieux offraient la noble image
Multipliaient la mort dans les champs du carnage.

Pendant le siège que Bélisaire soutint dans Rome, les Goths parvinrent à s'approcher du mausolée d'Adrien, de manière à n'avoir plus rien à craindre des balistes. Les assiégés, ne trouvant pas d'autres moyens d'empêcher les Goths de monter à l'assaut, brisèrent les statues qui ornaient le sommet de cet édifice, et en jetèrent les morceaux sur les assiégeans qui tombaient écrasés sous la pesanteur de ces masses. (*Proc. Goth.*, liv. 1, chap. XXII.)

(3) Le noir bûcher d'Omar convertit en fumée
Les trésors du génie acquis par Ptolémée.

Amroù-Ben-El-Ass, l'un des capitaines d'Omar Ier, second khalyfe, s'étant emparé d'Alexandrie, eut assez d'empire sur ses soldats pour empêcher le pillage. Jean, le grammairien, sectateur d'Aristote, vit avec plaisir que les vainqueurs ne faisaient aucune attention à la bibliothèque. Il était parvenu à obtenir les bonnes grâces d'Amroù; il crut pouvoir tirer parti de cette circonstance, et lui demanda cette bibliothèque, objet de tous ses vœux, et qui était, disait-il, inutile aux vainqueurs, puisque, pour en profiter, il aurait fallu qu'ils possédassent les différentes langues dans lesquelles les livres qui la composaient étaient écrits. Amroù ne crut pas pouvoir en disposer sans l'assentiment du khalyfe, et il lui écrivit en lui exaltant le mérite de Jean, auquel il fit espérer une réponse favorable. On connaît celle que fit Omar.

La destruction de la bibliothèque d'Alexandrie, long-temps admise comme certaine, puis contestée de nos jours, ne paraît plus être un problème historique. Lorsque les Arabes cultivèrent les lettres, ils regrettèrent eux-mêmes cette perte dont il faut moins accuser le caractère d'Omar que les mœurs du siècle d'ignorance et d'enthousiasme religieux où il vivait.

(4) Les débris échappés à ces dévastateurs
    Des moines ignorans excitaient les fureurs.

Si Omar a fait brûler la bibliothèque d'Alexandrie, les chrétiens ont détruit les statues et les temples des Grecs. C'est donc avec raison que l'on représente le fanatisme avec une torche à la main. Au reste, *les moines ignorans* ont rendu un service aux lettres, service dont, à la vérité, il ne faut guère leur savoir gré. Pour utiliser le parchemin sur lequel étaient écrits les anciens manuscrits, ils les ont grattés et les ont recouverts de légendes, chroniques, etc.; par des moyens chimiques on est parvenu à faire revivre l'écriture effacée, et c'est ce qu'on appelle des *palimpsestes*. Des trésors ont été ainsi retrouvés. Quelquefois les moines se sont bornés à écrire entre les lignes d'anciens manuscrits. Cependant il faut être juste, les bibliothèques des anciens monastères nous ont conservé beaucoup de choses précieuses qui auraient été perdues si les moines ne les eussent pas recueillies.

(5) Où, dans son noble élan, la fière architecture,
    A la voix de Rovère, à l'appel de Léon,
    Suspendrait sous le ciel un autre Panthéon.

Ce nouveau Panthéon, c'est l'église de Saint-Pierre, qui fut plusieurs siècles en construction, et à laquelle on travailla principalement sous les pontificats de Jules II (Rovère), Léon X, Clément VII, Paul III et Jules III. Elle fut enfin à-peu-près terminée par Michel-Ange. On sait tout ce que ce grand artiste a fait pour cette église célèbre, soit comme peintre, soit comme architecte.

(6) Je ne redirai point ces monstrueux outrages
 Qu'essuyèrent jadis les plus saintes images,
 Quand l'hérésie, armant des sectaires cruels,
 Par leurs coupables mains dépouillait les autels ;
 Temps affreux dont nos jours ont revu le scandale.

Ce ne fut point l'hérésie qui, de nos jours, arma des sectaires cruels, mais l'impiété qui a aussi son fanatisme. Or, c'est le fanatisme qui inspirait les iconoclastes, comme il inspira les Arabes. Les barbares, qui de nos jours ont détruit tant de monumens, étaient aussi des fanatiques. Quand une croyance vient en détruire une autre, il est évident qu'elle doit renverser tous les signes extérieurs de la croyance rivale; les productions des arts, auxiliaires d'une religion ennemie, doivent suivre le sort de la croyance vaincue. C'est ainsi que les hommes ont, tour-à-tour, élevé et détruit des monumens qui étaient l'orgueil de l'esprit humain.

(7) Don pieux ! noble hommage au vénérable asile
 D'où son pinceau bravait le fer de Théophile.

Théophile, empereur d'Orient au neuvième siècle, suivit l'exemple des princes iconoclastes qui l'avaient précédé ; il défendit aux peintres, sous peine de la vie, d'exercer leur art. Cette défense n'arrêta pas le moine Lazare qui fit, en secret, des tableaux de dévotion. Théophile en ayant été instruit, fit éprouver au moine des tourmens affreux auxquels il ne succomba pas; après lui avoir fait mutiler les mains, il pensa qu'il serait désormais dans l'impossibilité de manier le pinceau, et, cédant aux instances de l'impératrice Théodora, vouée secrètement au culte des images, et qui avait intercédé pour lui, il lui laissa la vie. Caché dans l'église de Saint-Jean-Baptiste, à Constantinople, le moine continua de peindre. (Maimbourg,

Hist. des Iconoclastes-Historia imag. restituta. — Nouv. de la républ. des lettres, etc.)

(8) Calabrèse, accablé par la douleur et l'âge,
   Consacre ses pinceaux aux pauvres qu'il soulage.
(9) Guerchin, des indigens opulente ressource,
   Leur ouvrait sans réserve et son cœur et sa bourse.
(10) Michel-Ange du fruit de ses veilles sublimes
   Prévenait le besoin, souvent père des crimes.

Les Italiens se montrent, avec raison, jaloux de la gloire que les arts ont répandue sur leur pays, depuis plus de trois siècles, et ils nous ont conservé soigneusement toutes les circonstances de la vie des peintres et des sculpteurs de leur nation. C'est un exemple que nous devrions suivre; car, on aime à rapprocher l'homme de ses ouvrages, et ce rapprochement a souvent de l'intérêt.

Pascoli, qui a écrit la vie de Preti dit *le Calabrèse*, peintre qui florissait au commencement du dix-septième siècle, le dépeint comme un homme généreux; il ajoute : « E quante volte « ha rifiutato il danaro, e non mandati indietro i presenti « che, in contraccambio, gli si facevano, per non privare, « come diceva, del prezzo che dalla lor vendita ritraeva, i « suoi poveri *per i quali, dir soleva, che faticava.* »

L'écrivain que j'ai cité dit que Preti ne dépensa pas moins de cent mille écus dans sa vie à soutenir des familles entières et à marier de jeunes filles pauvres, et qu'à sa mort il ne laissa pour tout bien qu'une maison et cinq mille écus.

Malvasia ne s'étend pas moins sur les louanges de Barbieri dit *le Guercino*, qu'il dit avoir été « amatore de' poveri, che « sempre mai aveva intorno quando usciva di casa, onde pa- « reva il padre di essi; e si prendeva gusto discorrer con loro. « Solevò dalle miserie molti amici che se gli raccommanda- « rono ne' loro bisogni, et anco cavallieri, con prestargli da- « nari. Fù amatore tenerissimo de' proprii parenti, onde à tutti

« fece fortuna, e maritò le nipoti, e ne fece monache con darle
« buona dote, con tener conto de' nipoti, de' cognati; liberale,
« ed ospitale in sua casa a sommo segno. »

Tel est principalement l'emploi que le Guercino fit des immenses richesses qu'il acquit par son talent.

J'ai trouvé dans Malvasia une autre circonstance de la vie de ce peintre, et je vais la rapporter, quoiqu'elle n'ait aucune relation avec l'objet de cette note, parce qu'elle m'a paru singulière, surtout pour un peintre:

« Fù stimato vergine, e parea tale all' aspetto florido, e alla
« politia della sua vita. »

On sait que Michel-Ange fut aussi très chaste de mœurs, et que, lorsqu'il parlait de l'amour, c'était dans le sens de Platon, c'est-à-dire comme union des âmes.

Ce grand homme fut également très libéral; Condivi et Vasari sont unanimes à cet égard. Ce dernier fait l'énumération de toutes celles de ses productions qu'il donna à diverses personnes, entre autres à Antonio Mini, son élève, ainsi qu'à son serviteur Urbino; puis, parlant de son argent, il ajoute:

« Sovveniva molti poveri, e maritava segretamente buon
« numero di fanciulle, ed arrichiva chi lo aiutava nell' opere
« e chi lo servì, come Urbino suo servidore, che lo fece richis-
« simo, ed era suo creato, che l'aveva servito molto tempo, e
« gli disse: *Se io mi muoio, che farai-tu?* — Rispose: *Servirò*
« *un altro.* — *Oh! povero à te!* gli disse Michel Agnolo, *io vo'*
« *riparare alla tua miseria*; e gli donò scudi dumila in una
« volta, cosa che è solita da farsi per i Cesari e pontifici grandi;
« senza che al nipote ha dato, per volta, tre e quattro mila
« scudi, e, nel fine, gli ha lasciato scudi dieci-mila, senza le
« cose di Roma. »

(11) De son vieux compagnon; dont la reconnaissance
    Egalait ses bienfaits moins que sa bienfaisance,

Et qui devait, appui de ses pas chancelans,
L'aider à supporter le lourd fardeau des ans.

Ces deux derniers vers sont la traduction, pour ainsi dire littérale, d'un passage que l'on trouve dans une lettre où Michel-Ange dit à Vasari :

« Io l'ho tenuto ventisei anni, e hollo trovato rarissimo e
« fidele; ed ora che lo avevo fatto ricco, e che io l'aspettavo
« bastone e riposo della mia vecchiezza, m'è sparito, nè m'è
« rimasto altra speranza che di rivederlo in paradiso. »

Michel-Ange prenant soin de son serviteur, pendant sa maladie, avait paru à mon frère très propre à fournir le sujet d'une belle composition; il en parlait souvent à Girodet qui lui proposa de *joûter*. Le maître et l'élève entrèrent donc en concurrence; on sent bien que l'avantage resta à Girodet : le dessin où il a représenté Michel-Ange auprès du lit de son serviteur, est un des plus beaux qui soient sortis de ses mains.

(12) Grimaldi, protégé par les ombres du soir,
Sous le seuil délaissé du noble au désespoir
S'introduit en silence, et, d'une main hâtive,
Glisse furtivement son aumône craintive.

Girodet a puisé cet épisode dans Pascoli[*], et, quoique le récit de cet écrivain soit un peu long, je le transcris, parce qu'il est une nouvelle preuve du soin que les écrivains italiens ont mis à faire connaître tout ce qui était de nature à honorer la mémoire de leurs grands artistes.

« Stava vicino a casa sua un cavaliere siciliano di quegli
« che, per la nota rivoluzione del 1761, fuggirono da Messina,
« il quale aveva condotta seco anche una figlia, ma così mise-
« rabile, e povero, che non avea il pan da mangiare. Giunto
« ciò a notizia di gio. Francesco, andò una sera, in ora già

---

[*] *Vite de' pittori, scultori ed architetti moderni.*

« oscura, a picchiare alla porta, portando seco buona somma
« di danaro, e domandando del cavaliere con pretesto di do-
« vergli parlare, non ebbe egli aperta la porta, che, gittatogliele
« dentro, si fuggì via. Tornò a far lo stesso molt' altre volte,
« sino a che non potendo il cavaliere più a lungo soffrire,
« che sì gentile e cortese benefattore gli fosse occulto, si mise
« una sera ad aspettarlo nascosamente fuor della porta, e pic-
« chiato che egli ebbe, gli corse addosso, e strettamente ab-
« bracciatolo l'arrestò : *Voglio*, disse egli, *conoscere questo*
« *insigne messaggio della divina provvidenza, per poterlo almen*
« *ringraziare, e per fargli noto il sommo mio gradimento; giac-*
« *chè non avrò mai modo, per mia sventura, di potergli in altra*
« *forma corrispondere*; e, baciatolo replicatamente, con ogni
« maggior tenerezza, gli se gettò davanti inginocchioni, segui-
« tando colle più vive ed umili espresioni a rendergli grazzie
« de' continui benefizzi, che senza alcun suo merito gli andava
« spesso spesso facendo. Rimase a tale inaspettato incontro,
« mutolo gio. Francesco; quindi ripreso fiato : *Signor cava-*
« *liere*, egli disse, *dacchè ella così ha voluto, abbiam, l' uno*
« *e l' altro, perduto il rossore. Toccherà a lei, da quindi innanzi,*
« *di chiedere à me, senza alcun ritegno, tutto ciò che l' è duopo*
« *per sostenersi decentemente; a me, di supplire à ciò che ho*
« *finora mancato per non saperlo. Le offero, ora per sempre, ciò*
« *che Iddio m' ha permesso, e mi permette tuttavia di poter colla*
« *profession guadagnare; le offero l'interposizione de' miei più*
« *valevoli ufficj, in tutte quelle occasioni che, presso qualunque*
« *personaggio ed il Pontefice stesso, credesse che le potessero*
« *essere di vantaggio. Le offero tutto me stesso. Sta a sua dispo-*
« *sizione la mia famiglia. La casa mia sarà sempre aperta per*
« *lei. Se vuol meco abitare, non ha che a risolvere. Se vuol man-*
« *dare la figlia sua a divertirsi colle mie, è padrona.* E con mill'
« altre espressioni suggeritegli dal sincero ed amoroso suo
« cuore, e dette dalla graziosa e saporita sua lingua, si licen-

« ziò; e cominciò, tra loro, quella stretta e fidele amicizia
« che, solamente per morte, potè finire. »

(13) Chez l'artiste le peuple accourt de toutes parts,
    Le conduit en triomphe, avec transport s'écrie :
    « Le peintre et son chef-d'œuvre ont sauvé la patrie ! »

Cet évènement a été rapporté, avec des circonstances différentes, par Plutarque, Aulugelle, Suidas et Pline; mais, le fait principal paraît constant : c'est que Rhodes dut son salut à Protogène.

« Démétrius trouva le tableau d'Ialisus dedans un logis qui
« estoit hors la ville, en l'un des faulsbourgs, estant presque
« tout achevé; et, comme les Rhodiens luy eussent envoyé un
« hérault pour le supplier de pardonner à un si bel ouvrage et
« ne souffrir point qu'il fust gasté, il leur feit réponse, *qu'il*
« *souffriroit plus tost qu'on brulast les images de son père qu'un*
« *si excellent chef d'œuvre et de si grand labeur :* car, on dit que
« Protogènes demoura sept ans à le parfaire, et, dit on encore
« plus, que Apelles luy mesme, quand il le veit, fut si fort es-
« pris d'esbahissement, que la parolle luy faillit, et demoura un
« long espace sans mot dire, et que, à la fin, il dit, *voilà un*
« *ouvrage admirable, et un trèsgrand labeur; mais les grâces*
« *luy défaillent, pour lesquelles ceulx que je peings attaignent*
« *iusques au ciel.* »*

Le tableau d'Ialisus fut apporté à Rome et placé dans le temple de la Paix où Pline l'a vu, et où il fut consumé, dans un incendie, avec tant d'autres chefs-d'œuvre de l'antiquité. Suivant cet historien, Protogène aurait superposé le même sujet quatre fois l'un sur l'autre, afin que la première couche, ou le premier tableau, venant à tomber, le second reparût dans toute sa beauté.

* Plutarque, *Vie de Démétrius Poliorcète*; traduction d'Amyot.

« Huic picturæ quater colorem induxit subsidio injuriæ et
« vetustatis ; ut , decedente superiore , inferior succederet. »
(Lib. xxxv, c. x.)

Carlo Dati a pris la peine de discuter la possibilité de ce fait. Martini, Bisciola, et Dati après eux, ont examiné la question de savoir ce que c'était qu'Ialisus, dont les écrivains de l'antiquité ont fait un dieu, un héros, un fleuve, une ville, enfin un chasseur. Cette dernière assertion semblerait être la plus probable, s'il était vrai, ainsi que le rapporte Pline, que Protogène, voulant peindre la gueule écumante d'un chien, compagnon accoutumé d'un chasseur, et ne pouvant y parvenir, aurait, de dépit, jeté son éponge sur cette partie de son tableau, où elle aurait produit l'effet vainement cherché par le peintre. On raconte la même chose d'Apelles, à l'occasion de la bouche d'un cheval ; mais, en vérité, tout cela ressemble fort à des contes.

(14) Oui ! plutôt qu'insulter mon prince et sa mémoire,
 En me tranchant la main, je sauverais ma gloire!

Callot est du nombre des artistes qui, pour suivre la carrière à laquelle ils étaient réellement destinés, durent faire violence à la volonté de leurs parens. Pour ne pas embrasser la profession à laquelle son père, gentilhomme et héraut d'armes de Lorraine, le destinait, il partit furtivement pour l'Italie, et fut obligé, pour subsister en route, de se joindre à une troupe de Bohémiens qui devait passer par Florence. Des marchands de Nanci, lieu de sa naissance, l'ayant rencontré à Rome, le ramenèrent chez son père. Il s'échappa de nouveau, et fut reconduit à Nanci par son frère aîné, qui l'avait trouvé à Turin. Enfin, il obtint la permission de retourner en Italie et de s'y livrer à la culture des arts.

Côme II avait fixé Callot auprès de lui. Après la mort de ce prince, l'artiste revint dans sa patrie. Henri, duc de Lorraine, se l'attacha par ses bienfaits. Sa grande réputation le fit appeler en France, où il grava plusieurs des évènemens du siècle de Louis XIII; mais, lorsqu'on lui proposa d'employer son burin à éterniser le souvenir de la prise de Nanci, il répondit : « Je me couperais le pouce plutôt que de faire quelque chose « de contraire à l'honneur de mon prince ou de ma patrie. »

Louis XIII sut apprécier la noblesse de cette conduite, et il offrit à Callot une pension de 3,000 francs pour l'attacher à son service : l'artiste la refusa.

Callot fut donc tout à-la-fois un homme d'un grand talent et un bon citoyen.

(15) Voyez comment, des Grecs exaltant le délire,
 L'un par ses chants guerriers, l'autre par ses tableaux,
 Tyrtée et Polygnote enfantaient des héros.

En ce qui concerne Polygnote, Girodet veut dire, sans doute, que les sujets de ses principaux tableaux, glorieux pour ses concitoyens, tels que *la Prise de Troie*, qu'il avait peinte sur les murs du temple de Delphes, et *le Combat de Marathon*, qu'il avait représenté au Pœcile, étaient de nature à enflammer l'ardeur des Grecs. Quant à Tyrtée, le fait est vrai dans toute son étendue et n'a pas besoin d'interprétation.

« Les Lacédémoniens, vaincus par Aristomène, consultè-
« rent l'oracle de Delphes. La réponse fut qu'il fallait qu'Athè-
« nes leur donnât un chef. Des ambassadeurs partirent sur-le-
« champ. Les Athéniens, ne croyant pas devoir désobéir à
« l'oracle, firent choix de Tyrtée, simple maître d'école,
« homme de peu d'apparence, boiteux même, et qui, aux
« yeux du vulgaire, ne passait pas pour avoir une raison bien
« saine. Les magistrats d'Athènes en jugèrent autrement, sans
« doute, et il ne faut peut-être pas s'en rapporter à ceux qui
« croient que les Athéniens ne firent ce choix que par une
« basse jalousie contre les Lacédémoniens, ou même par dé-

« rision. Quoi qu'il en soit, pénétré de l'auguste mission qui
« semblait lui être donnée par les dieux, Tyrtée s'achemina
« vers le pays où sa patrie l'envoyait, en méditant déjà quel-
« ques chants militaires. Il vit bientôt les villes des Lacédémo-
« niens désolées; les campagnes ravagées par les Messéniens
« qui consternaient tout sous la conduite d'un chef jeune, vigi-
« lant et brave; aussi brillant par les grâces du corps que ter-
« rible par l'énergie de son âme. Enfin, tout frémissait au seul
« nom d'Aristomène, lorsque Tyrtée arriva dans Lacédémone.
  « Bientôt il récita, en présence des magistrats, des guer-
« riers et d'une partie du peuple, les chants héroïques que son
« génie lui avait inspirés. L'enthousiasme fut universel ; on
« courut aux armes, etc. » *

   * J'emprunte ce récit, conforme à ce que Plutarque et les autres écrivains de l'antiquité rapportent de Tyrtée, à la notice que M. Firmin Didot
a mise en tête de sa traduction, en vers français, des chants de ce poète.

FIN DES NOTES DU SIXIÈME ET DERNIER CHANT.

VEILLÉES.

FRAGMENS.

AVERTISSEMENT.

Girodet a fait connaître, dans le discours préliminaire de son poème *, les motifs qui l'avaient engagé à renoncer à ses *Veillées*, et à suivre un autre plan. Il a dit, aussi, que ces *Veillées* n'avaient pas été achevées et qu'il doutait même qu'il pût jamais les terminer.

Cet ouvrage est effectivement resté incomplet. J'ai cru, toutefois, qu'il ne serait pas sans intérêt d'en extraire quelques parties : d'abord, c'est la première pensée de son poème ; ensuite, quelques morceaux qu'il n'a pu y faire entrer, méritent véritablement d'être conservés, surtout sous le rapport de la pensée et des opinions qui y sont exprimées.

Au reste, il ne faut point oublier que l'ouvrage, d'où ces fragmens ont été tirés, n'était qu'un essai; d'un autre côté, forcé de retrancher les morceaux que Girodet avait employés dans son

* *Voyez* ci-dessus, page 21.

poème, il en résulte que, très souvent, j'ai été obligé d'interrompre la liaison des idées; mais, les artistes, que j'ai eus principalement en vue en publiant ces fragmens, aimeront à y retrouver des jugemens dictés par un goût sûr, et souvent exprimés avec bonheur.

P. A. C.

PREMIÈRE VEILLÉE.

PRINCIPES GÉNÉRAUX. — TABLEAUX D'HISTOIRE ;
— DU GENRE HISTORIQUE.

Tout est calme : la nuit, de ses vêtemens sombres,
Sur l'homme et ses travaux a répandu les ombres.
Tandis que le guerrier médite des exploits,
Lorsque l'Ambition veille au chevet des rois,
Que le savant pâlit sur le volume antique,
Peintre, mais égaré sur le mont poétique,
Je veux, n'écoutant plus qu'un desir périlleux,
Parler d'un art divin dans la langue des dieux....
. . . .
Prêtez donc à mes chants une oreille attentive,
Élèves studieux, zélés adorateurs
Du dieu dont avec vous j'implore les faveurs.
Votre génie, encore en son adolescence,
D'un guide et d'un ami réclame l'assistance?
J'aplanirai la route où vous pourriez broncher;
J'indiquerai le but : vous saurez le toucher....
. . . .
Heureux de vos succès et fier de votre gloire,

Je m'appuierai sur vous au temple de mémoire ;
Vos œuvres à la main, et plein d'un juste orgueil,
Je sommerai le dieu de m'en ouvrir le seuil....
. . . .

L'astre qui du poète éclaire la naissance,
Exerce sur le peintre une égale influence :
On naît peintre ou poète, et, nul pouvoir humain,
De ce noble ascendant ne change le destin.
Mais, de l'amour de l'art distinguons le caprice :
Souvent, d'un vain desir, entraîné dans la lice,
Un prodige naissant bientôt s'est éclipsé,
Tel que ce feu brillant, dans les airs élancé,
Qui, sillonnant la nuit de sa trace enflammée,
Soudain pâlit, expire et retombe en fumée ;
Ou, tel qu'un flot gonflé dont la vaine fureur
Se brise contre un roc et s'exhale en vapeur....
. . . .
Sachez donc vous connaître : une folle manie,
Je le redis encor, n'est point le vrai génie.
D'un pinceau sémillant le phosphore léger
Fascine en vain les yeux d'un éclat mensonger....
. . . .
Que le navigateur qui confie à Neptune,
Sur un frêle vaisseau, ses jours et sa fortune,
Mais qui, prêt à voguer, interroge les cieux,
Toujours serve d'exemple au peintre ambitieux.
Comme le dieu des mers, Minerve a ses orages,

Et l'océan des arts est fécond en naufrages....
. . . .
Aux germes du talent il faut joindre l'effort :
C'est par le travail seul que vous prendrez l'essor.
L'art est vaste et profond, la nature infinie;
Il reste à moissonner dans les champs du génie....
. . . .
Profitez des défauts des grands maîtres divers;
Que même leurs erreurs vous deviennent utiles.
Ils pêchent par excès? ainsi font les habiles.
Michel-Ange en son trait a trop d'austérité,
Mais le vôtre languit : cherchez donc sa fierté,
Et, d'un double défaut, la beauté pourra naître.
Qu'un grand maître se trompe, il se trompe en grand maître;
Ses fautes rarement sont filles du hasard.
Souvent un docte oubli n'est qu'un secret de l'art....
. . . .

En me traçant Hector, Priam, Achille, Énée,
Comment régnerez-vous sur mon âme étonnée?
Parlez à mon esprit encor plus qu'à mes yeux :
Peignez donc ces héros, simples, majestueux;
Que leurs traits grands et fiers décèlent leur grande âme;
Qu'à leur aspect mon cœur et s'exalte et s'enflamme.
Je reconnais Homère, il vit dans vos tableaux;
Vous êtes son rival en traçant ses héros.
Mais loin de vous, bien loin tout détail inutile....
. . . .

A de sages talens l'art dut son excellence,
Au génie égaré sa prompte décadence.
D'une brillante erreur le charme insidieux,
Facile à propager, devient contagieux.
La vogue s'en empare, elle en fait son idole.
Peintre illustre et savant, Lebrun perdit l'école.
De loin il élevait un trône au mauvais goût,
Et son siècle enfanta le siècle de Restout.
Moins noble, Jouvenet, mais non pas moins habile,
Plus que Lebrun encor corrompit le grand style....
. . . .
Substituant l'esprit au bon sens, au génie,
Le clinquant des couleurs à leur sage harmonie,
Coypel, plus ennemi de la simplicité,
Crut que la bouffissure était la majesté.
Dès-lors à l'opéra choisissant ses modèles,
Il en traça partout et les dieux et les belles,
Sur les groupes des chœurs disposa ses tableaux,
En héros de coulisse habilla ses héros ;
Sous ses pinceaux fardés, de même qu'au théâtre,
Leur front s'enlumina de carmin et de plâtre ;
On vit Didon, Esther, Achille, Agamemnon,
Moulés sur Le Couvreur et calqués sur Baron,
Comme eux gesticuler, marcher avec méthode.
Ce genre dépravé fut prôné par la mode ;
Car trop souvent les arts, chez le peuple français,
A ses bizarres lois doivent plus d'un succès....
. . . .

Enfin, enchérissant sur ses prédécesseurs,
Boucher parut : il eut des flots d'imitateurs.
Ce peintre né grand peintre eut l'indigne faiblesse
De déserter la gloire en suivant la richesse.
Pour le colifichet abjurant la beauté,
Il dégrada de l'art la noble majesté,
Et sa muse, abreuvée à des sources impures,
Avilit ses pinceaux par des caricatures....
. . . .
Tel qu'un torrent fougueux qui détruit ses rivages,
Du faux goût débordé s'accrurent les ravages,
Quand Lemoyne et Boucher, corrupteurs du dessin,
Envahirent le trône où siégeait Le Poussin.
Ces deux usurpateurs, à leur triste manière,
Asservirent long-temps l'école tout entière.
Il fallut, au caprice immolant la raison,
Faire pyramider la composition,
La resserrer en grappe ou l'étendre en nuage;
Faire entre eux contraster le corps et le visage,
La jambe avec le bras, la face avec le dos.
Le jour ne put frapper qu'au centre des tableaux;
Dans l'ombre dût-on voir la figure première,
N'importe, on l'éclaira d'une vive lumière...
. . . .
Vrais singes de Boucher, ses disciples maussades
Salirent les boudoirs de leurs peintures fades.
Ces triomphes honteux, dont on s'étonne encor,
Étouffant du talent le primitif essor,

L'art n'offrit au public, de ses erreurs complice,
Que des traits toujours faux, qu'un ton toujours factice.
On eut honte d'avoir admiré Lesueur;
Le Poussin parut sec, Raphaël sans chaleur;
Cortone fut celui des peintres d'Ausonie
Auquel on accorda la palme du génie.
Mais Jule et Michel-Ange épouvantaient des yeux
Qui voyaient dans Boucher un peintre égal aux dieux...
. . . .
Au jeu des passions succéda la grimace,
L'enflure à la grandeur, la manière à la grâce;
Du pâtre et du héros on confondit les traits,
Et l'on peignit Hector d'après un porte-faix.
Changée en déité, la lourde paysanne
Fut masquée en Vénus, travestie en Diane;
Et, d'un pied déformé par d'ignobles souliers,
On fit marcher le dieu qui porte les lauriers.

Tel fut le précipice où tomba la peinture.
La même destinée enchaîna la sculpture.
Sous François, appelée à des succès brillans,
Depuis elle suivit l'influence des temps.
Dédaignant de marcher dans les bornes prescrites,
Le sculpteur de son art dépassant les limites,
Soudain prit un essor plus fou qu'ambitieux;
Mais alors il tomba sans descendre des cieux.
Il prétendit du peintre imiter les images;
Fit des rayons en marbre, en bronze des nuages;

Sculpta les pleurs, le vent, la flamme, le satin ;
Fit marcher un squelette, une horloge à la main,
Plus ferme sur ses pieds qu'une figure en vie,
Et prit l'excès du faux pour l'effort du génie;
Trouva l'antique froid, dur, compassé, mesquin ;
Ne vit dans l'Apollon qu'un triste mannequin ;
Et, des abus de l'art épuisant la mesure,
Sut encore enlaidir la plus laide nature.
De leurs principes faux, hardis propagateurs,
Voilà ce qu'ont produit d'ignares professeurs.
Donné par eux, l'exemple eut un succès funeste,
Et les romans sur l'art ont achevé le reste.
Mais ces temps ne sont plus : de plus habiles mains,
Et dignes de porter le sceptre des Poussins,
Ont rendu la peinture à sa splendeur première.
Tel du sein du chaos Dieu créa la lumière!....
. . . .

La raison avant tout : sans ce fidèle guide,
Trompé par la lueur d'une flamme perfide,
L'habile homme s'égare et se livre au hasard.
Voulez-vous enfanter des chefs-d'œuvre de l'art,
Chéris du dieu du Pinde, avoués par Minerve ?
Que toujours la raison gouvernant votre verve,
Brille dans votre ouvrage et s'y montre partout :
Le bon sens fut toujours compagnon du bon goût.
L'imagination, esclave révoltée,
Par ses bonds pétulans dans le vague emportée,

Si le jugement sain ne règle ses élans,
Ouvre un abîme immense aux erreurs des talens :
De là des lois des arts la puissance infinie.
Loin de s'en affranchir, le plus hardi génie
Leur obéit alors qu'il semble les braver,
Et leur sévère frein l'excite à s'élever.
Mais, s'il leur est soumis, ce n'est point en esclave;
Il secoue indigné toute honteuse entrave....
. . . .
Méditez donc ces lois, et loin de les bannir,
Contre leur seul abus sachez vous prémunir....
. . . .

 Cependant, pour atteindre où votre effort aspire,
Quels conseils vous donner? Vous faudra-t-il donc lire
Watelet et Marsy, Lemierre et Dufrénoy?
A leurs vers hasardés donner force de loi?
Docteurs sans mission, ils prêchent les adeptes,
Et Phébus quelquefois se rit de leurs préceptes....
. . . .
Le guerrier dans les camps doit méditer César :
Vous, imitez Poussin, Raphaël, Léonard,
Et laissez les cerveaux bornés ou fantastiques
Ramper aveuglément sous des lois chimériques,
De vérités, d'erreurs, amalgames confus,
Trop souvent dangereux et toujours superflus.
De Jules, d'Annibal interrogeons la vie;
Voyons par quels ressorts a volé leur génie.

A l'étude assidus, et, sans perdre un seul jour,
Tantôt d'un marbre antique ils traçaient le contour ;
Tantôt l'homme vivant, modèle des modèles,
Revivait embelli sous leurs crayons fidèles....
. . . .
Le grand art du dessin s'apprend mal dans les vers :
Le peintre de Vérone et le peintre d'Anvers
N'ont point étudié, dans des rimes savantes,
L'admirable secret de leurs teintes brillantes.
Les vers n'ont point appris à Poussin, à Pilon,
A Carrache, à Lesueur, à Jules, à Goujon,
A calquer d'une main, toujours correcte et sûre,
Ces traits, ou gracieux, ou fiers, que la nature
Imprime au sexe, à l'âge, en différens climats.
Jeunes, ils pratiquaient et ne méditaient pas.
Écoute, jeune élève : au printemps de la vie
Réfléchis, j'y consens ; mais, sans cesse copie
Ou la forme ou l'effet par toi-même observés......
. . . .

Les beaux-arts ont entre eux de douces sympathies,
Des enfans d'Apollon vivement ressenties ;
Ils se prêtent souvent un mutuel secours,
Et cet échange heureux leur profite toujours.
Laissant donc quelquefois reposer tes palettes,
Médite, il en est temps : consulte les poètes ;
Non ces froids écrivains qui, sans connaître l'art,
Sans lumière et sans goût en parlent au hasard,

Mais, ces hommes fameux, merveilles de leur âge;
Ce Racine si pur, ce Despréaux si sage,
Le tragique Shakspear, l'audacieux Milton,
Le fier Dante, le tendre et touchant Fénelon,
Et le chantre élégant de Renaud, d'Herminie,
Dont l'austère Boileau censura le génie;
Mais qui, bravant l'arrêt de sa sévérité,
Arrive à pleine voile à l'immortalité.
De Virgile, surtout, et du sublime Homère
Les accens enflammés ont le droit de te plaire.
Cet Olympe brillant conçu de leurs cerveaux,
Ces héros demi-dieux, leurs belliqueux travaux,
Cette simplicité des vieux temps héroïques,
T'offrent mille tableaux nobles et pathétiques;
Choisis, et si Boileau, dans cet autre univers,
Dit que les noms heureux semblent nés pour les vers,
Énée, Achille, Hector, leurs coursiers, leur armure
Semblent par Apollon formés pour la peinture.
Oublierai-je la Bible? En ce livre immortel
Tout est noble, élevé, terrible, solennel :
Lis du Pindare hébreu les odes séraphiques;
Lis des oracles saints les chants mélancoliques....
. . . .

Que Plutarque, César, Tacite, feuilletés,
Soient sans cesse par toi relus et médités.
Des fils de l'Ausonie et des fils de la Grèce
Les exploits, les forfaits, la vertu, la faiblesse....

. . . .
Sollicitent encor tes sévères pinceaux.
L'artiste, au seul penser de César, d'Alexandre,
Peintre, se croit Zeuxis, statuaire, Agézandre ;
Il veut à ces grands noms joindre son nom fameux,
Et demande à la gloire une place auprès d'eux.

Mais, sans chercher au loin dans la Grèce ou dans Rome
Ces types de vertus que l'histoire renomme,
Ceux dont s'enorgueillit l'heureux sol des Français
Aux arts promettent seuls d'aussi nobles succès.
En vain de Scipion brille la continence ;
Bayard de son côté fait pencher la balance.
Athène eut son Codrus, Rome son Curtius ;
Mais, la France eut d'Assas : je l'admire encor plus.
Hachette et Jeanne-d'Arc sont plus grandes peut-être
Que la vierge-héros que le Tibre a vu naître.
Quel antique guerrier, par Plutarque illustré,
A Turenne, à Villars peut être préféré?
Caton plus que Molé fut-il ferme et sévère?
Sut-il mieux affronter la fureur populaire?
Quel roi des anciens temps, de son peuple chéri,
Fut plus grand ou meilleur que notre bon Henri?..
. . . .
Ainsi consacrez donc chez la postérité
Leurs titres éclatans à l'immortalité.

De votre art, avant tout, connaissez la limite :

L'artiste est-il sorti de la borne prescrite?....
. . . .
Téméraire en son vol, dans le vide il s'égare,
Et de son empirée, alors, nouvel Icare,
Il retombe assailli d'innombrables sifflets
Qu'à célébrer sa chute il trouve toujours prêts....
. . . .
Il ne tentera point de figurer l'Athos
En immense géant qui, dominant les flots,
Cache son front superbe au séjour du tonnerre,
D'une puissante main porte une ville entière,
Et de l'autre un bassin d'où vingt fleuves divers,
Ensemble réunis, retombent dans les mers.

 La raison, toutefois, d'images poétiques
Permet de revêtir des objets fantastiques.
Tous ces dieux dont les Grecs ont fait des immortels
Pour le peintre toujours sont des êtres réels.
Peignez-vous un Triton, un Satyre, un Centaure?
Ces beaux rêves de l'art je les crois vrais encore.
Ces mânes empressés de franchir l'Achéron,
Je les vois, implorant l'inflexible Charon,
Admis, l'obole en main, dans sa barque fatale,
Ou laissés sans pitié sur la plage infernale.
Ce qu'aux sens assoupis l'âme laisse entrevoir,
Les sens, à leur réveil, peuvent l'apercevoir :
Ainsi l'illusion qu'accompagne un vain songe
Prend un corps, des couleurs, et n'est plus un mensonge.

Évoquez dans Eudor, pour le roi d'Israël,
Le simulacre affreux du prêtre Samuël.
Qu'aux heures du sommeil, triste, pâle, sanglante,
Versant de larges pleurs, gravement gémissante,
L'ombre du grand Hector, de Pergame détruit,
Révèle au fils des dieux la désastreuse nuit.
Dans un rêve brûlant qu'amante infortunée,
Didon supplie en vain le fantôme d'Énée,
Et que l'ingrat Troyen irrite encor ses feux
En alléguant pour lui les vains décrets des dieux.

   Dans ses inventions, la libre poésie,
Par ses nobles élans sans mesure agrandie,
Embrasse en son essor, réalise en ses vers,
Les objets qu'à nos sens présente l'univers ;
Elle fait plus encor : dans ses courses fécondes
Elle crée à plaisir et peuple d'autres mondes ;
Admise au grand secret des démons et des dieux,
Elle plonge aux enfers et plane dans les cieux ;
Voit Satan haranguer ses terribles phalanges ;
Elle écoute et retient les hymnes des archanges ;
Le prophète avec eux répète sur son luth :
« Dieu dit : Sois, ô lumière ! Et la lumière fut. »
La peinture l'entend ; elle admire en silence :
Peindre les mots jamais ne fut en sa puissance.....
. . . .
Comme sa noble sœur, majestueuse, altière,
Elle transporte aux cieux les enfans de la terre ;

Elle contemple aussi le grand Être éternel
Accessible à nos sens par l'art de Raphaël.
Jadis elle dota le Jupiter d'Homère
Des hommages de Rome et de la Grèce entière.
Dans l'abîme des feux, royaume du démon,
Michel-Ange pénètre avec Dante et Milton.
Quel dieu lui révéla ce mystère terrible?
Au génie il n'est point d'abîme inaccessible.
La trompette sacrée a sonné dans les airs :
Voici venir le Christ pour juger l'univers;
Le ciel va s'écrouler, la terre se dissoudre :
O générations, sortez de votre poudre!
Arides ossemens, levez-vous et marchez!
Et les voilà debout ces ossemens glacés ;
Ils marchent. Du tombeau secouant la poussière,
Le juste même tremble au jour de la colère.
Roulant le désespoir dans leurs yeux convulsifs,....
. . . .
Les réprouvés . . . .
Blasphémant Dieu lui-même, exécrant la lumière,
Implorent le néant dans leurs horribles vœux;
Mais, l'ange ouvre l'abîme et le ferme sur eux.
Cependant les élus qu'un chaste amour embrase,
Livrés aux saints transports de leur pieuse extase,
Inclinés, adorant d'un front respectueux
Celui qui fit son dais de la voûte des cieux,
Dans le ravissement où leur âme se noie,
S'abreuvent aux torrens d'une ineffable joie....

. . . .
S'il n'existe aucun monstre horrible, épouvantable,
Qui, par l'art imité, ne puisse être admirable,
Il en est toutefois que l'art judicieux
Ne doit qu'en hésitant présenter à nos yeux.
Voyez-vous sur le front de l'affreuse Gorgone
Se dresser ses serpens : infernale couronne
Dont les cent nœuds tressés en horribles festons
S'entrelacent gonflés des flots de noirs poisons ?
Sur sa lèvre est empreinte une pâleur mortelle ;
Un feu sombre rougit sa livide prunelle.
Tel luit un météore au sein d'une vapeur.
Frémissant de plaisir et frappé de stupeur,
Je tremble et je jouis ; je veux fuir, je m'arrête,
J'admire.... et mes cheveux se dressent sur ma tête :
Effroyable chef-d'œuvre où le grand Léonard
Du haut de son génie insulte aux lois de l'art ;
De hideuses beautés audacieux mélange
Qu'après le seul Vinci put créer Michel-Ange,
Lorsque d'un seul regard embrassant l'univers,
Son œil d'aigle plongeait des cieux jusqu'aux enfers.
Fuyez un autre écueil : que jamais la peinture
N'offre ces grands forfaits dont frémit la nature,
Ces excès inouïs, ces noires cruautés,
Inconnus aux hameaux, rares dans les cités ;
Ni le meurtre d'Eson, ni l'attentat d'Oreste ;
Ni l'horrible festin d'Atrée et de Thieste ;
Ni Médée, égarée en ses transports jaloux,

Égorgeant ses enfans aux yeux de son époux;
Ni l'atroce Néron, qui, d'un pied sanguinaire,
Assassine son fils dans les flancs de la mère.

 Peintre habile, veux-tu qu'on aime à t'admirer?
D'une douce terreur sache nous pénétrer....
. . . .
Que Priam s'arrachant de sa superbe ville,
Et guidé par un dieu dans la tente d'Achille,
A ses genoux qu'il presse exhalant ses douleurs,
Éperdu, gémissant, inonde de ses pleurs
Cette homicide main du sang d'Hector rougie.
Noble scène où respire une tendre énergie!
Ces deux grands ennemis, que rapprochent leurs maux,
Confondent leurs regrets et mêlent leurs sanglots.
Par ses cheveux blanchis et ceints du diadème,
Que, traîné vers l'autel qu'il consacra lui-même,
Ce vieux roi d'Ilion, sur son fils expiré,
Sous le fer de Pyrrhus, par Pyrrhus massacré,
Chancelle, tombe, et voie, en mourant sous la flamme,
Crouler le toit d'Ilus et les tours de Pergame.
Tel qu'un timide essaim des oiseaux de Cypris
Qu'un rapide ouragan dans la nue a surpris
S'attroupe en se pressant sous un épais feuillage,
Qu'Hécube et ses enfans, dans l'horreur du carnage,
Embrassant éperdus les images des dieux,
Y collent leurs baisers et leurs derniers adieux.

 Tel qu'un roc assiégé par le torrent qui gronde,

Qu'opposant un front calme aux fureurs de la Fronde,
Molé, d'un faible roi ministre courageux,
Brave d'un peuple ému les flots séditieux.
Des factieux qu'en vain la horde exaspérée,
Outrageant sa vertu, sa dignité sacrée,
Et l'insulte, et le frappe, et le charge de fers.....
. . . .
Que Coligny, couvert de quarante ans de gloire,
Le corps cicatrisé des coups de la Victoire,
Désarmant d'un regard ses cruels meurtriers,
Les fasse tous tomber et trembler à ses pieds....
. . . .

 Trace dans leurs débris ces voûtes souterraines
Où courent s'engloutir nos grandeurs souveraines,
Huit siècles de nos rois en un jour éclipsés,
Leurs sépulcres déserts, leurs blasons effacés ;
Ces monarques bannis du pompeux sanctuaire
Où la gloire ombrageait leur auguste poussière,
Et de ces potentats les sacrés ossemens
Sur l'herbe dispersés avec leurs monumens ;
Dans ce palais des morts, royale catacombe,
Le plus grand des Henri, exhumé de sa tombe,
Dévoilant aux regards de sa postérité
Son front victorieux par les vers respecté ;
Son sein offrant encor la blessure livide
Où se plongea le fer d'un monstre parricide ;
Debout dans son cercueil, alors que, loin de lui,

Ses nouveaux assassins épouvantés ont fui !

Mais, veux-tu des sujets d'un plus doux caractère?
Aveugle et vieillissant, regarde Bélisaire :
Descendu de sa gloire, oublié des grandeurs,
Un enfant, un bâton, voilà ses protecteurs.
Vois de César ingrat cet appui tutélaire
Assis, accompagné de sa seule misère ;
Un vétéran, jadis vainqueur sous ses drapeaux,
Dans l'indigent qu'il plaint reconnaît son héros,
Tandis que sous les murs de l'altier Capitole
Son vieux casque rouillé sollicite une obole.

Que je puisse admirer dans une heureuse image
L'illustre Léonard comblé de gloire et d'âge :
Dans les bras de François satisfait de mourir,
Le grand homme au grand roi rend son dernier soupir.

Fais revivre à mes yeux, dans un cachot infâme,
Socrate démontrant l'éternité de l'âme,
Consolant ses amis qu'accablent ses malheurs,
Calme, bénissant Dieu, plaignant ses oppresseurs....
. . . .
« La nature, fertile en esprits excellens,
« Entre les peintres sut partager les talens : » *

---

* Girodet a fait un léger changement à ce vers ; Boileau a dit :

« Sait entre les auteurs, partager les talens. »

P. A. C.

Carrache eut la vigueur, Albane la mollesse,
Corrège et Léonard la grâce enchanteresse ;
Du prisme des couleurs s'enrichit Titien ;
Michel-Ange conquit le sceptre du dessin :
Chez lui tout est empreint d'une sombre énergie ;
Rembrandt du clair-obscur posséda la magie ;
Dans ses fougueux tableaux, Jules, impétueux,
Sut tracer les combats d'un pinceau belliqueux ;
Poussin eut la raison, le goût et la décence ;
La simplicité noble unie à l'élégance
Distinguent Lesueur ; et Lebrun, son rival,
Brilla comme Rubens dans l'effet théâtral ;
Naïf quoique savant, expressif sans enflure,
Dominiquin suivit pas à pas la nature ;
Enfin, plus grand qu'eux tous, l'immortel Raphaël,
Fécond et varié, se montre universel :
Ce n'est point le travail, ce n'est point la science,
Ce n'est ni l'apparat ni la magnificence
Qui donnent tant d'attrait à ses divins tableaux :
La beauté sans efforts coule de ses pinceaux.
Toujours pur, toujours simple et jamais monotone,
Il touche, il attendrit plus encor qu'il n'étonne ;
Un je ne sais quel don, quel attrait séducteur,
Chez lui charme moins l'œil qu'il n'enchaîne le cœur.
De son âme toujours découle sa pensée ;
Sa muse ne court point en bacchante insensée ;
Des trésors du génie économe prudent ;
Calme, mais sans froideur; sans trop de fougue, ardent;

Sans manières, paré; majestueux sans faste;
Terrible sans fureur, voluptueux et chaste,
Il parcourt tous les tons et semble réunir,
Seul, les talens passés, les talens à venir.
Rival sur l'Hélicon de Virgile et d'Homère,
Sublime comme l'un, comme l'autre il sait plaire,
Et ses pinceaux chéris des filles de Sion
L'égalent dans les cieux aux chantres du Cédron.
Admirons, prosternés, un si parfait modèle :
Il n'est qu'un Raphaël, il ne fut qu'un Apelle.

Suivez donc votre goût et votre impulsion;
Résistez prudemment à la tentation
De dépasser le cercle où la sage Minerve
Permet un libre essor à votre heureuse verve.
Rubens eût été froid en voulant être pur;
Jule en peignant Vénus eût été sec et dur.
Toutefois, la faveur de la docte Uranie
Livre-t-elle à vos yeux tous les champs du génie?
Osez vous élever, et, nouveau Raphaël,
Des pieds rasez la terre et planez dans le ciel.
Ainsi que l'univers, immense est la peinture,
Et l'art n'a point encore épuisé la nature.
Mais, disciple ou rival de ces maîtres fameux,
Ne les copiez pas pour faire aussi bien qu'eux.
Ce qui distingue un maître est quelquefois un vice
Qui, s'il vous a séduit, vous traîne au précipice.
Soyez toujours vous-même : un plagiaire en vain

Brille aux dépens d'autrui; son insigne larcin,
S'il éblouit la foule et crédule et trompée,
Bientôt le fait décheoir de sa gloire usurpée :
On aime à mettre à nu le geai présomptueux
D'un plumage étranger vainement orgueilleux;
Le voleur dans les arts périt s'il n'assassine.
Des trésors enfouis, vous, exploitez la mine;
Sans être extravagant soyez original :
Le métier de copiste est un métier bannal.
Sans efforts il est doux de singer le mérite;
Sur cette mer qui dort tel qui se précipite
Imprudent voyageur, dès le port arrêté,
S'embarque, mais sans lest, pour l'immortalité.
Je n'approuve pas plus ces esprits téméraires....
. . . .
Qui, pour faire autrement plus que pour faire mieux,
Mettent à s'égarer leurs soins ingénieux,
Et prennent pour talent un accès de manie.
L'enthousiasme aveugle étouffe le génie.
L'amour des nouveautés, et sans règle et sans choix,
Perd les arts comme il perd et les mœurs et les lois....
. . . .
Sachez donc marier avec discernement
Au sentiment d'autrui votre vrai sentiment;
Dans cette route encor que Raphaël vous guide :
Aux vieux maîtres toscans, au Pérugin timide
Il ravit des beautés dont il était épris,
Et qui sous ses pinceaux ont centuplé de prix.

Après lui Lé Poussin, formé sur ce modèle,
S'acquit en l'imitant une gloire éternelle.
Des plus grands peintres grecs ces deux peintres rivaux
Semblent ressusciter les sublimes tableaux :
Raphaël est Apelle, et Poussin est Timanthe.
Ces chefs-d'œuvre parfaits de la Grèce savante,
Conduits par la Victoire au palais de nos rois,
Aux rois de notre école encor dictent des lois :
C'est là qu'ils vont puiser ce grand style d'histoire
Inconnu des Boucher, ignoré des Natoire
Et des vieux sectateurs de leurs tristes succès.
En dépit d'eux, l'art grec a fixé l'art français.
Ce Louvre, que relève une main si puissante
Et qu'achèvent d'orner nos modernes Bramante,
Nous offre ses trésors : allons les méditer :
Quels modèles plus purs pourrions-nous consulter?...

. . . .

FIN DE LA PREMIÈRE VEILLÉE.

DEUXIÈME VEILLÉE. *

SCULPTURE : PROMENADES AU MUSÉE DES ANTIQUES.

Murs sacrés, ouvrez-vous; révélez-nous les cieux !
Salut, fier Apollon, toi le plus beau des dieux !
N'entends-je point siffler ta flèche meurtrière ?
Dans l'accès concentré de ta noble colère,
Insultant de Pithon l'impuissante fureur,
Tu marches triomphant en superbe vainqueur.
Le calme sur ton front succède à la tempête ;
Mais le dédain encor sur tes lèvres s'arrête....
. . . .
Et toi, belle Vénus au regard noble et tendre,
Dont l'aimable sourire au cœur se fait entendre,
Dont le front virginal, en son divin contour,
Épure en l'allumant le flambeau de l'Amour ;
Telle tu dus sortir de l'écume de l'onde

---

* Les descriptions contenues dans cette veillée se retrouvent, en partie, dans le deuxième chant du poème et dans la dissertation sur la grâce (*Voyez* tome II, page 173); je n'ai donc conservé que celles qui offrent de notables différences, ou celles que Girodet n'a pas transportées dans son poème.   P. A. C.

Lorsque tu vins charmer et consoler le monde....
. . . .
Telle tu dus paraître au regard enchanté
Du berger phrygien, juge de ta beauté.
Tes grâces, tes attraits, ta pudeur, sont tes armes....
. . . .
Si tu m'étonnes moins, tu me touches bien plus :
Oui! j'admire Apollon, mais j'adore Vénus....
. . . .
Oubliant sa valeur, sa gloire, ses travaux,
Et trompant ses destins, on a vu ce héros
Déposer sa massue aux jolis pieds d'Omphale,
Filer d'un bras soumis sa quenouille royale,
Tandis que, saisissant de ses débiles mains
Cette arme redoutable aux plus fiers des humains,
Et couvrant dans ses jeux sa tête parfumée
Des longs crins hérissés du lion de Némée,
Cette reine arrêtait Alcide dans ses fers....
. . . .
Ici nous le voyons dans un noble repos,
Debout, prêt à voler à des exploits nouveaux.
Son bras est appuyé sur son arme homicide.
Dans ce torse superbe on voit revivre Alcide.
Rien de terrestre en lui : ce n'est plus un mortel,
C'est le dieu des héros triomphant dans le ciel;
C'est le divin époux d'une jeune déesse,
Qui mérita les vœux et l'encens de la Grèce....
. . . .

Qu'aperçois-je? c'est toi, grand prêtre de Neptune,
Dont Virgile a chanté la célèbre infortune....
. . . .
Ah! du père j'entends les sanglots douloureux :
« Dieux! épargnez mes fils innocens de mon crime!
« Dieux cruels, me voici, voici votre victime! »
Il les implore en vain : ni le bandeau sacré,
Vénérable ornement dont son front est paré;
Ni de ses jeunes fils la grâce et l'innocence,
De l'injuste Pallas n'ont calmé la vengeance :
Aux pieds des saints autels les hydres monstrueux
Se hâtent de servir le destin et les dieux.
Athénodore, et vous, Polydore, Agézandre,
Oui! devant ces beautés que vous seuls sûtes rendre,
Alors qu'extasié je tente d'applaudir,
Sans haleine et sans voix, je ne puis que gémir.
Je demeure glacé d'horreur et d'épouvante :
Plus je veux admirer, plus ma terreur augmente;
Enfin mes yeux troublés laissent couler des pleurs
Sur ce marbre expirant dont je plains les douleurs.*

Contemplons. . . . .
La belle et chaste sœur du dieu de la lumière.
Ses regards assurés et son auguste front
M'offrent en traits plus doux les beaux traits d'Apollon.
Elle a moins de fierté sans avoir moins de grâce;

* Ce dernier vers se retrouve dans le poëme.   P. A. C.

Sur la terre ses pas n'impriment point leur trace.
Sa main . . . . de son carquois
Tire des traits dorés : fuyez, hôtes des bois !
Précédant de Phébus la course matinale,
Aux antres ombragés des sommets du Ménale
Je la vois s'élancer d'un air majestueux.
Des nymphes de sa cour le cortège nombreux
A suivre la déesse en ce moment s'apprête.
Sur ces jeunes beautés levant sa belle tête,
Comme le cèdre altier sur d'humbles arbrisseaux,
Brille aux yeux des Sylvains la reine de Délos.....
. . . .
Vénus, du haut des cieux lance un regard jaloux ;
Mais, Hespérus rayonne, et la chasse est finie.
Aux bois sombres et frais qui couvrent Gargaphie
La déesse s'enfonce, et, déposant ses traits,
Livre tous ses trésors aux flots purs et discrets.
Respectez sa pudeur : loin, mortels téméraires !....
. . . .
Les mystères des dieux troublent des yeux mortels.
Attendez que la Nuit de ses vêtemens sombres
Sur les cieux rafraîchis laisse glisser les ombres ;
Que Diane ait versé, de son disque argenté,
Sur les bois, sur les eaux, sa douteuse clarté ;
Le timide Desir, l'Amour et le Mystère,
Portés sur ses rayons, descendent sur la terre ;
Et la Mélancolie, à l'œil tendre et rêveur,
De sa douce lumière emprunte la douceur.

Elle-même, dit-on, de desirs altérée,
Mais couvrant sa pudeur d'une nue azurée,
Au chasseur fortuné choisi par son amour
Confia des secrets voilés à l'œil du jour.

Toi que chérit Vénus, fameux vainqueur de l'Inde,
Divin Bacchus, parais : les déesses du Pinde
Souvent en ton honneur ont modulé des chants.
Ami d'Anacréon, d'Horace, leurs accens
Ont retenti pour toi sur leur savante lyre;
Le ciseau grec, aussi, dans son brûlant délire,
Guidé par Apollon, par toi-même et l'Amour,
A de ton corps charmant dessiné le contour.
Ton œil est noir et doux comme l'œil d'une Grâce;
Tes longs cheveux dorés où le pampre s'enlace,
Descendant de ton front en festons onduleux,
Ombragent mollement ton col majestueux....
. . . .
Mais, j'entends sous tes pas frémir le Cythéron :
Sur Silène appuyé, beau Bacchus, tu t'avances.
Des crotales sacrés les sonores cadences
Frappent les airs; le vin coule sur tes autels;
Tous chantent tes exploits, tes bienfaits immortels.
Ceints de lierre, agitant leurs thyrses symboliques,
Les chœurs ont entonné les chants dithyrambiques,
Et de ton doux nectar le cortège abreuvé
Répète : « Io! Bacchus; ô Bacchus, Évohé! »
Le sein nu, l'œil en feu, la tête échevelée,

La Bacchante en fureur aux danses s'est mêlée,
Ivre, mais encor chaste, et son bras vigilant
Réprime à temps l'effort du Satyre insolent.
Mais, un Faune amoureux la poursuit : elle glisse,
Et Bacchus à l'amour en fait le sacrifice....
. . . .

Une divinité grave, pensive, austère,
Semble ici commander l'hommage de la terre :
Fille de Jupiter, protectrice des arts,
Émule d'Apollon et rivale de Mars,
Son attitude est simple et noble sans contrainte.
La méditation dans ses yeux est empreinte ;
Son air est calme et doux, son aspect sérieux,
Ses chastes vêtemens, simples, majestueux ;
Un casque orne son front. Pour sa seule défense,
Son sein porte l'égide et son bras une lance.
Ce n'est point de Vénus la touchante beauté ;
Ce n'est point de Junon la fière majesté ;
Ce n'est point de Phœbé la grâce et la souplesse :
C'est une beauté sage inspirant la sagesse,
Enchaînant le respect de ses adorateurs,
Régnant sur les esprits sans amollir les cœurs.
Du feu qu'au ciel ravit un mortel téméraire,
Avec le blond Phœbus seule dépositaire,
Au noble art de Bellone, au doux art de la paix,
Elle dicte ses lois et garde leurs secrets.
Elle imprime au talent une sage énergie,

Met la raison pour frein aux fougues du génie,
Gouverne le pouvoir, dirige la valeur,
Méprise la fortune et sourit au malheur.
Habile à manier l'aiguille industrieuse,
Le magique pinceau, la lance belliqueuse,
Le bonheur des mortels dépend de ses travaux.
Mère des vrais savans, mère des vrais héros,
Du guerrier, de l'artiste elle assure la gloire,
Et rend l'heureux vainqueur digne de sa victoire.

Mais, le char du Soleil, en achevant son tour,
Va finir nos plaisirs en finissant le jour. *
Que de chefs-d'œuvre encore exigeaient nos hommages!
Admirons en courant ces immortels ouvrages.
Ici le docte Hermès, ambassadeur des dieux
Et confident discret du souverain des cieux,
D'Apollon, de Bacchus offre l'aimable frère.
Favori de Vénus et maître en l'art de plaire,
Son éloquence douce enchaîne tous les cœurs ;
Dieu rusé du trafic, il pardonne aux voleurs ;
Svelte, souple, élégant, d'une course légère,
Il peut, en un clin d'œil, des cieux jusqu'à la terre,
Et de la terre aux cieux, et des cieux aux enfers,
Voler d'un pôle à l'autre et voir tout l'univers.

* Ces deux vers ne sont pas d'accord avec le titre de l'ouvrage, ce qui prouve que le plan de Girodet n'était pas encore bien arrêté; mais cette discordance est tout-à-fait indifférente.   P. A. C.

Là le roi de Lemnos au sombre et noir visage,
Mari souvent trompé d'une épouse volage,
Mais que l'art sagement n'a point formé boiteux,
Déploie un corps robuste et des bras vigoureux.
Dans ses noirs arsenaux la flamme se rallume,
Le lourd marteau s'abat, rebondit sur l'enclume.
Pour les sceptres des dieux, pour les dards des héros,
Le métal bouillonnant rugit dans ses fourneaux.
L'immortel ouvrier, dans son travail rapide,
Va-t-il forger la foudre ou les flèches d'Alcide,
Ou ces traits, qui, par lui sans soupçon aiguisés,
Sont lancés contre lui par les Amours rusés?

Dieux des mers, je vous suis dans vos courses rapides;
Sur le dos des Tritons voguent les Néréides;
Les Amours, effleurant la surface des flots,
Embrasent de leurs feux les habitans des eaux,
Voltigent en riant, ou caressent leur mère.
Aux doux Zéphirs Vénus de sa robe légère
Abandonne les plis souples et vagabonds.
L'écho des mers répond aux conques des Tritons;
Mille dauphins joyeux sur les ondes bondissent;
Murmurant de plaisir, les flots émus frémissent;
Ils s'ouvrent, et, soudain, leur monarque immortel
Contemple ses sujets d'un regard paternel.
Le fier trident repose en sa main redoutable;
Il commande d'un geste à la mer indomptable,
Disperse d'un coup-d'œil les Autans furieux,

Et, d'un mot, rassérène et la mer et les cieux.

 Fils du vieux Latium, Tibre aux ondes dorées,
Sur la lyre d'Horace autrefois célébrées,
Salut! Du peuple-roi fleuve dominateur,
Que sont-ils devenus tes titres de grandeur?
Où sont tes légions filles de la Victoire?
Où sont-ils tes Césars? qu'as-tu fait de ta gloire?
Fleuve altier, berceau d'Albe et tombeau des Romains,
On dirait que ton urne est l'urne des Destins
D'où coulaient au néant, entraînés par ton onde,
Les triomphes de Rome et les hontes du monde;
Mais, sous le ciseau grec il revit : je le vois
Tel qu'au siècle d'Auguste il commandait aux rois.
Contemplez de ce dieu la majesté suprême !
Des roseaux enlacés, formant son diadème,
Sans ombrager son front couvrent ses longs cheveux ;
Sa barbe sur son sein tombe en jets onduleux.
Le flot qui mollement cède au flot qui l'efface
De ses souples contours peut seul peindre la grâce....
. . . .

 Où s'envole ce char sous une main divine?
C'est Pluton ravissant la jeune Proserpine;
Il l'entraîne éperdue au fond du noir séjour.
Tous les feux des enfers, tous les feux de l'amour
Jaillissent à-la-fois de sa prunelle ardente.....
. . . .

DEUXIÈME VEILLÉE.

. . . . En vain Cérès aux autres dieux
Redemande sa fille à son amour si chère :
Les dieux et le Destin sont sourds à sa prière....
. . . .
Rien d'ignoble ne doit défigurer les dieux :
Lorsque les Grecs ont peint ces trois sœurs redoutables
Dont le courroux vengeur tourmente les coupables,
Sans rendre affreux les traits de leur divinité,
Au terrible ils ont su marier la beauté.
Ils n'ont point fait marcher un dégoûtant squelette :
. . . . Une beauté parfaite
Doucement endormie au faîte d'un tombeau,
Un génie attristé renversant son flambeau,
Un papillon mourant, une rose flétrie,
Exprimaient moins la mort qu'un départ de la vie...
. . . .

FIN DE LA DEUXIÈME VEILLÉE.

TROISIÈME VEILLÉE. *

LES BATAILLES.—L'ALLÉGORIE.

J'ai chanté dans mes vers la grâce et la beauté :
Leur empire absolu, toujours illimité,
Embrasse les sujets naïfs ou pathétiques,
Terribles ou galans, paisibles ou tragiques ;
Et dans l'expression des jeux sanglans de Mars,
La grâce et la beauté suivent encor les arts.
Voyez comment Homère a su tracer Achille !
Comme Turnus est grand et noble dans Virgile !...
. . . .
Et comme dans Milton Satan lui-même est beau !
Vaincu, mais immortel, une majesté fière
Siège encor sur son front sillonné du tonnerre ;
Tel qu'un astre expirant darde de sombres feux,
Tel l'archange obscurci, déshérité des cieux,
Doit sous vos pinceaux fiers m'offrir sa grande image.
Enfin, retracez-vous des scènes de carnage ?

* Tout ce qui était relatif à l'allégorie m'a paru trop faible de versification pour être mis sous les yeux du lecteur, et je l'ai supprimé. P. A. C.

De vos tableaux empreints de rage et de terreur
Qu'un touchant épisode adoucisse l'horreur....
. . . .

Heureux imitateur de Virgile et d'Homère,
Le Tasse a peint Gildippe, intrépide guerrière,
Suivant dans la mêlée Odoart son époux.
Amans infortunés, hélas! où courez-vous?
Le cruel Soliman, du sang chrétien avide,
Enfonce dans ton sein son épée homicide,
O Gildippe! Odoart accourt pour te venger,
Et sa fureur s'accroît par l'excès du danger.
D'une main il soutient son épouse mourante;
De l'autre, brandissant sa lance menaçante,
Il va frapper.... soudain le cruel Soliman
Sur le corps de l'amante immole encor l'amant.
Tous deux tombent, tous deux ils expirent ensemble :
Ils vécurent unis, le trépas les rassemble,
Et l'ange de la Mort, en leur fermant les yeux,
Emporte leurs soupirs confondus vers les cieux....
. . . .
Tel on voit un vieil orme, ornement des forêts,
Protégeant, sous l'abri de ses rameaux épais,
Un lierre qui s'enlace autour de son branchage;
Si l'aquilon fougueux le brise dans sa rage,
Ou si du bûcheron l'infatigable bras
De son tronc sous le fer fait voler les éclats,
Frappés des mêmes coups, l'arbre altier et le lierre

En s'embrassant encor vont mesurer la terre,
Et ne séparent pas leurs languissans rameaux.
De leur chute commune ils troublent les échos,
Et l'oiseau qu'abritaient leurs superbes feuillages
S'envole, indifférent, chercher d'autres ombrages.

Trop souvent le poète, en chantant les combats,
En retrace à l'esprit les hideux résultats....
. . . .
Mais, loin de vos pinceaux ces détails de carnage !
Montrez-moi des guerriers qui, forts de leur courage,
Au-devant du péril s'élancent sans pâlir,
Ou d'autres que la peur en désordre fait fuir....
. . . .
Sans qu'un fleuve de sang inonde son armure,
Je juge d'un guerrier la mortelle blessure
A son corps qui chancelle, à ses regards éteints;
Son bouclier, son glaive, échappés de ses mains,
Son visage pâli, suffisent pour me dire,
Mais sans me faire horreur, que ce guerrier expire.

Peignez, peignez encor le coursier généreux
Partageant les périls du soldat valeureux.
L'œil en feu, secouant sa flottante crinière,
De ses nasaux fumans il aspire à la guerre.
A l'aspect du danger, plus fougueux et plus fier,
Plus léger que le vent et plus prompt que l'éclair,
Il traverse en volant des tourbillons de poudre,

Brave le fer, la flamme et l'airain et la foudre.
Sous le ciel africain, sous les glaces du Nord,
Compagnon du guerrier, il s'unit à son sort.
Serviteur, camarade, ami sûr de son maître,
S'il le perd il gémit, il le pleure peut-être.
Brûlant des feux de Mars et des feux du climat,
Tel le coursier arabe, avide de combat,
Aux plaines que le Nil d'un gras limon féconde,
Quand le fier Mameluck, en troupe vagabonde,
Fondant sur l'ennemi qu'il aime à défier,
Fait reluire et siffler son formidable acier,
Attentif au signal de la main qui le guide,
Intrépide, combat sous son maître intrépide,
Jaloux de vaincre aussi quand son maître est vainqueur.
Si l'ennemi, plus fort, s'acharne à sa poursuite,
Il l'enlève au danger, accélère sa fuite,
Protège sa retraite, ou le rend aux combats
Sur le champ où la gloire ennoblit le trépas....
. . . .
Fiers mortels, rougissez! jamais son pied n'offense
Le guerrier malheureux, par le fer de la lance
Ou par le plomb fatal sur la terre abattu :
Son instinct généreux ressemble à la vertu....
. . . .
Mais, pourquoi vous dicter des conseils inutiles?
Jules et Raphaël et le peintre d'Anvers
Sauront vous enflammer mieux que les plus beaux vers.
Ces grands hommes, l'honneur de Rome et de la Flandre,

Et Le Brun, leur disciple, ont noblement sù rendre
Des héros, des coursiers affrontant le trépas....
. . . .
Étudiez-les donc. Soit qu'aux plaines d'Arbelle
Alexandre, enfonçant la phalange immortelle,
De son trône ébranlé renverse Darius ;
Soit que le héros grec défendu par Clytus,
Aux rives du Granique où vole son courage,
Dans le sang des Persans efface son outrage;
Ou que vaincu, Maxence, à la voix du Destin,
Livre Rome et l'empire au joug de Constantin;
Ou près du Simoïs soit que Penthésilée
Secoure vainement Pergame désolée;
Que ses fiers escadrons par les Grecs repoussés
Dans le fleuve sanglant expirent renversés;
Soit enfin qu'à Zama la Fortune indocile
Trahisse le héros qui vainquit Paul-Émile,
Leurs pinceaux. . . . . . ., soumis à la raison,
Vous tracent à-la-fois l'exemple et la leçon....
. . . .

Rome s'enorgueillit de modèles plus purs :
Interrogez ces arcs, ces colonnes, ces murs
Qui, chéris d'Apollon, chéris de la Victoire,
D'Antonin, de Trajan éternisant la gloire,
Consolent chez Pluton l'ombre de ces héros;
Leurs marbres, embellis par de doctes ciseaux,
Des plus brillans exploits authentiques annales,

Déroulent à vos yeux leurs pompes triomphales.
Ah ! puissent à jamais de pieux protecteurs
A l'histoire instructive, aux beaux-arts bienfaiteurs,
Les conserver intacts à l'abri des ravages
Des révolutions et du torrent des âges !
Là, de vingt nations le costume observé
Des outrages du Temps encor s'est préservé.
De ces peuples je vois les diverses armures :
Sans casque le Gaulois affronte les blessures,
Et le Parthe, sans ordre et sans garder de rang,
Lance ses traits, s'enfuit et triomphe en fuyant;
Tandis que le Romain, à son poste immobile,
Déploye, en combattant, son courage tranquille.
Plus loin au fier vainqueur, des bataillons entiers
Se rendent, déposant leurs armes à ses pieds;
La fortune de Rome a brisé leur audace :
Là, du brave Germain, du redoutable Dace
Les rois captifs, suivis de leurs femmes en deuil,
Devant l'aigle romaine ont courbé leur orgueil.

Mais, il est des exploits qu'au temple de mémoire
En traits plus glorieux a burinés l'Histoire :
C'est lorsqu'un héros seul, d'un courage affermi,
Résiste aux vains efforts d'un nombreux ennemi.
. . . .

Porsenna contre Rome avance avec menace;
Au pont du Janicule un héros seul, Horace,

Arrête son effort; à la crainte étranger,
Sans reculer d'un pas, il sourit au danger;
Le brave à ses pieds tombe, et l'altier Capitole
Voit le Tibre engloutir les guerriers qu'il immole;
Mais, le pont est rompu: le fleuve dans ses flots
En murmurant de joie a reçu son héros,
Lave son corps poudreux et sa terrible épée
Dans le sang des Toscans impunément trempée.

Horace de la France, ô Bayard! ta valeur
De ce fameux combat renouvela l'honneur.
Aux bords du Garillan, dont les ondes rapides
Suspendaient les exploits de deux chefs intrépides,
Un pont abandonné par le soldat français
Offrait à l'Espagnol un espoir de succès.
Un gros de leurs guerriers court saisir ce passage;
Soudain, la lance au poing, volant vers le rivage,
Bayard seul en échec tient l'escadron fougueux.
. . . .

Pourquoi, dieux immortels, du haut de l'empyrée,
Traversez-vous des airs la campagne azurée?
D'une obscure vapeur venez-vous protéger
Le brave qui, sans vous, succombait au danger?
Ou, couvrant un héros d'impénétrables armes,
Causer à son rival de honteuses alarmes?
Ah! laissez leur bras seul arbitre de leur sort.
Invulnérable, Achille est moins vaillant qu'Hector.

Turnus, trahi par vous et par sa destinée,
Expire moins vaincu qu'immolé par Énée.
Cependant, c'est ainsi qu'en vers harmonieux
Homère et son émule ont fait agir les dieux;
Mais, le peintre inspiré par ces fameux modèles
Doit suivre de son art les règles éternelles:
S'il veut intéresser au sort de deux rivaux,
Qu'il n'amène jamais auprès de ses héros
Un dieu qui les défende, un dieu qui les protège.
Loin donc de vos tableaux leur vain et froid cortège!
C'est par ses seuls exploits, par sa seule valeur,
Qu'en peinture un héros peut plaire au spectateur.

Mais, quittons les guerriers de Virgile et d'Homère.
Du salpêtre embrasé la vapeur meurtrière,
En variant l'horreur des scènes du trépas,
Multiplia la mort dans le champ des combats.
Sous le boulet fumant, sous l'éclat de la bombe,
Le soldat valeureux sans combattre succombe;
Atteint d'un plomb mortel, qui le frappe en volant,
Ignoré de la gloire, il expire à son rang.......
. . . .
Soudain, l'explosion de la poudre enflammée
Enveloppe la mort d'une ardente fumée
Que sillonne l'éclair du glaive ensanglanté.
Tels, dans un jour brûlant d'un orageux été,
Deux nuages rivaux, arsenaux des tempêtes,
De leurs flancs déchirés qui crèvent sur nos têtes,

Vomissent dans leur choc, dont frémissent les airs,
Les balles de la grêle et les feux des éclairs.
Dévastés par l'orage, écrasés du tonnerre,
La fleur, le fruit naissant jonchent au loin la terre :
Ainsi, tombent frappés, confusément épars,
Pêle-mêle expirans, les favoris de Mars.
Tremblez, fiers ennemis! des braves de la France
Osez-vous de pied ferme affronter la vaillance?
Tremblez! l'inexorable et sévère Destin
De vos revers futurs tient l'urne dans sa main.
Déjà notre aigle a vu vos aigles fugitives,
Vos chefs humiliés, vos légions captives.
Des glaces d'Iéna jusqu'aux feux du Thabor
Le bruit de leurs exploits se fait entendre encor ;
Et, couvrant les guerriers de Marengo, d'Arcole,
Le laurier qui, jadis, aux murs du Capitole,
De ses triomphateurs couronnait les travaux,
Pour nos héros naissans pousse des jets nouveaux......
. . . .

FIN DE LA TROISIÈME VEILLÉE.

QUATRIÈME VEILLÉE.

LE GENRE CHEVALERESQUE, LES PORTRAITS,
LE GENRE FAMILIER.

Il est un genre à part, dérivé de l'histoire,
Qui célèbre l'amour, le plaisir et la gloire;
Où, naïf, élégant, l'artiste ingénieux,
Sans emprunter aux Grecs leurs héros et leurs dieux,
De nos preux chevaliers peint les faits romanesques.
Les seigneurs châtelains sont encor pittoresques;
Armés de noirs créneaux, leurs gothiques donjons,
Leurs longs appartemens tapissés de blasons
Et de portraits du temps des héros des croisades,
De vieux pavois cloués à de sombres arcades,
Rappellent à l'esprit et présentent aux yeux
Le touchant souvenir de nos braves aïeux.
Dans leurs ameublemens se peint leur caractère :
Là, tout parle d'amour et d'honneur et de guerre,
De leur religion, de leur fervente foi,
De leur fidélité pour leur dame et leur roi.
Lisez donc, méditez dans nos vieilles chroniques
Des Dunois, des Bayard les exploits héroïques,

Les naïves chansons des joyeux troubadours,
Le poète divin qui chanta les amours
Du valeureux Renaud, de la tendre Herminie.
Embrasez vos crayons du feu de son génie.
Que du fol Arioste, en son burlesque essor,
La gaîté vous anime et vous inspire encor.
Que Tancrède vainqueur dans Clorinde mourante
Découvre en frissonnant les traits de son amante :
Sur son front, où la Mort répand ses noirs pavots,
Du baptême versant les salutaires eaux,
Que l'amoureux guerrier y mêle encor ses larmes,
Et maudisse, indigné, le bonheur de ses armes ;
Tandis que la guerrière expirante à ses yeux,
Et lui tendant la main, prend son vol vers les cieux.
Tel qu'aux genoux d'Omphale on vit fléchir Alcide,
Que le vaillant Renaud s'enchaîne aux pieds d'Armide ;
Ou qu'abjurant soudain un indigne repos,
Au seul cri de l'honneur redevenu héros,
Étouffant à regret sa coupable tendresse,
Il accorde un soupir aux pleurs de sa maîtresse.

  Voyez-vous ces guerriers la fureur dans les yeux ?...
. . . .
L'œil voudrait suivre en vain dans leurs mains homicides
De leurs glaives croisés les mouvemens rapides......
. . . .
Mais, pendant que Renaud terrasse Sacripante,
La timide Angélique, éperdue et tremblante.....

. . . .
Sur le coursier oisif. . . . .
S'élançant lestement vers la forêt prochaine,
Laisse ses deux amans s'escrimer sur l'arène
Et perdre le doux fruit de leurs travaux guerriers.

Mais, j'aperçois Bayard, la fleur des chevaliers :
Respectant la vertu d'une vierge innocente,
Il la rend aux regrets d'une mère indigente,
Et lui donne un époux . . . .
Voyez-le, chaste appui de la pudeur des belles,
Doter de leur rançon ces nobles demoiselles
Qui dans Bresse conquise allégeaient tous ses maux !
Il va partir, déjà s'est armé le héros ;
Les mains de la vertu tendre et reconnaissante
Attachent à son bras une écharpe élégante
Qu'il jure de porter jusqu'au dernier soupir,
Comme un doux monument d'un plus doux souvenir.

Honneur au bon Henri ! . . . .
A la chasse égaré, la fatigue et la faim
L'ont donné pour convive au meunier de Lieursaint.
Sans se faire connaître, à sa table frugale
Il s'assied sans façon, et le roi se régale
Du bonheur de Michaud plus que de son repas.
« A la santé du roi ne boirons-nous donc pas? »
Dit le meunier : soudain la joyeuse famille.....
. . . .

A plein verre a porté la santé de Henri;
Henri trinque avec eux. . . . .
En vain il veut cacher et son trouble et ses larmes...
Peintre habile, saisis ce moment plein de charmes,
Et que le spectateur, ému par tes pinceaux,
Trinque avec le meunier, le peintre et le héros.

 Est-ce une illusion? voici le sanctuaire
Où, pleurant ses erreurs, la belle La Vallière
Désenchantait son cœur des pompes de la cour,
Mais, toujours tendre, à Dieu vouait son chaste amour.
Un lis brille à ses yeux. . . . .
. . . .
A ce cœur subjugué par la religion
Imprime une mystique et douce émotion,
Et que du livre saint la page interrompue,
Immobile, s'arrête en sa main suspendue.. ..
. . . .

 Poursuivez, cependant, élèves studieux,
Poursuivez le seul but où tendent tous vos vœux.
Les grands maîtres, l'antique et la belle nature
Sauront vous y guider par une route sûre.
Dans ce champ périlleux, quels que soient vos rivaux,
Vous verrez Apollon sourire à vos travaux;
Mais, ce genre élevé, ce grand style d'histoire
Ne peut-il vous porter au faîte de la gloire?
Ne faites point de l'art un servile métier;

Fuyez l'honneur honteux d'un vulgaire laurier.
Oui! si, sourde à vos vœux, la sévère Uranie
Refuse à vos efforts les palmes du génie,
Dans un moins vaste champ hasardez des succès;
Descendez de l'histoire et tracez des portraits;
Brillez au premier rang dans cet art secondaire;
Vandick avec honneur en courut la carrière;
Il sut presque égaler Titien, Raphaël,
Et par ses portraits seuls il devint immortel.
Par ces maîtres fameux les routes sont tracées.....
. . . .
Sachez, usant parfois d'un honnête artifice,
Menteur officieux, atténuer un vice,
Et, sans dissimuler la simple vérité,
Pallier la laideur, embellir la beauté.......
. . . .
Gentil Bernard l'a dit : peignez-vous une belle?
D'un jour aimable et doux éclairez son tableau,
« Toujours vrai, mais flatté, tel qu'il est, mais en beau.»
Évitez la routine et fuyez la manière.
Élégant sans apprêt, toujours vous saurez plaire.
Par le pénible effort d'un contraste affecté
On singe en vain la grâce, on ment la majesté.
Évitez de Rigaud l'apparat emphatique;
Souvent dans les détails son pinceau véridique,
Fidèle à la nature, en conserve les traits;
Mais observez la pose et l'air de ses portraits :
Trace-t-il un guerrier? ce guerrier semble dire :

« Moi, je suis ce héros que l'univers admire;
« Le roi me doit son sceptre, et l'état son repos. »
Tant de faste sied mal au portrait d'un héros;
Les airs de vanité déparent la victoire;
La simplicité noble encadre mieux la gloire.
Voyez donc Titien, Vandick et Raphaël,
Exemples du vrai simple et du beau naturel;
Qu'ils vous guident toujours; sur ces doctes modèles
Grandissez vos héros, embellissez vos belles.
Après ces grands rivaux étudiez Mignard;
Son goût est pur encor sans trop affecter l'art.
De Louis vieillissant s'il retrace l'image,
Il n'y rend point des ans le stérile ravage,
Et ses nobles crayons en ridant le héros
Ont sillonné son front de triomphes nouveaux.

Fidèle imitateur des grâces de la femme,
Latour, dans ses portraits, peignit l'esprit et l'âme.
Un sot, sous son crayon, sans doute eut l'air d'un sot,
Mais, peint par lui, Piron eût dit quelque bon mot;
Molière eût observé quelque travers comique;
Despréaux eût froncé son sourcil satirique;
Pascal eût réfléchi, gravement appuyé;
De ses regards de feu Corneille eût foudroyé;
Gilbert eût rembruni son front atrabilaire.
A son rire malin on eût dit : c'est Voltaire;
Et si Latour lui-même a tracé son portrait,
On peut y voir un fou crayonné trait pour trait.

A son exemple, ainsi, peignez le caractère,
L'habitude, les mœurs ; qu'un philosophe austère
N'ait pas le maintien haut d'un cavalier fringant ;
Qu'un jeune colonel, dans son port élégant,
N'offre point l'air rêveur, l'air sombre et taciturne
Du savant qui pâlit sur sa lampe nocturne.
Nous peignez-vous, enfin, les enfans d'Apollon ?
Que dans leur attitude un facile abandon,
Dans leurs yeux inspirés qu'une céleste flamme
Décèlent leur génie et révèlent leur âme ;
Que Delille, Ducis, sous vos pinceaux heureux,
Méditent en rêvant leurs vers harmonieux ;
Que Grétry, que Méhul, sous votre main hardie,
Semblent de leurs beaux chants noter la mélodie.
Que Talma, dans son geste où vit la passion,
Soit Achille ou Pyrrhus, soit le Cid ou Néron ;
Tracez, nouvel Apelle, un nouvel Alexandre,
Qui, vainqueur des Thébains, n'eût point mis Thèbe en cendre,
Et qu'en fixant ses yeux étincelans d'éclairs,
Étonné, mais soumis, se taise l'univers.
Que je retrouve, enfin, dans ce bon Henri Quatre,
Ce héros vert-galant, dans les camps diable à quatre,
Qui par de longs malheurs apprit à gouverner ;
Sut régner et combattre, et vaincre et pardonner.

Mais, il est de ces traits dont la beauté stupide
N'offre à l'art dégoûté qu'une image insipide ;
Il en existe encor qui, dans leur nullité,

Sans vice, sans laideur, sans grâce, sans beauté
Et sans expression, comme sans caractère,
Ne peuvent nous toucher, loin de savoir nous plaire.
A des pinceaux obscurs faites-en l'abandon :
Ces visages sont tous réprouvés d'Apollon.
Souvent sans la beauté le génie étincelle ;
Dans des traits incorrects la grâce se décèle ;
L'esprit fait adorer une aimable laideur ;
Sapho, sans être belle, enchaîna plus d'un cœur.
Michel-Ange était laid. . . . .
Mais cette laideur fut la laideur d'un grand homme....
. . . .

Tous les sentimens doux, calmes et concentrés
Peuvent dans vos portraits revivre consacrés.
De douleur ou de joie une légère teinte
Sans les défigurer peut s'y montrer empreinte.
Qu'on lise sur leur front la bonté, la candeur,
Le desir de la gloire et l'amour de l'honneur.
De ces nobles vertus cette longue habitude
Qu'on ne contrefait point, mais qu'on a sans étude,
Savez-vous l'exprimer dans un heureux portrait ?
Je sens pour le modèle un invincible attrait ;
Sans l'avoir jamais vu j'éprouve que je l'aime,
Tant la vertu séduit dans son image même!....
. . . .

Il fut un temps en France où, sans être fanées,
Nos belles, de carmin, de blanc enluminées,

Se composaient un teint dont l'art du parfumeur
Nuançait à leur gré la factice fraîcheur.
Ce fade coloris, émané des toilettes,
Vint du peintre, bientôt, affadir les palettes.
Roslin en abusa : tous ses portraits fardés
N'ont que l'éclat menteur des pastels mignardés.
Le velours, le satin, le taffetas, la moire,
Parfois bien imités, sont ses titres de gloire;
Presque de son vivant il vit son nom périr,
Et si je l'ai cité, c'est comme exemple à fuir.

Avant lui l'art offrit un autre ridicule :
Le régent se fit peindre en costume d'Hercule;
Aux pieds de son Omphale on vit le dieu nouveau
De sa royale main agiter le fuseau.
Bientôt les courtisans, vrais singes de leur maître,
Voulurent en héros, en dieux même paraître....
. . . .
. . . . Souvent leurs costumes étranges
Blessaient l'œil étonné de burlesques mélanges.
Ces immortels, le luth ou la lance à la main,
Étaient frisés, poudrés et vêtus de satin.
Sur son urne on peut voir la Naïade penchée
En corset de velours, en robe d'or brochée....
. . . .

Évitez avec soin ces étranges travers....
. . . .

Mais, d'un succès brillant vous vous flattez en vain,
Si, coloriste adroit, vous fuyez le dessin ;
C'est de lui que doit naître avec choix, élégance,
Sous vos pinceaux corrects l'exacte ressemblance,
L'expression qui plaît, la grâce qui séduit.
De votre art le dessin est le plus ferme appui.
J'écoute, indifférent, une vague harmonie ;
Pour me plaire, aux accords joignez la mélodie.
Ainsi, sans le dessin, les tons harmonieux,
Vains accords de couleurs, frappent en vain mes yeux :
N'en négligez donc point l'étude difficile ;
Par lui le goût s'épure, il ennoblit le style
Qui dans un simple buste et m'attache et me plaît.
Le seul peintre d'histoire est le roi du portrait.

Muse, baissons la voix. . . . . . .
Appelons sur la scène et Momus et Thalie ;
Au peintre ils offriront, sous le masque d'Hogarth,
Mille traits fins, mordans, précieux pour son art.
Pour corriger les mœurs le plus sage est d'en rire ;
Le plus grave sermon vaut moins qu'une satire ;
Le ridicule frappe et tranche dans le vif :
Son pouvoir est certain, son effet décisif.
Hogarth, bon, plein d'esprit, plein de verve comique,
Sévère, mais plaisant, humain, mais satirique,
Hogarth aux yeux du peintre est neuf, original ;
Au poète il rappelle Horace et Juvénal.
Ainsi que le premier, il badine avec grâce ;

Du second, quelquefois, il égale l'audace;
Mais, en riant des fous, des méchans et des sots,
Son crayon toujours chaste ennoblit ses tableaux.

Qui ne rit et gémit sur ce triste hyménée!
Deux époux, dont l'or seul fixe la destinée,
Avant le sacrement l'un à l'autre odieux,
L'un de l'autre ennuyés, vont, s'enchaînant tous deux,
Accoupler leurs dégoûts, associer leurs vices,
Et doubler leurs ennuis ainsi que leurs supplices.
Ruinés par le faste, aveuglés par l'orgueil,
De la faiblesse au crime et du crime au cercueil
L'inconduite a déjà précipité la femme;
Le mari, vil jouet de la débauche infâme,
Dans un réduit obscur cachant son déshonneur,
Rongé par le remords, brisé par le malheur,
Trompé, percé de coups, pour dernière misère
Se rappelle en mourant qu'il est époux et père....
. . . .

D'un regard attristé parcourons l'hôpital,
Où l'homme dégradé, semblable à l'animal,
Nu, dans la hutte obscure où le retient sa chaîne,
Rampe au plus bas degré de la misère humaine.
Pour trône un vil fumier, et pour sceptre un roseau,
. . . .
Un bandeau de carton pour brillant diadême,
Celui-ci, s'arrogeant l'autorité suprême,

Les fers aux pieds, agit, commande et parle en roi.
« Je règne, se dit-il, l'univers est à moi ! »
Du moins il est heureux, ses états sont tranquilles....
. . . .
Mais, quand l'humanité n'offre rien que d'affreux,
Évitez d'en tracer le spectacle hideux,
Affligeant pour les arts, honteux pour la nature.

   Vers un plus noble but dirigeant la peinture,
Greuze peignit la paix, le bonheur des hameaux ;
Au drame villageois il voua ses pinceaux,
Et, se frayant, sans guide, une route nouvelle,
Il se créa lui-même et devint un modèle.
Simple, non sans apprêt, vrai, sans être naïf,
Il est toujours moral et toujours expressif.
Hogarth accuse l'homme en traçant sa folie :
Greuze, plus indulgent, en fait l'apologie....
. . . .

   Offre-t-il à nos yeux le père de famille
Lisant à son épouse, à son fils, à sa fille
De la foi des chrétiens le volume sacré ?
Rangés autour de lui, tous, d'un air pénétré,
Attentifs en silence à la sainte lecture,
Méditent dans leur cœurs la divine écriture ;
Cœurs simples, que l'orgueil d'un fastueux savoir
Ne détournera point d'un sévère devoir !

Mais, pour Lucas d'hymen va commencer la fête;
Sa main presse la main de sa jeune conquête :
Pure comme l'Aurore au matin d'un beau jour,
Baissant son front rougi de pudeur et d'amour,
Elle a paré son sein d'une rose nouvelle,
Et la rose éclipsée est moins fraîche et moins belle.
Cependant le notaire a, d'un air doctoral,
En peu de mots dressé le contrat conjugal.
Colette apporte en dot les vertus de sa mère,
Et Lucas, qu'enrichit l'épargne de son père,
Y joindra le travail. . . . .
Les bons parens émus, prêts à verser des pleurs,
Les amis, les témoins, tous joyeux de leur joie,
Bénissent l'heureux jour que le ciel leur envoie.

Si l'aimable innocence habite les hameaux,
Eh bien! que Greuze encor en trace les tableaux.
Homme sensible, vois ce front blanchi par l'âge,
Vieilli dans la vertu : c'est l'ancien du village.
Affaibli maintenant, infirme, à ses vieux jours
Ses fils, ses petits-fils prodiguent des secours;
Disputant de respects, d'égards, d'obéissance,
Ils le payent des soins donnés à leur enfance.
Oh! de quel tendre amour, autour de lui pressés,
A prévoir ses besoins on les voit empressés!
Exhaussant son chevet d'une main caressante,
L'aîné soutient sa tête à demi chancelante;
L'un échauffe au foyer la toison des brebis

Et l'étend doucement sur ses pieds refroidis....
. . . .
La mère invoque en pleurs sur ces enfans pieux
Les bénédictions et les faveurs des cieux,
Tandis que le plus jeune, aux bras de sa grand'mère,
Ignore le bonheur de soulager un père.

Que l'avare, qui sèche auprès de son trésor,
Vienne apprendre de Greuze à jouir de son or.
Jusqu'au réduit obscur où languit l'indigence,
La vertu généreuse a guidé l'innocence;
Voyez, le front empreint d'une douce candeur,
La charité voler dans les bras du malheur,
D'un main bienveillante offrir le don timide
Par qui la faim cruelle et la fièvre homicide
Loin d'un infortuné vont s'enfuir sans retour.
Dans ce tableau, peut-être, en voyant quelque jour
L'image d'un bienfait qui lui sauva la vie,
Le malheur consolé bénira le génie....
. . . .

Teniers du villageois peignit le vrai visage.....
. . . .
Ses paysans buveurs, pétillant de gaîté,
Quelquefois enflammés d'une brusque colère
Qui s'évapore avec les vapeurs de la bière,
Ou fumant d'un air grave, ou livrés à leurs jeux,
Sont tous honnêtes gens et semblent tous heureux.

On dirait que Teniers, dans sa docte paresse,
Pour mieux la peindre encor partageait leur ivresse,
Et que pour atelier prenant un cabaret,
Il buvait d'une main quand de l'autre il peignait.
Sans malice, sans fiel, sans charge ni satire,
Ses burlesques héros font naître le sourire.
Ses Vénus ne sont point des Vénus-Médicis,
Mais, sa couleur est vraie et son dessin précis,
Ses effets naturels, et sa touche brillante :
Teniers, sans la beauté, nous plaît et nous enchante.....
. . . .
Plus d'un grand fatigué de courtiser les rois,
Vient chercher le bonheur parmi les villageois;
Ainsi, quand je suis las d'admirer les antiques,
Les fumeurs de Teniers et leurs manoirs bachiques
Délassent mon esprit et reposent mes yeux.
Pour moi tout genre est bon, hors le genre ennuyeux.
« Michel-Ange ou Teniers, » disait un homme habile :
Je suis de son avis, j'admire le grand style ;
Mais, si vous ne m'offrez d'un crayon ampoulé
Qu'un héros de théâtre ou qu'un dieu boursoufflé,
Mon choix est bientôt fait : le peintre de village,
Qui sait me divertir, obtiendra mon suffrage.
L'Achille de Coypel, avec tous ses grands airs,
Ne vaut pas à mes yeux un fumeur de Teniers.
En doutez-vous ? eh bien ! voyez cette kermesse:
Il est fête au village, et le peuple en liesse
Noie avec sa raison ses soucis dans les pots,

Et, comme au siècle d'or, le vin coule en ruisseaux.
Près de l'estaminet, sous l'abri d'un vieux hêtre,
On a dressé la table et le repas champêtre;
Les mets ont disparu, mais le vin coule encor;
Unis par le plaisir, tous les cœurs sont d'accord.
Plus d'un brave buveur, qu'a terrassé la bierre,
Par un lent tournoiement mollement glisse à terre;
Sans rien voir, sans rien fuir, il ne s'est point heurté,
Un dieu veille sur lui : le dieu qui l'a dompté.
L'autre, tel qu'un sultan, fume en cérémonie
Le parfum que Nicot porta de Virginie :
C'est le juge des jeux où, sur trois rangs égaux,
Neuf cônes sont rangés par des joueurs rivaux;
La boule les abat et la main les redresse;
Tel joue avec bonheur, tel autre avec adresse;
L'un, vif, irréfléchi, sans calculer long-temps,
D'un coup inespéré vient d'éclaircir leurs rangs.
Le corps penché, l'œil fixe, en balançant sa boule,
L'autre d'un bras plus sûr l'a lancée : elle roule;
Seul au centre du jeu, le neuf est étendu;
Le vainqueur s'applaudit; son rival confondu,
Mais, prêt à disputer de nouveau la victoire,
Pour mieux viser ses coups va se remettre à boire.
Plus loin entendez-vous ce groupe de chanteurs?....
. . . .
. . . . un magister grotesque
D'une voix d'orgue entonne une chanson burlesque,
Dont la rime hardie, inconnue à Boileau,

Répétée en chorus va, fatiguant l'écho,
Ébranler l'air au loin, agiter le feuillage
Et chasser les oiseaux voltigeans sous l'ombrage.
Mais le bal s'ouvre enfin : mères, filles, garçons,
Tous quittent pour danser la table et les chansons.
Sous l'archet déchirant la corde dissonante
Crie et jure : déjà, dans la troupe bruyante,
Chaque berger choisit sa rustique Vénus.
Le fard de la santé teint leurs fronts ingénus ;
C'est le dieu du plaisir, non le dieu de la danse,
Qui, de leurs pieds, sans art, anime la cadence....
. . . .

FIN DE LA QUATRIÈME VEILLÉE.

CINQUIÈME VEILLÉE.

LES PAYSAGES, LA NATURE MORTE, LES FLEURS, MARINES. *

. . . .
. . . .
Vernet peignit les vents dans les airs déchaînés,
Sur les flots en courroux les flots amoncelés,
Les sillons de la foudre éclatans dans les nues,
Les vaisseaux bondissans sur les vagues émues.
Voyez ce sombre esquif : heurtant d'un choc affreux
Les angles hérissés de ce roc sourcilleux,
Son flanc s'ouvre : soudain, jouets des noirs orages,
S'engouffrent, abîmés, mâts, voiles et cordages ;.
L'imprudent passager, le chef, les matelots
Pêle-mêle expirans, roulent au sein des eaux....
. . . .
Dans cet instant, peut-être, une tendre maîtresse,

* Girodet n'a point traité les trois premiers sujets, au moins je n'ai rien trouvé dans ses manuscrits qui y ait rapport; ce qu'il a laissé sur les marines n'est même qu'une ébauche, qu'un premier jet.   P. A. C.

Hâtant les doux momens promis à son amour,
Du ciel inexorable implore son retour.
Repoussant mille morts, à la vague homicide
Un nocher courageux, d'un effort intrépide,
Oppose un bras puissant, aux périls exercé;
Il a vaincu l'abîme : enfin tout harassé,
Il aborde mourant la rive salutaire....
. . . .

Mais, le calme soudain succède à la tempête,
Et, sortant des vapeurs sa radieuse tête,
L'astre éclatant du jour sur les flots apaisés
Lève, majestueux, ses regards embrasés.
Son char, en s'abaissant, semble plonger dans l'onde....
. . . .
Au timide Hespérus, à Phœbé qui le suit,
Il confie en partant l'empire de la nuit.
De leurs pâles flambeaux, sur les vagues tremblantes,
Je vois se réfléchir les clartés vacillantes....
. . . .
Enfin il disparaît de l'horizon plus sombre.
La nuit aux feux du jour semble mêler son ombre.
Déjà, dans les lointains, les objets confondus
A l'œil observateur ne se distinguent plus.
De ceux vus de plus près une teinte uniforme
Obscurcit la couleur, change, agrandit la forme.
On croit, à la clarté de ce funeste jour,
Voir des mânes errans dans leur triste séjour.

Par ces tableaux où l'art égale la nature
Vernet transmet son nom à la race future.
Entrons dans ce palais par Médicis orné :
Ce grand artiste encore à notre œil étonné
Offre ces ports fameux, boulevards de la France,
Qui d'Albion jalouse insultent la puissance ;
Ces remparts protecteurs, ces vastes arsenaux,
Cette rade profonde abri de nos vaisseaux ;
Ces môles, ces glacis et ces tours meurtrières
Dont Vauban seconda la valeur de nos pères ;
Ces flottantes cités et leurs forêts de mâts....
. . . .

FIN DE LA CINQUIÈME VEILLÉE.

SIXIÈME VEILLÉE.

CONSEIL AUX ARTISTES.

CONCLUSION.

. . . .
. . . .
Oui! c'est donc la beauté, c'est la beauté sans cesse
Que cherchaient, avant tout, les peintres de la Grèce;
Si l'on sait l'observer on peut la définir;
On peut la démontrer si l'on sait la sentir.
Des peintres le vrai guide est toujours la nature;
Elle est de la beauté la source unique et pure :
Étudiez-la donc, vous pourrez pénétrer
Ces causes dont l'effet vous force à l'admirer....
. . . .
C'est par le seul talent de voir et d'observer
Que les artistes grecs ont tous su la trouver.
Aperçus du génie et cachés au vulgaire,
Les types de leurs dieux vivaient tous sur la terre :
Apelle sur Campaspe avait formé Cypris;
Cinq parfaites beautés aux pinceaux de Zeuxis

D'une seule beauté fournirent le modèle ;
Laïs offrit Vénus à l'œil de Praxitèle,
Et son docte ciseau, confondant leurs contours,
Ainsi divinisa l'objet de ses amours.
Raphaël, imitant ces illustres exemples,
Des beautés qu'il aima, depuis, orna nos temples.
. . . .
. . . . voyez l'affreux centaure,
Bizarre composé de l'homme et du coursier;
Le griffon à-la-fois fier lion, aigle altier ;
Cet homme demi-bouc, ce poisson moitié fille !
Sur leurs corps monstrueux toujours la beauté brille.
La raison sommeillait quand l'art les enfanta;
Mais le goût indulgent d'abord les adopta....
. . . .
Le vulgaire séduit en fit des immortels,
Et, leur offrant des vœux, des chants, des sacrifices,
Des beaux-arts en délire adora les caprices.

De l'homme, cependant, observez le beau corps:
Quelle combinaison d'admirables ressorts !
Quelles proportions! quelle juste harmonie
Dans ces leviers secrets organes de la vie !
Comme pour ses besoins chaque muscle formé
Atteint, dès qu'il l'ordonne, au but déterminé !
La force du taureau, du coursier la vitesse,
La fierté du lion, et du cerf la souplesse,
L'homme réunit tout : même dans son repos

SIXIÈME VEILLÉE.

L'homme efface en beauté les plus beaux animaux.....
. . . .
Lui seul par un instinct de sa belle origine
Porte au ciel ses regards, relève sa poitrine....
. . . .
Plus belle que l'Aurore au matin d'un beau jour,
Et des célestes feux gardant les douces traces,
La femme seule unit la pudeur et les grâces;
Séduisante moitié d'un tout harmonieux,
Elle enchaîne les cœurs, elle charme les yeux....
. . . .

 Mais, il existe encore une beauté morale
Qui de l'homme à la brute a marqué l'intervalle;
D'elle naquit la grâce et ces parfaits accords
Concerts harmonieux des âmes et des corps.
La grâce, que l'on sent bien mieux qu'on ne l'exprime,
Touche plus que le beau, le grand et le sublime;
Brille sans ornemens, sans efforts se produit,
Se donne à qui l'oublie, échappe à qui la suit....
. . . .
La grâce, doux parfum d'une âme noble et belle,
S'exhale ennoblissant le corps qui la recèle;
Elle prête à l'enfant ses mouvemens naïfs,
Au jeune homme enflammé ses gestes expressifs,
A l'homme déjà mûr une démarche aisée,
Et masque les défauts de la vieillesse usée.
Son empire est certain autant qu'illimité;

Elle fuit et l'audace et la timidité ;
Des mouvemens outrés évite la grimace ;
La raideur lui déplaît ; en usurpant sa place
L'afféterie, en vain, prend son masque imposteur :
Fille de l'innocence, elle en a la candeur ;
De ses attraits divins l'un et l'autre interprète
Son peintre est Raphaël, Delille est son poète.
C'est elle qui séduit dans la chaste Vénus,
Dans le maintien pudique et les yeux ingénus
De ces pures beautés que, du rival d'Apelle,
Le céleste génie engendra sans modèle.

    Même à la grâce encor prêtant de saints attraits,
La mort n'efface point, elle pâlit ses traits.
De cette vierge éteinte, au printemps de son âge,
L'œil se dérobe au jour ; tel, d'un léger nuage
Se couvre en pâlissant l'astre brillant des nuits ;
Ses charmes sont voilés et ne sont pas détruits ;
L'hyacinthe fleurit où fleurissaient les roses ;
Remplaçant le corail sur ses lèvres mi-closes,
La violette y verse une tendre pâleur,
Objet de doux regrets et non pas de terreur.
Un calme solennel, des sens domptant la flamme,
Sans oppresser son cœur semblé assoupir son âme ;
L'ange de l'espérance a seul fermé ses yeux :
Attendant un réveil paisible et glorieux,
Dans le sein maternel d'une déesse amie
C'est la virginité qui repose endormie.

Sans la grâce le beau n'émeut que faiblement :
C'est un aimant sans force, un feu sans aliment ;
Et la grâce, à son tour, sans la beauté sévère,
N'exerce dans les arts qu'un empire éphémère.
D'indissolubles nœuds savez-vous les unir ?
Vos chefs-d'œuvre parfaits vivront dans l'avenir....
. . . .

FIN DES FRAGMENS DES VEILLÉES ET DU PREMIER
VOLUME.

TABLE DES MATIÈRES

CONTENUES DANS LE PREMIER VOLUME.

	Pages.
AVERTISSEMENT.	
NOTICE HISTORIQUE SUR GIRODET.	i
LISTE DE SES PRINCIPAUX OUVRAGES.	lv
LE PEINTRE, poëme.	1
DÉDICACE.	3
DISCOURS PRÉLIMINAIRE.	5
CHANT PREMIER.	47
Chant second.	81
Chant troisième.	111
Chant quatrième.	135
Chant cinquième.	159
Chant sixième.	179
Notes du Chant premier.	203
Notes du Chant second.	273
Notes du Chant troisième.	285
Notes du Chant quatrième.	301
Notes du Chant cinquième.	315
Notes du Chant sixième.	329
VEILLÉES, fragmens.	341
AVERTISSEMENT.	343
PREMIÈRE VEILLÉE: Principes généraux; Tableaux d'histoire: Du genre historique.	345
Deuxième Veillée: Sculpture; Promenade au Musée des Antiques.	367
Troisième Veillée: Les batailles; L'Allégorie.	377

	Pages.
Quatrième Veillée : Le genre chevaleresque, les portraits, le genre familier....................................	387
Cinquième Veillée: Les paysages, La nature morte; Les fleurs, Marines..	405
Sixième Veillée: Conseil aux artistes; Conclusion............	409

FIN DE LA TABLE DES MATIÈRES DU PREMIER VOLUME.